신약
외경
3

신약 외경 3

교회인가 2025년 07월 02일 (의정부교구장 손희송 베네딕토 주교)
초판 1쇄 2025년 08월 06일

지은이 송혜경
펴낸이 조병우
펴낸곳 한님성서연구소
등록 제85호
주소 경기도 의정부시 평화로 604
전화 031)846-3467
팩스 031)846-3595
카페 cafe.naver.com/biblicum

ISBN 978-89-94359-56-4 94230
ISBN 978-89-94359-33-5 94230 (세트)
책값은 뒤표지에 있습니다.

이 책은 『신약 외경 하권: 행전·서간·묵시록』 (2011)의 개정판입니다.

신약외경 3

바오로와 코린토인들의 교환 서신
3 Corinthians
라오디케이아인들에게 보낸 편지
Epistle to the Laodiceans
예수님과 압가루스의 교환 서신
Jesus's Correspondence with Abgar
바오로와 세네카의 교환 서신
Epistles of Paul and Seneca

베드로 묵시록
Apocalypse of Peter
바오로 묵시록
Apocalypse of Paul

마리아의 영면
Dormition of the Virgin Mary
목수 요셉 이야기
History of Joseph the Carpenter

번역·주해 **송혜경**

펴내며

『신약 외경 3』은 『신약 외경 하권: 행전·서간·묵시록』(2011년)의 개정판에 해당한다. 『신약 외경 하권』의 개정판은 『신약 외경 2: 행전』과 『신약 외경 3: 서간·묵시록·설화』로 나뉘어 출간된다. 분량을 고려하여 다섯 행전(요한·바오로·베드로·안드레아·토마 행전) 전문을 완역하고 소개할 『신약 외경 2』에 비해 상대적으로 분량이 적은 『신약 외경 3』을 먼저 출간한다. 초판과 비교해서 달라진 점은 다음과 같다.

첫째, 각 작품의 원문을 빼고 우리말 번역만 실었다. 원문 출처를 상세히 밝혀 놓았으므로 원문을 찾아 읽는 데 큰 어려움은 없을 것이다. 원문을 웹에서 찾아 읽을 수 있도록 매 작품마다 관련 웹사이트를 소개하였다.

둘째, 초판에 없던 '마리아의 영면'과 '목수 요셉 이야기'를 새로 포함시켰다(두 작품은 '설화' 항목에서 다룬다). 예수님의 어머니 마리아와 양부 요셉의 마지막을 다룬 두 작품은 마리아와 요셉에 대한 공경 전통이 일찍부터 교회 안에서 생겨나고 전수되었음을 보여 준다. 마리아와 요셉에 대한 바람직한 공경은 어떤 모습일지 두 작품을 통해 확인할 수 있다.

셋째, 새로운 내용들이 보강되었다. 초판이 출간된 이후 신약 외경과 관련한 연구가 누적되면서 새로운 정보들이 많이 생겨났다. 초판 골격을 유지하면서 최근 십여 년 사이에 업데이트된 정보들을 추가했다.

넷째, 번역문을 새롭게 다듬었다. 원문의 뜻을 훼손하지 않는 범위에서 투박한 번역을 매끄럽게 바꾸려고 노력하였다. 본문에 대한 새로운 연구결과들을 토대로 번역을 바꾼 경우도 있다(해석과 번역은 밀접히 관련되어 있다).

다섯째, 해제나 각주에 담긴 정보들의 출처를 정확히 밝히는 데 노력을 기울였다. 초판에 누락된 출처 정보도 새롭게 보충하였다.

『신약 외경』을 읽어주시는 분들이 계시기에 개정판까지 낼 수 있었습니다. 이 모든 과정에서 늘 함께 해주시고 지지해 주신 정태현 소장 신부님과 조병우 이사장님, 그리고 다른 여러 후원자분들과 독자분들에게 깊이 감사드립니다. 함께 책을 만드는 이효임 편집자와 강재준 사무국장에게도 고마운 마음 전합니다.

하늘로 올라가신 아버지 엄마, 늘 기쁨을 주는 수양이 의양이 우준이 권우, 그리고 다른 가족들과 친구들! 이분들 덕분에 오늘도 감사하며 살아갑니다. 이 모든 좋은 것을 제게 허락해주신 하느님, 감사합니다!

2025년 6월 한님성서연구소에서

송혜경

차례

3. 설화

일러두기

1. 『성경』은 한국천주교회중앙협의회에서 발간한 우리말 성경을 가리킨다.
2. 본문 번역의 [ ]는 훼손된 부분, ( )는 매끄러운 우리말 표현을 위해 첨가한 부분이다. 본문 크기보다 작은 ( )는 필자의 설명이다. 〈 〉에 든 내용은 원문에 없는 내용을 비평본문 편집자가 문맥에 맞게 첨가한 것이다. 훼손된 본문을 복구하기 어려운 경우는 [⋯]로 표시하였다.
3. 쌍따옴표(" ")는 외경 원문 번역이거나 다른 문헌의 직접 인용 시 사용한다.
4. 홑따옴표(' ')는 개념 정의나 강조, 간접 인용 시 사용한다.
5. 원문에 대명사로 표현되거나, 숨겨진 주어(동사 활용에 포함)일 때, 이해를 돕기 위해 가끔씩 별다른 표시 없이 일반 명사나 고유 명사로 옮겼다.
6. 구약성경 인용 시, 특별한 표시가 없을 때는 히브리어 성경을 가리킨다. 칠십인역은 이와 구분하여 '칠십인역 창세기'와 같은 식으로 표시하였다.
7. 교부 문헌 직접 인용문은 필자가 직접 번역하였다.
8. 교부 인명이나 지명은 『교부학 인명·지명 용례집』, 하성수 엮음 (분도출판사 2008)을 따랐다.

1. 서간

신약성경에서 네 복음서, 사도행전과 요한 묵시록을 제외한 나머지 스물한 권은 서간이다. 외경 문학에도 적은 수이기는 하나 서간 형식의 작품들이 전해진다. 코린토인들에게 보낸 셋째 편지와 라오디케이아인들에게 보낸 편지는 바오로 사도의 이름으로 만들어진 편지들로서 오랫동안 (일부) 교회에서 정경으로 여겨지거나 정경과 같은 권위를 가진 것으로 인정받았다. 바오로와 세네카의 교환 서신은 4세기 작품이지만 르네상스 시대까지 바오로와 세네카의 친서로 여겨졌다. 예수님과 압가루스의 교환 서신은 동부 시리아 에데사 교회와 아르메니아 교회에서 친서로 여겨지며 정경의 권위를 누렸다. 특히 예수님이 십자가형을 당하기 직전에 에데사의 압가루스 임금에게 보냈다는 편지는 '보호' 효력이 있다고 여겨져 동서 교회 신도들 사이에서 널리 필사되고 전파되었다.

이 편지들은 오늘날 모두 차명 서신으로 평가되지만 신학적 중요성은 간과할 수 없다. 코린토 3서는 물질적 '육신의 부활'에 대한 굳은 믿음을, 라오디케이아서는 '삼위일체 신학' 발전의 한 단계를 보여준다는 점에서 중요하다. 예수님과 압가루스의 교환 서신은 에데사 교회의 기원에 대한 단초를 제공한다는 점에서, 바오로와 세네카의 교환 서신은 그리스도교가 이교 사회에서 받아들여지는 모습을 보여준다는 점에서 중요하다.

여기서는 코린토인들에게 보낸 셋째 편지, 라오디케이아인들에게 보낸 편지, 예수님과 압가루스의 교환 서신, 바오로와 세네카의 교환 서신만 소개하지만 이 작품들 말고도 제목에 '편지'가 붙은 초대 교회 작품들이 더 있다. 정경으로 분류되지 못한 초대 교회 '편지', 곧 외경 서간으로 분류할 수 있는 작품이라도 저마다의 이유로 여기에서 다루지 않는다. 사도들의 편지는 제목에 '편지'라는 말이 붙었지만 실제로는 부활하신 그리스도와 제자들이 나눈 대화 형식의 복음서이기에 여기서 다루지 않는다(사도들의 편지는 외경 복음서들을 담은 『신약 외경 1』에 실려 있다). 사도교부로 분류되는 저자들의 '편지'들도 여기서 다루지 않는다. 『클레멘스의 첫째 편지』는 몇몇 교회 저자에게 정경으로 인정되었으며, 신약성경 필사본에 포함되기도 할 정도로 중요한 작품이지만[1] 이 서간은 사도교부 총서에서 다루므로 여기서는 다루지 않는다. 『바르나바의 편지』나 『이냐시우스의 편지』도 같은 이유로 제외하였다. 『차명-티토의 편지』는 독신Celibacy에 관해 강론 형식으로 쓴 신학적 논고이므로[2] 다루지 않는다.

1 5세기 사본인 코덱스 알렉산드리누스(Codex Alexandrinus)에도 이 편지가 신약성경의 일부로 수록되어 있다.

2 Elliott, *The Apocryphal New Testament: A Collection of Apocryphal Christian Literature in an English Translation*, 537; Ehrman, *Lost Scriptures: Books that did not make it into the New Testament*, 167.

바오로와 코린토인들의 교환 서신

3 Corinthians

≫ 바오로와 코린토인들의 교환 서신, 줄여서 코린토 3서에 대한 전반적인 정보, 특히 여러 필사본들과 역본에 대한 정보는 Fewster, "3 Corinthians", *e-Clavis: Christian Apocrypha*(검색일: 2024/03/03)에서 얻을 수 있다. 이 사이트에서 코린토 3서의 현대어 번역본과 연구 현황 등 각종 서지 정보도 얻을 수 있다. 라틴어 필사본들을 토대로 만든 코린토 3서 본문과 해제는, Johnston, "Les témoins Latins de la correspondance apocryphe entre Paul et les Corinthiens conservés à La Bibliothèque Nationale de France", 139–166이 유용하다. 그리스어 필사본을 토대로 한 코린토 3서 본문과 해제는, Hovhanessian, *Third Corinthians: Reclaiming Paul for Christian Orthodoxy*, 226-229이 유용하다. 이 책은 파피루스 보드머 X(P. Bodmer X, 그리스어 필사본)를 토대로 한 비평 본문 및 서론과 해제를 싣고 있다. Johnston, "La Correspondance apocryphe entre Paul et les Corinthiens: un pseudépigraphe paulinien au service de la polémique anti-gnostique de la fin du IIe siècle", 226–229; Wayment, *The Text of the New Testament Apocrypha (100–400 CE)*, 12–17, 215–222도 파피루스 보드머 X를 토대로 한 비평 본문과 번역 및 해제를 담고 있다. 바오로 행전(Acta Pauli)의 일부로서 코린토 3서 본문과 해제는 Schneemelcher, "Acts of Paul", 213-270 (본문: 254-256); Elliott, *The Apocryphal New Testament: A Collection of Apocryphal Christian Literature in an English Translation*, 380-382; Pervo, *The Making of Paul: Constructions of the Apostle in Early Christianity*, 96-99; *The Acts of Paul: A New Translation with Introduction and Commentary*, 258-259, 265-266; D'Anna, "La pseudepigrafa Corrispondenza tra Paolo e i Corinzi: il suo contesto e la sua funzione nella costruzione di un'identità dottrinale cristiana", 111-137 (본문: 111-113).

바오로와 코린토인들의 교환 서신은 코린토인들이 바오로에게 보낸 편지와 바오로의 답장을 가리킨다.[1] 바오로가 보낸 편지는 보통 코린토인들에게 보낸 셋째 편지(코린토 3서)라 부른다(편의상 교환 서신을 코린토 3서라고 통칭하기도 한다).[2] 코린토인들은 바오로에게 편지를 보내어 두 이단 교사 시몬과 클

---

1 여러 필사본에서, 바오로가 필리피의 감옥에 갇혀 있는 동안(사도 16,23 참조) 코린토인들한테서 편지를 받았다는 짤막한 글이 두 편지를 연결하고 있다.

2 Luttikhuizen, "The Apocryphal Correspondence with the Corinthians and

레오비우스가 코린토에서 벌이고 있는 일을 알리면서 이 사태에 직접 개입해 줄 것을 요청한다. 바오로는 답서에서 일전에 자신이 코린토인들에게 가르친 내용을 상기시키고 신학적 논증을 제공함으로써 이 교사들의 가르침을 배격한다.

1. 전거와 본문

이 편지는 아르메니아어 성경의 바오로 서간 전집Corpus Paulinum에 포함되어 코린토 2서와 갈라티아서 사이에 위치한다. 한때 시리아와 아르메니아 교회는 이 편지를 바오로 친서로 여겼다. 에프렘도 바오로 서간 주해서에서 이 편지를 정경으로 여기고 다른 바오로 서간들과 똑같이 다룬다.[3] 아프라하트도 코린토 3서를 바오로 서간 가운데 하나로 받아들이고 작품에 인용한다.[4] 이 편지는 몇몇 중세 시대 라틴어 신약성경 필사본에도 포함되어 있었다. 다섯 라틴어 성경 필사본(그 가운데 하나는 3세기 것이다)에 코린토 3서가 정경 서간 뒤에 나온다. 어떤 필사본은 이 서신을 실으면서 바오로의 친서가 아님을 밝혀 두었다.[5]

바오로 행전을 담은 필사본에 코린토 3서가 포함된 경우들이 있어 코

---

the Acts of Paul", 75-91.

3 Luttikhuizen, "The Apocryphal Correspondence with the Corinthians and the Acts of Paul", 75, 각주 1.

4 Walters, "Evidence for Citations of 3 Corinthians and Their Influence in the Demonstrations of Aphrahat", 248-262.

5 코린토 3서의 전거에 대해서는, D'Anna, "The New Testament and the Third Epistle to the Corinthians", 133-148 참조.

린토 3서와 바오로 행전의 관계 문제가 화두로 떠올랐다. 예를 들어, 바오로 행전의 콥트어 본문인 하이델베르크 파피루스 본문P.Heid은 바오로의 필리피 체류 기간을 다루는 대목에 코린토 3서를 담고 있는데, 이 콥트어 본문이 출판되기 전에도 코린토 3서가 바오로 행전에 본디부터 포함되어 있었다고 생각한 학자들이 있었다. 이 파피루스 본문을 출판한 칼 슈미트Carl Schmidt는 코린토 3서가 원래부터 바오로 행전에 속했으며 4세기 말에 바오로 행전에서 분리되었을 것이라고 추정한다. 그런 다음 코린토 3서가 동방 교회의 바오로 서간 전집에 들어가게 되었으리라는 것이다. 그 다음부터는 이 편지가 바오로 행전에 포함된 채로 또는 바오로 서간 전집의 일부로 전수되기 시작했다고 한다.[6]

그런데 코린토 3서를 담은 3세기 그리스어 필사본(파피루스)이 발견되면서 코린토 3서의 전승사에 새로운 전망이 제시되었다. 코린토 3서가 본디 그리스어로 기록되었을 것으로 추정되기에 이 편지의 그리스어 본문이 발견되었다는 사실은 큰 의미가 있다. 이 그리스어 필사본은 1959년에 보드머Bodmer X라는 이름으로 출간되었는데,[7] 이 파피루스의 존재가 알려지면서 코린토 3서와 바오로 행전과의 관계 문제가 새롭게 조망되기 시작했다. 편지로만 이루어진 그리스어 본문이 존재하는 사실로 미루어, 슈미트Schmidt의 생각과 달리 코린토 3서가 본디 바오로 행전과 상관없이 독립적으로 만들어졌을 가능성이 있다. 곧 코린토 3서는 2세기경에 바오로 행전 저자가 아닌 다른 저자에 의해 만들어져 독자적으로 읽히다가 나중에 바오로 행전에 통합되었을 법하다.[8] 그리고 행전에 통합된 뒤에도 여전히 독

---

6 Schmidt, *Acta Pauli*, 132, 144. 바오로 행전을 담은 함부르크 필사본(P. Hamb)에는, 코린토 3서를 포함한 바오로의 필리피 활동 대목이 전부 빠져 있어서 코린토 3서와 바오로 행전과의 관계 문제를 해결하는 데에 별 도움이 되지 않는다.

7 Testuz, *Papyrus Bodmer X-XII*, 9-45.

립된 형태로도 존재했던 것 같다. 파피루스 보드머 X뿐 아니라 아르메니아 성경에도 이 편지만 따로 담겨 있다는 사실이 이 추정을 뒷받침한다. 코린토 3서만 담은 그리스어 필사본 보드머 X는 3세기에, 코린토 3서가 빠진 바오로 행전 그리스어 필사본 P.Hamb는 3-4세기에, 코린토 3서를 포함한 바오로 행전 콥트어 본문 P.Heid는 5-6세기에 만들어졌으리라는 추정도 이 의견을 뒷받침한다.[9]

코린토 3서와 바오로 행전의 나머지 부분들과의 차이는 클린Klijn과 로도프Rordorf가 자세히 다루었다.[10] 그들의 모든 의견을 받아들일 수는 없지만 최소한 코린토 3서가 원래부터 바오로 행전에 포함되어 있었다는 견해는 이제 지지를 얻기 힘들 것이다.

2. 구조와 내용

코린토인들이 바오로에게 보낸 편지의 구조는 다음과 같다.

도입(1,1)

---

8 Klijn, "The Apocryphal Correspondence between Paul and the Corinthians", 2-23; Rordorf, "Hérésie et Orthodoxie selon la Correspondence apocryphe entre les Corinthiens et l'apôtre Paul", 389-431; Testuz, *Papyrus Bodmer X-XII*, 9-45. 코린토 3서가 2세기에 만들어졌을 것이라는 추정은, Elliott, *The Apocryphal New Testament*, 354 참조.

9 Elliott, *The Apocryphal New Testament*, 352 참조.

10 Klijn, "The Apocryphal Correspondence between Paul and the Corinthians", 2-23; Rordorf, "Hérésie et Orthodoxie selon la Correspondence apocryphe entre les Corinthiens et l'apôtre Paul", 389-431.

시몬과 클레오비우스에 대한 고발(1,2-8)
시몬과 클레오비우스의 가르침 내용(1,9-15)
결론(1,16)

코린토 교회의 스테파노와 원로들은 인사말에(1,1) 이어 바오로 사도에게 시몬과 클레오비우스의 가르침 내용을 알리면서 빨리 코린토 공동체를 방문하여 잘못을 바로잡아 달라고 요청한다(1,2-8). 이 편지에 따르면 시몬과 클레오비우스는 여섯 가지를 부정한다(1,9-15). 그들이 부정하는 내용은 다음과 같다.

첫째, '예언서들을 사용해야 한다는 것.'
둘째, '하느님은 (전)능하신 분이시라는 것.'
셋째, '미래에 있을 육신의 부활.'
넷째, '하느님께서 사람을 만드셨다는 것.'
다섯째, '그리스도가 마리아를 통해 육신으로 나셨다는 것.'
여섯째, '세상이 하느님에게 속한다는 것.'[11]

콥트어 필사본에 담긴 도입부에는 거짓 교사들이 예수 그리스도가 십자가에 못 박히셨다는 사실을 부정한다는 내용도 담겨 있다. 마지막으로 원로들의 인사가 이어진다(1,16).

바오로가 코린토인들에게 보내는 편지는 다음과 같은 구조로 짜여 있다.[12]

11 시몬과 클레오비우스는 세상이 천사들의 것이라고 주장한다(1,15).

12 Kennedy, *New Testament and Rhetorical Criticism*, 24.

도입(3,1-3)

바오로의 가르침(3,4-8)

논증(3,9-32)

결론(3,34-39)

도입부에서 바오로 사도는 악의 가르침이 퍼진다 해도 놀랍지 않다면서 그 이유를 그리스도의 재림이 임박하기 때문이라고 설명한다(3,2-3). 이어서 바오로는 자신이 코린토에서 선포한 가르침을 상기시킨다(3,4-8). 그 가르침은 바오로 사도가 그리스도 생전에 그분과 함께 있었던 사도들에게서 받은 것이라고 하는데, 그 내용은 다음과 같다.

> 3,5 "우리 주 예수 그리스도께서는 다윗의 후손인 마리아에게서 나셨습니다 — 이는 아버지께서 하늘의 성령을 그녀에게 보내시어 (이루어진 일입니다). 6 그분께서 이 세상에 오시어 당신 육신을 통해 모든 육신을 해방하시고 죽은 이들 가운데서 우리를 육신과 함께 일으키시기 위함이었습니다. 미리 말씀하신 대로 자신을 본보기로 세우신 것입니다. 7 사람은 하느님 아버지에게서 만들어졌습니다. 8 (하느님의) 자녀가 되는 자격을[13] 통해 다시 살아나기 위해서였습니다. 그가 죽은 뒤 (하느님께서) 그를 되찾으신 것이 그래서입니다.

이어서 바오로 사도는 앞에 언급한 가르침에 대한 논증을 제시한다

13 '입양'으로도 옮길 수 있는 '하느님의 자녀가 되는 자격'(adoptio; υἱοθεσία)에 대해서는 갈라 4,4-5 "그러나 때가 차자 하느님께서 당신의 아드님을 보내시어 여인에게서 태어나 율법 아래 놓이게 하셨습니다. 율법 아래 있는 이들을 속량하시어 우리가 하느님의 자녀 되는 자격을 얻게 하시려는 것이었습니다"; 에페 1,5; 로마 8,15; 8,23 참조.

(3,9-32). 논증은 첫째 논증(3,9-21)과 둘째 논증(3,22-32)으로 나뉜다.

첫째 논증에서는 성경이 논거로 제시되고(3,9-21), 구원 신학이 간결한 형태로 소개된다. 첫째 논증은 다음과 같은 순서로 진행된다.

1. 하느님은 참으로 전능하시며 하늘과 땅의 창조자시다(3,9ㄱ).
2. 하느님께서 이스라엘 가문을 구하시려고 먼저 유다인들을 위해 그리스도의 성령을 예언자들에게 보내셨다. 그러나 악마가 그들의 육신을 쾌락에 속박시켰다(3,9ㄴ-11).
3. 그러자 전능하신 하느님께서 당신의 영을 마리아에게 보내셨다. 이는 악마가 죽음을 들여온 육신을 통해 자신이 패배했다는 사실을 인정하게 만들기 위해서였다(3,12-15).
4. 그리스도 예수님께서 당신 몸을 통해 모든 육신을 구원하셨다(3,16-18).
5. 하느님이 하늘과 땅, 그리고 그 안에 있는 모든 것의 창조주이심을 부정하는 자들은 정의의 아들들이 아니라 분노의 아들들이다(3,19).

첫째 논증은 코린토인들이 바오로에게 보낸 편지 1,9-15에서 언급된 이단적 가르침들을 반박한다. 하느님은 이스라엘에 예언자들을 보내시고 그들에게 그리스도의 성령을 부어 주셨다(첫째 주장 반박). 하느님은 만물의 창조주시며(넷째, 여섯째 주장 반박), 피조물의 방황을 원치 않으시는 전능하신 분이시다(둘째 주장 반박). 그리고 하느님은 마리아에게 영을 보내 주시어(다섯째 주장 반박) 악마가 지배하고자 했던 육신을 통해 악마를 패배시키고자 하셨다. 육신의 부활을 부정하는 저들의 셋째 주장을 반박하는 내용은 첫째 논증이 아니라 둘째 논증에서 나온다. 첫째 논증 말미에 사도는 뱀 곧 악마의[14] 가르침을 따르는 자들은 저주를 받았음을 알리면서 그들의 가르침에서 멀어지라고 경고한다(3,20-21).[15]

둘째 논증에서는 육신의 부활 문제를(셋째 주장) 집중적으로 다루면서

(3,24-32), "육신의 부활은 없다고 말하는" 자들에게는 부활이 없다고 선언한다. 이 논증은 유비Analogia를 통해 부활을 설명하고 성경에 전해지는 (일시적) 부활의 사례들을 그 증거로 제시한다. 사도는 먼저 씨앗의 유비를 통해 육신의 부활을 설명한다. 이어서 물고기에게 잡아먹혔던 요나가 살아나오고, 죽은 엘리사의 뼈에 던져진 죽은 이가 되살아난 성경의 일화를 증거로 제시하면서 육신의 부활이 실제로 일어날 것이라 주장한다.[16] 코린토 3서가 말하는 부활은 육신의 부활, 그것도 지상 생애 동안 지녔던 물질적 육신의 부활임이 분명하다.

> [3,6] "그분께서 이 세상에 오시어 당신 육신을 통해 모든 육신을 해방하시고 죽은 이들 가운데서 우리를 육신과 함께 일으키시기 위함이었습니다. … [7] 사람은 하느님 아버지에게서 만들어졌습니다. [8] (하느님의) 자녀가 되는 자격을 통해 다시 살아나기 위해서였습니다. 그가 죽은 뒤 (하느님께서) 그를 되찾으신 것이 그래서입니다."

(물질적) 육신의 부활을 주장하는 근거는 무엇보다 우리는, 육신을 포

14 묵시 12,9; 20,2 참조.

15 위 논증은 사람의 육신이 쾌락에 구속되었음을 알리면서 인간의 타락과 죄가 육신의 쾌락과 관련 있음을 시사한다. 그리하여 예수 그리스도를 통한 구원도 이러한 육신의 쾌락에서 해방되는 것으로 제시된다. 여기서 드러나는 신학은 절제와 금욕을 강조하는 바오로 행전과 조화를 이룬다. 특히 테클라 행전 5장과 12장에서 두드러지는 정결과 금욕에 대한 권고(절제와 금욕을 통해 육신의 쾌락을 벗어나고 악에 맞서 싸워야 한다는 내용)와 잘 부합한다. 이러한 주제적 유사성은, 코린토 3서가 처음부터 바오로 행전의 일부로 저술되었다고 믿는 학자들에게 자신들의 주장을 뒷받침하는 증거로 여겨질 것이다.

16 Calhoun, "The Resurrection of the Flesh in Third Corinthians", 235-257; Hovhanessian, *Third Corinthians: Reclaiming Paul for Christian Orthodoxy* 참조.

함하여, 하느님께서 만드신 작품이라는 것이다. 우리가 처음 만들어진 모습대로 물질적 육신을 지닌 채 부활한다는 의미다.

편지는 부탁과 권고로 끝맺는다(3,34-39). 사도는 코린토 신자들에게 당신들이 거짓 가르침을 선호한다면 자기를 더 이상 괴롭히지 말라고 하면서 예언서와 복음서를 통해 받아들인 규칙들을 지키는 이들은 상급을 받을 것이고 그러지 않는 이들은 벌을 받게 될 것이라고 경고한다. 또한 그릇된 가르침을 전하는 이들은 독사의 자식들이니 멀리하라고 당부한다.

3. 신학

코린토 3서가 만들어진 2세기 교회는 '부활 논쟁', 특히 '육신의 부활' 여부를 둔 논의가 치열하게 이루어지던 시기였다. 이는 순교자 유스티누스, 테르툴리아누스, 이레네우스 등 교부들의 저서나, 사도들의 편지, 부활 논고, 필립보 복음서 등 다양한 신약 외경을 통해서 확인된다. 사실 부활에 대한 인식차이는 이미 신약성경에도 반영되어 있다(2티모 2,17-18). 레티푸Lehtipuu에 따르면, "육신의 부활"(σαρκὸς ἀνάστασις / carnis resurrectio)이라는 표현이 부활 논의에 도입된 2세기 중후반부터 논의가 더욱 과열되었으며 부활 신앙의 판단 기준이 "육신의 부활" 여부가 되었다고 한다.[17]

---

17 Lehtipuu, "Flesh and Blood Cannot Inherit the Kingdom of God: The Transformation of the Flesh in the Early Christian Debates Concerning Resurrection", 159. 신약성경에는 "부활"만 단독으로 쓰이거나 "죽은 이들의 부활" 또는 "의인들의 부활"이라는 표현만 있지 "육신의 부활"이라는 말은 없다. "육신의 부활"이라는 표현이 처음 쓰인 경우는 순교자 유스티누스의 『트리폰과의 대화』 80,5(155-160년경)로 알려져 있다: 같은 글, 159, 각주 3. 2세기 교회의 '부활 논쟁'에 대해서는 송혜경, "「부활에 대한 논고」(NHC I,4)의 '육신의 부활' 개념", 124-129. 2세기 교부들의 부

코린토 3서도 '육신의 부활'을 둘러싼 견해 차이를 담고 있다. 코린토인들이 바오로에게 보낸 편지에는 시몬과 클레오비우스가 "미래에 있을 육신의 부활"을 부인한다는 내용이 언급되어 있다. 부활은 미래의 일도 아니고 (물질적) 육신의 일도 아니라는 것이다. 이 주장은 2-3세기 그리스도교 영지주의자들이 공유하던 사항이다.[18] '영'만 강조하면서 영적 부활을 주장하는 경향은 필립보 복음서나 부활에 대한 논고에서 찾아볼 수 있다. 두 작품에 따르면, 부활은 미래에 일어날 무언가가 아니라 지금 이미 시작된 현실이다. 두 작품 모두 육신이 부활한다는 표현을 사용하지만 두 작품이 말하는 육신은 '영적 육신'이지 '물질적 육신'이 아니다.[19] 코린토 3서 저자는, 육신의 중요성을 폄하하고 육신의 부활을 부정하는 자들에게 일침을 가한다. 그리고 우리가 믿는 부활은 '육신의 부활', 그것도 '물질적 육신의 부활' 임을 명확히 한다.[20] 이는 엘리사의 뼈에 던져진 사람의 부활을 예시로 든 설명에서 잘 드러난다.

활 개념에 대해서는 af Hällström, *Carnis Resurrectio: The Interpretation of a Credal Formula* 참조.

18 코린토 3서가 겨냥한 대상은 코린토 교회에서 활동한 특정 집단이라기보다는 당시에 퍼져 있던 영지주의적 사고방식 자체일 것이다: Luttikhuizen, "Correspondence with the Corinthians", 91. 존스톤은 코린토 3서를 2세기 교회의 반-영지주의 논쟁의 맥락에서 바라보고 읽는다: Johnston, "La Correspondance apocryphe entre Paul et les Corinthiens: un pseudépigraphe paulinien au service de la polémique anti-gnostique de la fin du IIe siècle", 187–230.

19 이에 대해서는 송혜경, "「부활에 대한 논고」(NHC I,4)의 '육신의 부활' 개념", 144-148 참조.

20 Calhoun, "The Resurrection of the Flesh in Third Corinthians", 235-257 참조. 3코린 3,6.16-18도 물질적 육신의 부활을 내세운다. 신약 외경 가운데 '물질적 육신의 부활'을 명백히 드러내는 작품으로는 코린토 3서 외에 사도들의 편지(10-12; 25-26)를 꼽을 수 있다.

3,32 "그리고 어떤 이가 이스라엘 사람들에 의해 엘리사 예언자의 죽은 뼈들에 던져지자 그는 죽은 이들 가운데서 제 몸으로 다시 일어섰습니다. 주님의 영이 (여러분) 몸과 뼈에 보내질 그날에는 여러분도 온전한 육신을 지닌 채 다시 일어나지 않겠습니까?"

어떤 라틴어 필사본(L1)은 '그는 … 제 몸으로 다시 일어섰습니다' 대신 "그는 … 몸과 영혼과 뼈와 영이 다시 일어섰습니다"라고 읽음으로써 부활은 '물질적 육신의 부활'임을 보다 명확히 제시하고 있다. 우리도 온전한 육신 곧 '몸과 영혼과 뼈와 영'을 지닌 채 다시 일어나리라는 것이다.

4. 바오로와 코린토인들의 교환 서신

본문 번역은 Vouaux, *Les Actes de Paul et ses Lettres Apocryphes: Introduction, Textes, Traduction et Commentaire*, 248-274에 제시된 라틴어 본문을 토대로 하였다. 이 편집 본문은 A(아르메니아 성경), E(에프렘의 시리아어 성경 주해서)와 라틴어 필사본 Milan(L1)과 Laon(L2), 그리고 콥트어 필사본 P.Heid(Co)에 기초를 둔 것이다(같은 책, 248).

코린토인들이 바오로에게 보낸 편지

1 [1] 스테파노와 그와 함께 있는 원로들,[21] 곧 다프누스, 에우불로스, 테오
필로스와 제논이 주님 안에서 바오로에게 인사드립니다.

2 시몬과[22] 클레오비우스라는 두 사람이 코린토에 와서 (자기네) 그릇
된 가르침으로 어떤 이들의 신앙을 뒤흔들어 놓고 있습니다.[23] 3 당신
이 그것(그들의 가르침)을 시험하고 검토해 보십시오. 4 우리가 한 번도 당
신에게서나 다른 사도들에게서 그런 내용을 들어본 적이 없기 때문입
니다. 5 우리는 당신에게서나 그분들에게서 받은 것은 무엇이든 다 지
킵니다. 6 그러므로 주님께서 우리를 측은히 여기시니, 아직 당신이 육
신 속에 있는 동안 우리가 그런 것을 다시 들을 수 있도록 7 우리에게
와 주시든지 아니면 우리에게 편지를 써 주십시오. 8 우리는 테오노에
에게 계시된 것, 곧 주님께서 원수의 손에서 당신을 빼내어 주셨다는
것을[24] 믿기 때문입니다.

---

21 원로들(majores natu)은 그리스어 πρεσβύτεροι에 해당한다. 원로를 뜻하는 πρεσβύτερος는 초대 교회에서 일반적인 사제를 칭하기도 한다. 이 단어는 때로 ἐπίσκοπος와 같은 의미로 사용되어 주교(감독)를 가리키기도 하였다. 초대 교회의 성직자는 직분에 따라 주교(감독, ἐπίσκοπος/πρεσβύτερος)와 부제(봉사자, διάκονος)의 두 직제로 나뉘거나 주교ἐπίσκοπος-사제πρεσβύτερος-부제διάκονος의 세 직제로 나뉘었다. 처음에 지역 교회 지도부는 여러 원로들(프레스뷔테로스) 또는 감독들(에피스코포스)로 구성되었다(필리 1,1; 『디다케』 15,1-2). 그러다가 점차 '한 명의 감독(=주교)과 원로단'이 함께 지역 교회를 맡아 다스리게 되었다(1티모 3; 4,14). 이 시스템을 통해 교회는 효율적으로 '다른 관점'들을 관리할 수 있었다고 한다. 2세기 교회는 '감독과 원로단' 외에 '봉사자들'도 갖추고 있었다. 이 '감독, 원로들, 봉사자들'이 원-정통 교회의 전형적 직제로 자리매김하는데, 이들은 나중에 각각 주교, 사제, 부제라 불리게 된다. 교회 직무의 분화와 소식화에 대해서는 Burkett, *An Introduction to the New Testament and the Origins of Christianity*, 427-428, 437-439 참조.

22 시몬 마구스를 가리킨다. 베드로 행전 4—5장을 참조하라. 이에 따르면 시몬이 로마의 신자들을 현혹하여 공동체를 혼란에 빠뜨렸다고 한다.

23 2티모 2,18을 참조하라: "이자들(히메내오스와 필레토스)은 진리에서 빗나가, 부활이 이미 일어났다고 말하면서 몇몇 사람의 믿음을 망쳐 놓고 있습니다."

24 사도 12,11에서는 베드로가 "주님께서 … 헤로데의 손에서, 유다 백성이 바라

[9] 한편 그들(시몬과 클레오비우스)이 말하고 가르치는 것은 이렇습니다.
[10] 그들은 예언서들을 사용해야 한다는 것을 부정합니다. [11] 하느님이
(전)능하시다는 것도 [12] 미래에 있을 육신의 부활도[25] [13] 사람이 하느님
에 의해 만들어졌다는 것도 [14] 그리스도께서 육신으로 내려오시어 마
리아에게서 나셨다는 것도 [15] 세상이 하느님의 것이라는 것도 부정하
며 대신 그것이 천사들의 것이라[26] (주장합니다).

[16] 그러니 형제여, 갖은 노력을 다하여 우리에게 와 주십시오. 그리하여 코린토 교회가 걸림돌에 걸려 넘어지지 않고 유지되어 그들의 어리석음이 드러나게 해 주십시오.[27]
주님 안에서 안녕히 계십시오.

[2] **[중간 보고서]**[28]

던 그 모든 것에서 나를 빼내어 주셨다"(Dominus … eripuit me de manu Herodis et de omni expectatione plebis Iudaeorum)고 고백한다.

25 부활을 가리키는 데 resurrectio 대신 그리스어 차용어인 anastasis를 사용하였다. 이는 라틴어 본문이 그리스어에서 번역되었을 가능성을 시사한다.

26 이레네우스에 따르면 카포크라테스와 그의 제자들(『이단 논박』 1.25.1) 그리고 바실리데스가 이와 비슷한 주장을 내세웠다고 한다(『이단 논박』 1.24.3-4).

27 2티모 3,9 참조.

28 P.Heid(Co)에는 편지 1장(코린토인들이 바오로에게)·3장(바오로가 코린토인들에게)과 함께, 이 두 편지를 잇는 짤막한 중간 보고서(2장)도 담겨 있다. 아르메니아어 성경(A)과 에프렘의 시리아어 성경 주해서(E)에는 두 편지와 중간 보고서 전체가 담겨 있다. Zürich MS(Z)에는 편지 1장과 중간 보고서만 담겨 있다. 그리스어 파피루스 Bodmer X와 라틴어 필사본 Milan(L1), Laon(L2), Berlin(B)에는 중간 보고서 없이 편지 1장과 3장이 전해진다. 라틴어 파리 필사본(P)에는 편지 3장만 전해진다. 이에 대해서는 Hovhanessian, *Third Corinthians: Reclaiming Paul for Christian Orthodoxy*, 3-10 참조.

바오로가 코린토인들에게 보낸 편지

3 [1] 그리스도 예수님의 수인인 나 바오로가[29] 코린토에 있는 형제들에게
인사드립니다.

[2] 그래서는 안 되는 방식으로 내게 일어난 많은 일들을 보고 나니, 악의 가르침이[30] 확산되고 있다 하더라도 나는 놀라지 않습니다.[31] [3] 나의 주 예수 그리스도께서 곧 오시어 그분의 가르침을 왜곡하는 이들의[32] 불의를 더는 참지 않으실 것이기 때문입니다.[33]

[4] 참으로 나는 처음부터 (나의) 선행자들인 우리의 거룩한 사도들에게서[34] 받은 것을 여러분에게 전해 주었습니다.[35] 그들은 언제나 주 예수

---

29 에페 3,1: Paulus vinctus Christi Iesu(그리스도 예수님 때문에 … 수인이 된 나 바오로가); 필레 9 참조.

30 '악의 가르침'이라고 옮긴 malitiae disciplina는 δόγματα τοῦ πονηροῦ의 번역에 해당한다: Vouaux, *Les Actes de Paul et ses Lettres Apocryphes: Introduction, Textes, Traduction et Commentaire*, 256, 각주 2. δόγματα τοῦ πονηροῦ는 '악마의 가르침'이라 옮겨도 된다.

31 갈라 1,6 참조: "그리스도의 은총 안에서 여러분을 불러 주신 분을 여러분이 그토록 빨리 버리고 다른 복음으로 돌아서다니, 나는 놀라지 않을 수 없습니다."

32 "그분의 가르침을 왜곡하는 이들": adulterantes doctrinam suam. 2코린 2,17(plurimi adulterantes verbum Dei); 4,2(adulterantes verbum Dei) 참조.

33 그리스도의 임박한 재림에 대한 기대와 믿음은 사도 시대에 널리 퍼져 있었고 그 이후로도 오래 지속되었다. 1테살 4,14-16; 2테살 2,1-2; 1코린 7,29-31 등을 참조하라.

34 "선행자들": praecedentes. 갈라 1,17(antecessores meos apostolos, 나보다 먼저 사도가 된 이들) 참조.

35 Ego enim in initio tradidi vobis quae a praecedentibus nostris sanctis apos-

그리스도와 함께 있었던 이들입니다.[36] [5] 우리 주 예수 그리스도께서는 다윗의 후손인 마리아에게서 나셨습니다[37] — 이는 아버지께서 하늘의 성령을 그녀에게 보내시어[38] (이루어진 일입니다). [6] 그분께서 이 세상에 오시어 당신 육신을 통해 모든 육신을 해방하시고[39] 죽은 이들 가운데서 우리를 육신과 함께 일으키시기 위함이었습니다.[40] 미리 말씀하신 대로 자신을 본보기로 세우신 것입니다. [7] 사람은 하느님 아버지에게서 만들어졌습니다. [8] (하느님의) 자녀가 되는 자격을[41] 통해 다시 살아나기 위해서였습니다. 그가 죽은 뒤 (하느님께서) 그를 되찾으신 것이 그래서입니다.[42]

---

tolis acceperam. 1코린 15,3 참조: tradidi enim vobis in primis quod et accepi quoniam 나도 전해 받았고 여러분에게 무엇보다 먼저 전해 준 복음은 이렇습니다.

36 사도들이 해야 할 첫째 의무는 예수님과 함께 지내는 것이었다. 마르 3,14-15 "그분께서는 열둘을 세우시고 그들을 사도라 이름하셨다. 그들을 당신과 함께 지내게 하시고, 그들을 파견하시어 복음을 선포하게 하시며, 마귀들을 쫓아내는 권한을 가지게 하시려는 것이었다"를 참조하라.

37 dominus noster Jesus Christus ex Maria natus est, quae est ex semine David. 로마 1,3(de Filio suo qui factus est ex semine David secundum carnem) 참조. 야고보 원복음 10,2-4도 마리아를 다윗의 후손으로 제시한다.

38 직역: "하늘의 성령이 아버지에게서 그녀에게 보내져." 루카 1,35을 참조하라: "성령께서 너(마리아)에게 내려오시고 지극히 높으신 분의 힘이 너를 덮을 것이다."

39 1티모 1,15 참조: "그리스도 예수님께서 죄인들을 구원하시려고 이 세상에 오셨다는 것입니다."

40 3코린 3,6에서 육신의 부활 신앙이 명백히 선언된다.

41 '(하느님의) 자녀가 되는 자격'이라 옮긴 adoptio는 그리스어 υἱοθεσία(하느님의 자녀가 되는 자격, 입양)를 번역한 것이다. 로마 9,4; 8,15.23; 갈라 4,5; 에페 1,5 참조.

42 갈라 4,4-5을 보라: "그러나 때가 차자 하느님께서 당신의 아드님을 보내시어 여인에게서 태어나 율법 아래 놓이게 하셨습니다. 율법 아래 있는 이들을 속량하시

9 하느님께서는 참으로 전능하시며 하늘과 땅의 창조자이시고, 유다인
들을 자신의 잘못에서 구해내고자 하십니다. 10 그분께서 이스라엘 가
문을 구하시기로 작정하셨기에 그리스도의 성령의 일부를 예언자들에
게 나누어 주시고 (예언자들을) 유다인들에게 먼저 보내셨습니다. 그
들이 오랫동안 오류 없는 하느님 숭배를[43] 선포했기 때문입니다. 11 그
러나 의로운 것들을 교란시킬 수 있는 자가[44] (스스로) 하느님이 되기
를 원하여 그들을 초토화시키고[45] 그들의 모든 육신을 쾌락에 속박
시켰습니다(묶어 두었습니다). 12 그때 전능하신 하느님께서 당신의 작품
이[46] 연약한 것을 원치 않으시고 13 당신의 영을 마리아에게 보내셨습
니다.[47] 14[48] 15 저 사악한 자가 죽음을 들여온[49] 바로 그 육신을 통해 자

어 우리가 하느님의 자녀 되는 자격을 얻게 하시려는 것이었습니다." 에페 1,5; 로마 8,15.23도 참조하라.

43 직역: "오류 없이 하느님을 숭배하는 것을."

44 "의로운 것들을 교란시킬 수 있는 자"(justa potens turbare)란 '악마'를 가리킨다. L2는 injustus princeps(불의한 지배자)라 읽는다. 믿는 이들을 굳건히 세울 수 있는 하느님(potens aedificare, 사도 20,32)과 대조를 이룬다. 이문에 대한 정보는 부오(Vouaux)의 책에서 얻은 것이다. Vouaux, *Les Actes de Paul et ses Lettres Apocryphes: Introduction, Textes, Traduction et Commentaire*, 260. 이하 마찬가지다.

45 직역: "완전히 내쫓고, 없애고." 천사가 스스로 하느님이 되기를 원했다가 악마가 되었다는 생각은, 2에녹 29,1-4에 전해진다. 이에 대한 논의는 송혜경, 『사탄 악마가 된 고발자』, 58-60 참조.

46 시편 137,8(opera manuum tuarum 당신 손이 빚은 것들) 참조.

47 루카 1,35.

48 L1에만 14절이 있다. L1: "14 그녀는 온 마음으로 믿고 자신의 태 안에 성령을 받아들여 예수님께서 세상에 나실 수 있게 하였습니다." Vouaux, *Les Actes de Paul et ses Lettres Apocryphes: Introduction, Textes, Traduction et Commentaire*, 262.

49 여기서 "저 사악한 자"(ille malus)는 악마를 가리킨다. 지혜 2,24 참조: "그러

신이 패배했다는 것을 인정하게 만들기 위해서였습니다. 16 그렇게 그
리스도 예수님께서는 (자신의) 몸으로 모든 육신을 지키셨으며, 17 자
신의 몸으로 정의와 본보기를 드러내 보이셨습니다. 18 우리는 이를 통
해 해방된 것입니다.[50] 19 그러므로 그들에게 동의하는 자들은 정의의
아들들이 아니며 분노의 아들들입니다.[51] 그들은 하느님의 예지를 거
부하면서 하늘과 땅, 그리고 그 안에 있는 것들이 하느님의 작품이 아
니라고 말하기 때문입니다. 20 뱀의[52] … 의견을 따르는 자들은 저주받
았습니다. 21 그러니 여러분에게서 그들을 멀리 쫓아버리십시오. 그리
고 그들의 가르침에서 도망치십시오. 22 23[53]

24 육신의 부활은 없다고 말하는 것은[54] 그들이 자신들을 두고 하는 말
입니다. 그들은 부활하지 않기 때문입니다.[55] 25 그들은 죽은 이가 부활

나 악마의 시기로 세상에 죽음이 들어와 죽음에 속한 자들은 그것을 맛보게 된다."

50 마르 16,16; 로마 9,33; 10,11 참조. 3코린 3,16-18은 우리가 믿는 부활이 "육신의 부활"임을 공고히 한다.

51 에페 2,3.

52 여기서 '뱀'은 악마, 사탄을 가리킨다. 묵시 12,9 "그 큰 용, 그 옛날의 뱀, 악마라고도 하고 사탄이라고도 하는 자, 온 세계를 속이던 그자가 떨어졌습니다"; 20,2 참조.

53 L1과 A에만 22-23절이 있다. L1: "22 여러분은 불순종의 자식들이 아니라 매우 사랑받는 교회의 자식들이기 때문입니다. 23 또한 부활의 때가 선포되었기 때문이기도 합니다." A도 L1과 비슷하게 읽는다. Vouaux, *Les Actes de Paul et ses Lettres Apocryphes: Introduction, Textes, Traduction et Commentaire*, 264-265.

54 1코린 15,12을 보라: "그리스도께서 죽은 이들 가운데에서 되살아나셨다고 우리가 이렇게 선포하는데, 여러분 가운데 어떤 사람들은 어째서 죽은 이들의 부활이 없다고 말합니까?" 부활이 없다고 주장했다는 사두가이파 사람들을 언급하는 마태 22,23; 사도 23,8도 참조하라.

55 3코린 3,24은 죽은 모든 이들이 부활하는 것이 아니라 믿는 이들 또는 의인들

했다는 것을 믿지 않은 까닭입니다. 26 코린토인들이여, 그들은 밀이든
다른 종류든 씨앗 뿌리는 일을[56] 알지도 못합니다. (씨앗)이 어떻게 (껍
질이) 벗겨진 채 땅에 떨어지는지도 (알지 못하고), 그것들이 썩으면 하
느님의 뜻으로 다시 일어나 한 몸이 된다는 것도 (알지 못합니다). 27 그
리고 뿌려진 것은 (다시) 일어나기만 할 뿐 아니라 여러 곱절이 된다는
것도[57] (알지 못합니다).
28 우리가 씨앗에서 예를 찾고 싶지 않다면, 29 여러분은 아미타이의 아
들[58] 요나가[59] 니네베에서 (주님의 말씀을) 선포하려 들지 않자[60] 바다
의 짐승에게 잡아 먹혔다는 것을 잘 압니다.[61] 30 그리고 사흘 낮과 사

만 부활하는 것으로 제시한다. 루카 14,14 "의인들이 부활할 때에 네가 보답을 받을 것이다"; 20,35 참조. 여기서는 부활 자체가 상급으로 간주된다. 반면 요한 5,29은 의인과 악인이 모두 부활할 것이라 선포한다. 의인은 생명을 얻기 위해, 악인은 심판을 받기 위해서라고 한다. 다니 12,2; 1에녹 22,9도 참조.

56 죽은 이들의 부활을 다루는 1코린 15,37을 참조하라: "그리고 그대가 뿌리는 것은 장차 생겨날 몸체가 아니라 밀이든 다른 종류든 씨앗일 따름입니다."

57 요한 12,24 참조: "밀알 하나가 땅에 떨어져 죽지 않으면 한 알 그대로 남고, 죽으면 많은 열매를 맺는다."

58 요나 1,1. '아미타이의 아들'이라는 표현은 마태 12,40에는 나오지 않는다. 코린토 3서의 저자가 요나서를 직접 알고 있었을 법하다.

59 마태 12,40 "요나가 사흘 밤낮을 큰 물고기 배 속에 있었던 것처럼, 사람의 아들도 사흘 밤낮을 땅속에 있을 것이다"도 요나의 예로 그리스도의 부활을 설명한다.

60 L1은 "그가 (주님의 말씀을) 선포하지 않고 달아났다"라 읽는다: Vouaux, *Les Actes de Paul et ses Lettres Apocryphes: Introduction, Textes, Traduction et Commentaire*, 268. 이는 요나 1,3 "그러나 요나는 주님을 피하여 타르시스로 달아나려고 길을 나서 야포로 내려갔다"을 따랐을 것이다. 이 역시 저자가 요나서를 직접 알았으리라는 추측을 가능하게 한다.

61 요나 1,2—2,1.

흘 밤이 지난 뒤 심연 속에서 그는 죽음에서 다시 일어났습니다. 하느님께서 요나의 기도를 들어주시어[62] 그의 (몸) 어느 것도, 머리털 하나도 눈꺼풀 하나도 상하지 않았던 것입니다.

31 그리스도 예수님을 믿은 여러분은 얼마나 더 (확실히) 그분께서 다
시 일으키시겠습니까?[63] 그분께서 일어나신 것처럼 말입니다.[64]
32 그리고 어떤 이가 이스라엘 사람들에 의해 엘리사 예언자의 죽은 뼈
들에 던져지자 그는 죽은 이들 가운데서 제 몸으로[65] 다시 일어섰습니
다.[66] 주님의 영이 (여러분) 몸과 뼈에 보내질 그날에는 여러분도 온전
한 육신을 지닌 채 다시 일어나지 않겠습니까?[67] 33[68]

---

62 요나가 물고기 배 속에서 사흘 낮과 사흘 밤을 보내며 하느님께 기도드렸다는 요나 2,2-3을 참조하라.

63 L1은 이 문장에 'pusilli fide'(믿음이 약한 자들아!)를 첨가한다. 이 표현은 마태 6,30; 루카 12,28(pusillae fidei)의 영향을 받은 듯하다. Vouaux, *Les Actes de Paul et ses Lettres Apocryphes: Introduction, Textes, Traduction et Commentaire*, 270.

64 로마 6,4 "… 그리하여 그리스도께서 아버지의 영광을 통하여 죽은 이들 가운데에서 되살아나신 것처럼, 우리도 새로운 삶을 살아가게 되었습니다."

65 엘리사의 무덤에 던져진 주검이 엘리사의 뼈에 닿자 다시 살아나서 제 발로 일어섰다는 내용의 2열왕 13,21을 참조하라.

66 L1은 '제 몸으로' 대신 '몸과 영혼과 뼈와 영이'라 읽는다. 곧 "몸과 영혼과 뼈와 영이 다시 일어섰습니다." Vouaux, *Les Actes de Paul et ses Lettres Apocryphes: Introduction, Textes, Traduction et Commentaire*, 270.

67 3코린 3,32은 육신의 부활, 그것도 지상의 '물질적 육신'이 부활할 것임을 선언한다.

68 L1과 A에만 32절 뒤에 1열왕 17,19-23에서 따온 새로운 예가 이어진다. L1: "33 엘리야의 경우도 비슷합니다. 그는 과부의 아들을 죽음에서 다시 일으켰습니다. 얼마나 더 (확실히) 주 예수님께서는 나팔 소리와 함께 눈 깜짝할 사이에 여러분을 죽음에서 다시 일으키시겠습니까? 그분께서 죽은 이들 가운데서 다시 일어나신 것처럼 말입니다. 참으로 그분께서는 당신 몸으로 우리에게 예형을 보여 주시는

34 여러분이 다른 쪽을[69] 더 선호하여 받아들인다면 나를 괴롭히지 마
십시오.[70] 35 사실 나는 그리스도를 내 안에 얻으려[71] 갇힌 몸이 되었습
니다[72] —그리하여 나는 그분의 낙인을 내 몸에 지니고 있습니다.[73] 나
도 죽은 이들의 부활에 동참하기 위해서입니다.[74]
36 복된 예언자들과 거룩한 복음을 통해 받아들인[75] 이 규칙들을 지키
는[76] 이들은 누구나 주님에게서 삯을 받을 것입니다.[77] 37 그것들을 무
시하는 자들은 참으로 영원한 불에 던져질 것입니다. 38 그리고 그렇게

것입니다." Vouaux, *Les Actes de Paul et ses Lettres Apocryphes: Introduction, Textes, Traduction et Commentaire*, 271.

69 육신의 부활이 없다는 입장.

70 갈라 6,17(nemo mihi molestus sit 아무도 나를 괴롭히지 마십시오) 참조. L1에는 "나를 괴롭히지 마십시오" 앞에 "여러분에게는 하느님께서 증인이 되어주실 것입니다"(로마 1,9 참조)가 덧붙여져 있다.

71 필리 3,8 "내가 그리스도를 얻고 …" 참조.

72 L1은 "나는 그리스도의 낙인을 손에 지니고 있습니다"라 읽는다. A와 E는 "나는 묶여 있습니다"라 읽는다. Vouaux, *Les Actes de Paul et ses Lettres Apocryphes: Introduction, Textes, Traduction et Commentaire*, 272.

73 갈라 6,17(ego enim stigmata Iesu in corpore meo porto 나는 예수님의 낙인을 내 몸에 지니고 있습니다) 참조. 주인에 대한 종속의 표식으로 노예의 몸에 낙인을 찍는 것이 관례였다. 예수님의 낙인을 몸에 지니고 있다는 것은 바오로가 예수님을 주님으로 모시는 종이라는 뜻이다.

74 필리 3,11 참조.

75 2베드 3,2 "거룩한 예언자들이 이미 예언한 말씀과 주님이시며 구원자이신 분께서 여러분의 사도들을 통하여 내리신 계명을 기억하십시오" 참조.

76 intendere 동사가 쓰였다. '…을 겨냥하다, …로 기울어지다'라는 뜻이지만 문맥에 맞게 '지키다'로 옮겼다.

77 1코린 3,14 참조. L1에는 "그리고 그가 죽은 이들 가운데서 다시 일어설 때는 영원한 생명을 얻을 것입니다"가 덧붙여져 있다. Vouaux, *Les Actes de Paul et ses Lettres Apocryphes: Introduction, Textes, Traduction et Commentaire*, 272.

사는 사람들, 그들은 독사의 자식들입니다.[78]
[39] 여러분은 주님의 힘으로 그들과 갈라서십시오.[79] [40] 평화가 여러분
과 함께할 것입니다.[80]

78 마태 3,7 참조.

79 1코린 2,5 "하느님의 힘"; 2코린 6,17 "너희는 … 저들과 갈라져라" 참조.

80 바오로 서간에 자주 등장하는 끝 인사말 형식이다. 가장 자주 쓰인 바오로의 인사말은 '은총이 여러분 모두와 함께하기를 빕니다'이다. L1은 "평화와 은총과 기쁨이…"; A는 "평화와 사랑받는 맏아들의 은총이…"이라 읽는다. E에는 인사말이 없다. Vouaux, *Les Actes de Paul et ses Lettres Apocryphes: Introduction, Textes, Traduction et Commentaire*, 274-275.

라오디케이아인들에게 보낸 편지

Epistle to the Laodiceans

≫ 라오디케이아서에 대한 전반적인 정보는 Tite, "Epistle to the Laodiceans", *e-Clavis: Christian Apocrypha*(검색일: 2024/02/01). 사본들과 현대어 역본, 라오디케이아서 연구에 대한 서지정보도 얻을 수 있다. 현대어 번역 및 해제는, Backus, "Lettre de Paul aux Laodicéens", 1089-1097; Erbetta, "La Lettera ai Laodiceni (160-190?)", 63-67. 라오디케이아서에 대한 최신 연구로는 Tite, "The Apocryphal Epistle of the Laodiceans", 374-394; *The Apocryphal Epistle to the Laodiceans: An Epistolary and Rhetorical Analysis*가 유용하다.

'라오디케이아인들에게 보낸 편지'라는 제목이 붙은 20절로 된 짧은 서간이 라틴어 불가타 성경에 포함되어 있다. 이 편지는 바오로 친서에 나오는 여러 구절을 본떠 만든 위서이며 별다른 서사도 없고 깊이 있는 교리나 가르침도 담고 있지 않음에도[1] 1000년이 넘는 시간 동안 서방 교회의 (일부) 성경에 포함되어 신자들에게 널리 읽혔다.[2]

라오디케이아서의 유래는 콜로 4,16과 관련 있다. "여러분이 이 편지를 읽고 난 뒤에 라오디케이아 교회에서도 읽게 해 주십시오. 그리고 라오디케이아에서 가는 편지를τὴν ἐκ Λαοδικείας 여러분도 읽으십시오"라는 구절에서 '라오디케이아에서 가는 편지'라고 옮겨진 ἡ ἐκ Λαοδικείας는 '라오디케이아인들(을 위한) 편지'로도, '라오디케이아에서 (쓴) 편지'로도 옮길 수 있다. 새 미국표준성경*New American Standard Bible*이나 최초의 공식적 네덜란드 성경*Statenvertaling*은 후자와 비슷하게 '라오디케이아에서 (쓴) 편지'로 번역한다.[3] '라오디케이아인들에게 쓴 편지'로 해석하는 이들은 바오로 사도가 콜로새서를 쓰던 당시에 라오디케이아 교회에도 편지를 썼다고 가정한다.[4] 그러나 이 편지가 정확히 어느 쪽을 가리키는지 알 수 없다.

---

1 James, *The Apocryphal New Testament*, 479.

2 Lightfoot, *St. Paul's Epistles to the Colossians and to Philemon*, 297 참조.

3 https://en.wikipedia.org/wiki/Epistle_to_the_Laodiceans#cite_note-21(검색일: 2024/03/30). Pervo, *The Making of Paul: Constructions of the Apostle in Early Christianity*, 107 참조.

1. 전거

라오디케이아서는 라틴어로만 전해지는데, 100여 개의 초기 라틴어 성경 필사본에 간직되어 있다. *Biblia Sacra iuxta vulgatum versionem*에 따르면, 6세기부터 12세기에 이르는 라틴어 불가타 필사본들이 이 편지를 담고 있다고 한다. 가장 오래된 필사본인 Codex Fuldensis(546년)를 비롯하여 M, Q, B, D(Ardmachanus), Cavensis, Lambda 등이 이 편지를 담고 있다.[5] 이는 라오디케이아서가 정경에 포함되지 않았음에도 서방 교회에서 호의적으로 받아들여지고 널리 읽혔다는 방증이 된다.[6]

2. 교회의 수용 역사

라오디케이아서에 대한 교회의 시각은 이중적이다.[7] 이 편지는 한 번도 정경 목록에 포함된 적이 없다. 4세기 히에로니무스는 이 편지가 모두에게 배격

---

4 Elliott, *The Apocryphal New Testament: A Collection of Apocryphal Christian Literature in an English Translation*, 544. 이에 대한 논의는 https://en.wikipedia.org/wiki/Epistle_to_the_Laodiceans#cite_note-21(검색일: 2024/03/30).

5 Jacquier, *Le nouveau Testament dans l'église chrétienne I*, 345-351. *Biblia Sacra Iuxta Vulgatam Versionem*, 1976 참조.

6 차명-아우구스티누스(『거룩한 책들』, 5세기 또는 6세기)는 라틴어로 된 라오디케이아인들에게 보낸 편지 4절을 인용한다(CSEL 12, 516). 대그레고리우스도 라틴어로 된 라오디케이아인들에게 보낸 편지가 있었음을 증언한다(『윤리』 35.20.48).

7 라오디케이아서에 대한 수용의 역사는 Thompson, "Epistles, Apocryphal",

당한다고 말하면서 이 작품을 거부했다(『위인들』 5). 반면, 대그레고리우스는 이 작품의 정경성을 인정하는 편이었는데(『윤리』 35.20.48), 그에 따르면 교회가 숫자 14의 의미를 부각시키기 위해 바오로의 친서를 열네 개로 한정했으나 실제로는 바오로가 열다섯 편을 썼다고 한다. 대그레고리우스의 영향을 받은 후대 저자들도 바오로가 열다섯 편의 편지를 썼다고 생각하였다.[8] 가령, 10세기 말엽 도르셋의 수사 엘프릭Aelfric은 신구약성경에 관한 논고에서 사도 바오로가 열다섯 서간을 썼다고 말한다. 그는 이 열다섯을 나열하면서 필레몬서 다음에 라오디케이아서를 둔다.[9] 그리고 1165년경 솔즈베리의 요한이 헨리 공작에게 정경에 관해 편지를 쓰면서(『서간』 209), 바오로의 서간은 열넷이라는 의견이 보편화되어 있지만 그밖에 라오디케이아 교회에 보낸 편지도 있다고 말한다.[10] 라오디케이아인들에게 보낸 편지는 1488년 스트라스부르크의 요한 멘탈이 펴낸 첫 독일어 성경을 위시하여 루터의 번역본이 나오기 전에 인쇄된 모든 독일어 성경(18 가지)에 포함되었다. 이들 독일어 성경들에는 바오로의 서간이 히브리서와 함께 복음서 바로 뒤에 위치하였으며 라오디케이아서는 갈라티아서와 에페소서 사이에 위치하였다.[11] 1488년 프라하에서 발간된 첫 체코 성경에는 라오디케이아서가 콜로새서 다음에 그리고 테살로니카 1서 앞에 위치해 있다. "이 가짜 서한이 9세기 이상을 거룩한 정경 주변을 맴돌았다"는 라이트풋Lightfoot 주교의 말처럼[12] 이

1084-1086 참조.

8 Elliott, *The Apocryphal New Testament: A Collection of Apocryphal Christian Literature in an English Translation*, 544.

9 Hall, "Aelfric and the Epistle to the Laodiceans", 65-84.

10 Lightfoot, *St. Paul's Epistles to the Colossians and to Philemon*, 296.

11 Lightfoot, *St. Paul's Epistles to the Colossians and to Philemon*, 297.

12 Lightfoot, *St. Paul's Epistles to the Colossians and to Philemon*, 299.

편지는 꽤 오랫동안 많은 서방 교회에서 성경으로 여겨졌다.[13] 그러나 정경에 관한 구속력 있는 의견을 표명한 피렌체 공의회(1439-1443년)를 기점으로 라오디케이아서는 교회에서 공식적으로 사라진다. 피렌체 공의회가 공표한 27권의 신약 정경 목록에 바오로 서간 열네 편만 포함되고 라오디케이아서는 언급조차 되지 않았던 것이다.[14] 이렇게 해서 서방 교회에서도 라오디케이아서는 더 이상 정경으로 간주되지 않게 된다.

3. 저술 시기와 원어

이 편지를 언제 썼는지는 정확히 알 수 없지만 학자들 대부분은 2-4세기 것으로 추정한다.[15] 4세기 라틴 교부들이 라오디케이아서를 언급하므로 늦어도 그 이전인 3세기경에 만들어졌을 법하다.[16]

엘리엇은, 이 편지가 라틴어 필사본과 그 번역본들로만 전해지지만 본디 그리스어로 쓰였을 것으로 추정한다. 이 서간의 라틴어가 그리스어 관용구의 영향을 드러내고, 이 서간에 사용된 바오로의 용어들이 정경 서간의 라틴어 형식을 따르지 않는다는 이유에서다.[17] 실제로 테오도루스(350-428

---

13 http://en.wikipedia.org/wiki/Epistle_to_the_Laodiceans(검색일. 2024/03/30).

14 http://www.ntcanon.org/Epistle_to_the_Laodiceans.shtml(검색일 2024/03/30).

15 Schneemelcher, "The Epistle to the Laodiceans", 44.

16 Pervo, *The Making of Paul: Constructions of the Apostle in Early Christianity*, 106.

17 Elliott, *The Apocryphal New Testament: A Collection of Apocryphal Christian Literature in an English Translation*, 544; Pervo, *The Making of Paul: Constructions of the Apostle in Early Christianity*, 106 참조.

년), 테오도레투스(393-458년) 등 그리스 교부들도 라오디케이아서를 알고 있었다.[18]

4. 구조와 내용

작품 구조는 학자에 따라 약간 다르게 제시한다. 타이트가 제시한 구조는 이러하다.[19]

- 인사말(1-2)
- 감사(3)
- 편지 본체(4-9)
    - 도입(4)
    - 중심부(5-8)
    - 닫는 말(9)
- 권고(10-16)
- 맺음말(17-20)

18 Elliott, *The Apocryphal New Testament: A Collection of Apocryphal Christian Literature in an English Translation*, 544. 그러나 동방 교회는 줄곧 라오디케이아서에 대해 부정적이었으며 787년 제2차 니케아 공의회에서 이 책을 위서로 단죄한다: Pervo, *The Making of Paul: Constructions of the Apostle in Early Christianity*, 106.

19 Tite, *The Apocryphal Epistle to the Laodiceans: An Epistolary and Rhetorical Analysis*, 52-53.

페르보가 제시한 구조는 이렇다.[20]

인사말(1-2)
감사(3-5)
바오로의 상황(6-8)
권고(9-16)
맺음말(17/18-20)

두 학자가 제시한 구조가 크게 다르지 않지만 편지글 내용상 타이트의 구분이 더 적절해 보이므로 여기서는 타이트의 구조를 따른다.

라오디케이아서 저자는 바오로 서간의 문체와 형식을 빌려 쓰면서 자기가 쓴 편지가 콜로새서 말미에 언급된 편지임을 암시하고 있다.[21] 바오로 사도의 권위에 기대어 올바른 가르침과 신앙에 항구하라고 독려하는 이 편지는, 초대 교회 저자들이 애용한 권고문paraenesis의 한 사례를 보여주고 있다. 서간 내용에 미루어 볼 때, 라오디케이아서는 무라토리 정경에 언급된 마르키온파의 위서는 아닐 것으로 판단된다.[22] 이 서간에서는 마르키온파가 내세우는 주장이나 성향이 눈에 띄지 않는다.[23] 사실상 이 편지는 특징

20 Pervo, *The Making of Paul: Constructions of the Apostle in Early Christianity*, 108.

21 Ehrman, *Lost Scriptures*, 165; Pervo, *The Making of Paul: Constructions of the Apostle in Early Christianity*, 106-107 참조.

22 라오디케이아인들에게 보낸 편지가 무라토리 정경이 말하는 마르키온파 위서인지에 관한 문제는 Schneemelcher, "The Epistle to the Laodiceans", 43-44를 보라.

23 Tite, *The Apocryphal Epistle to the Laodiceans: An Epistolary and Rhetorical Analysis*, 94; Pervo, *The Making of Paul: Constructions of the Apostle in Early Chris-*

분파의 성향을 거의 드러내지 않는다.

이 편지는 여러 학자들이 주목한 대로, 바오로의 정경 서간들 특히 필리피서와 갈라티아서에서 따온 여러 진술을 모아놓은 모양새를 띤다.[24] 저자는 편지를 쓰게 된 특별한 이유나 사건을 언급하지 않고 그저 라오디케이아 교회의 신앙과 덕행에 기쁨을 표시한 다음 이단자들을 멀리하고 그리스도교 신앙과 생활 태도에 충실히 남아 달라고 권고한다.

5. 신학

과거 학자들은 이 편지가 바오로 친서를 짜깁기한 것에 불과하며 고유한 신학이 없다고 비판했지만 이 서간에 대한 재평가를 시도하는 학자들이 늘어나고 있다.[25] 이 편지에는 간략하나마 정통과 이단을 식별해 가던 2-3세기 교회의 고민과 저자의 신학적 성찰이 투영되어 있다. 신학적 숙고가 심도 있게 전개되지는 않지만 이 편지에 "신학"이 존재하는 것은 분명하다.[26]

---

tianity, 109; Ehrman, *Lost Scriptures*, 165.

24 Schneemelcher, "The Epistle to the Laodiceans", 42-43; James, *The Apocryphal New Testament*, 479. Holloway, *Consolation in Philippians: Philosophical Sources and Rhetorical Strategy*, 9-11; "The Apocryphal Epistle to the Laodiceans and the Partitioning of Philippians", 321-325.

25 Longenecker/Ryan, "Presenting the Pauline Voice: An Appreciation of the Letter to the Laodiceans", 136-148; Tite, "Dusting Off a Pseudo-Historical Letter: Rethinking the Epistolary Aspects of the Apocryphal Epistle to the Laodiceans", 289-318; Pervo, *The Making of Paul: Constructions of the Apostle in Early Christianity*, 105-109(특히 106).

26 Tite, *The Apocryphal Epistle to the Laodiceans: An Epistolary and Rhetorical*

타이트Tite는 라오디케이아서 안에 바오로의 세 가지 주요 신학이 결합되어 있음을 관찰한다. 첫째 바오로의 종말론, 둘째 바오로의 교회론, 셋째 바오로의 그리스도론/성령론/삼위일체론이 그것들이다.[27] 사실 20절로 이루어진 짧은 편지에서 깊이 있는 신학을 도출하는 일이 쉽지는 않다. 여기서는 종말론과 삼위일체 신학에 대해서만 간단히 살펴보겠다.[28]

5.1. 종말론

타이트는, 라오디케아아서의 종말론적 세계관이 기본적으로 바오로 사도의 종말론을 따르고 있음을 관찰한다. 그에 따르면 실현된 종말론과 미래 종말론이 교차하는("intersecting realized and future eschatologies") 바오로 특유의 종말론이 이 편지에서 엿보인다. "이미 그러나 아직은 아니"라는 말로 요약되는, 실현된 종말론과 미래적 종말론의 긴장이 편지 안에 나타난다는 것

Analysis, 83.

27 Tite, *The Apocryphal Epistle to the Laodiceans: An Epistolary and Rhetorical Analysis*, 83-101.

28 여기서 라오디케이아서의 교회론은 다루지 않겠다. 디이트가 인정하듯 라오디케이아서가 본격적인 교회론을 펼치지는 않기 때문이다. 사실 이 편지에는 교회의 구조, 가령 감독, 원로, 부제 등 직무 분류에 대한 언급도 없고, 당대 집교회에 대한 언급도 이루어지지 않는다. 그러나 타이트의 지적대로 이 편지가 여러 공동체들을 잇는 보편적 연결망을 중시한다는 점에서 바오로의 교회론과 맥을 같이 한다. 이는 바오로의 가르침을 따르는 공동체와 그렇지 않은 공동체(=거짓 교사들을 따르는 공동체)를 구분하면서 바오로의 가르침을 따를 것을 강조하는 점에서 드러난다. 여러 공동체들이 바오로의 가르침이라는 공통분모를 통해 하나의 네트워크를 구성한다는 것이다: Tite, *The apocryphal epistle to the Laodiceans : an epistolary and rhetorical analysis*, 91-94 참조.

이다.[29] 페르보도 라오디케이아서 신학의 중심에 종말론이 놓여 있음에 주목한다. 페르보에 따르면, 라오디케이아서의 종말론은 현재 중심의 개인화 경향(개인적 종말론)과 미래 중심의 최후 심판에 대한 기대가 결합되어 나타난다(3; 5; 7; 10절).[30]

종말론과 관련하여 가장 중요한 구절은 3절과 10절이다. 먼저 3절에서 미래적 종말론, 곧 종말의 미래적 특성이 드러난다. 바오로의 입을 빌린 저자가 기도할 때마다 그리스도께 감사를 드리는 이유를 제시하는 구절이다.

> 3 "여러분이 그분 안에 굳건히 서서 그분의 일에 매진하며 심판의 날에 있을 약속을 (이루어 주시리라) 고대하고 있기 때문입니다."

이 구절은 그리스도 안에 굳건히 서서 그리스도의 일에 매진하고 있는 라오디케이아의 신도들이 미래의 심판 때 "약속" 곧 상급을 받게 될 것임을 암시한다. 그리스도 안에 머무는 현재가 미래의 상급으로 이어지리라는 것이다. 여기서 저자의 종말론적 전망은 현재에서 출발하여 미래를 향하고 있다. 종말의 현재성과 미래성이 교차하고 있음을 알 수 있다.

영원한 생명, 곧 구원이 미래의 일로 제시되는 10절에서도 종말의 미래적 전망이 드러난다.

---

29 Tite, *The Apocryphal Epistle to the Laodiceans: An Epistolary and Rhetorical Analysis*, 88. 타이트는, 지금 현재 우리가 이미 구원을 받았지만, 그것이 아직은 완성되지 않았으며, 지금 누리는 구원의 현실이 (먼) 미래에 충만히 완성되리라는 관점이 바오로뿐(이미: 1코린 1,2; 아직 아니: 1테살 5,23-24 / 이미: 에페 2,6; 아직 아니: 1코린 15,52) 아니라 초대 그리스도교의 공통된 관점이었다고 주장한다. 그러한 초대 교회의 종말론적 세계관을 라오디케이아서도 공유하고 있다는 것이다. 타이트는 같은 책, 89-91에서 라오디케아아서의 종말론을 다룬다.

30 Pervo, *The Making of Paul: Constructions of the Apostle in Early Christianity*, 108.

10 "그러므로 사랑하는 여러분, 내가 함께 있을 때 여러분이 들은 대로, 그렇게 항구히 머물면서 하느님을 두려워하는 마음으로 행하십시오. 그러면 영원한 생명vita in aeternam이 여러분 것이 될 것입니다erit."

신도들이 아직은 영원한 생명을 소유하지 못했으며 그것이 그들 소유가 되는 것은 미래의 일이라는 것이다(erit: esse의 직설법 미래 능동태 3인칭 단수). 그런데 이 구절에 미래의 구원은 '현재'에 이미 시작되는 일임이 암시되어 있다. 사도에게서 들은 대로 살아가는 현재가 미래의 '영원한 생명'을 결정한다는 것이다.

5절과 7절도 신도들이 지금 행하는 일이나 바오로 사도가 수인이 된 것이 모두 (미래에 있을) 영원한 생명을 위한 것임을 밝히고 있다. 특히 "그리고 이것(그리스도 때문에 갇혀 있는 것)이 나에게는 영원한 구원을 위한 것입니다. 구원 자체는, 살아서든 죽어서든, 여러분의 기도와 성령의 도우심으로 이루어"진다고 하는 7절은, 종말론적 구원의 현재성과 미래성을 모두 함축하고 있다. 이미 하느님께서 우리 안에서 활동하고 계신다는 11절도 구원이 현재에 이미 시작되었음을 암시한다. 현재에 이미 시작된 구원의 현실이 미래에 충만하게 완성된다는 것이다. 타이트나 페르보의 소견대로, 라오디케이아서의 종말론은 '이미, 그러나 아직은 아니'라는 (실현된 종말론과 미래적 종말론이 교차하는) 바오로의 종말론과 결을 같이한다고 결론 내릴 수 있다.[31]

---

31 Tite, *The Apocryphal Epistle to the Laodiceans: An Epistolary and Rhetorical Analysis*, 90; Pervo, *The Making of Paul: Constructions of the Apostle in Early Christianity*, 108.

5.2. 삼위일체 신학

이 서간에서는 교의화하기 이전의 단순한 형태의 '삼위일체' 개념이 엿보인다.[32] 고도의 삼위일체 신학이 드러나지는 않지만 성령을 직접 언급할뿐더러(7절) 하느님과 예수 그리스도를 자주 언급하고 있다. 각 위격이 고유한 역할을 지니고 있으며 상호 보완하는 모양새로 묘사된다. 저자가 가장 집중하는 위격은 단연 예수 그리스도지만 성령과 아버지 하느님의 역할도 비중 있게 다뤄진다.[33] 먼저 편지 첫머리에 하느님과 예수 그리스도에 대한 언급이 이루어진다.

> 1 "사람들에게서도 또 어떤 사람을 통해서도 파견된 것이 아니라, 예수 그리스도를 통해서 파견된 사도인 나 바오로가[34] 라오디케이아에 있는 형제들에게 인사합니다. 2 하느님 아버지와 주 예수 그리스도에게서 나오는 은총과 평화가 여러분에게 내리기를 빕니다."[35]

---

32 Pervo, *The Making of Paul: Constructions of the Apostle in Early Christianity*, 106, 109. 페르보는 라오디케이아서에서 삼위일체 신학이 엿보인다는 점을 근거로 이 편지가 200-250년에 저술되었으리라 추정한다: 같은 책, 106.

33 Tite, *The Apocryphal Epistle to the Laodiceans: An Epistolary and Rhetorical Analysis*, 94-96. 예수 그리스도는 1; 2; 3; 6; 8; 13; 14; 19에, 하느님은 2; 5; 10; 11; 14에, 성령은 7절에 언급된다. 언급 횟수에서 저자의 초점이 예수 그리스도에게 맞춰져 있음을 짐작할 수 있다.

34 갈라 1,1 "사람들에게서도 또 어떤 사람을 통해서도 파견된 것이 아니라, 예수 그리스도와 그분을 죽은 이들 가운데에서 일으키신 하느님 아버지를 통해서 파견된 사도인 나 바오로가."

35 로마 1,7 "… 하느님 우리 아버지와 주 예수 그리스도에게서 은총과 평화가 여러분에게 내리기를 빕니다"; 필리 1,2 "하느님 우리 아버지와 주 예수 그리스도에게서 은총과 평화가 여러분에게 내리기를 빕니다."

갈라 1,1과 로마 1,7 및 필리 1,2을 조합해서 만들어진 1-2절은 하느님을 아버지로, 예수 그리스도를 주님으로 고백하고 있다. 여기서 예수 그리스도는 바오로를 사도로 파견한 주체이자, 하느님 아버지와 함께 은총과 평화의 원천으로 제시된다.[36] 그리스도는 또한 감사 기도의 대상이며(3), 생명의 원천으로 그려지기도 한다(8). 그리스도 때문에 감옥에 갇혀 있는 것이 영원한 생명을 위한 것이라는 말(6-7)도 같은 맥락이다. 저자는 그리스도께, 신도들이 같은 사랑과 같은 마음을 갖게 되도록 자비를 베풀어 달라고 기도하기도 한다(9).

이 편지의 중심은 그리스도론이 차지하지만 성령과 하느님에 대한 숙고도 저자의 신학에서 중요한 부분을 담당한다. 성령은 7절에 언급되는데, 여기서 성령은 '구원'을 가능케 하는 분으로 제시된다. 구원은 성도들의 기도와 성령의 도우심 또는 작용으로 이루어진다고 하는 구절이다. 이 편지의 다른 곳에서는 따로 성령이 언급되지 않지만 성령을 구원과 직접 연결시킨 점은 주목할 만하다.

아버지라고 부른 하느님에 대해서는 비교적 많이 언급되어 있다. 타이트가 지적하듯이 이 편지에서는 구약의 하느님과 신약의 하느님 또는 최상신과 창조주 하급신을 구분하는 영지주의적 신관이 발견되지 않는다.[37] 바오로의 다른 서간에서처럼 아버지 하느님은 그리스도와 함께, 은총과 평화를 주시는 분으로 제시된다(2). 특히 5절에서 하느님은 신도들이 구원을 위해 좋은 일을 할 수 있게 해 주시는 분으로 제시되는데, 이러한 관점은 '여러분 안에서 활동하시는 분은 하느님'이라고 하는 11절에서 더 분명해진다. 그리스도가 기도의 대상이 되듯 하느님도 그러하다. 신도들의 탄원이 하느

---

36 19절에서는 그리스도가 은총의 원천으로 제시된다.

37 Tite, *The Apocryphal Epistle to the Laodiceans: An Epistolary and Rhetorical Analysis*, 97.

님 대전에 닿기를 바라는 14절이 이를 드러낸다. 하느님을 두려워하는 마음으로in timore dei 사도에게서 배운 대로 행할 때 영원한 구원을 얻게 되리라는 10절은 하느님과 구원을 직접 연결하고 있다. 이 편지에서 하느님과 그리스도, 그리고 성령이 서로 보완하며 인간의 구원을 이루시는 모습으로 그려진 것을 확인할 수 있다. 결국 이 편지는 그리스도·하느님·성령은 종속 관계가 아니라 상호 협력 관계로 그리고 있다고 말할 수 있다. 이는 이 편지가 삼위일체 신학으로 나아가는 여정 중에 있음을 보여준다.

이런 신학적 기초가 전제되어 있었기에 20절 남짓한 짧은 이 편지가 성경 필사본 안에 자리를 잡고 서방 교회에서 1000년 이상 공경 받을 수 있었을 것이다.

6. 라오디케이아인들에게 보낸 편지

본문 번역에는 *Biblia Sacra iuxta vulgatum versionem*, "Epistula ad Laodicenses" 비평 본문을 사용하였다.

[1] 사람들에게서도 또 어떤 사람을 통해서도 파견된 것이 아니라, 예수 그리
스도를 통해서 파견된 사도인 나 바오로가[38] 라오디케이아에 있는 형제들
에게 인사합니다. [2] 하느님 아버지와 주 예수 그리스도에게서 나오는 은총
과 평화가 여러분에게 내리기를 빕니다.[39]

38 갈라 1,1.

3 나는 기도할 때마다 그리스도께 감사를 드립니다.[40] 여러분이 그분 안에
굳건히 서서 그분의 일에 매진하며 심판의 날에 있을 약속을 (이루어 주시
리라) 고대하고 있기 때문입니다.

4 내가 선포하는 복음의 진리에서 여러분을 멀어지게 만드는 말을 하는 사
람들의 허황된 언변이 여러분을 속이지 않기를 바랍니다. 5 이제 하느님께
서, 내게서 나온 사람들로 하여금 복음의 진리를 완성하도록 (하느님을) 섬
기고 영원한 생명이라는 구원을 위해 좋은 일들을 행하게 해 주시기를 바
랍니다. 6 이제는 내가 그리스도 때문에 갇혀 있다는 사실이 널리 알려졌으
며,[41] 나는 그 때문에 기뻐하고 즐거워합니다. 7 그리고 이것이 나에게는 영
원한 구원을 위한 것입니다. 구원 자체는, 살아서든 죽어서든,[42] 여러분의
기도와 성령의 도우심(작용)으로 이루어집니다.[43] 8 참으로 나에게 생명은 그
리스도 안에 있으며 죽는 것은 기쁨입니다.[44] 9 그분께서 여러분에게 당신

---

39 Gratia vobis et pax a Deo Patre et Domino Iesu Christo. 비교: 로마 1,7; 필리 1,2: gratia vobis et pax a Deo Patre nostro et Domino Iesu Christo.

40 필리 1,3-4 참조.

41 Et nunc palam sunt vincula mea quae patior in Christo. 비교: 필리 1,13 ita ut vincula mea manifesta fierent in Christo in omni praetorio et in ceteris omnibus "내가 그리스도 때문에 갇혀 있다는 사실이 온 경비대와 그 밖의 모든 사람에게 알려졌습니다."

42 필리 1,20.

43 또는, "그리고 이것이 나에게는 영원한 구원을 위한 것입니다. 그것은, 생명을 통해서든 죽음을 통해서든, 여러분의 기도와 성령의 도우심(작용)으로 이루어집니다."

44 또는, "참으로 나의 생명은 그리스도 안에 있으며 죽는 것은 기쁨입니다." Est enim mihi vere vita in Christo et mori gaudium. 비교: 필리 1,21 mihi enim vivere Christus est et mori lucrum "사실 나에게는 삶이 곧 그리스도이며 죽는 것이 이득입니다."

의 자비를 베푸시기를, 그리하여 여러분이 같은 사랑을 가지고 같은 마음
이 되기를 바랍니다.

10 그러므로 사랑하는 여러분, 내가 함께 있을 때 여러분이 들은 대로, 그렇
게 항구히 머물면서 하느님을 두려워하는 마음으로 행하십시오. 그러면 영
원한 생명이 여러분 것이 될 것입니다.[45] 11 여러분 안에서 활동하시는 분은
하느님이시기 때문입니다.[46] 12 그리고 여러분이 하는 일은 무엇이든 주저 없
이 하십시오.[47] 13 그리고 나머지는, 사랑하는 여러분, 그리스도 안에서 기뻐
하십시오. 그리고 이득을 좇는 천박한 사람들을 조심하십시오. 14 여러분의
모든 탄원이 하느님 대전에[48] 알려지기를 바랍니다.[49] 여러분은 그리스도의
마음 안에 굳건히 머무십시오.[50] 15 그리고 올바르고, 참되고, 고귀하고, 의
롭고 사랑스러운 것을 행하십시오.[51] 16 그리고 여러분이 듣고 받은 것을 마

---

45 또는 "영원한 생명이 여러분과 함께할 것입니다."

46 est enim Deus qui operatur in vos. 필리 2,13의 Deus est enim qui operatur in vobis와 단어의 순서만 다를 뿐 똑같다. 필리 2,13: "하느님은 당신 호의에 따라 여러분 안에서 활동하시어, 의지를 일으키시고 그것을 실천하게도 하시는 분이십니다."

47 Et facite sine retractu quaecumque facitis. 비교: 필리 2,14 omnia autem facite sine murmurationibus et haesitationibus "무슨 일이든 투덜거리거나 따지지 말고 하십시오."

48 Apud Deum. 직역: "하느님 근처에", "하느님 곁에."

49 Omnes sint petitiones vestrae palam apud Deum. 비교: 필리 4,6 petitiones vestrae innotescant apud Deum "여러분의 소원을 하느님께 아뢰십시오."

50 Et estote firmi in sensu Christi. 비교: 1코린 2,16 nos autem sensum Christi habemus "우리는 그리스도의 마음을 지니고 있습니다."

51 Et quae integra et vera et pudica et iusta et amabilia facite. 비교: 필리 4,8 de cetero fratres quaecumque sunt vera quaecumque pudica quaecumque iusta

음에 간직하십시오. 그러면 평화가 여러분 것이 될 것입니다.[52]

(17) (거룩한 입맞춤으로 모든 형제에게 인사하십시오.)[53] 18 성도들이 여러분
에게 인사합니다.[54] 19 주 예수님의 은총이 여러분의 영과 함께 하기를 빕니
다.[55] 20 콜로새에서 가는 편지가 여러분에게 읽히기를 바랍니다.[56]

---

quaecumque sancta quaecumque amabilia quaecumque bonae famae si qua virtus si qua laus haec cogitate "끝으로, 형제 여러분, 참된 것과 고귀한 것과 의로운 것과 정결한 것과 사랑스러운 것과 영예로운 것은 무엇이든지, 또 덕이 되는 것과 칭송받는 것은 무엇이든지 다 마음에 간직하십시오."

52 Et quae audistis et accepistis, in corde retinete, et erit vobis pax. 또는, "평화가 여러분과 함께할 것입니다." 비교: 필리 4,9 quae et didicistis et accepistis et audistis et vidistis in me haec agite et Deus pacis erit vobiscum "그리고 나에게서 배우고 받고 듣고 본 것을 그대로 실천하십시오. 그러면 평화의 하느님께서 여러분과 함께 계실 것입니다."

53 몇몇 사본에는 17절이 없다: Elliott, "The Epistle to the Laodiceans", 546. 초대 교회 때 형제들은 거룩한 입맞춤으로 인사하였다. 1테살 5,26 salutate fratres omnes in osculo sancto과 omnes와 fratres 두 단어의 순서만 다르고 똑같다. 로마 16,16; 1코린 16,20; 2코린 13,12; 1베드 5,14도 참조하라.

54 필리 4,22 salutant vos omnes sancti maxime autem qui de Caesaris domo sunt "모든 성도가, 특히 황제 집안 사람들이 여러분에게 인사합니다"와 비슷하다.

55 필리 4,23 gratia Domini Iesu Christi cum spiritu vestro amen "주 예수 그리스도의 은총이 여러분의 영과 함께하기를 빕니다"와 거의 똑같다.

56 콜로 4,16 et cum lecta fuerit apud vos epistula facite ut et in Laodicensium ecclesia legatur et eam quae Laodicensium est vos legatis "여러분이 이 편지를 읽고 난 뒤에 라오디케이아 교회에서도 읽게 해 주십시오. 그리고 라오디케이아에서 가는 편지를 여러분도 읽으십시오" 참조.

예수님과 압가루스의 교환 서신

Jesus's Correspondence with Abgar

≫ 예수님과 압가루스의 교환 서신에 대한 전반적인 정보는, Mirkovic, *Prelude to Constantine: The Abgar Tradition in Early Christianity*; Adler, "Jesus's Letter to Abgar", 343-360. 이 편지의 여러 고대어 역본과 현대어 역본에 대해서는 Elliott, "Shorter Epistles", 539-542를 보라. 이 편지 전문이 담긴 '아따이의 가르침'에 대한 전반적 정보는 Lollar, "Doctrine of Addai", *e-Clavis: Christian Apocrypha*(검색일: 2024/07/04)을 보라.

이 교환 서신은 압가루스의 편지와 예수님의 답장으로 이루어져 있다. 예수님과 압가루스의 편지 교환에 관한 전설은 에우세비우스 『교회사』 1.13과 '아따이의 가르침'*Doctrina Addai*이 기초가 된다. 이 편지에 대한 전설은 두 본문을 바탕으로 오랜 기간에 걸쳐 확장되고 다양화된다.

1. 전승의 역사

이 편지의 전승의 역사는 길고 다양하다.[1] 예수님과 압가루스가[2] 주고 받은 교환 서신을 가장 먼저 언급한 사람은 교회 역사가 에우세비우스다.[3] 그는 325년경에 쓴 『교회사』 1.13에 예수님과 에데사 임금 압가루스가 주고받은

1 이 편지의 전승의 역사에 대해서는 Corke-Webster, "A Man for the Times: Jesus and the Abgar Correspondence in Eusebius of Caesarea's Ecclesiastical History", 563-587; Illert, *Die Abgarlegende: Das Christusbild von Edessa*.

2 에우세비우스가 언급한 임금은 시기적으로 볼 때 압가루스 5세일 것이다. '아브가르 검은 자'라고도 불리는 그는 오스로에네 왕국의 수도 에데사의 영주(Toparch)로 있었다: Corke-Webster, "A Man for the Times: Jesus and the Abgar Correspondence in Eusebius of Caesarea's Ecclesiastical History", 563. 압가루스 전승의 기원에 대해서는 Ramelli, "The Possible Origin of the Abgar-Addai Legend: Abgar the Black and Emperor Tiberius", 211-223.

서신에 관한 전승을 소개한다. 에우세비우스에 따르면, 예수님 생애 말기 즈음 그분의 명성이 팔레스티나에서 에데사까지 미쳤으며 그 명성을 들은 에데사의 임금 압가루스가 예수님을 초청하는 편지를 보냈다고 한다. 몸소 방문하시어 자기 병을 낫게 해달라고 청했다는 것이다. 그 대가로 성소를 세워주고 자기 왕국을 함께 다스리게 해주겠다고 제안한다. 예수님은 이 초대를 거절하시면서 대신 제자를 보내어 고쳐주겠다고 약속하신다. 아울러 압가루스와 그 집안의 구원을 약속하신다. 머지않아 예수님의 약속이 실현되는데, 예수님의 부활과 승천 이후 토마 사도가 타대오를[4] 에데사로 보냈다는 것이다. 타대오는 설교자이자 복음 선포자로서 에데사로 파견되어 예수님께서 하신 모든 약속을 실현시켰다고 한다(『교회사』 1.13.1-5). 에우세비우스는 시리아어로 된 압가루스와 예수님의 교환 서신을 에데사의 문서보관소에서 발견하여 그리스어로 옮겼다고 하는데, 압가루스의 편지는 『교회사』 1.13.6-8, 예수님의 편지는 1.13.9에 전해진다. 나중에 타대오가 에데사에 방문하여 압가루스 임금을 치유하고 에데사에 그리스도교 복음을 전파한 일은 1.13.10-20에 전해진다.[5]

4세기 말에 쓰여진 에제리아의 『순례』 17—19도 예수님과 압가루스의 편지를 언급하고 있다.[6] 갈리아 또는 스페인 출신의 에제리아가 에데사를 방문했을 때 그곳 주교가 이 편지를 읽어주었다고 한다. 주교에 따르면 예수

---

3 에우세비우스가 전하는 예수님과 압가루스의 편지에 대한 내용은, Corke Webster, "A Man for the Times: Jesus and the Abgar Correspondence in Eusebius of Caesarea's Ecclesiastical History", 563-587.

4 에우세비우스는 타대오를 예수님께서 파견하신 일흔 명의 제자들(참조: 루카 10,1-4) 가운데 하나였다고 소개한다(에우세비우스, 『교회사』 1.13.4). 시리아어 전승에서는 압가루스에게 파견된 제자의 이름이 아따이로 제시된다.

5 Adler, "Jesus's Letter to Abgar", 345-346 참조.

6 에제리아Egeria(에테리아Aetheria라고도 한다)의 『순례』(381-384년) 본문은 Wilkinson, *Egeria's Travels*.

님의 편지가 에데사를 페르시아인들의 침공에서 지켰다고 한다. 페르시아 군대가 에데사 도성을 침공하러 왔을 때, 압가루스 임금이 성문 앞에서 예수님의 편지를 낭독했다고 한다. 그리고 임금이 편지에 담긴, 어떤 적도 자기네를 공격하지 못하리라는 주님의 약속을 언급하며 기도하자 하느님께서 깊은 어둠을 내리시어 페르시아 군사들이 도성으로 들어가는 길을 찾지 못했다고 한다. 몇 달 뒤 페르시아인들이 결국 침공을 포기하고 본국으로 돌아간 뒤에도 적들이 침공할 때마다 성문에서 예수님의 편지를 낭독하면 적들이 물러갔다고 한다. 에제리아에 따르면, 에데사를 방문하기 전부터 자신이 그 편지 사본(짧은 버전)을 가지고 있었으며 에데사 주교에게서 편지 전문이 담긴 사본을 선물로 받았다고 한다. 이를 통해 예수님과 압가루스의 편지가 4세기 동서 교회에 퍼져 있었음을 짐작할 수 있다.[7]

시간이 지나면서 예수님과 압가루스의 교환 서신에 다른 내용이 추가되어 예수님 생전에 그려진 초상화가 언급되기 시작한다. 압가루스 임금이 보낸 급사가 예수님을 방문했을 때 그렸다는 이 초상화는 '아따이의 가르침'*Doctrina Addai*이라는[8] 시리아어 본문에 최초로 언급되었다. 4세기 중반 이후에 만들어진 이 본문에 따르면, 압가루스가 예수님에게 편지를 보낸 것은 기원후 32년이었으며 예수님의 답변은 기록이 아니라 구두로 전해졌다고 한다. '아따이의 가르침'에 담긴 압가루스 이야기는 에우세비우스가 전하

7 에제리아 이후에도 예수님과 압가루스의 편지에 대한 다양한 이야기들이 계속 만들어졌다. 이 편지와 관련된 다양한 전승과 본문은, Illert, *Die Abgarlegende: Das Christusbild von Edessa*. 압가루스에게 보낸 예수님의 편지가 널리 퍼졌으며, 집 안 문설주나 벽에 부적처럼 붙여놓곤 했다는 증거들이 남아 있다: Elliott, "Shorter Epistles", 538.

8 Addaei 또는 Addaeus = Thaddaeus 또는 Thaddeus. 드라이버스에 따르면, '타대우스'는 시리아어 '아따이'를 잘못 옮긴 것이다: Drijvers, "Facts and Problems in Early Syriac Speaking Christianity", 160. 이 이름에 대한 더 깊은 논의는 Johnson, *Literary Territories: Cartographical Thinking in Late Antiquity*, 111-114.

는 내용과 조금 다르다. '아따이의 가르침'에 따르면, 에데사의 임금 압가루스가 불치병으로 고생하던 중에 예수님의 능력과 기적에 대한 명성을 듣고 그분께 편지를 써서 도움을 요청했다고 한다. 압가루스는 이 편지에서 예수님의 치유와 기적에 관한 복음서 말씀을 인용하면서 예수님에 대한 믿음을 고백하고 자신도 병에서 낫게 해 달라고 요청한다. 이에 예수님께서는 압가루스가 당신을 직접 본 적이 없으면서도 큰 믿음을 보인 것에 놀라움을 표하신 뒤, 지금은 당신이 직접 가지 못하시지만 하늘로 오르신 다음 제자들 가운데 한 명을 보내실 것을 약속하셨다고 한다. 그 다음 예수님께 압가루스의 편지를 전달한 급사가 예수님의 초상화를 그려서 압가루스에게 가져다주었다는 내용이 이어진다.[9]

궁정 화가인 급사가 그렸다는 예수님의 초상화와 '압가루스에게 보낸 편지'에 관한 이야기는 5세기 코레네의 모세가 쓴 '아르메니아인들의 역사'에도 실려 있다. 나중에 에데사의 주교 에바그리우스(536-600년)는 이 이야기를 더 손질하여, 예수님의 초상화는 사람의 손으로 만든 것이 아니라 하느님께서 만드신 것이라고 한다.[10] "(사람의) 손으로 만들지 않은 초상화"Εἰκών ἀχειροποίητη 개념은 8세기 동방 교회에 이콘 교리가 형성되는 바탕이 되었다.[11] 예수님이 젖은 수건에 당신 얼굴을 대고 누르심으로써 기적적으로 그 천에 당신의 모습을 새기시어 "첫 이콘"을 단생시키셨나는 것이다.[12] 예수님의 얼굴이 찍혔다는 이 천은 만딜리온(Mandylion '천', '옷감'을 뜻하는 그리스

---

9 Adler, "Jesus's Letter to Abgar", 346-347.

10 Kitzinger, "The Cult of Images in the Age before Iconoclasm", 103-104, 114.

11 Kitzinger, "The Cult of Images in the Age before Iconoclasm", 112-114; Guscin, *The Tradition of the Image of Edessa*, 137.

12 이콘을 찬성하던 교회 지도자 다마스쿠스의 요한도 예수님께서 천 조각에 당신의 얼굴을 대고 눌러 얼굴의 초상화를 찍어 놓으셨다고 한다(『거룩한 초상』 1).

어 μανδύλιον에서 유래)이라고도 알려져 있다. 이 "첫 이콘"이 나중에 만들어진 모든 예수님 이콘의 원형이 되었다고 한다.[13]

압가루스의 전설은 중세 때 동방과 서방에서 큰 인기를 누렸다. 예수님의 편지를 양피지에 필사하거나 대리석과 금속에 새겨 부적처럼 사용하기도 했다고 한다.[14]

2. 교회의 수용

압가루스와 예수님의 교환 서신은 시리아어 본문뿐 아니라 아르메니아어, 그리스어, 콥트어 등 다양한 역본으로 전해진다.[15] 한동안 이 편지는 교회 전례에도 사용되었지만 많은 교회 저자들이 이 교환 서신을 가짜로 여겼다. 5세기의 아우구스티누스(『파우스투스 반박』 28.4)와 히에로니무스(『에제키엘서 주해』 44.29)는 예수님께서는 아무것도 글로 남기시지 않았다고 주장하였으며, 이에 따라 교황 겔라시우스 1세와 로마 시노드(495년)는 이 교환 서신을 외경으로 분류하고 배격하였다.[16] 그러나 에우세비우스의 책에 담긴 교환 서신과 타대오 사도 관련 전승(예수님 사후에 타대오 사도가 압가루스에게 파견되어 왕

---

13 Grigg, "Byzantine Credulity as an Impediment to Antiquarianism", 3-9.

14 Drijvers, "The Abgar Legend", 492-500; Segal, "The Blessing of Jesus and The Triumph of Christianity", 75.

15 폴란스키는 시리아어, 그리스어, 콥트어 버전을 대조하고 있다. Polański, "Translation, Amplification, Paraphrase: Some Comments on the Syriac, Greek and Coptic Versions of the Abgar Letter", 159-210.

16 이 편지의 교회의 수용에 대해서는 Elliott, "Shorter Epistles", 538.

국 전체를 복음화했다는 이야기)은 시리아어, 그리스어, 라틴어, 콥트어, 아르메니아어, 아랍어, 슬라브어 등으로 번역되어 널리 퍼졌다.[17] 예수님과 압가루스의 교환 서신은 그리스어 '타대오 행전'(6-7세기)을 통해서도 전해진다. 에우세비우스의 『교회사』에서 압가루스에게 파견된 인물로 제시된 타대오 사도가 연결고리가 된 셈이다. 타대오 사도의 행적 가운데 압가루스 임금과 그 왕국에 대한 선교가 포함되었다는 설정이다.

3. 저술 시기

학자들은 대개 예수님과 압가루스의 교환 서신을 후대 저자에 의한 위작으로 평가한다. 이 편지는 동부 시리아 에데사에서 3-4세기에 처음 만들어졌을 것으로 추정된다.[18] 이보다 더 이른 시기인 2세기 말엽을 저술 시기로 잡는 학자도 있다. 에데사를 수도로 한 오스로에네 왕국[19] 아브가르 8세(177-212년)가[20] 자신의 왕국을 그리스도교로 개종시키면서 그것을 정당화할

17 이 편지의 여러 고대어와 현대어 역본에 대해서는 Elliott, "Shorter Epistles", 539-542를 보라.

18 Corke Webster, "A Man for the Times: Jesus and the Abgar Correspondence in Eusebius of Caesarea's Ecclesiastical History", 563-564; Drijvers, "The Abgar Legend", 492-493.

19 에데사는 종종 오스로에네 왕국 자체와 동일시된다: Ross, *Roman Edessa: Politics and Culture on the Eastern Fringes of the Roman Empire 114-242 C.E., 22.*

20 루키우스 엘리우스 메가스 아브가르 8세(Lucius Aelius Megas Abgar VIII)로 177-212년에 오스로에네 왕국의 임금으로 있었다(아블가르 9세라고도 알려져 있다). 세갈은 아브가르 8세가 2세기 말에 그리스도교로 개종한 것이 역사적 사실이라고 주장한다: Segal, "When Did Christianity come to Edessa", 179-191.

목적으로 이 이야기를 지어내었다는 것이다.[21] 그러나 많은 학자들은 이 전설 속 복음서 인용문들이 2세기에 타티아누스가 만든 조화 복음서 디아테사론에서 따온 것이므로, 3세기 이후에야 만들어졌을 것으로 추정한다.[22]

4. 의의

예수님과 압가루스의 교환 서신은 에데사 교회의 기원과 관련하여 항상 거론되는 작품 가운데 하나다.[23] 에우세비우스는 『교회사』 1.13에서 에데사 교회의 기원을 예수님과 압가루스의 교환 서신 및 타대오 사도의 활동에서 찾는다. 학자들은 에우세비우스의 진술을 역사적 사실로 받아들이지 않는다. 1세기에는 아직 에데사에 그리스도교가 전파되지 않았다는 것이다.[24]

이 일이 압가루스와 예수님의 편지 이야기가 생겨난 계기가 되었을 법하다. http://en.wikipedia.org/wiki/Abgar_IX_of_Osroene(검색일: 2024/07/04).

21 페레토가 이 입장이다: Peretto, "Il Problema degli inizi del cristianesimo in Siria", 197-214.

22 이 편지의 저술 연대에 대해서는 Desreumaux, "La doctrine d'Addai, essai de classement des temoins syriaques et grecs", 181-186; Brock, "Eusebius and Syriac Christianity," 228; Griffith, "The Doctrina Addai as a Paradigm of Christian Thought in Edessa in the Fifth Century", 269-292 참조.

23 예수님과 압가루스의 교환 서신이 에데사 교회의 시작과 성장에서 차지한 역할은, Adler, "Jesus's Letter to Abgar", 351-354에 소개되어 있다. 에데사 교회의 기원과 성장에 대해서는 Segal, "The Blessing of Jesus and The Triumph of Christianity", 62-109. 늦어도 2세기 말에는 에데사에 그리스도교가 전파되었음을 암시하는 기록이 남아 있다. 201년 에데사에 난 홍수로 교회 건물이 무너졌다는 기록이 6세기의 『에데사 연대기』에 전해진다: Segal, 같은 책, 24, 62.

24 Segal, "The Blessing of Jesus and The Triumph of Christianity", 64-65.

적어도 에우세비우스가 『교회사』를 쓰던 당시에 에데사 교회가 다른 지역에도 알려져 있었다는 점은 분명하다. 에데사를 비롯한 동부 시리아에 그리스도교가 전파된 경로에 대한 학자들의 의견은 크게 세 가지로 나뉜다. 각각 아디아베네 왕국,[25] 안티오키아, 또는 예루살렘에서 그리스도교가 전파되었다는 것이다.[26] 예수님과 압가루스의 교환 서신은 에데사 교회가 예루살렘에서 전파되었다는 주장을 뒷받침한다. 일찍이 에우세비우스는 에데사 교회를 예루살렘과 연결 지으면서 그 근거로 예수님과 압가루스의 편지를 들었다. 이 편지와 그에 얽힌 일화가 역사적 사실이 아님은 분명하다. 그러나 이 편지는 에데사의 복음화가 예루살렘 교회와 직간접으로 연결되어 있으며 그리스도교 복음이 에데사에 비교적 일찍 전해졌음을 반영한다. 세갈에 따르면, 그리스도교로 개종한 에데사 임금은 에우세비우스가 말한 압가루스 5세가 아니라 압가루스 대왕(곧 압가루스 8세)이라고 한다. 에데사 교회가 세워진 것이 2세기 말이라는 의미다.[27]

5. 예수님과 압가루스의 교환 서신

여기서 소개하는 '예수님과 압가루스의 교환 서신' 본문은 그리스어 '타대오 행전'에서 발췌한 것이다. 본문 번역은 Lipsius, *Acta Apostolorum Apocrypha I*, 279-283에 제시된 〈타대오 행전〉 그리스어 비평 본문을 토대로 하

---

25 Segal, "The Blessing of Jesus and The Triumph of Christianity", 65 참조.

26 이에 대한 깊은 논의는 Thomas, "The Conversions of Adiabene and Edessa in Syriac Christianity and Judaism: The Relations of Jews and Christians in Northern Mesopotamia in Antiquity", 10-33 참조.

27 Segal, "The Blessing of Jesus and The Triumph of Christianity", 69-70.

였다. 이 비평 본문은 11세기 그리스어 필사본 P와 V를 토대로 만들어졌다고 한다. 립시우스는 예수님과 압가루스의 교환 서신을 타대오 행전 말미에 위치시킨다. 이 책에서 교환서신의 장과 단락 구분은 립시우스의 구분을 따른다. Palmer, "Une version grecque de la légende d'Abgar", 135-146; Erbetta, *Gli Apocrifi del Nuovo Testamento. III: Lettere e Apocalissi*, 575-578도 그리스어 본문 전승을 소개한다. 예수님과 압가루스의 교환 서신이 담긴 시리아어 '아따이의 가르침'은 Howard, *The Teaching of Addai*를 참조할 수 있다.[28]

1 **에데사의 군주 압가루스가 우리 주 예수 그리스도께 보낸 편지.**
도시국가 에데사의 군주인 압가루스가 예루살렘 도성에 나타나신 선하신 구세주 예수님께 인사드립니다.
당신과 당신의 치유에 관한 소식을 들었습니다. 당신께서 약이나 약초 없이 아픈 사람들을 치유하신다는 소식입니다. 당신께서는 말씀만으로[29] 눈먼 이들을 보게 하시고,[30] 들리지 않는 이들을 듣게 하시며 다리 저는 이들을 걷게 하시고[31] 나병 환자들을 깨끗하게 하시며[32] 말씀만으로 더러운 마귀들을 쫓아내신다고 들었습니다.[33] 또한 만성 질병

28 '아따이의 가르침' 전반에 대한 정보는 Lollar, *The Doctrine of Addai*; "Doctrine of Addai", *e-Clavis: Christian Apocrypha* (검색일: 2024/07/04)에서 얻을 수 있다.

29 마태 8,8; 루카 7,6-7; 참조: 요한 4,49-53.

30 마태 9,27-31.

31 마태 15,29-31.

32 마르 1,40-45; 마태 8,1-4; 루카 5,12-16.

33 마르 1,32-34; 마태 8,16-17; 루카 4,40-41.

에 시달리는 이들을 치유하시고 당신께 손댄 하혈하는 여인을 낫게 하셨으며[34] 죽은 이들을 다시 일으키신다고 들었습니다.[35]
당신에 관한 이 소식을 듣고 저는 마음속으로 둘 가운데 하나라고 생각했습니다. 당신이 하느님이어서 이 일들을 하는 것이거나[36] 하느님의 아들이[37] 하늘에서 내려와서 이런 일들을 하시는 것이라고 말입니다. 이 때문에 저는 이 편지를 통해 당신께 청합니다. 부디 거절하지 마시고 제게 오시어 제가 앓고 있는 병을 치유해 주십시오. 그리고 영원한 생명과 구원을 제게 선사해 주십시오. 유다인들이 당신을 비난하고 당신을 제거하려 한다는 이야기를 전해 들었습니다.[38] 제 도시는 아주 작지만 우리 둘 모두에게 만족스러울 것입니다.

2 **우리 주 예수 그리스도께서 압가루스에게 보내신 편지.**
압가루스여, 당신과 에데사라 불리는 당신의 도시는 행복하오. 나를 보지 않고도 나를 믿었으니 말이오.[39] 나더러 당신한테 오라고 쓴 것에 대해, 하느님의 아들은 죄인들의 손에 넘겨져 십자가에 못 박히고 묻혔다가 사흘 만에 부활해야 한다고 (말하고 싶소).[40] 나는 우선 나를

---

34 마르 5,21-43; 마태 9,18-26; 루카 8,40-56.

35 이 단락은 전체적으로 마태 11,5 "눈먼 이들이 보고 다리저는 이들이 제대로 걸으며, 나병 환자들이 깨끗해지고 귀먹은 이들이 들으며, 죽은 이들이 되살아나고 가난한 이들이 복음을 듣는다"를 연상시킨다. 다른 한편 네 복음서에 나오는 예수님의 치유와 기적 활동을 종합한 것으로서 어느 한 복음서를 보고 인용한 것이 아니라 타티아누스의 조화 복음서인 디아테사론을 요약했을 법하다.

36 또는, "이런 일들을 하시는 당신이 하느님이시거나." 요한 20,28 참조.

37 마태 16,16; 27,54; 마르 15,39.

38 마태 26,1-5; 마르 14,1-2; 루카 22,1-2; 요한 11,45-53.

39 요한 20,29.

40 마태 16,21; 마르 8,31; 루카 9,22 등.

보내신 분께서 나를 파견하신 목적을 완수해야 하고, 이것을 완수한 다음에는 나를 파견하신 아버지께 들어 올려져야 하오. 내가 들어 올려진 다음에 내 제자들 가운데 한 사람인 타대오를[41] 당신에게 보내겠소. 그가 당신의 병을 치유해 주고 나를 통해 당신과 당신 집안사람들 모두에게 영원한 생명과 평화를 전해 줄 것이오.

당신이 나에게 아주 작다고 알려 준 당신의 도시에 대해서는, 그것을 크게 확장시켜 이 세대가 끝날 때까지[42] 당신의 적들 가운데 어느 누구도 이기지 못하게 만들어 주겠소.[43] 나에 관해, 나를 보고 믿은 사람들은 행복하다고 기록되어 있소. 그러나 나를 보지 않고도 믿은 사람들은 더욱 행복하오.[44] 당신에게, 그리고 당신을 바라보는 이들의 구원을 위해 당신 집안에도, 영혼과 몸 전체의 건강이 마련될 것이오.

사실 내가 하늘을 기울여 (땅에) 내려온 것은 인류를 위해서였소. 나는 낙원에서 일어난 범죄를 지워 없애기 위해 동정녀인 어머니 몸에 자리 잡았소. 그리고 여러분을 위대하게 만들려고 나를 낮추었소.

나의 이 편지가 어느 곳에 떨어지든지, 재판정이나 법정이든, 길이든, 바다든, 한기에 떠는 이들에게나, 열병 든 이들이나 두려움에 떠는 이들이나 토하는 이들이나 붕대로 싸맨 이들이나 열이 있는 이들이나 주술에 걸린 이들에게나, 이와 비슷한 것들이 모두 사라질 것이오.

이것(편지)을 전달하는 이는 모든 악한 행실을 멀리하고 '이것은 치유와 변함없는 기쁨을 줄 것이다' 하고[45] 말하도록 하시오. 기록된 말은 내

---

41 에우세비우스는 타대오를 70 제자 가운데 하나로 소개한다(『교회사』 1.13.4). 마태 10,3; 마르 3,18에서 타대오는 열두 제자 가운데 하나로 나온다.

42 또는 '영원히.'

43 에제리아의 『순례』 17-19에는 예수님의 이 약속 덕분에 에데사가 페르시아인들의 침공에서 안전했다는 에우로기우스 주교의 이야기가 전해진다: Lollar, "Doctrine of Addai", *e-Clavis: Christian Apocrypha* (검색일: 2024/07/04) 참조.

44 요한 20,29.

손으로 쓰고 내 봉인을 찍은 것이오.[46] 이 편지에 있는 모든 것이 일곱 봉인으로 찍힌 것이오. +̄. Ψ̄. X̄. Ē. Ῡ̄. P̄. Ā: 예수 그리스도 하느님의 아들이자 마리아의 아들, 두 본성 안에 한 영혼을 지닌, 하느님이자 인간이라 알려지신 분.[47]

봉인들의 뜻풀이는 이렇소.

+는 내가 기꺼이 십자가에 못 박혔음을 보여 주오. Ψ은 내가 단지 형태만의ψιλός 인간이 아니라 참으로 인간이라는 뜻이오. X는 내가 커룹들Χερουβίμ 위에서 쉬었다는 뜻이오. E는 내가ἐγώ, 첫 번째 하느님이며, 내 뒤에도 내 앞에도 다른 하느님은 없다는 뜻이오. Υ는 드높은ὑψηλός 임금, 신들의 하느님을 뜻하오. P는 내가 인류의 구원자ῥύστης라는 뜻이오. A는 내가 시종일관, 끊임없이 항상, 영원히αἰῶνας 살고 머문다는 뜻이오. 나는 편지를 이 인장들로 봉인했소. 모세에게 주어진 증언판도 내가 봉인했소.

예수님의 초상 이야기(3-7)

3 주님의 편지를 받은 압가루스는 유다인들이 주님을 죽이려고 서두른다는 소식을 듣고 곧바로 솜씨 좋은 화가인 급사를 파견하여 주님의 초상화를 (그려) 가져오게 하였다. 그 급사가 예루살렘의 성문에 들어서자 주님께서 그를 맞이하셨다. (주님께서) 그와 이야기 나누시며 말씀하셨다. "이보게, 자네는 정찰자로군 그래." 그가 그분께 말하였다.

---

45 직역: "이것은 치유와 견고한 기쁨을 위한 것이 되리라."

46 예수님이 구두로 말씀을 전했다고 하는 시리아어 '아따이의 가르침'에서와 달리 여기에서는 예수님께서 직접 편지를 쓰셨다고 한다.

47 Ἰησοῦς Χριστὸς υἱὸς θεοῦ καὶ υἱὸς Μαρίας ψυχὴν φέρων ἐν δύο φύσεσιν γνωριζομένος θεὸς καὶ ἄνθρωπος. 마태 1,16 참조.

"저는, 나자렛 사람 예수님을 보고 그분의 얼굴 초상화를 (그려) 가져오라고 압가루스 임금님이 보낸 사람입니다."

4 예수님께서 그에게 회당에 오라고 명령하셨다. 다음날 그분께서 사람들을 가르치며 앉아 계실 때 급사가 안으로 들어가 입구에서 예수님의 초상화를 그리려 하였다. (급사가) 그분의 얼굴 모습을 포착할 수 없던 차에 동료 급사가 (그것을) 알아채고 재촉하며 말하였다. "들어가서 자네가 갖고 있는 우리 압가루스 군주님의 아마포σινδών를 회당에 내놓게." 그래서 그는 들어가 모든 사람 앞에서 예수님 발치에 엎드려 그분께 아마포를 드렸다. 주님께서 양 손에 물을 받아 얼굴을 담그셨다. 그리고 그 아마포를 얼굴에 대자 (얼굴이) 그대로 (아마포에) 찍혔다. 그리하여 예수님의 초상화가 그 아마포 위에 완성되었고 그분과 함께 있던 모든 사람들이 깜짝 놀랐다. 그분께서는 그 아마포를 급사에게 주어 압가루스에게 돌려 보내셨다.

5 급사와 그의 동료는 길을 떠나 히에라폴리스라는 도시의 바깥에 자리한 도자기 가게에 숙소를 정했다. 그들은 (도둑맞을까) 염려스러워 그리스도의 초상ἡ εἰκὼν τοῦ Χριστοῦ을 지붕의 두 기왓장 사이에 숨겨 두고 잠이 들었다. 자정이 지났을 때 하늘에서 불기둥이 나타나 주님의 초상ἡ εἰκὼν τοῦ κυρίου이 있는 자리 바로 위에 멈춰 섰다. 그 도시의 보초병이 불기둥을 보고 큰 소리를 내질렀다. 그러자 그 도시의 백성이 밖으로 나와 아마포에 찍힌 주님의 초상을 보고는 그것을 잡으려 하였다. 그것을 만진 사람들은 그 초상이 기왓장에 찍혔다는 것을 알아차렸다. 그래서 그 기와는 자기들이 가지고 급사 일행은 가게 해 주었다.

6 급사 일행이 에데사라는 도시에서 천 걸음 정도 되는 곳에서 어떤 사람이 기어가고 있는 것을 보았다. 그가 거룩한 아마포에 손을 대자 곧

바로 일어나 걸었다. 그는 자기 어머니에게 달려가 기뻐하고 즐거워하며 모두에게 몸을 보여주었다. 사람들은 그에게 일어난 일을 두고 놀라면서 말하였다. "이 사람은 그 앉은뱅이, 과부의 아들이 아니던가?"

7 이 소식이 곧바로 압가루스 임금에게 전달되었고, 임금은 그를 불러 말하였다. "너는 어떻게 해서 나았느냐?" 그가 대답하였다. "제가 그 도시에서 천 걸음쯤 되는 곳에서 구걸하고 있었습니다. 그런데 누군가 저에게 손을 대자 제가 몸이 펴지고 걷게 되었습니다." 압가루스는 그분이 그리스도셨다는 것을 알아채고 사람을 보내어 그리스도의 초상을 갖고 있는 급사와 그 동료를 찾아오라고 시켰다. 그들이 궁전에 도착하자 그는 기쁘게 맞이하였다. 침상에 누워 있던 압가루스가 반가워하며 일어나 믿음을 가지고 그 아마포를 손에 받아들자 곧바로 나았다.

타대오에 의한 압가루스의 세례

8 우리 주 예수 그리스도께서 들어 올려지신 다음 압가루스와 모든 질병을 치유하도록 타대오가 에데사라는 도시에 파견되었다.[48] 타대오는 (에데사에) 가서 그(압가루스)에게 주님의 말씀을 전하며 교리를 가르친 다음 케리시라는 샘에 내려가 그와 그의 가족들에게 세례를 주었다. 그러자 그는 곧바로 병에서 깨끗해졌다.[49] 그리하여 그는 영으로 기뻐하며 하느님을 영원무궁토록 찬양하고 찬미하였다. 아멘.

---

48 직역: "타대오를 에데사라는 도시로 파견하였다." 파견한 주체가 명시되지 않아 수동태로 옮겼다.

49 마르 1,40-42 참조.

6. 예수님과 압가루스의 교환 서신(에우세비우스)

에우세비우스, 『교회사』 1.13.6-9의 번역에 사용한 대본은 Ehrman/Pleše, "Jesus' Correspondence with Abgar", 416에 제공된 그리스어 본문이다. 에어만/플레쉬는 슈바르츠의 비평본을 사용했다고 한다: Schwartz (ed.), *Eusebius Kirchengeschichte*, 33-34. 『교회사』에는 예수님의 초상화 일화는 담기지 않았다.

압가루스 임금이 예수님에게 쓰고, 급사 아나니아스를 통해 예루살렘에 보낸 편지의 사본.

13 6 예루살렘 지역에 나타나신 좋으신 구원자 예수님에게 압가루스 우
카마 임금이 인사드립니다. 당신과 당신의 치유들에 관한 소식이 제게
전해졌습니다. 약제와 약초도 없이 당신에 의해 치유가 일어났다는 것
입니다. 소식에 따르면, 당신께서는 눈먼 이들을 다시 보게 하시고 다
리 저는 이들을 걸어 다니게 하시며 악성 피부병에 걸린 이들을 깨끗
하게 만드시고 더러운 영들과 마귀들을 쫓아내시며 만성 질병을 가진
자들을 낫게 하시고 죽은 이들을 일으키신다고 합니다. 7 당신에 관한
이 모든 것을 듣고서 마음속으로 저는 둘 중 하나라고 결론 내렸습니
다. 당신은 하느님이시며 하늘에서 내려와서 이 일들을 하고 계신 것
이거나, 아니면 이 일들을 행하고 계신 당신은 하느님의 아들이시라는
결론입니다. 8 그리하여 이제 저는 당신께 편지를 써서 청합니다. 수고
스럽겠지만 제게 오셔서 제가 가진 질병도 고쳐주십시오. 사실 저는
유다인들이 당신에 대해 불만을 품고 당신에게 악행을 저지르려 한다
는 소식도 들었습니다. 제 도시는 아주 작지만 평판이 좋으며[50] 우리

둘 모두에게 충분할(만족스러울) 것입니다.

급사 아나니아스를 통해 압가루스 임금에게 전해진 예수님의 답신

13 [9] 그대는 행복합니다! 나를 보지 않고도 나를 믿었으니 말입니다. 사실
나에 관해 이런 것도 기록되어 있습니다. 나를 본 사람들이 나를 믿지
않을 것이며, 나를 보지 않은 사람들이 믿고 살게 되리라는 것입니다.
그대가 편지에서 내게 쓴 말, 곧 그대에게 와달라는 말에 대해서는 (사
정이 이렇습니다.) 나는 이곳에 파견된 목적을 모두 완수해야 하며 또
완수한 다음에는 나를 보내신 분께 다시 들어 올려져야 합니다. 내가
들어 올려진 다음, 내 제자들 가운데 한 명을 그대에게 보내겠습니다.
그가 그대의 질병을 고쳐줄 것입니다. 그리고 그는 그대와, 그대와 함
께 있는 이들에게 생명을 나누어 줄 것입니다.

---

50 또는, "제게는 아주 작지만 평판이 좋은 도시가 있습니다."

바오로와 세네카의 교환 서신

Epistles of Paul and Seneca

≫ 바오로와 세네카의 교환 서신에 대한 전반적인 정보, 특히 여러 필사본들과 역본에 대한 정보는 Bonar, "Epistles of Paul and Seneca", *e-Clavis: Christian Apocrypha*(검색일: 2024/07/12)에서 얻을 수 있다. 이 사이트에서 이 서신의 현대어 번역본과 연구 현황 등 각종 서지 정보도 얻을 수 있다. 이 편지에 대한 전반적 내용은 Mitchell, *Legacy: The Apocryphal Correspondence between Seneca and Paul*; Moreschini/Norelli (eds), *Early Christian Greek and Latin Literature: A Literary History*; Ramelli, "L'epistolario apocrifo Seneca-san Paolo: alcune asservazioni", 299-310. 라틴어 필사본들을 토대로 만든 바오로와 세네카의 교환 서신 본문과 해제는, Berry, *Correspondence between Paul and Seneca, A.D. 61-65*; Sevenster, *Paul and Seneca*; Gamba, *Il "Carteggio" tra L. Anneo Seneca e L'Apostolo Paolo. Proposta per una sua lettura contestuale*; Dodson/Briones (eds.), *Paul and Seneca in Dialogue*; Gregory, "Correspondence of Paul and Seneca", 361-373을 참조할 수 있다.

바오로와 세네카가 주고받았다는 편지 모음이다. 그 가운데 8개는 세네카가 바오로에게, 나머지 6개는 바오로가 세네카에게 보낸 편지다.

1. 저술 시기

이 편지는 르네상스 시대까지 1세기에 만들어진 세네카와 바오로의 친서로 여겨졌지만 오늘날 학자들은 이 편지를 대략 4세기에 만들어진 위서로 판단한다.[1] 무엇보다 언어학적 측면이나 문체 특성 상 바오로나 세네카의 작품으로 보기 어렵다고 한다.[2] 392년에 저술된 『위인들』에서 히에로니무스가

---

1 Römer, "The Correspondence between Seneca and Paul", 46-47; Hine, "Seneca and Paul: the First Two Thousand Years", 26.

2 Liénhard, "Sur la Correspondance apocryphe de Sénèque et de Saint-Paul", 5-32; Elliott, *The Apocryphal New Testament: A Collection of Apocryphal Christian Literature in an English Translation*, 547.

이 편지를 언급하는[3] 것으로 보아 4세기 말 이전에 만들어진 것은 분명하다.[4] 히에로니무스는 바오로와 세네카의 교환 서신이 많은 사람들에게 읽혔음을 밝히면서 자신이 만든 그리스도교 저자 목록에 세네카를 포함시킨다(『위인들』 12).[5] 아우구스티누스도 세네카가 바오로 사도에게 보낸 편지가 당시에 널리 읽히고 있다고 말한다(『서간들』 153.14). 7세기 『차명-리누스의 바오로의 수난』에는 세네카가 자주 바오로와 대화를 나누고 편지도 주고받았으며 바오로를 공경하고 그의 작품을 네로에게 읽어 주기도 했다고 한다.[6]

2. 사본

현존하는 가장 오래된 필사본은 9세기 것이지만 필사본 전승의 기원은 5세기로 거슬러 올라간다고 한다.[7] 12-15세기 사이에 만들어진 필사본들이 상

---

3 세네카는 사후에 철학자이자 문학가로서의 명성이 사그라졌지만 테르툴리아누스에 의해 그리스도인들 사이에서 다시 명성을 회복한다. 324년 락탄티우스는 『거룩한 지침』 6.24.13-14에서 세네카를 언급하면서 칭송한다. 누군가 세네카에게 "그 길"(곧 그리스도교)을 가르쳤다면 참된 신앙인이 되었을 것이라고 한다: Hine, "Seneca and Paul: the First Two Thousand Years", 26.

4 Hine, "Seneca and Paul: the First Two Thousand Years", 28.

5 Römer, "The Correspondence between Seneca and Paul", 47.

6 전거들에 대해서는 Römer, "The Correspondence between Seneca and Paul", 47; Elliott, *The Apocryphal New Testament: A Collection of Apocryphal Christian Literature in an English Translation*, 547; Hine, "Seneca and Paul: the First Two Thousand Years", 28-29. 거룩한 사도 바오로의 수난 *Passio Sancti Pauli apostoli* (Bonnet, *Acta Apostolorum Apocrypha I*, 24).

7 사본에 대한 정보는 Barlow, *Epistolae Seneca ad Paulum et Pauli ad Senecam 'quae vocantur'*, 8-26. 사본 및 현대어 번역본과 연구 논문 및 서적들에 대한 정보

당수 전해지는데 막대한 양의 필사본들은 이문異文과 변조를 많이 보이며 정확히 이해하기 어려운 구절들도 포함하고 있다.

3. 저자

세네카와 바오로의 교환 서신 열네 편이 모두 같은 시기 같은 저자에 의해 만들어졌는지는 정확히 알 수 없다. 엘리엇에 따르면, 열한째 편지는 다른 편지들과 라틴어 문체가 다르므로 나머지 편지들과 저자가 다른 것으로 추정된다. 엘리엇은 열넷째와 열셋째 편지도 후대 작품으로 추정한다. 그리스도교적 요소가 강하고 바오로의 사상에 근접해 있는 열넷째 편지는 사용된 언어와 문체를 보아 나머지 편지들보다 늦게 집필된 것 같으며 열셋째 편지도 나중에 따로 추가된 듯하다는 것이다.[8]

4. 편지 내용과 집필 동기

철학자 세네카와 바오로 사도가 개인적으로 주고받은 편지임을 표방하는 이 편지에서 두 사람은 상대를 칭송하고 서로 우정을 나눈다. 열네 편의 편지는 세네카와 바오로가 나눈 우정의 편지라고 요약할 수 있다. 편지 차수

는 Bonar, "Epistles of Paul and Seneca"(검색일: 2024/07/17).

8 이에 대한 논의는 Elliott, *The Apocryphal New Testament: A Collection of Apocryphal Christian Literature in an English Translation*, 547.

가 늘어날수록 두 사람의 우정이 깊어지는 모습을 관찰할 수 있다. 세네카는 바오로의 서간에 힘이 담겨 있음을 인정하면서 (네로) 황제도 바오로의 서간에 감탄했다고 한다. 바오로의 재능을 높게 평가하는 세네카도 바오로의 문체에는 아쉬움을 표현하면서 언어를 정제할 것을 조언한다. 세네카는 바오로 서간의 우의적 특성에 관심을 보이기도 한다. 그는 바오로 서간에 우의Allegory가 담겨 있음을 관찰하면서 문체와 형식을 향상시켜 내용에 깊이를 더하라고 조언한다. 마지막 편지에서 바오로는 세네카 안에 하느님의 말씀이 뿌려졌다고 하면서 세네카가 황제의 신하와 친지들에게 그리스도교 가르침을 선포하게 되리라는 기대감을 표명한다. 편지 각각의 내용은 다음과 같다.

첫째 편지는 세네카가 바오로의 서간을 읽고 새로운 기운을 얻었다고 하는 내용이다. 바오로의 제자들을 만났다는 내용도 나온다. 둘째 편지에서 바오로는, 비판가이자 소피스트이며 위대한 군주의 스승이자 모든 이의 스승이기도 한 세네카가 자신을 칭송하는 데 대해 기쁨을 표시한다. 셋째 편지에서 세네카는 바오로의 서간들을 황제에게 보여 줄 계획을 밝히고 있다. 넷째 편지에서 바오로는 세네카의 편지를 기쁘게 듣고 있으며 빠른 시일 내에 직접 만나게 되기를 고대한다고 한다. 다섯째 편지에서 세네카는 바오로의 은둔을 걱정한다. 여섯째 편지에서 바오로는 무례한 이들에게도 존경을 표하자고 하면서 인내가 승리하리라고 한다. 일곱째 편지에서 세네카는 황제도 바오로의 서간을 읽고 탄복했다고 한다. 다만 언어의 정제미를 높일 것을 제안한다. 여덟째 편지에서 바오로는 황제에게 황제의 관습과 규칙에 어긋나는 것(곧 그리스도교 가르침)을 전하려는 시도는 위험하다고 조언한다. 아홉째 편지에서 세네카는 바오로에게 언어의 풍성함에 관한 책을 보냈다고 한다. 열째 편지에서 바오로는 세네카를 가장 헌신적인 스승으로 표현한다. 열한째 편지에서 세네카는 바오로를 “하느님께 사랑받는 사람”, “모든 산의 정상이자 꼭대기”라고 표현하면서 편지 첫머리에 자신의 이름을 쓰는 것을 주저하지 말라고 한다. 자신이 바오로와 교류하면서 바오로와 비슷한 사람이 되는 것이 기쁘다는 것이다. 열두째 편지에서 세네카는 유다인들과 그리스도인들이 로마 화재의 방화범으로 몰려 박해받고 있음에 안타까움을 표명한다. 열셋째 편지에서 세네카는 바오로에게 언어의 정제를 통해 힘과 재능을 다듬으라고 권고한다. 특히 라틴어 문체와 음율을 향상시켜 재능을 십분 발휘하도록 조언한다. 열넷째 편지에서 바오로는 세네카 안에 하느님 말씀의 씨앗이 뿌려졌음을 확신하면서 그에게 그리스도의 새로운 선포자가 되어 사람들에게 지혜를 가르칠 것을 요청한다.

이 교환 서신은 세네카를 그리스도교와 관련지은 점에서 의미 있다. 바오로는 베드로와 야고보와 함께 초대 그리스도교에서 가장 중요한 인물들 가운데 한 명으로 꼽힌다. 바오로의 중요성은 신약성경에서 명백히 드러난다. 신약성경에 포함된 서간 열네 편이 바오로의 이름을 내세우고 있을 뿐더러 사도행전의 상당 부분이 바오로와 관련된 내용이다. 바오로 행전, 바오로 묵시록을 비롯한 외경 문학에서도 바오로가 저자로 자주 내세워진다.[9] 초대 그리스도교에서 이처럼 중요한 위치를 차지한 바오로가 당대 유다인이나 로마인 저자의 작품에서 언급된 경우가 없다.[10] 바오로와 세네카의 교환 서신 저자는 이런 공백을 메우기 위해 바오로 사도가 당대 가장 유명한 철학자 세네카와 편지를 나눈 것으로 설정했을 법하다.[11] 익명의 저자는 정치, 철학, 문학, 수사학 등 다방면에서 명망이 높았던 세네카가 바오로와 편지를 주고받으면서 친분을 유지했음을 보여줌으로써 바오로가 대단한 인물임을 드러내고자 한 것 같다. 편지에서, 세네카는 바오로의 윤리적 통찰과 가르침을 높이 사고 그의 편지를 황제에게도 보여 주었으며 황제도

---

9 Starowieyski, "St. Paul dans les apocryphes", 253-262.

10 Hine, "Seneca and Paul: the First Two Thousand Years", 25.

11 Römer, "The Correspondence between Seneca and Paul", 47; Ramelli, "A Pseudepigraphon Inside a Pseudepigraphon?: The Seneca-Paul Correspondence and the Letters Added Afterwards", 259-289 참조.

바오로의 천부적인 생각에 감명을 받았다고 한다. 저자가 명망 높은 로마 제국의 철학자와 로마 황제의 입을 빌려 바오로의 신학적 통찰을 칭송한 셈이다. 엘리엇은 이 작품의 집필 동기를 그리스도교가 이교 철학보다 우위에 있음을 보여 주려는 것이라고 본다.[12] 보나는 이 편지들에서 세네카처럼 그리스도교 가르침의 우수성을 인정하고 바오로 서간에 담긴 깊은 통찰을 받아들일 것을 권고하려는 저자의 의도를 읽어낸다.[13]

5. 바오로와 세네카

세네카는 로마의 중요한 정치가이자 저술가였으며 네로의 가정교사이기도 했다.[14] 세네카는 기원전 4세기경 스페인 코르도바의 한 명망 있는 엘리트 가문에서 태어났다. 그의 아버지는 당대 수사학을 견인하던 인물이었고, 그의 형제 갈리오는 아카이아 속주의 지방 총독(ἀνθύπατος, proconsul)을 지낸 인물이다. 사도 18,12-17에서 유다인들이 바오로를 재판정에 끌고 가 고발했을 때 자신은 '율법' 문제에 관여하지 않겠다며 그들을 재판정에서 몰아내었던 "아카이아 지방총독" 갈리오가 바로 세네카의 형제 갈리오Gallio다.[15]

---

12 Elliott, *The Apocryphal New Testament: A Collection of Apocryphal Christian Literature in an English Translation*, 547.

13 Bonar, "Epistles of Paul and Seneca"(검색일: 2024/07/17).

14 세네카의 삶과 이력에 대한 간략한 소개는 Dodson/Briones (eds.), *Paul and Seneca in Dialogue*, 3-4. 세네카의 생애에 대한 보다 자세한 내용은 Hine, "Seneca and Paul: the First Two Thousand Years", 23-24. 같은 글, 23쪽 각주 5에 세네카의 철학과 생애에 관한 참고문헌이 소개되어 있다.

15 Hine, "Seneca and Paul: the First Two Thousand Years", 22.

어린 시절 로마로 건너간 세네카는 그곳에서 스토아 철학과 수사학을 수학하고 정치에도 입문하여 로마 원로원 원로로서 활동하였다. 가정교사로서 가르친 네로가 로마 황제로 등극하자 세네카는 황제의 정치 조언가로 임명되었다. 영욕의 세월을 오가던 세네카는 결국 65년에 네로에 의해 자살형을 선고받고 죽음의 길을 걷는다. 세네카는 라틴어로 된 여러 편지와 산문들, 철학 서적들을 남겼다.[16]

그리스도교 전통에서는 세네카가 바오로의 영향을 받아 그리스도교로 개종했다는 믿음이 있었지만[17] 세네카의 친서들에서 바오로가 언급된 적도 없을뿐더러 그가 그리스도교 교리에 영향 받았음을 증명할 만한 요소도 발견되지 않는다. 바오로와 세네카가 만난 적이 있다는 증거도 없다. 사실 둘은 출신 배경도 활동 영역도 집필에 사용한 언어도 달랐다. 하나는 제국 동부의 타르수스에서 태어난 유다인, 다른 하나는 제국 서부의 코르도바에서 태어난 엘리트 가문 출신이었다. 바오로는 바리사이 유다인 출신의 그리스도교 선교사(사도 23,6; 26,5)로서 교회 공동체를 위해 그리스어로 서간을 집필했다. 스토아 철학자이자 정치가인 세네카는 로마의 엘리트 계층을

16 Dodson/Briones (eds.), *Paul and Seneca in Dialogue*, 3-4; Hine, "Seneca and Paul: the First Two Thousand Years", 23-24. 하인은 세네카와 바오로의 삶의 궤적을 훑으면서 둘의 유사점을 열거하고 있다. 가령 바오로는 종교 영역에서 수많은 정적들의 공격을 받다가 결국 로마에서 순교로 삶을 마감했으며, 세네카는 정치 영역에서 정적들의 고발과 박해를 받다가 로마에서 자살형에 처해진다. 바오로도 세네카도 모두 네로 황제에 의해 처형당했다. 두 사람의 교환 서신은 64년 로마에 일어났던 대화재를 언급하기도 한다(열한 번째 편지). 사후에, 철학자이자 문학가로서의 명성이 사그라진 세네카는 테르툴리아누스에 의해 그리스도인들 사이에서 다시 명성을 회복한다: Hine, "Seneca and Paul: the First Two Thousand Years", 25-26.

17 Dodson/Briones (eds.), *Paul and Seneca in Dialogue*, 7-8. 바오로와 세네카의 편지는 거의 천 년 동안 친서로 여겨졌으며 히에로니무스 성인은 세네카를 그리스도인 저술가로 꼽았다.

상대로 서간과 산문을 오가는 다양한 장르의 작품을 라틴어로 집필했다. 둘은 만난 적도, 서로의 작품을 읽은 적도 없었을 것으로 추정되지만[18] 1세기 로마 제국이라는 같은 시간 같은 공간을 살았던 동시대 인물로서 작품 주제나 소재를 상당 부분 공유하기도 했다.[19] 둘 다 독자가 특별한 사상을 받아들이도록 설득하는 일보다는 어떤 삶을 살 것인지 가르치는 데 관심을 기울였다. 하나는 그리스도 예수를 주님으로 받아들이고 그를 따르는 삶을 살도록, 다른 하나는 스토아 철학에 입각하여 이성과 덕에 따르는 삶을 살도록 설득하는 데 주력했다.[20] 무엇보다 그들이 대표하던 그리스도교와 스토아사상은 오랜 시간 직간접으로 교류하며 상호 영향을 주고받은 것으로 여겨지고 있다. 실제로 그리스도교와 스토아 사상의 관계 문제가 바오로 연구자들 사이에서 최근 다시 큰 조명을 받고 있다. 1961년 세벤스터J.N. Sevenster의 *Paul and Seneca*가 출간 된 이후 바오로와 세네카의 관계에 대한 연구도 각광을 받고 있다. 아울러 바오로와 세네카의 교환 서신에 대한 연구도 새롭게 탄력을 받고 있다.[21] 세네카와 바오로의 유사점과 상이점을 도출하는 비교연구들이 이어지면서 세네카에 비추어 바오로를 이해하려는 시도, 거꾸로 바오로에 비추어 세네카를 이해하려는 시도도 진행되고 있다.[22]

---

18 Dodson/Briones (eds.), *Paul and Seneca in Dialogue*, 5. 하인은 세네카와 바오로의 만남 가능성을 높게 본다. 두 사람의 생존 기간이 겹칠뿐더러 둘 다 생애 말년을 로마 또는 그 인근에서 보냈다. 적어도 세네카의 형제 갈리오는 바오로와 세네카를 모두 직접 만난 사람이다(사도 18,12-17): Hine, "Seneca and Paul: the First Two Thousand Years", 22.

19 Hine, "Seneca and Paul: the First Two Thousand Years", 24.

20 Hine, "Seneca and Paul: the First Two Thousand Years", 24.

21 Ramelli, "The Pseudepigraphical Correspondence between Paul and Seneca: A Reassessment", 319-336; Vladimirescu, "New Lights on the Apocryphal Correspondence Between Seneca and the Apostle Paul", 173-188(검색일: 2024/07/12).

22 Dodson/Briones (eds.), *Paul and Seneca in Dialogue*, 5-6. 바오로와 세네카

6. 바오로와 세네카의 교환 서신

본문 번역은 Barlow, *Epistolae Seneca ad Paulum et Pauli ad Senecam 'quae vocantur'*(= 라틴어 본문, *PL*, Supplementum I, 673-678)을 토대로 하였다.

1 세네카가 바오로 님께 인사드립니다.

바오로 님, 제가 어제 아포크리파와[23] 다른 것들을 두고 우리 (친구) 루킬리우스와 나눈 대화에 관해 소식을 들으셨으리라 생각합니다. 귀하의 가르침을 따르는 자들도 저와 함께 있었으니 말입니다. 우리가 살루스티아누스의 정원에 들어갔을 때, 제가 앞에서 언급한 사람들이 다른 곳으로 가다가 그곳에서 우리를 보고 합류한 것입니다. 물론 우리는 귀하도 계셨으면 하고 바랐습니다. 귀하께서 이것도 아시기 바랍니다. 우리는 귀하의 책[24] 곧 귀하께서 몇몇 도시나 주도主都에 보낸, 온

의 관계 문제는 Hine, "Seneca and Paul: the First Two Thousand Years", 22. 하인은 바오로와 세네카가 서로의 존재를 알았으리라 추정한다. 바오로는 로마의 저명한 스토아 철학자이자 네로의 자문가인 세네카를 알았을 것이고, 세네카는 그리스도교 선교사 바오로가 로마 사회에 일으킨 물의(?)와 그로 인한 박해(64년)에 대해 들어보았을 법하다는 것이다.

23 여기서 아포크리파는 정경에 들지 못한 외경을 가리키는 것이 아니다. 아포크리파는 '사적인 일', '비밀'을 가리키며, 세네카와 바오로가 이미 알던 사이이며 서로 비밀을 공유할 만큼 가까운 사이였음을 드러낸다: Gregory, "Correspondence of Paul and Seneca", 368.

24 책이라고 옮긴 라틴어는 'libellus'다. '작은 책', '소책자' 등으로 옮길 수 있다. 이 서간들이 집필되던 4세기에 바오로 서간들이 책자 형식(아마도 서간집)으로

화한 권고들을 통해 도덕적 삶을 가르치는 편지들 가운데 하나를 읽고 매우 새로운 기운을 얻었습니다. 그 생각들이 귀하께서 (직접) 말씀하신 것이라고는 생각하지 않습니다. 귀하를 통해 (말해진 것이겠지요). 물론 어떤 때에는 귀하께서 직접 (말씀하시기도) 하고 귀하를 통해서 (말해지기도 했을 듯합니다). 그것들의 위대함은 참으로 엄청나며 고귀함으로 찬란히 빛나기에, '과연 (모든) 세대의 인류가 그것들로 굳건히 세워지고 완성될 자격이 있을까?' 하는 의문이 들 정도입니다.
형제님, 건강하시기를 바랍니다.

2 바오로가 안네우스 세네카 님에게 인사드립니다.
어제 귀하의 편지를 기쁘게 받았습니다. 귀하께 보낼 젊은이가 있었다면 곧바로 답장을 썼을 것입니다.
귀하께서는 언제 누구를 통해, 어느 시점에 누구에게 어떻게 (무언가를) 주고 맡겨야 할지 아십니다. 그러니 제가 전령의 자질을 살피는 동안 홀대받는다고 생각하지 마시기를 바랍니다. 귀하께서 제 편지에 기뻐하신다고 다른 곳에 쓰신 것을 보았습니다. 이토록 (대단하신) 분의 칭찬을 들으니 저 자신이 행운아라는 생각이 듭니다. 비판가이자, 소피스트이며[25] 그토록 위대한 군주의 스승이고, 모든 이의 스승이기도 하신 귀하께서 사실이 아니라면 그런 말을 하지 않으셨을 것이기 때문입니다.
내내 건강하시기를 기원합니다.

유통되고 있었음을 짐작할 수 있다. 편지 3에는 바오로의 서간집을 표현하는 데 'volumen'이 쓰였다. 이 또한 바오로 서간들이 서간집 형태로 만들어지고 있었음을 암시한다. Bonar, "Epistles of Paul and Seneca", *e-Clavis: Christian Apocrypha*(검색일 2024/07/17).

25 소피스트라고 옮긴 'sophista'는 본디 고대 그리스의 철학, 수사학, 정치학 등을 가르치던 선생들(σοφιστής) 집단을 가리킨다. 이들이 현란한 말솜씨로 대중을

3 세네카가 바오로 님에게 인사드립니다.

제가 (귀하의) 몇몇 책을[26] 준비해서 순서에 맞게 적절히 나누어 놓았습니다. 그것들을 황제께 읽어드릴 결심도 했습니다.

혹시나 운이 닿아 황제께서 관심을 보이신다면 아마 귀하께서도 합류하실 수 있을 것입니다. 그렇지 않으면 이 작품을 함께 검토할 수 있도록 다른 날을 마련해 보겠습니다. 사실 귀하의 의견을 듣지 않고서는 이 작품을 폐하께 소개해 드리지 못할 것입니다. 아무 탈 없이 이 일이 이루어질 수 있다면 말입니다. 모쪼록 귀하를 무시하는 것은 아님을 아시기 바랍니다.

친애하는 바오로 님, 건강하십시오.

4 바오로가 안네우스 세네카 님께 인사드립니다.

(다른 사람이) 귀하의 편지들을 봉독하는 것을 들을 때마다 귀하께서 (곁에) 계시다고 상상합니다. 그리고 귀하께서 항상 우리와 함께 계시다는 것 말고 다른 생각은 하지 않습니다. 머지않아 귀하께서 오시면 서로 가까이서 마주 볼 수 있겠지요.

건강하시기를 기원합니다.

5 세네카가 바오로 님께 인사드립니다.

우리는 귀하의 은둔으로 매우 괴로워하고 있습니다. 무슨 일입니까?

기만하는 일이 잦아지면서 이 단어는 '궤변론자'라는 함의를 갖게 된다. 로마 제국 시대에 이 단어는 수사학과 철학에 능통한 대중 연설가, 스승, 강연가 등을 아우르는 개념이 된다: Kerferd, "Sophist"(검색일: 2024/07/17).

26 '책'이라고 옮긴 단어는 'volumen'이다. volumen은 두루마리 형태의 책을 가리킨다. 복수형 volumina('책들')가 쓰인 것으로 보아 바오로 서간집이 다수였음을 짐작할 수 있다. 편지 1의 '책'에 달린 각주를 참조하라.

무슨 일이 귀하를 떠나 있게 만듭니까? 귀하께서 (몸담았던) 전례와 신조를 떠나 다른 데로 전향한 일을 두고[27] 왕후께서 분노하셨기 때문이라면, 귀하께서 그 일을 이성적으로 처리했으며 가볍게 처신하지 않았음을 믿으시라고 (왕후께) 요청할 기회가 있을 것입니다.

모쪼록 건강하십시오.

6 바오로가 세네카와 루킬리우스 님께 인사드립니다.

여러분이 제게 언급한 문제를 두고 펜이나 잉크로 이야기하는 것은 온당하지 않습니다 — 하나(펜)는 표시하고 줄치며, 다른 하나(잉크)는 확실히 표시 나게 합니다. 특히 저를 이해하는 사람들이 여러분 사이에, 곧 여러분 주변과 여러분 가운데에 있다는 것을 제가 알기에 그러합니다. 모든 이에게 존경을 표해야 하지만 무례를 범할 기회를 잡는 사람들에게는 더더욱 그렇게 해야 합니다. 우리가 그들을 인내한다면 반드시, 그리고 모든 면에서 그들을 이길 것입니다. 그들이 자신을 반성할 줄 아는 사람들이라면 말입니다.

모쪼록 건강하십시오.

7 안네우스 세네카가 바오로와 테오필로스[28] 님께 인사드립니다.

귀하께서 갈라티아인들과 코린토인들과 아카이아인들에게[29] 보내신

---

27 바오로의 회심 사건을 말하는 것 같다.

28 루카는 자신의 복음서와 사도행전을 테오필로스에게 바친다: 루카 1,3; 사도 1,1을 보라. 그런데 이 편지가 코린토 2서를 읽고 보내는 편지라면 '바오로와 디모테오'라 해야 할 것이다. 다음 각주를 참조하라.

29 코린토인들에게 보낸 둘째 편지를 말한다: Römer, "The Correspondence between Seneca and Paul", 52. 2코린 1,1 "하느님의 뜻에 따라 그리스도 예수님의 사도가 된 바오로와 티모테오 형제가 코린토에 있는 하느님의 교회와 온 아카이아에 있는 모든 성도에게 인사합니다"을 참조하라.

귀하의 편지들을 읽고 기뻤음을 고백합니다. 그리고 귀하께서 외경심을 갖고 보여 주시듯이 우리 둘 다 그렇게 살도록 합시다. 귀하 안에 그리고 귀하보다 높은 곳에 계신 성령께서 경외해야 마땅한 생각을 표현하시기 때문입니다. 다만 귀하께서 뛰어난 면들을 드러내시어 언어의 정제미가 그 (내용의) 위대함에 미치지 못하는 일이 없기를 바랍니다. 형제님, 귀하께 어떠한 것도 숨기지 않기 위해, 아니면 제 양심에 짐을 지우지 않기 위해, 아우구스투스께서[30] 귀하의 생각에 감명 받았음을 밝힙니다. 귀하 안의 힘에 관해 (귀하께서 쓰신) 서설을 폐하께 읽어 드렸을 때[31] (폐하의) 대답은 이러했습니다. "적절한 교육을 받지도 않은 사람이 그런 생각을 할 수 있다니 놀랍다." 나는 폐하께 대답했습니다. "신神들은 대개, 배운 것으로 자기네 능력을 과시하는 자들이 아니라 순진무구한 이들을 통해 말씀하십니다."[32] 그리고 제가 폐하께 시골 사람 바티에누스 — 레아테 지역에서 어떤 사람 둘이 그에게 나타났는데 그들은 나중에 카스토르와 폴룩스로 판명되었습니다[33] — 의 예를 들었을 때 폐하께서는 충분히 깨우침을 얻으신 것처럼 보였습니다. 건강하십시오.

8 바오로가 세네카 님께 인사드립니다.
우리 황제께서 때로는 잘못도 저지르시지만, 놀라운 일들을 사랑하시는 분임을 알고 있습니다. 그분께서는 상처받는 것은 허락하지 않으시

---

30 아우구스투스(Augustus)는 로마 황제를 가리키는 호칭으로 '존엄자', '지존'이라는 뜻이다.

31 직역: "서설이 읽혔을 때."

32 마태 11,25; 1코린 1,26-29 참조.

33 락탄티우스 『거룩한 지침』 2.7.10. Römer, "The Correspondence between Seneca and Paul", 52에서 재인용.

나 권고는 받아들이십니다. 폐하의 관습과 규칙에 어긋나는 일에[34] 관해 귀하가 폐하께 알려드리려 한 것은 심각한 잘못이라고 생각합니다. 폐하께서는 이방인들의 신들을 숭배하시는데 귀하가 무슨 마음으로 폐하께서 그것을 아시게 되기를 원했는지 모르겠습니다. 저에 대한 사랑이 너무 커서 그랬으리라 생각합니다. 앞으로는 그렇게 하지 마시기를 당부 드립니다. 저를 사랑하여 왕후님의 심기를 건드리지 않도록 조심해야 합니다. 왕후의 화가 지속된다 해도 (우리에게) 해가 되지 않겠지만, 지속되지 않는다 해도 도움도 되지 않습니다. 왕후로서는 화나지 않으시겠지만 여자로서는 심기가 불편할 수 있습니다.

모쪼록 건강하십시오.

9 세네카가 바오로 님께 인사드립니다.

귀하께 써 보낸 편지에서, 제가 황제께 (귀하의) 편지를 소개하였다는 말씀을 듣고도 별로 동요하지 않으셨으리라는 것을 압니다. 인간의 마음을 올바른 지식 체계와 관습에서 돌아서게 만드는 일들의 특성이 그러하기에 저는 놀라지 않습니다. 수많은 증거를 통해 이미 그런 것을 알고 있었기 때문입니다. 그러니 이제 우리 다르게 행동합시다. 과거에 제가 별 생각 없이 행한 일이 있다면 양해해 주십시오. 귀하께 언어의 풍성함에 관한 책을[35] 보냈습니다.

친애하는 바오로 님, 건강하십시오.

10 바오로가 세네카 님께 인사드립니다.

제가 귀하께 편지를 쓰고 제 이름을 귀하(의 이름) 밑에 달 때마다 저

---

34 그리스도교 가르침을 가리키는 듯하다.

35 『언어의 풍성함』*De Verborum Copia*을 말한다. 이 책의 여러 필사본이 세네카의 이름으로 전해진다.

는 저의 신조에 맞지 않는 심각한 일을 저지르고 있습니다. 종종 고백한 대로 저는 모든 이에게 모든 것이 되어야 하고,[36] 로마법이 의회의 영예를 위해 부여한 것을 귀하께도 지켜야 하기 때문입니다. 곧 제가 편지를 쓴 뒤, 마지막 자리를 택함으로써[37] 당황스럽고 불명예스러운 방식으로 제 뜻을 실행하는 일이 없도록 해야 하기 때문입니다.

가장 헌신적인 스승님 건강하십시오. 6월 27일 네로 삼 년, 메살라 총독 재임 기간.[38]

11 세네카가 바오로 님께 인사드립니다.

나의 친애하는 바오로 님, 안녕하십니까! 귀하같이 대단하고 하느님께 사랑받는 사람이 저와 제 이름과 밀접한 관계를 맺는다면—그것과 결합되라는 말은 아닙니다—그것은 귀하의 세네카에게 더할 나위 없는 일이 될 것입니다. 모든 산의 정상이자 꼭대기인 귀하께서는, 제가 귀하와 가까워져 귀하와 비슷한 또 다른 (당신)으로 평가받아 기뻐하는 걸 원하지 않으십니까? 그러니 귀하께서 편지들의 첫 면에 거명될 자격이 없다고 생각하지는 마십시오. 귀하께서 저를 칭찬하신다기보다는 시험하시는 것으로 보이지 않도록 말입니다. 특히나 귀하께서는 자신이 로마 시민임을 알고 계시니까요.[39] 저의 자리는 귀하의 것(이 되고) 귀하의 것은 제 것이 되었으면 하고 바라기 때문입니다.

친애하는 바오로 님, 건강하십시오. 3월 23일 아프로니아누스와 카피토 총독 재임 기간.[40]

---

36 1코린 9,22; 10,33 참조.

37 바오로 자신의 이름을 편지 첫머리에 쓰는 결례를 범하고 있음을 사죄한다. 자신의 이름은 편지 끝에 붙여야 마땅하다는 겸양의 표현이다.

38 기원후 58년이다. Elliott, "The Correspondence of Paul and Seneca", 552.

39 바오로가 로마 시민임은 사도 16,37-38; 22,25-29; 23,27 참조.

12 세네카가 바오로 님께 인사드립니다.

친애하는 바오로 님, 안녕하십니까. 혹시 무죄한 여러분들이 계속 처벌 받는 것에[41] 대해 제가 슬퍼하거나 괴로워하지 않는다고 여기지는 않으신지요? 아니면 온 백성이 여러분을 완고하고 범죄를 저지르기 쉬운 사람들로 판단하고 도시에 일어난 온갖 나쁜 일을 여러분이 저지른 것으로 생각한다고 (여기시는지요)? 그 대신 마음을 가라앉히고 패배를 모르는 행복이 재앙에 종지부를 찍을 때까지는 운명이 (우리에게) 선사한 것을 잘 이용하도록 합시다. 이전 시대는 마케도니아인들, 필리포스의 아들(알렉산드로스), 키루스, 다리우스, 디오니시우스를 참아냈고, 우리 시대는 가이우스 황제를 (참아냅니다). 그들은 자신이 원하는 대로 합니다. 로마 시의 잦은 방화가 누구 때문에 일어나는지 명백합니다. 그러나 비천한 사람이 (방화의) 원인이 무엇인지 말해도 된다면, 그리고 이 어둠의 시대에 처벌 받을 걱정 없이 말할 수 있다면, 모든 것이 모두에게 알려질 것입니다. 실제로 그리스도인들과 유다인들이 방화범으로 처형당하는 경우가 허다합니다. 애석하도다! 범죄자, ―그자의 뜻은 살인이요 거짓말은 (그자의) 가리개입니다―그자가 누구든 그자의 날은 정해져 있습니다. 그리고 (무리에서) 가장 높은 우두머리가 희생되듯이, 곧 많은 이를 위해 하나가 희생되듯이 그자가 많은 이를 위해 바쳐지고 불에 태워질 것입니다.[42] 가옥 백서른두 채와 건물 사천 채가 엿새 동안 불타 일곱째 날에야 가라앉았습니다.

---

40 기원후 59년: Römer, “The Correspondence between Seneca and Paul”, 53.

41 64년 네로 황제 재임 기간에 발생한 로마 대화재의 방화자로 그리스도인들이 지목되어 처벌받은 사건을 가리킨다. 타키투스, 『연대기』 15.44에 이 일이 언급되어 있다.

42 온 민족이 멸망하는 것보다 한 사람이 백성을 위하여 죽는 것이 더 낫다는 말을 전하는 요한 11,50을 참조하라.

형제님 모쪼록 건강하시기를 기원합니다. 3월 28일 프루지와 바수스 재임 기간.[43]

13 세네카가 바오로 님께 인사드립니다.
귀하의 작품 어디에나 우의와 수수께끼가 등장합니다. 그래서 귀하에게 부여된 힘과 재능은 다듬어져야 합니다. 단, 언어의 꾸밈을 통해서가 아니라 정제를 통해 (그렇게 되어야 합니다). 제가 전에도 여러 번 말씀드린 것으로 기억합니다. 그런 것을 추구하는 자들이 생각을 망치고 내용이 지닌 힘을 약화시키지는 않는지 두려워할 필요는 없습니다. 그 대신 저는 귀하께서 양보하시어 제 말에 따라 라틴어 문체와 음율을 다듬고 아름답게 만드시기를 바랍니다. 그리하여 (귀하가 하사받은) 우수한 재능이 귀하에 의해 합당하게 발휘될 수 있기를 바랍니다. 모쪼록 건강하십시오. 7월 6일 이전 루크로와 사비누스 총독 재임 기간.[44]

14 바오로가 세네카 님께 인사드립니다.
신께서 소수의 사람들에게만 하사하신 것들이 귀하의 묵상 중에 귀하께 계시되었습니다. 그러므로 제가 기름진 밭에 튼튼한 씨앗을 뿌린다는 것이 확실합니다. 썩는 것을 (뿌리는 게) 아니라, 계속하여 성숙하시고 영원히 머물러 계시는 분에게서 나오는 하느님의 영속하는 말씀을 (뿌리는 것입니다).[45] 귀하의 현명함이 성취한 것, 곧 이민족들과 이

---

43 기원후 64년: Elliott, "The Correspondence of Paul and Seneca", 552.

44 기원후 58년: Elliott, "The Correspondence of Paul and Seneca", 553.

45 1베드 1,23 "여러분은 썩어 없어지는 씨앗이 아니라 썩어 없어지지 않는 씨앗, 곧 살아 계시며 영원히 머물러 계시는 하느님의 말씀을 통하여 새로 태어났습니다"을 참조하라. 25절에도 하느님의 말씀은 영원히 머물러 계신다는 표현이 나온다.

스라엘 사람들(을 구분 짓는) 규정들은 없어져야 한다는 결론은 결코 사라지지 않을 것입니다.

귀하께서 그리스도 예수님의 새로운 선포자가 되시어 수사학적 기법으로 흠잡을 데 없는 지혜를 보여 주십시오. 귀하께서는 그것(지혜)을 (이미) 거의 획득하셨고, 앞으로 현세의 임금님과 그분의 신하들과 절친한 친구들에게 소개하시게 될 것입니다. 그러나 그들을 설득하는 일은 어렵고 힘들 것입니다. 그들 가운데 많은 이가 귀하의 선포에 거의 영향을 받지 않을 것이기 때문입니다. 그러나 그들에게 불어넣어진 하느님의 말씀은 생명력이 있어 새로운 인간,[46] 곧 타락함이 없이 하느님께 달려가는 영속적 생명체를 만들어냅니다.

우리의 친애하는 세네카 님, 건강하십시오. 8월 1일. 루크로와 사비누스 총독 재임 기간.

46 에페 4,24 "진리의 의로움과 거룩함 속에서 하느님의 모습에 따라 창조된 새 인간을 입어야 한다는 것입니다"을 참조하라. 콜로 3,10도 새 인간을 설명한다. 이에 따르면 "새 인간은 자기를 창조하신 분의 모상에 따라 끊임없이 새로워지면서 참 지식에 이르게" 된다.

2. 묵시록

≫ 묵시문학의 연구는, 묵시문학이 초대 그리스도교 신학의 어머니라는 케제만(Käsemann)의 선언(1960)과 유다교와 그리스도교 내 묵시문학에 대한 판넨베르그(Pannenberg)의 연구(1961)로 새로운 지평을 열게 되었다. 그다음 빌하우어(Vielhauer)의 *Geschichte der urchristlichen Literatur*, 콜린스(J.J. Collins)의 *The Apocalyptic Imagination: An Introduction to the Jewish Matrix of Christianity*과 Collins (ed.), *Apocalypse: The Morphology of a Genre* (Semeia 14)에 수록된 여러 소논문들이(1979) 묵시문학의 비판적 연구의 길을 열었다. 또한 비슷한 시대의 연구서로 Hellholm (ed.), *Apocalypticism in the Mediterranean World and the Near East: Proceedings of the International Colloquium on Apocalypticism, Uppsala, August 12-17, 1979* (1983)을 빼놓을 수 없다. 묵시록과 묵시주의에 관한 비교적 최근의 연구 상황은 디 토마소(Di Tommaso)가 2007년 *CBR*에 게재한 소논문 "Apocalypses and Apocalypticism in Antiquity (Part I, II)"에 잘 소개되어 있다. 이 논문에는 묵시록의 정의와 원천은 물론 다양한 학자의 묵시록 연구 동향도 실려 있다.

'묵시록'apocalypse 또는 '묵시문학'Apocapyptic literature이라는 용어는 매우 넓은 범위의 개념과 모티프, 문학에 사용된다. 이 단어는 모두 '계시'를 뜻하는 그리스어 ἀποκάλυψις에서 유래하였다.[1] 모든 학자가 묵시록이나 묵시문학을 동일하게 정의하지는 않는다. 존 제이 콜린스J.J. Collins와 성서 문학유형 학회 묵시록 전담부Apocalypse Group of the Society of Biblical Literature's Genres Project는 묵시록을 이렇게 정의한다. "'묵시록'이란 이야기(설화)의 틀 속에 짜 넣은 계시 문학유형으로 저세상의 존재가 계시라는 매개를 통해 초월적 현실을 수신자인 인간에게 전달하고자 만든 것이다. 묵시록이 전달하는 초월적 현실은 종말론적 구원과 저세상, 혹은 초자연적 세계를 모두 아우른다는 점에서 시간적 현실과 공간적 현실을 모두 포함한다."[2] 묵시문학은 본문

---

1 핸슨/콜린스, "묵시록과 묵시주의", 239-283 참조.

2 Collins, "Early Christian Apocalyptic Literature", 4670; Collins et al. (eds.), *The Apocalypse*, 9.

안에 묵시록이 담긴 작품, 곧 본문 전체가 아닌 일부가 묵시록인 작품을 가리키는 넓은 범주의 용어다. 묵시문학에 대한 전반적인 소개는 송혜경, 『구약 외경 1』, 49-65을 참조할 수 있으므로 여기서는 생략하고 '그리스도교 묵시문학'에 대해서만 살피도록 하겠다.

1. 그리스도교 묵시문학

복음서가 초기 그리스도교가 만들어낸 문학유형이고 외경 사도행전이 헬라계 소설 전통에 속한다면, 묵시록이라는 문학유형은 팔레스티나 유다교와 헬라계 유다교의 신탁 이야기에서 도입된 것이다.[3] 이것이 가능했던 이유는 초기 그리스도교 공동체가 묵시문학적 사상과 기대에 많은 영향을 받았고 또 선교를 수행하면서 이러한 사상과 기대를 키워나갔기 때문이다. 실제로 초기 그리스도교는 유다교 묵시문학을 성경으로 인용하기도 하고,[4] 그것들을 그리스도교에 맞게 다시 손질하기도 했다. 그리스도교 묵시문학의 모태가 된 것은 무엇보다 유다교 묵시문학 전통이라 할 수 있다.

유다교 묵시문학은 대개 다니엘, 엘리야, 이사야, 모세, 에즈라, 에녹, 아담 등 구약의 주요 인물들의 이름을 빌려 쓴다. 그리고 주인공이 주로 환시를 통해 계시를 받으며 그 환시 내용을 작품 속에 서술하는 형식을 취한다.[5] 그리고 역사를 미래에 대한 예언 형태로 개괄하기도 한다.[6] 환시의 서

3 Vielhauer/Strecker, "Apocalypses and Related Subjects", 544-554.

4 이를테면 유다 9절에 다니엘서(10,13.21)를, 14절에 에녹서(1,9)를 인용한다.

5 예를 들어, 다니 7—8장; 10—12장; 에티오피아어 에녹서 83장 이하; 85장 이하 등.

6 4에즈 14,11 이하; 다니 8—12장 등.

술 외에 고별 연설 형식을 띤 것(에녹서)도 있고 두 형식이 혼합된 경우도 있다. 훈계를 담은 책도 있는데, 훈계 내용이 예언 속에 포함된 경우도 있고(4에즈) 고별 연설의 형식으로 표현된 경우도 있다(에티오피아어 에녹 91—105).

유다교 묵시문학이 전달하는 내용은 주로 마지막 일들(역사의 종말)에 관한 계시이지만, 그 밖에도 천상 세계, 낙원과 게헨나, 천문학 등에 관한 비밀과 이 세상에 죄와 악이 생겨난 기원(1에녹; 4에즈) 등을 다루기도 한다. 그러나 관심의 초점은 우주론이 아니라 종말론에 있다. 그러므로 묵시록은 유다교 종말론의 특별한 표현이라고도 할 수 있다. 묵시문학이 표방하는 사상 세계는 매우 다양하지만 대체로 이 세상과 다가올 세상(ὁ αἰὼν οὗτος와 ὁ αἰὼν μέλλων)의 이분법적 구분, 이 세상 현실에 대한 비관주의와 저세상에 대한 희망, 보편주의와 개인주의,[7] 결정론과 임박한 종말 기대[8] 등의 특성이 있다.[9]

유다교 묵시문학의 사상 세계와 특성들은 그리스도교 묵시문학에도 그대로 이어졌다. 그리스도교 묵시문학도 차명을 쓴다. 요한 묵시록을 비롯한 그리스도교 묵시록의 저자들은 예수님(공관 복음서에 나오는 묵시문학적 구절들)과[10] 여러 사도들(베드로·바오로·토마·요한·야고보 등)의 이름을 빌려 저술하

---

7 '다가올 세상'이라는 미래의 현실은 어느 한 민족의 종말과 그 운명에 국한되지 않으며, 인류 전체를 포괄하는 개념이라는 점에서 보편주의다. 그리고 인류 전체의 운명을 묵시문학적 틀 안에서 다루면서도 인간은 어느 특정한 민족의 일원 또는 인간 가족의 한 일원으로서가 아니라 '하느님 앞에 선 개별적 인간'으로 다뤄진다는 점에서 개인주의다.

8 묵시문학에 따르면, 하느님께서는 이 세상과 인간의 운명을 미리 정해 놓으셨으며 일어나는 모든 일은 하느님의 정해진 계획에 따라 이루어진다. 그리고 하느님께서 정하신 종말은 임박해 있다고 한다.

9 Vielhauer/Strecker, "Apocalypses and Related Subjects", 542-555.

10 이를테면, 마르 13장의 사람의 아들과 관련된 말씀들과 하느님 나라의 도래를 선포하는 대목들.

였다. 유다교 묵시문학에서처럼 그리스도교 묵시문학에서도 환시가 계시의 주요 수단이 된다. 내용 면에서도 그리스도교 묵시록들은 유다교 요소를 다양하게 채택하였다.

그렇다고 그리스도교 묵시문학이 유다교 묵시문학을 답습했다는 뜻은 아니다. 그리스도교 묵시문학은 그리스도의 재림Parousia 주제에 초점을 맞춤으로써 유다교적 요소나 장치는 현저히 줄어들었다. 그리고 역사를 개괄하는 내용이 나오지 않고, 구원의 역사와 관련한 부분을 종말론적 내용으로 대체하는 경향을 띤다. 비유다교적인 요소들과 이교적이고 영지주의적인 요소들을 채택하기도 한다. 그리스도교 묵시록의 내용은 시간이 지날수록 더욱 범위가 좁아졌다. 처음에는 그리스도의 임박한 재림과 하느님 나라의 도래에 대한 기대가 주를 이루었지만(마르 13장; 요한 묵시록) 그리스도의 재림이 늦춰지면서 관심의 방향이 그리스도의 적과 그와 관련된 일들, 그리고 죽음 이후의 세계와 천국과 지옥 쪽으로 옮겨갔다. 신약성경에서는 사후 세계가 그리스도의 재림에 수반되는 부차적인 주제였지만 2세기 중반부터는 그리스도교 묵시문학의 주요 주제로 부상하였던 것이다.[11]

2. 정경 바깥의 묵시문학 작품들

정경 바깥의 작품들에도 묵시록 또는 묵시문학의 정의에 부합하는 작품들이 있다. 1세기 말엽부터 중세 초기까지 그리스도교는 폭넓은 묵시문학 작품들을 만들어 내었다.[12] 이 유형에 속하는 작품들은 형식이 다양하다. 보

11 Vielhauer/Strecker, "Apocalypses and Related Subjects", 558-560.

12 Collins, "Early Christian Apocalypses", 61-105.

통 질문과 응답으로 이루어진 구원자와의 대화, 저세상 여행, 신탁과 묵시문학적 예언 등이 이 범주에 속한다. 사도교부총서로 분류되는 헤르마스 『목자』도 묵시문학 범주에 속한다. 헤르마스 『목자』는 기원후 첫 4세기 동안 그리스도인들 사이에서 큰 인기를 누렸던 책으로, 4세기 신약성경 필사본(Codex Sinaiticus)에서는 성경에 포함되기도 했다. 100-150년 사이에 로마 주교 비오의 형제인 헤르마스가 저술했다고 알려져 있다. 이 책이 '목자'라는 제목을 단 것은 헤르마스에게 계시를 전달해 준 천사가 목자의 모습을 하고 나타났기 때문이다. 천사는 미래 세상에 닥칠 재앙과 파멸을 경고하면서 미리 대비할 것을 독려한다. 이 책은 다섯 환시와 열두 계명,[13] 그리고 열 개의 비유로 이루어졌다. 환시와 비유는 수수께끼 같고 상징적이며 영적인 의미를 지닌다.[14]

신약 외경으로 분류되는 베드로 묵시록과 바오로 묵시록은 천사의 인도로 베드로 또는 바오로가 저세상(낙원과 처벌 장소)을 여행하며 목격한 내용 담고 있다. 토마 묵시록은 이 세상의 종말에 관해 예언한다.[15] 사도들의 편지는 편지 형식을 띤 복음서지만 다가올 세대와 관련한 묵시문학의 성격을 띠기도 한다.

---

13 이 책에 담긴 계명은 비교적 해석하기가 쉬운데, 진실을 말하고, 자선을 베풀며, 선을 행하고, 성적 부도덕, 술 취함, 폭식 등의 악덕을 멀리하라는 내용이다. 당시 교인들 가운데는 교회에 입문한 다음 죄에 빠지면 더 이상 구원의 희망이 없다고 믿는 사람들이 있었고, 헤르마스 『목자』는 세례 후에 다시 죄에 빠진 인간이라도 참으로 회개하고 하느님께 돌아가면 구원의 기회를 얻는다고 가르친다. 그러나 이 기회를 이용하지 않거나 회개한 다음 다시 죄로 돌아가는 사람은 다가올 날에 하느님의 심판을 받게 될 것이라는 경고도 잊지 않는다.

14 헤르마스의 『목자』에 대해서는 Vielhauer/Strecker, "Introduction (of Apocalyptic in Early Christianity)", 592-602 참조.

15 Reddish, *Apocalyptic Literature: A Reader*, 32.

나그함마디에서 발견된 요한의 비전도 묵시문학 유형에 속한다. 이 세상이 애초에 어떻게 만들어졌는지 그리고 천상 세계와 인간이 어떻게 생겨나게 되었는지 알려 주는, '시간의 시작'에 관한 내용이다. 부활하신 예수님께서 제베대오의 아들 요한과 나누는 대화 형식으로 영지주의적 창조와 구원 신화를 상세히 소개한다. 창세 1—4장을 영지주의식으로 해석한 이 책에서 그리스도는 멸하는 육체에 갇힌 인간의 영혼에 지식을 전달해 줌으로써 육체에서 해방될 수 있는 길을 가르쳐 주는 계시자로 묘사된다. 그밖에 콥트어 베드로 묵시록, 콥트어 바오로 묵시록, 야고보의 첫째 묵시록, 야고보의 둘째 묵시록도 모두 묵시문학 유형으로 분류된다.[16]

이 책에서는 그리스도교 묵시록 가운데 베드로 묵시록과 바오로 묵시록 두 작품만 소개한다. 두 묵시록은 '죽음 이후' 특히 개인 또는 개별적 영혼의 운명에 초점을 맞춘다. 곧 저세상 여행을 통해 사도들이 목격한, 낙원에서 복락을 누리는 영혼들과 처벌 장소에서 벌을 받는 영혼들의 모습이 이야기의 중심을 차지한다. 저세상 이야기를 통해 묵시록 저자가 하고 싶었던 말이 무엇이었을지 가늠해보도록 하자.

16 위에 소개한 영지주의 묵시문학 작품들은 송혜경, 『영지주의자들의 성서』에서 본문과 해제를 찾아 읽을 수 있다.

베드로 묵시록

Apocalypse of Peter

≫ 베드로 묵시록에 대한 전반적인 정보, 특히 여러 필사본들과 역본들 및 비평 본문에 대한 정보는 Pardee, "Apocalypse of Peter", *e-Clavis: Christian Apocrypha* (검색일: 2024/08/29)에서 얻을 수 있다. 이 사이트에서 베드로 묵시록의 현대어 번역본과 연구 현황 등 각종 서지 정보도 얻을 수 있다.

베드로 묵시록은 그리스도교 외경 가운데 가장 오래된 작품 가운데 하나로 꼽힌다. 본디 그리스어로, 대략 2세기 중반에 저술된 것으로 추정되는 이 작품은 그리스도의 재림, 종말론적 대혼란을 언급하고 있으며 베드로가 지옥과 낙원을 돌아보는, 이른바 '저세상 여행' 장면을 담고 있다.[1] 사후에 받게 될 상과 벌을 지옥의 형벌과 낙원의 기쁨으로 형상화한 이 작품은 후대 그리스도교 문학의 '저세상 여행' 이야기의 원형이 되었다.[2]

1. 사본과 전거들

베드로 묵시록은 세 개의 그리스어 단편 필사본과 두 개의 에티오피아어 필사본으로 전해진다.[3] 베드로 묵시록의 그리스어 본문은 아크밈 필사본(6세기), 보들레이안 필사본(4-5세기), 라이너 필사본(4-5세기)이다. 셋 중 가장 먼저 발견된 필사본은 1887년 이집트의 아크밈에서 발견된 양피지 필사본

1 Batovici, "Apocalypse of Peter (Greek)", 446.

2 Bremmer, "Christian Hell: From the Apocalypse of Peter to the Apocalypse of Paul", 298-325.

3 베드로 묵시록 사본에 대한 정보는 Müller, "Apocalypse of Peter", 621-622; Batovici, "Apocalypse of Peter (Greek)", 448-449; Pardee, "Apocalypse of Peter" (검색일: 2024/08/29).

(아크밈 필사본)이다. 1886-1887년 이집트 아크밈에서 그레보S. Grébaut의 인도로 진행된 발굴 과정 중에 어느 그리스도교 수도자의 무덤에서 양피지 필사본이 발견되었는데 나중에 이 필사본이 그리스어 베드로 묵시록, 에녹 1서, 베드로 복음서 단편을 담고 있음이 밝혀졌다. 이 세 본문은 8-9세기경에 한 사람의 손으로 기록된 것으로 추정된다.[4] 필사본에서 베드로 묵시록에 해당하는 부분은 부리앙Bouriant에 의해 13쪽-19쪽으로 페이지 번호가 매겨졌다.[5] 그리고 베드로 묵시록 본문은 하르낙에 의해 34절로 나뉘어졌다.[6] 해당 아크밈 본문이 베드로 묵시록에 속함은 알렉산드리아의 클레멘스가 『예언서 발췌선』 41.2에서 인용한 베드로 묵시록 구절과의 비교를 통해 확인되었다.[7]

아크밈 단편 외에 그리스어 단편 본문이 두 개 더 전해지는데, 하나는 옥스퍼드 보들레이안 도서관에 소장되어 있고(보들레이안 필사본) 다른 하나는 비엔나에 소장되어 있다(라이너 필사본). 후자는 에르츠헤어조그 라이너 Erzherzog Rainer 파피루스 콜렉션(간단히 라이너 콜렉션)에 속한다. 두 단편은 본디 동일한 필사본에서 유래했음이 확실시된다.[8]

다른 한편 1910년경에 베드로 묵시록 전문全文이 에티오피아어 역본

---

4 Müller, "Apocalypse of Peter", 621; Cabrol, "La découverte du manuscrit d'Akhmîm: l'Evangile et l'Apocalypse de saint Pierre et le livre du prophète Enoch", 570-590.

5 Bouriant, "Fragments du texte grec du livre d'Énoch et de quelques écrits attribués à saint Pierre", 93-147.

6 von. Harnack, *Bruchstücke des Evangeliums und der Apokalypse des Petrus*, 16-22, 48-54. 본 책에서는 하르낙의 절 구분을 따르지 않는다. 우리말 번역의 대본으로 삼은 Robinson/James (eds.), *The Gospel According to Peter and the Revelation of Peter*, 89-96을 따라 이 책에서는 묵시록 본문을 20장으로 구분한다.

7 Müller, "Apocalypse of Peter", 621.

8 James, "The Rainer Fragment of the Apocalypse of Peter", 278.

형태로 알려지게 되었다.[9] 그레보가 아바디 콜렉션Abbadie collection의 필사본 51(MS No. 51)을 토대로 발간한 '차명-클레멘스 총서'에 에티오피아어 본문이 포함되어 있었는데, 이 본문은 제임스James에 의해 베드로 묵시록임이 확인되었다.[10] 아크밈에서 발견된 그리스어 본문은 에티오피아어 역본 7—10장, 그리고 15장 및 16장 전반부와 상응한다.

여기서 다루는 (그리스어 및 에티오피아어) 베드로 묵시록은 나그함마디에서 발견된 콥트어 베드로 묵시록과는 다른 것이다.

많은 교부들이 베드로 묵시록을 언급 또는 암시하였다.[11] 우선 안티오키아의 테오필루스는 180년경에 쓴 『아우톨리쿠스를 향한 호교론』 2.19에서 낙원을 빛과 아름다운 식물로 가득한 곳으로 묘사하는데 이는 에티오피아어 본문 16장; 그리스어 본문 5장을 연상시킨다. 알렉산드리아의 클레멘스는 『예언서 발췌록』 41.1-2에서 베드로 묵시록을 언급하면서, 때 이르게 태어난 아이들이 (처벌 장소에서) 그 어머니의 눈을 치리라고 하는데 이는 에티오피아어 본문 8장; 그리스어 본문 11장에 나오는 내용이다. 올림푸스의 메토디우스(311년경 사망)는 『향연』 2.6에서 때 이르게 태어난 아이들은 천사들이 돌본다고 하는데 이 내용은 에티오피아어 본문 8장에 나온다.[12]

나중에 베드로 묵시록은, 대체로 여러 사조에 관용적이던 에티오피아

---

9 이 에티오피아어 본문은 그리스어 본문의 약 2배에 해당한다. 따라서 그리스어 본문은 원본의 절반가량 되는 것으로 추정된다.

10 Elliott, *The Apocryphal New Testament: A Collection of Apocryphal Christian Literature in an English Translation*, 593. 그레보(Grébaut)는 에티오피아어 베드로 묵시록을 17장으로 나누었고 후대 저자들은 그의 분류를 따른다.

11 베드로 묵시록에 대한 교부들의 증언은 Batovici, "Apocalypse of Peter (Greek)", 455-456; Elliott, *Apocryphal New Testament*, 593.

12 위에 언급된 교부들의 글은 Elliott, *Apocryphal New Testament*, 598-600 참조.

교회를 제외하고는 거의 모든 지역에서 배격되었던 듯하다. 그러나 동·서 교회를 막론하고 이 책이 폭넓게 그리고 자주 인용된 것으로 보아 적어도 한때는 동·서 교회에서 두루 가치를 인정받았던 것 같다.

베드로 묵시록에 대한 평가는 교부에 따라 약간씩 다른 양상을 보인다. 올림푸스의 메토디우스는 베드로 묵시록을 '영감 받은 책들' 사이에 둔다. 니케포루스의 스티코메트리아는 베드로 묵시록을 ἀντιλεγόμενα(논란이 되는 작품)에 포함시키고, 에우세비우스는 같은 작품을 '논란이 되는 위서'ἀντιλεγόμενος νόθος로 분류한다(『교회사』 3.25). 서방의 무라토리 정경은 이 작품을 논란이 되는 본문으로 여긴다. 그러나 4세기의 한 라틴어 강론(A7)에서는 베드로 묵시록이 열 처녀의 비유 해석에 인용되어 있다.[13]

2. 생성 연대와 장소

이 작품은 두 가지 요인에 기대어 생성 연대를 추정한다.[14] 첫째, 알렉산드리아의 클레멘스가 이 작품을 알고 정경으로 간주했다(에우세비우스 『교회사』 6.14.1)는 사실은, 베드로 묵시록이 최소한 2세기 중엽 이전에 만들어졌음을 암시한다.[15] 이 책이 만들어진 뒤 유포되는 데에는 어느 정도 충분한 시간이 필요했을 터이기 때문이다. 둘째, 많은 믿는 이들을 죽게 할 '가짜 그리스도'에 관한 묘사(에티오피아어 본문 2장)는 대개 바르 코크바에 대한 언급으로

13 James, "Apocalypse of Peter", 507; Elliott, "The Apocalypse of Peter", 600.

14 베드로 묵시록의 저술 연대는, Batovici, "Apocalypse of Peter (Greek)", 447; Bremmer, "The Apocalypse of Peter as the First Christian Martyr Text: Its Date, Provenance and Relationship with 2 Peter", 75-98.

15 Batovici, "Apocalypse of Peter (Greek)", 446.

받아들여진다.[16] 132년에 발발한 제2차 유다 항쟁을 주도한 바르 코크바는, 유다 백성을 로마 제국의 지배에서 해방시킬 메시아적 인물로 여겨지기도 했다. 2차 유다 항쟁이 처음에는 성공을 거두었지만 바르 코크바는 결국 로마인들에게 죽임을 당하였다. 항쟁이 진행되는 동안 바르 코크바는 자신을 지지하지 않는 사람들을 박해하였고 그를 따르지 않던 유다계 그리스도인들은 자신들을 박해와 순교의 희생자로 여겼다고 한다.[17] 만약 베드로 묵시록에 언급된 '가짜 그리스도'가 바르 코크바를 가리키는 것이라면 보캄의 주장대로 이 작품은 아마도 132-135년에 만들어졌을 것이다.[18] 베드로 묵시록이 100년경에 만들어진 에즈라 4서와 베드로 2서를 사용한 사실도 이 추정을 지지한다.[19] 어떻든 베드로 묵시록이 2세기 초중반에 만들어졌으리라는 데는 대부분의 학자들이 공감한다.[20]

베드로 묵시록이 만들어진 장소로는 이집트와 팔레스티나, 시리아 등

---

16 Bauckham, "The Apocalypse of Peter: A Jewish Christian Apocalypse from the Time of Bar Kokhba", 24-43.

17 Bremmer, "The Apocalypse of Peter as the First Christian Martyr Text: Its Date, Provenance and Relationship with 2 Peter", 75-98.

18 Bauckham, *The Fate of the Dead: Studies on the Jewish and Christian Apocalypses*, 160. 보캄은 베드로 묵시록이 132-135년 사이에 팔레스티나 유다계 그리스도교 공동체에서 만들어졌으리라 추정한다. Elliott, "The Apocalypse of Peter", 595; Bolyki, "False Prophets in the Apocalypse of Peter", 52-62도 참조. 에티오피아어 본문 2장의 무화과나무 비유(참조: 마태 24,32-33)에 언급된 "가짜 그리스도"가 그리스도인을 박해한 바르 코크바라면, 저자에게는 바르 코크바 항쟁이 시대의 종말을 가져올 대위기로 여겨졌으리라 추측할 수 있다.

19 에티오피아어 본문 3장에는 4에즈 8; 44; 47장이, 15장(그리스어 본문 1—4장)에는 베드로 2서가 인용되어 있다: Elliott, "The Apocalypse of Peter", 595; Bauckham, "2 Peter and the Apocalypse of Peter", 290-303.

20 Müller, "Apocalypse of Peter", 622; Elliott, "The Apocalypse of Peter", 595.

이 제안된다.[21] 저술 장소로 이집트를 지지하는 사람들은 알렉산드리아의 클레멘스가 이 작품을 알았다는 사실과 베드로 묵시록이 동물 우상 숭배를 단죄한 점(에티오피아어 본문 10)을 논거로 제시한다. 이집트에서 동물숭배가 횡횡했다는 이유에서다.[22] 게다가 베드로 전승이 이집트에서 큰 자리를 차지했던 사실을 감안하면 이 작품이 이집트에서 생겨났으리라는 의견에 무게가 실린다.[23] 그러나 베드로 묵시록이 바르 코크바 항쟁에 대한 반동으로 만들어진 것이라면 팔레스티나에서 만들어졌을 가능성도 무시할 수 없다.[24] 베드로 묵시록이 만들어진 장소 문제는 아직 결론이 나지 않았다.[25]

3. 구조와 내용

3.1. 에티오피아어 본문

학자들은 에티오피아어 베드로 묵시록을 대개 17 부분으로 나눈다. 다시 말해 에티오피아어 본문은 1—17장으로 구성된다.[26] 보캄은 에티오피아어

21 베드로 묵시록의 저술 장소는, Batovici, "Apocalypse of Peter (Greek)", 447.

22 Bremmer, "The Apocalypse of Peter as the First Christian Martyr Text: Its Date, Provenance and Relationship with 2 Peter", 85; Müller, "Apocalypse of Peter", 622.

23 Müller, "Apocalypse of Peter", 625.

24 Bauckham, "The Apocalypse of Peter: A Jewish Christian Apocalypse from the Time of Bar Kokhba", 24-43.

25 Batovici, "Apocalypse of Peter (Greek)", 447; Elliott, *The Apocryphal New Testament: A Collection of Apocryphal Christian Literature in an English Translation*, 595.

본문을 세 부분으로 나눈다. 보캄이 제시한 구조는 대략 다음과 같다.[27]

지옥(1—14장)

도입과 종말론적 예언의 시작(1)

무화과나무의 비유(2)

모든 사람의 운명(3)

죄인들의 운명(4—6)

지옥의 묘사(7—12)

의인의 상급(13—14)

낙원(15—16장)

죽은 의인(모세와 엘리야)의 등장(15)

낙원의 묘사(16)

나가는 말(17장)

주님과 모세와 엘리야의 승천(17)

에티오피아어 본문이 전하는 이 작품의 제목은 "창조주이신 하느님의 계명을 지키지 않았기에 죄 때문에 죽은 이들에게, 그리스도께서 베드로를 통하여 계시해 주신, 그리스도의 두 번째 오심과 죽은 이들의 부활"이다. 이 책은, 그리스도께서 올리브 산에 자리를 잡고 앉으셨을 때 제자들이 그분께 "(그리스도의) 다시 오심과 세상의 종말의 표징"을 알려달라고 간청하자 주님께서 알려주신 답변을 담았음을 표방한다(1).

베드로 묵시록 에티오피아어 본문은 두 부분으로 나뉜다. 첫 대목

26 Batovici, "Apocalypse of Peter (Greek)", 449. 같은 책 449-452에 에티오피아어 본문(1—17장) 줄거리가 요약되어 있다. 에티오피아어 본문의 영어 번역 전문은 Elliott, "The Apocalypse of Peter", 600-612 참조.

27 Bauckham, *The Fate of the Dead: Studies on the Jewish and Christian Apocalypses*, 165.

(1—14)은 예수님께서 올리브 산에서 제자들에게 종말론적 연설을 하시는 때를 배경으로 삼는다. 저자는 마태 24장과 병행 구절(마르 13장; 루카 21장)에서 발견되는 자료들을 확장하고 새로운 내용을 덧붙여 더욱 풍성한 내용으로 만들었다. 예수님께서는 제자들에게 앞으로 나타날 가짜 그리스도를 조심하라고 경고하신 다음 베드로에게 환시를 통해 마지막 날들에 일어날 사건들을 계시해 주신다. 이 대목에서 특히 눈에 띄는 대목은 악인들이 사후에 받을 벌을 묘사한 부분이다. 그들이 받을 벌은 대개 각자가 저지른 죄에 따라 다르게 제시된다. 죄인들도 21가지 부류, 그에 따른 지옥의 벌도 21가지 부류로 제시된다.[28] 가령, 신성모독의 죄를 지은 사람은 혀로 매달리고 불륜을 저지른 사람은 허벅지로 매달린다. 낙태를 저지른 여자는 젖으로 만들어진 짐승의 고문을 받는다. 거짓말쟁이는 입술이 잘린다. 이처럼 악인들이 받을 벌에 대한 생생한 묘사는, 악인들에게는 경고가 되고, 이 세상에서 박해받는 의인들에게는 희망의 약속이 된다. 곧 악인은 다음 세상에서 하느님의 진노를 피할 길이 없으며, 하느님의 뜻을 어긴 사람들 특히 하느님의 백성을 박해한 사람들은 그에 맞는 벌을 받으리라는 것이다.

주님께서는 지옥의 묘사에 이어 의인들이 누릴 상과 영원한 행복을 계시해 주신다(13—14). 의인들은 자신들을 박해한 사람들이 벌 받는 모습을 지켜볼 것이며 그리스도의 영원한 나라에서 한 몫을 차지할 것이라고 한다.

베드로 묵시록의 둘째 대목(15—17)의 배경은 첫째 대목과 다르다. 둘째 대목은 정경복음서의 거룩한 변모 사건을[29] 확장하고 변형시킨 것에 해당한다.[30] 베드로 묵시록에 따르면, 예수님께서 거룩한 산에서 제자들과 함께

---

28 Bauckham, *The Fate of the Dead: Studies on the Jewish and Christian Apocalypses*, 205. 베드로 묵시록에 나오는 각종 지옥 벌의 유래와 의미는, 같은 책 215-221.

29 마르 9,2-8; 마태 17,1-6; 루카 9,28-35. 에티오피아어 본문 15장 및 16장 전반부는 그리스어 본문 1—5장에 상응한다.

30 2베드 1,17-18 참조.

기도하고 계시는데 모세와 엘리야가 그들에게 나타난다(15). 베드로가 주님께 다가가 "아브라함과 이사악, 야곱과 나머지 의로운 조상들은 어디 있습니까?" 하고 묻자 예수님께서는 제자들에게 아름다운 나무와 향기로운 과일들이 가득한 커다란 정원을 보여 주신다(16). 그리고 그 정원은, 과거의 의로운 조상들이 머무는 곳이자 지금 주님을 위해 박해를 겪고 있는 의로운 이들이 미래에 머물게 될 곳이기도 함을 알려 주신다(16).

마지막으로 제자들이 지켜보는 가운데 흰 구름이 예수님과 모세와 엘리야에게 내려와 그들을 하늘로 모시고 올라간다. 제자들은 하늘이 열리고 육신을 가진 사람들이 주님과 모세와 엘리야에게 인사하는 모습을 본다. 그리고 제자들은 주님과 모세와 엘리야가 "다른 하늘"로 올라가시는 것을 본다. 그런 다음 열렸던 하늘이 닫힌다. 제자들은 기도를 드린 뒤 의인들의 이름을 하늘에 있는 생명의 책에 적어두신 하느님께 영광을 드리면서 올리브 산에서 내려온다(17).

3.2. 아크밈 본문(그리스어)

아크밈 본문은 에티오피아어 본문에 비해 분량이 적은 만큼 구조도 더 간단하다. 본문은 종말론적 예언(1장), 낙원(2—5장), 지옥(6—20장) 이렇게 세 부분으로 구성되어 있다.

- 주님의 종말론적 예언(1장)
- 낙원(2—5장)
  - 도입(2)
  - 죽은 의인들의 모습(3—4)
  - 낙원의 묘사(5)

지옥(6—20장)

도입(6)

지옥의 묘사(7—20)

3.3. 에티오피아어 본문과 아크밈 본문의 관계

베드로 묵시록의 원래 본문이 어떠했는지는 알 수 없다. 에티오피아어 본문만 작품의 전문을 제공하며, 그리스어 본문은 단편만 존재해서 그것만으로는 원본이 전체적으로 어땠을지 짐작할 수 없기 때문이다. 실제로 그리스어 본문은 에티오피아어 본문의 7—10장과 15장 및 16장 전반부와 상응한다.[31] 뮐러는 처음에 그리스어로 저술된 본문이 먼저 콥트어로 옮겨지고 아랍어를 거쳐 에티오피아어로 옮겨졌을 것으로 추정한다.[32]

그리스어 본문은 빈번하게 에티오피아어 본문과 차이가 나며, 둘이 병행하는 대목에서도 마찬가지다. 지옥의 처벌 장면을 묘사하는 병행 대목에서 진술 내용의 본질은 같지만 표현상 차이가 나고 그리스어 본문에는 빠진 내용들이 적지 않다.[33] 두 본문이 낙원과 지옥에 대하여 전하는 내용이 상당히 다르다. 우선 묘사 순서가 서로 달라서 에티오피아어 본문에서는 지옥의 묘사가 먼저고(7—12) 낙원의 묘사는 그 다음에 온다(15—16). 에티오피아어 본문에서는 지옥의 모습이, 미래에 대한 예수님의 예언 형태로 제시된다.[34] 곧 예수님께서 당신의 재림, 죽은 이들의 부활, 그리고 최후의 심판을

31 베드로 묵시록 그리스어 본문과 에티오피아어 본문의 비교는 Beck, "The Apocalypse of Peter: The Relationship of the Versions", 117-130.

32 Müller, "Apocalypse of Peter", 622.

33 그리스어 본문 11장은 에티오피아어 역본 8장의 1/4에서 1/3 정도밖에 되지 않는다. 그리고 에티오피아어 역본 11—14장이 그리스어 본문에는 누락되어 있다.

34 Elliott, "The Apocalypse of Peter", 594.

예언하시는(1—6) 문맥에 지옥에 대한 묘사를 위치시킨다. 뽑힌 이들의 장소인 낙원이 에티오피아어 본문에서는 14장에서만 분명히 언급된다. 이어서 15장과 16장에서는 예수님의 변모 장면이 묘사되어 있는데, 이 대목에 모세, 엘리야, 그리고 다른 구약의 인물들이 등장한다. 예수님은 제자들이 그들과 같은 영예와 영광을 얻게 되리라고 선언하신다.

그리스어 본문에서는 낙원, 지옥 순으로 묘사되어 있으며 두 묘사 사이에 간극이 없다. 제자들이 예수님께 의로운 형제들의 세계를 보여 달라고 청하자 그 세계가 그들 눈앞에 자세히 펼쳐진다. 베드로는 예수님께서 올리브 산에서 환시로 보여 주신 의로운 이들의 세계를 묘사한다(1—5). 그리고 지옥에 대한 묘사도 같은 문맥에서 낙원의 묘사 바로 뒤에 전달한다(6—20).

그리스어 본문과 에티오피아어 본문 사이에 긴밀한 관계가 있음은 짐작할 수 있지만 병행 대목에서 두 본문이 똑같다는 생각을 하기는 어렵다(표 참조). 에티오피아어 본문이 베드로 묵시록의 원문에 가깝고 그리스어 본문은 원 본문을 마르 13장과 비슷한 예수님의 묵시적 예언으로 변모시킨 것으로 보는 사람들도 있고 그 반대로 그리스어 본문 전통이 더 오래된 것이라 생각하는 사람들도 있다. 현재로서는 증거 부족으로 두 본문의 관계를 정확히 말할 수 없다.[35]

그러나 뮐러는 다음 몇 가지 사항은 확실하다고 정리한다.[36] 첫째, 베드로 묵시록 원본은 에티오피아어 역본과 유사한 길이였을 것이다. 에티오피아어 본문이 스티코메트리아가 제시하는 300행, 클라로몬타누스 사본이 제시하는 270행과 비슷한 길이를 보이기 때문이다. 둘째, 교부들의 인용문을 비롯한 초기의 베드로 묵시록 인용문들은 모두 에티오피아어 본문(4; 5; 8; 10; 12; 16장)에서 발견할 수 있다.[37] 이는 에티오피아어 본문이 작품 원본

35 Müller, "Apocalypse of Peter", 623.

36 Müller, "Apocalypse of Peter", 623-624.

37 뒤에서 소개하는 교부들의 인용문은 모두 에티오피아어 본문 8장(참조: 그

[표] 에티오피아어 본문과 그리스어 본문(아크밈 본문) 병행 비교

에티오피아어 본문의 현대어 번역본들은 베드로 묵시록 본문을 17장chapter으로 구분한다. 이 책에서 소개하는 베드로 묵시록 대본은 아크밈 그리스어 본문을 토대로 만든 로빈슨/제임스의 비평 본문이다. 로빈슨/제임스는 본문을 20장chapter으로 구분한다. 엘리엇이나 뮐러는 하르낙을 따라 그리스어 본문을 34절verse로 구분한다.

에티오피아어	그리스어	
(장)	로빈슨(장)	하르낙(절)
1		
2		
3		
4		
5		
6		
	5ㄴ	15ㄴ
	6	21
7	7—10	22-25
8	11	26
9	12—15	27-30
10	16—20	31-34
11		
12		
13		
14		
	1	1
15	2—3	4-10
16	4—5ㄱ	11-15ㄱ
17		

그리스어		에티오피아어
로빈슨(장)	하르낙(절)	(장)
1	1-3	
2	4-5	15ㄱ
3	6-10	15ㄴ
4	11-14	16ㄱ
5	15-20	16ㄴ
6	21	
7	22	7ㄱ
8	23	7ㄴ
9	24	7ㄷ
10	25	7ㄹ
11	26	8ㄱ
12	27	9ㄱ
13	28	9ㄴ
14	29	9ㄷ
15	30	9ㄹ
16	31	10ㄱ
17	32	10ㄴ
18	33ㄱ	10ㄷ
19	33ㄴ	10ㄹ
20	34	10ㅁ

그리스어 본문에는, 에티오피아어 본문 7—10장과 15—16장에 나오는 내용만 담겨 있다. 따라서 에티오피아어 본문 1—6; 11—14; 17장은 그리스어 본문에 나오지 않는다.

그리스어 본문(로빈슨 본문)을 기준으로 말하면, 그리스어 본문 1—20장 가운데 1장과 6장을 제외한 나머지 본문(2—5; 7—20장) 전체가 에티오피아어 본문에 나온다(두 본문이 세부 사항에서는 차이가 나기도 한다). 그리스어 본문 2—5장은 에티오피아어 본문 15—16장에, 그리스어 본문 7—20장은 에티오피아어 본문 7—10장에 해당한다.

앞에서 언급했듯, 에티오피아어 본문과 그리스어 본문의 전개 순서가 반대임을 표에서 확인할 수 있다. 참고로 에티오피아어 본문은 지옥을 먼저, 그리스어 본문은 낙원을 먼저 다룬다.

(적어도 초기) 형태를 간직하고 있음을 방증한다. 셋째, 라이너 단편은 그리스어 원본이 콥트어와 아랍어를 거쳐, 에티오피아어로 옮겨지는 과정에서 큰 변화를 겪었음을 보여 준다. 넷째, 에티오피아어 본문에 담긴 지옥 장면은 원문에도 있었던 것 같다. 클레멘스의 인용문과 보들레이안 단편이 이를 지지한다. 클레멘스와 메토디우스의 인용문은 에티오피아어 역본 8장 후반부가 베드로 묵시록 원본에 속해 있었음을 보여 준다.[38]

예수님의 거룩한 변모 및 낙원 대목의 원래 형태, 낙원과 지옥 대목의 순서 문제(낙원 대목이 먼저인지 지옥 대목이 먼저인지의 문제)는 아직 해결되지 않았

리스어 본문 11장)에서 발췌한 것들이다. 나머지 인용문에 관해서는 Elliott, "The Apocalypse of Peter", 598-600을 참조하라.

38 위에 언급된 교부들의 인용문은 Elliott, "The Apocalypse of Peter", 598-600 참조.

다. 하지만 대부분의 학자들은 에티오피아어 역본이 전체적으로 베드로 묵시록의 원본 형태를 제시하는 것으로 추정한다. 아크밈 그리스어 본문은 개정된 발췌문이거나, 베드로 계시 문학의 하나로서 독자적으로 유통되던 본문이었을 것으로 여긴다.[39]

4. 신학

"베드로 전승"Petrine tradition의 한 증거로서 베드로 묵시록이 지니는 의미와 중요성은 크다.[40] 이 작품에서 베드로는 일종의 종말론적 예언자 역할을 맡는다. 베드로 묵시록 저자에게, 열두 사도의 수장이자 부활 사건의 결정적 증인 가운데 하나인 베드로는 그 이상의 계시를 받기에 충분한 자격을 갖추었다고 여겨졌을 법하다. 아울러 베드로에 의해 기록된 "계시 문서"를 통해 하느님의 계시가 권위 있게 전달될 수 있다고 여겨졌을 것이다.[41]

베드로 묵시록 안에는 공간적 요소와 시간적 요소가 공존한다. 지옥과 낙원 등 이 세상 너머의 처소와 천사 우리엘, 처벌 천사, 모세와 엘리야 등 저세상의 존재들이 작품을 관통한다. 아울러 여기서 다루는 사건들은 죽은 이들의 부활, 마지막 심판, 악인의 벌, 의인의 상급 등 종말론적 차원의 사건들이 주를 이룬다.

계시의 발화자인 예수 그리스도는 부활하신 그리스도로서 저세상의 중개자에 가깝다. 복음서에서 예수님은 제자들과 함께 올리브 산을 내려

39 Müller, "Apocalypse of Peter", 625.

40 Lapham, "The Apocalypse of Peter", 237-253 참조.

41 Müller, "Apocalypse of Peter", 625.

오시지만 베드로 묵시록의 예수님은 둘째 하늘로 올라가신다(에티오피아어 본문 17).

베드로 묵시록에서 '계시'는 주로 환시와 말씀을 통해 제시된다. 사실 이 작품에서 예수님이 베드로를 실제로 죽은 이들의 처소로 데려가셨는지 아니면 베드로에게 낙원과 지옥을 환시로 보여주신 것인지 분명하게 드러나지 않는다. 가령 베드로가 "의로운 이들은 모두 어디에 있습니까? 이런 영광을 지닌 그들이 있는 세계는 어떻습니까?" 하고 묻자(그리스어 본문 4장) 주님께서는 베드로에게 "이 세상 바깥의 찬란히 빛나는 큰 땅과 태양 광선이 비추는 저곳 하늘과, 시들지 않는 꽃들이 피어나는 땅을 보여 주셨다"고 한다(5장). 그곳은 아름다운 꽃이 피고 시들지 않는, 축복의 열매를 맺는 식물들과 향기 좋은 풀들로 가득하였다는 것이다(5장). 주님께서 베드로를 그곳에 데려가서 실제로 보여 주셨다는 것인지, '환시'로 보여 주셨다는 것인지 분명하지 않다. 어떻든 베드로 묵시록 저자가 낙원과 지옥을 자세히 묘사한 이유는 분명하다. 하느님은 의로우신 분이심을 알고 죄를 피하고 그분 말씀대로 살라는 것, 그리하여 마지막 심판과 영원한 벌을 면하고 낙원의 기쁨을 누리라는 것이다. 잘못을 저지른 사람은 그만큼 벌을 받을 것이고(에티오피아어 본문 7—12), 그리스도를 따르고 하느님의 계명을 지킨 사람은 하느님 나라에서 그에 맞는 영복을 누릴 것이다(에티오피아어 본문 13—16). 하느님의 심판은 공정하고 인간은 저마다 행업에 따라 보상받기 때문이다(에티오피아어 본문 13).

베드로 묵시록이 낙원과 지옥을 묘사하는 데는 또 다른 이유가 있다. 저자가 지향하는 덕목과 가치가 무엇인지, 그리고 그가 지양하는 악덕이 무엇인지, 더 간단히 말해서, 어떤 삶을 살아야 하는가를 알려주려는 것이다. 베드로 묵시록에서 특히 눈에 띄는 것은 '의로움'에 대한 강조다. 무엇보다 그리스어 본문에서 낙원은 '의로운 이들의 처소'ὁ τόπος τῶν δικαίων ἀνθρώπων로 칭해진다. 그리고 그리스어 본문에 제시된 지옥에 가는 열두 부류 가운데 네 가지 또는 다섯 가지가 '의로움'δικαιοσύνη과 관련 있다. 지옥은 '의로움의 길'ὁδός τῆς δικαιοσύνης을 모독하고(7; 13) '의로움'을 물리친 사람들(8), 그리고 의로운 이들을 박해한 사람들(12), '의로움의 길'을 나쁘게 말한 사람들(13) 또는 '하느님의 길'ὁδός τοῦ θεοῦ을 저버린 사람들이(20) 가는 곳이라고 한다.[42] 20장에 언급된 '하느님의 길'은 '의로움의 길'과 같은 의미로 사용된 듯하다. 베드로 묵시록이 '하느님의 길' 또는 '의로움의 길'이 무엇인지 자세히 설명하지는 않지만 그 길은 그리스도교 '복음' 또는 주님 말씀이 지향하는 삶의 양식을 가리키는 것이 분명하다. 이는 주님께서 베드로에게 지옥을 보여 주신 다음, 죄가 없으신 성자의 고통과 고난을 통해 타락의 행업을 정화시키라고 말씀하시는 데서도 드러난다. 주님의 말씀은 희망과 생명의 원천이기에 제자들은 온 세상에 '복음'을 전파할 사명이 있다고 한다(14).

***

가장 오래되고 가장 영향력이 컸던 그리스도교 묵시록 가운데 하나인 베드로 묵시록은 2세기 중반 이전에 만들어졌으며 초대 교회 때 잘 알려져 있었고 몇몇 교회에서는 신약 정경으로 여겨지기도 하였다.[43] 알렉산드리아의 클레멘스(150-215년경)는 이 작품을 인용하면서 이를 사도 베드로의 저작물로 소개한다. 클레멘스나 그밖에 다른 초대 교회 지도자들이 이 작품을 인용한 점, 무라토리 정경, 클라로몬타누스 사본, 니케포루스의 스티코메트리아 등 주요 교회 문서에 언급된 점, 그리고 후대 그리스도교 저자들이 이

42 그 밖에 간음(9), 살인(10), 낙태(11), 거짓 증언(14), 대금貸金(16), 남색(17), 우상 제작(18) 등이 지옥에 가는 죄에 해당한다. 베드로 묵시록(과 바오로 묵시록)에 담긴 그리스도교 지옥 개념에 대해서는 Bremmer, "Christian Hell: From the Apocalypse of Peter to the Apocalypse of Paul", 298-325 참조.

43 Pardee, "Apocalypse of Peter", *e-Clavis: Christian Apocrypha* (검색일: 2024/08/29).

작품을 사용한 사실 등으로 미루어 베드로 묵시록이 초세기 교회에서 얼마만큼 큰 인기를 누렸는지 짐작할 수 있다. 그러나 베드로 묵시록은 결국 정경에서 제외되었는데, 무엇보다 이 작품을 베드로 사도가 저술하지 않은 것이 확실했기 때문일 것이다. 하지만 베드로 묵시록은 정경에서 제외된 다음에도 그리스도교 사상에 여전히 큰 영향력을 행사하였다. 특히 이 작품은 낙원과 지옥을 상세히 묘사하는 그리스도교 최초의 작품으로, 후대에 만들어진 비슷한 종류의 작품들에 영감을 불어넣어 주었다.[44] 단테(1265-1321)의 『신곡』에 직접 영감을 준 작품도 바로 베드로 묵시록이다.[45]

5. 베드로 묵시록

본문 번역은 Robinson/James (eds.), *The Gospel According to Peter and the Revelation of Peter*, 89-96에 소개된 아크밈 그리스어 본문Akhmim Fragment을 토대로 하였다. 엘리엇이나 뮐러는 하르낙을 따라 그리스어 본문을 34절verse로 구분하지만 여기서는 로빈슨/제임스를 따라 20장chapter으로 구분한다. 참고로 에티오피아어 본문의 현대어 번역본들은 베드로 묵시록 본문을 17장chapter으로 구분한다.

44 Elliott, *The Apocryphal New Testament: A Collection of Apocryphal Christian Literature in an English Translation*, 594.

45 Ehrman, *Lost Scriptures: Books that did not make it into the New Testament*, 280. 베드로 묵시록과 후대의 다른 "저세상 여행" 이야기와의 관계는, Bauckham, *The Fate of the Dead: Studies on the Jewish and Christian Apocalypses*, 206-209.

주님의 종말론적 예언(1장)

1[46] … 그들 가운데 상당수는 거짓 예언자들이다.[47] 그들은 멸망의 다양한 길들과 규정들을 가르칠 것이다.[48] 그리고 그들은 멸망의 아들들이 될 것이다.[49] 그때에 하느님께서 나를 믿는 이들, 곧 지금 배고프고 목마르고[50] 환난을 겪는 이들,[51] 그리고 이 생에서 자신의 영혼을 시험하는[52] 이들에게 오실 것이다. 그분께서는 불법의 아들들을 심판하실 것이다.

---

46 그리스어 본문 1장은 에티오피아어 역본에는 나오지 않는다. 주님께서 제자들에게 마지막 때에 거짓 예언자들이 나타나 그릇된 가르침을 가르치며 사람들을 멸망의 길로 인도하리라 예고하신다. 그리고 그때 하느님께서 오시리라고 하신다.

47 '거짓 예언자'라 옮긴 단어는 ψευδοπροφῆται다. 참조: 마태 24,11.24; 마르 13,22.

48 마태 24,11: "거짓 예언자들이 많이 나타나 많은 이를 속일 것이다." 1요한 4,1도 참조. "멸망의 길들과 규정들"이라고 옮긴 그리스어 표현은 "ὁδοί καὶ δόγματα τῆς ἀπωλείας"이다. 이 본문에서 "멸망의 길"은 "의로움의 길"(ὁδός τῆς δικαιοσύνης, 7; 13) 또는 "하느님의 길"(ὁδός τοῦ θεοῦ, 20)과 대척점에 있다.

49 요한 17,12; 2베드 2,1-3; 2테살 2,3 참조. "멸망의 아들들"이라고 옮긴 구문은 υἱοὶ τῆς ἀπωλείας다. 『성경』에서는 "멸망하도록 정해진 자" 등으로 옮겨져 있다. 뒤에 나오는 "불법의 아들들"은 υἱοὶ τῆς ἀνομίας을 옮긴 것이다. 2테살 2,3에서 이와 비슷한 ὁ ἄνθρωπος τῆς ἀνομίας가 쓰였다. 『성경』은 이를 "무법자"라고 옮긴다.

50 마태 5,6.

51 2테살 1,7.

52 자기가 믿음 안에 살고 있는지 스스로 따져보고 예수 그리스도께서 자기 안에 계시는지 스스로 시험해 보라고 하는 2코린 13,5 참조.

낙원(2—5장)

2[53] 주님께서 덧붙여 말씀하셨다. "산에 올라가서 기도하자."[54] 우리 열두
제자는 그분과 함께 길을 나서면서 이 세상을 떠난 우리의 의로운 형
제들 가운데 한 사람을 보여 달라고 청하였다. 그들이 어떤 모습인지
알고 용기를 얻어 (우리도) 우리의 말을 듣는 사람들에게 용기를 줄 수
있기 위해서였다.

3 우리가 기도하고 있을 때 갑자기 두 사람이 나타나 주님 앞에 섰는데
[ ], 우리는 그들을 바라볼 수조차 없었다. 그들의 얼굴에서 햇살 같
은 광선이 나오고, 그들의 옷 [전체]가 눈부시게 빛났다.[55] 그것은 인간
[의] 눈이 [본] 적이 없고[56] 입이 표현할 수 없으며, 그들이 입은 영광과
그들 [외]모의 아름다움은 (우리) 정신이 [묘사할] 수 없을 정도였다. 그
들을 보고 우리는 몹시 놀랐다. 그들의 몸은 어떤 눈보다도 더 희고[57]
어떤 장미보다 더 붉었으며, 붉은 색이 흰색과 잘 어울려 있었다. 나는
그 아름다움을 한마디 말로 표현하지 못한다. 그들의 머리칼은 양털처
럼 두텁고 밝은 색깔을 띠었으며 그들의 얼굴과 어깨에 잘 어울렸다.
그것은 마치 나르드와 여러 빛깔의 꽃들로 짜인 화관, 아니면 하늘에
뜬 무지개와도 같았다. 그들의 아름다움이 그러했다.

4[58] 우리는 그들의 아름다움을 보고 그들로 인해 깜짝 놀랐다. 그들이 갑

53 2—3장은 에티오피아어 역본 15장에 해당한다.

54 마태 17,1; 마르 9,2; 루카 9,28; 2베드 1,17-18. 이 대목의 배경은 정경에 전해지는 거룩한 변모 사건인 듯하다.

55 마태 17,2; 28,3.

56 1코린 2,9.

57 마태 28,3. 참조: 묵시 1,14; 다니 7,9 "내가 보고 있는데 마침내 옥좌들이 놓이고 연로하신 분께서 자리에 앉으셨다. 그분의 옷은 눈처럼 희고 머리카락은 깨끗한 양털 같았다."

자기 나타났기 때문이다. 나는 주님께 다가가 "이들이 누구입니까?" 하고 여쭈었다.[59] 그분께서는 나에게 "이들은 너희가 모습을 보고 싶어 한, 너희의 의로운 형제들이다" 하셨다.[60] 나는 그분께 말하였다. "의로운 이들은 모두 어디에 있습니까? 이런 영광을 지닌 그들이 있는 세계는 어떻습니까?"

5[61] 주님께서는 나에게 이 세상 바깥의 찬란히 빛나는 광활한 공간과 태양 광선이 비추는 저곳 창공과, 시들지 않는[62] 꽃들이 피어나는 땅을 보여 주셨다.[63] 그곳은 아름다운 꽃이 피고 시들지 않는, 축복의 열매를 맺는 식물들과 향기 좋은 풀들로 가득하였다. 꽃 (향기)가 우리에게까지 전달될 정도였다. 그곳에 사는 사람들은 빛나는 천사들의 옷을 입고 있었는데, 그들의 옷은 그들의 공간에 잘 어울렸다. 그곳에서 천사들은 그들 주변을 뛰어다니고 있었다. 그곳에 사는 사람들의 영광은 똑같았다. 그리고 그들은 그 처소에서 기뻐하며 한목소리로 주 하느님을 찬양하였다. 주님께서 우리에게 말씀하셨다. "이곳은 너희들보다 앞서 간 의로운 사람들의 처소다."[64]

---

58 4—5장은 에디오피아어 역본 16장에 해당한다.

59 묵시 7,13.

60 에디오피아어 역본 16장은 "이들은 모세와 엘리야다"라고 읽는다: Müller, "Apocalypse of Peter", 634 참조.

61 바오로 묵시록 19—30장과 비교하라.

62 1베드 1,4; 5,4.

63 "이 세상 바깥의 … 광활한 공간"이라 옮긴 그리스어 표현은 μέγιστος χῶρος ἐκτὸς τούτου τοῦ κόσμου…다. "창공"은 ἀήρ을, "땅"은 γῆ을 옮긴 것이다. 그리스어 베드로 묵시록 5장에서 낙원은 "이 세상 바깥의 광활한 공간"으로 창공과 땅이 있는 곳으로 묘사된다. 에티오피아어 역본 16장에서는 그저 "광활한 열린 정원"이라 읽는다: Müller, "Apocalypse of Peter", 634 참조.

64 루카 16,22-26 참조.

지옥(6—20)[65]

6[66] 나는 그곳 바로 맞은편에 있는 다른 장소도 보았는데 그곳은 몹시 메
마르고 어두운 곳으로서[67] 처벌의 장소이기도 했다. 거기에서 벌 받는
사람들과 벌을 주는 천사들은 그곳 분위기에 맞게 어두운 옷을 입고
있었다.
7[68] 그곳의 어떤 이들은 혀가 매달려 있었는데, 그들은 의로움의 길을[69] 모
독한 이들이었다.[70] 그들 아래쪽에는 타오르는 불이 있어 그들을 벌주
고 있었다.
8 그리고 불타는 진흙으로 가득 찬 큰 호수가[71] 있었는데, 그곳에는 의로

---

65 7—20장은 지옥에 대한 묘사다. 바오로 묵시록 31—44장과 비교하라.

66 6장은 에티오피아어 역본에는 나오지 않는다. 처벌 장소가 낙원 맞은편에 있다고 한 점이 눈에 띈다. 복음서의 부자와 라자로의 비유에서 저승에 있는 부자가 낙원에 있는 라자로를 볼 수 있는 것으로 그려진다. 그런데 저승과 낙원 사이에는 큰 구렁이 가로놓여 있어서 서로 건너다닐 수 없다고 한다(루카 16,19-31).

67 "메마르고 어두운"이라고 옮긴 ἀυχμηρός는 본디 '건조하고 먼지 날리는', '몹시 더러운', (그래서) '어둡고 침울한' 등의 뜻을 지닌다(Bauer-Danker). 그리스어 베드로 묵시록 5장에 묘사된 낙원이 빛으로 가득한 밝은 장소라면 6장에 묘사된 지옥은 물기 없이 메마르고 어두운 장소다.

68 7—10장은 에티오피아어 역본 7장에 해당한다.

69 2베드 2,21 "의로움의 길(ὁδός τῆς δικαιοσύνης)을 알고서도 자기들이 받은 거룩한 계명을 저버린다면, 차라리 그 길을 알지 못하였던 편이 나을 것입니다"을 참조하라. 마태 21,32에서는 세례자 요한이 가르친 것이 의로움의 길(ὁδός δικαιοσύνης)이다. 사도 13,10에서는 성령을 받은 사울은 마술사 엘리마스를 "악마의 자식, 모든 정의의 원수"라 부르면서 "당신은 언제까지 주님의 바른길(τὰς ὁδοὺς τοῦ κυρίου τὰς εὐθείας)을 왜곡시킬 셈이오?" 하고 말한다. 여기서 '의로움의 길', 또는 '주님의 길'은 예수 그리스도께서 가르치시고 제시하신 믿음의 길과 삶의 양식을 가리킬 것이다.

70 사도 19,9 참조.

71 바오로 묵시록 32장에도 '불의 강' 테마가 나온다. 불의 강 플레게톤은 고대

움을 물리친 사람들이 있었고 그들 위에는 고문하는 천사들이 자리 잡고 있었다.

9 어떤 여자들도 있었는데 그들은 머리끈으로 묶인 채 부글부글 끓어오르는 그 진창 위쪽에 매달려 있었다. 그들은 간음하려고 치장한 여자들이었다. 간음의 오욕으로 그 여자들과 몸을 섞은 이들은 발이 매달려 있었는데 머리는 진창에 박혀 있었다. 그리고 모두가 "이곳에 오게 되리라고는 생각도 못했습니다!" 하고 말하였다.

10 그리고 살인자들과 그들과 작당한 자들이 사악한 파충류들로 가득한 좁은 곳에 던져져 있는 것을 보았다. 그들은 그 짐승들에게 두들겨 맞고 있었다. 그리고 그들은 그런 벌을 받으면서 그곳에서 구르고 있었다. 벌레들이[72] 어두운 구름처럼 그들을 뒤덮고 있었다. 살해당한 이들의 영혼들이 거기 서서 그 살인자들이 벌 받는 것을 지켜보면서 "하느님, 당신의 심판은 의롭습니다!"[73] 하고 말하였다.

11[74] 그 장소 옆에 다른 좁은 장소도 보였는데, 그곳에서는 벌 받는 사람들의 피고름과 악취가 흘러나오고 있었다. 그곳은 마치 호수처럼 되어 있었다. 그곳에는 여자들이 앉아 있었는데 그들 목까지 피고름이 차 있었다. 그들 맞은편에는 때 이르게 태어난(사산된) 많은 아이들이 앉아 울고 있었다. 그들에게서 불꽃이 나와 그 여자들의 눈을 치고 있었다. 그 여자들은 [아기들을 손상시키]고 사산을 유도한 사람들이었다.

그리스 신화에 나오는 지하계의 다섯 강 가운데 하나다(나머지 네 강은 스틱스, 레테, 코키투스, 아케론이다). 플라톤은 불의 강이 타르타로스까지 이어진다고 묘사한다(『파이돈』 112a-b).

72 이사 14,11; 집회 10,11. "지옥에서는 그들을 파먹는 구더기도 죽지 않고 불도 꺼지지 않는다"고 하는 마르 9,48도 참조.

73 묵시 16,7; 19,2.

74 11장은 에티오피아어 역본 8장에 해당한다.

12[75] 몸 한가운데까지 불타고 있는 다른 남자들과 여자들도 있었다. 그들은 어두운 곳으로 내던져져 악한 영들에게 채찍을 맞고 그들의 내장은 잠들지 않는 벌레들에게 먹히고 있었다. 그들은 의로운 이들을 박해하고 그들을 잡아 넘긴 사람들이었다.

13 그들 옆에는 입술을 물어뜯으며 벌 받는 여자와 남자들이 있었는데 불에 달군 쇠가 그들 눈에 대어져 있었다. 이들은 '의로움의 길'을 모독하고 나쁘게 말한 사람들이었다.[76]

14 이들 맞은편에는 다른 남자와 여자들이 있었는데 그들은 혀를 깨물고 있었으며[77] 그들의 입에는 타오르는 불이 들어 있었다. 이들은 거짓 증인들이었다.[78]

15 다른 곳에는 어떤 못이나 칼보다 더 날카로운, 뜨거운 돌들이 있었는데 더러운 누더기를 두른 여자들과 남자들이 그 위에서 뒹굴며 벌을 받고 있었다. 이들은 부자들로서 자신들의 재산을 믿고 고아와 과부들에게 자비를 베풀지 않았으며 하느님의 계명을 소홀히 여긴 사람들이었다.

16[79] 역청과 핏물과 부글부글 끓어오르는 진창으로 가득 찬 다른 큰 호수에서는 남자들과 여자들이 무릎까지 (발을) 담근 채 서 있었다. 이들은 돈을 꾸어 주고 이자에 이자를 요구한 사람들이었다.[80]

17 다른 남자들과 여자들은 큰 절벽에서 아래로 떨어졌는데 아래쪽에 있

---

75 12—15장은 에티오피아어 역본 9장에 해당한다.

76 사도 19,9에는 '주님의 길'을 헐뜯는다는 표현이 나온다. 베드로 묵시록 12—13장은 의로운 이들을 박해하거나 의로움의 길을 모독한 자들이 지옥에서 받는 벌을 묘사한다.

77 묵시 16,10.

78 1코린 15,15.

79 16—20장은 에티오피아어 역본 10장에 해당한다.

던 사람들이 그들을 밀쳐 내어 절벽 위로 다시 올라가게 만들고 있었다. 그다음에 그들은 그곳에서 (다시) 아래로 떨어졌는데, 이런 벌이 멈추지 않았다.[81] 이들은 여자들처럼 행동하며 자신의 몸을 더럽힌 사람들이었다. 그들과 함께 있던 여자들은 여자들끼리 남자와 여자가 하듯 잠자리를 같이한 이들이었다.[82]

18 그 절벽 옆에는 큰 불로 가득한 장소가 있었는데, 그곳에는 자신의 손으로 하느님 대신 자기 모습을 본떠 우상을 만든 남자들이 서 있었다.[83]

19 그 사람들 옆에는 몽둥이를 든 다른 남자들과 여자들이 서로를 때리고 있었는데, 그들은 결코 그런 벌을 멈추지 않았다.

20 그들 가까이에는 다른 여자들과 남자들이 불에 태워지고 몸이 돌아가며 튀겨지고 있었다. 이들은 하느님의 길을 버린 사람들이었다.[84]

6. 베드로 묵시록에 대한 교부들의 인용문

교부들의 인용문은 Robinson/James, "The Gospel According to Peter and The Revelation of Peter", 94-96에 제시된 그리스어 원문에서 직접 우리

---

80 루카 6,34-35 참조. 구약부터 이자를 받을 요량으로 돈을 꾸어주는 것을 하느님께서 역겨워하시는 일로 여기고 금했다. 레위 25,37; 에제 18,8.13; 시편 15,5을 참조하라.

81 시지프 신화를 연상시킨다.

82 로마 1,26-27.

83 묵시 9,20; 21,8; 22,15; 1코린 6,9; 에페 5,5; 사도 7,41.

84 마르 7,8.

말로 옮겼다. 베드로 묵시록 인용문과 교부의 설명을 구분해서 읽어야 한다. 쌍따옴표(“ ”)로 표시한 부분이 베드로 묵시록 본문에 해당한다. 경우에 따라 교부가 베드로 묵시록을 직접 인용하지 않고 요약해서 전하기도 한다. 그럴 때는 쌍따옴표 없이 교부의 암시문을 그대로 옮기겠다. 여기 소개한 교부들의 인용문은 모두 에티오피아어 본문 8장; 그리스어 본문 11장과 관련된다. 참고로 그리스어 본문(11장)에 비해 에티오피아어 본문(8장)이 4배 정도 분량이 많다.

ꙮ ꙮ

알렉산드리아의 클레멘스, 『예언서 발췌선』

41 [1] 성경에는, (모태) 밖으로 꺼낸 아기는 수호 천사에게 넘겨져 그에게
양육되고 길러진다고 기록되어 있다. 그들은 이곳에서 백 살 된 신앙
인들처럼 될 것이라고 한다. [2] 그러므로 베드로는 묵시록에서 말한다.
“그 아기들에게서 불꽃이 튀어나와 그 여자들의 눈을 칠 것이다.”

48 [1] 예를 들어, 베드로는 묵시록에서 말한다. “유산된 아이들은 더 나은 몫을 받을 것이다. 이들은 테멜루코스 천사에게 넘겨져, 몸으로 태어났다면 겪었을 것들을 겪은 것처럼, 지식을 나누어 받고 더 나은 처소를 얻을 것이다. 그러나 다른 이들은, 다치고 나서 자비를 입은 이들처럼 구원만을 얻을 것이다. 그들은 그것을 상처럼 받고 벌 없이 지낼 것이다”

49 베드로가 묵시록에서 “여인들의 가슴에서 흘러 나와 굳는 젖이, 살을 먹는 짐승을 낳을 것이다. 그리고 그것들이 그 여자들에게 기어올라 그들을 잡아먹을 것이다”라고 말한다. 이는 벌이 죄 때문에 생긴다는 것을 가르치고 있다. 백성이 죄 때문에 그리고 그리스도께 대한 불신앙 때문에 팔린 것처럼 그것들(벌)도 죄 때문에 생겼다고 말한다. 사도가 ‘그들은 뱀에 물렸습니다’라고[85] 말한 대로다.

올림푸스의 메토디우스, 『향연』

2 [6] 우리는 하느님의 영감을 받은 책에서 유산된 아이들은 간음에서 생긴 아이들이라 해도 테멜루코스 천사들에게 넘겨진다고 들었다. 그들이 하느님의 복된 본성의 법칙과 목적을 거슬러 생겨났다면 어떻게 그들이 천사들에게 넘겨져 양육되고 안식과 휴식을 얻겠는가? 그리고 어떻게 감히 그들이 자기네 부모를 그리스도의 법정에 고소하여, '주님, 당신은 공통된 이 빛을 우리에게 아낌없이 주셨습니다. 그러나 저들은 당신의 계명을 어기고 우리를 죽음에 몰아넣었습니다' 하고 말하겠는가?

85 1코린 10,9 "그들 가운데 어떤 자들이 주님을 시험한 것처럼 우리는 그리스도를 시험하지 맙시다. 그들은 뱀에 물려 죽었습니다."

바오로 묵시록

Apocalypse of Paul

≫ 바오로 묵시록에 대한 전반적인 정보, 특히 여러 필사본들과 역본들 및 비평 본문에 대한 정보는 Hopkins, "The Apocalypse of Paul", *e-Clavis: Christian Apocrypha*(검색일: 2024/10/23)에서 얻을 수 있다. 이 사이트에서 바오로 묵시록의 현대어 번역본과 연구 현황 등 각종 서지 정보도 얻을 수 있다.

1. 전거와 본문, 저술 시기와 장소

바오로 묵시록은 베드로 묵시록과 함께 일찍부터 교회에서 큰 인기를 누렸다. 이 작품을 담은 수많은 필사본이 이를 증명한다. 실제로 그리스어와 라틴어를 비롯한 다양한 언어의 바오로 묵시록 필사본들이 상당수 전해진다.

바오로 묵시록은 3세기 초반 또는 중반에 이집트에서 그리스어로 처음 기록되었고, 그 다음에 라틴어·콥트어·시리아어 등으로 번역되었으리라 추정된다.[1]

254년경에 세상을 떠난 오리게네스는 바오로 묵시록의 초기 형태를 알고 있었던 것 같다.[2] 그의 작품 『시편 (36) 강해』 5에서 영혼의 사후 운명이 묘사되는데 이 부분이 바오로 묵시록 13장과 매우 비슷하기 때문이다. 그렇다면 바오로 묵시록은 늦어도 3세기 중반 이전에 만들어졌을 것이다.[3]

5세기 초 아우구스티누스도 바오로 묵시록의 존재를 알았던 것 같다. 그는 『요한 복음에 관한 논고』 98.8에서, 누군가 바오로 묵시록을 지어냈으

---

1 Elliott, "Apocalypse of Paul (Visio Pauli)", 616.

2 Duensing/de Santos Otero, "Apocalypse of Paul", 712.

3 Elliott, "Apocalypse of Paul (Visio Pauli)", 617.

나 교회가 받아들이지 않는다고 전한다.[4] 『편람』 112-113에서는 지옥의 영혼이 주님의 날에는 휴식을 취한다는 믿음을 논하는데, 아우구스티누스가 이 개념을 안 것은 바오로 묵시록(44장)을 통해서였을 법하다.[5]

겔라시우스 교령에서는 바오로 묵시록이 교회에서 받아들여지지 않는 서적들 사이에 언급된다.[6] 13세기 시리아 정교회 주교 바르헤브래우스 Barhebraeus는[7] 『규정들』 7.9에서 오리게네스의 말을 인용하여 바오로 묵시록이 다른 묵시록들 및 초대 그리스도교 작품들과 함께 교회에 받아들여졌다고 전한다.[8]

바오로 묵시록의 몇몇 사본은 이 작품이 타르수스에 있는 바오로의 집에 묻혀 있다가 388년경에 발견되었다는 이야기를 전하는데, 학자들은 그 연도를 편집자가 타르수스 이야기를 덧붙이고 바오로 묵시록 전문을 완성한 해로 판단한다.[9] 가령 그리스어 개정본의 도입부에는, 테오도티우스와

---

4 Elliott, "Apocalypse of Paul (Visio Pauli)", 617.

5 Duensing/de Santos Otero, "Apocalypse of Paul", 712-713.

6 Elliott, "Apocalypse of Paul (Visio Pauli)", 617; Duensing/de Santos Otero, "Apocalypse of Paul", 713.

7 바르헤브래우스는 철학, 신학, 시, 언어, 문법, 역사, 과학, 성경 수해를 아우르는 작품들을 쓴 것으로 유명하다. 그는 시리아 정교회에서 가장 학식 있고 다재다능한 사람들 가운데 하나로 인정받는다. 대부분 시리아어로 저술했지만 당시 공용어이던 아랍어로도 저술하였다. 가장 유명한 작품으로는 『연대기』*Chronicon*를 들 수 있다. 이 작품은 총 2부로 되어 있는데, 1부는 「시리아 연대기」*Chronicon Syriacum*로 알려져 있으며, 창조 때부터 당대에 이르는 인류 역사 전체를 개괄한다. 2부는 「교회 연대기」*Chronicon Ecclesiasticum*다. 구약의 아론에서 시작하여 서부 시리아 교회와 동부 시리아 교회 역사도 다룬다. 시리아 정교회 법규정을 다루는 『규정들』*Nomocanon*도 중요한 작품으로 꼽힌다: "Bar Hebraeus" https://www.newworldencyclopedia.org/entry/Bar-Hebraeus (검색일: 2024/09/09).

8 Duensing/de Santos Otero, "Apocalypse of Paul", 712.

9 Bremmer, "Apocalypse of Paul", 429-430 참조.

그라티아누스 재임 시절(380-388년) 타르수스에 있는 바오로의 옛집에서 바오로 묵시록이 발견되었다는 이야기가 전해진다.[10] 4세기 말 소조메누스는 자신의 『교회사』 7.19에서 '사도 바오로의 묵시록'이라는 제목의 책이 많은 수도자들 사이에서 높은 평가를 받고 있다면서 그 묵시록의 발견과 관련한 항간의 소문을 소개한다.[11] 바오로 묵시록이 대리석 상자에 담긴 채 타르수스에 있는 바오로 사도의 집 땅 밑에 묻혀 있다가 테오도티우스 재임 기간에 사람들에게 기적적으로 발견되었다는 내용이다. 그러나 자신이 알아본 결과 그 소문은 거짓이며 이단자들이 지어낸 이야기일 것이라 주장한다.

오리게네스의 전거를 토대로 살펴볼 때, 바오로 묵시록의 최초의 형태는 3세기 초반에 이집트에서 만들어졌을 것으로 추정할 수 있다.[12] 앞에서 언급한 대로 타르수스 이야기가 덧붙여진 것은 4세기 말이었을 것이다. 엘리엇은, 어떤 역본들에 타르수스 이야기가 나오지 않는 이유는 그 자료가 원본에는 없었던, 후대에 추가된 내용이기 때문이라고 한다.[13]

바오로 묵시록의 원어로 추정되는 그리스어 본문은 축약된 형태로 전해진다.[14] 바오로 묵시록은 시리아어·콥트어·에티오피아어·라틴어 역본들로도 전해지는데,[15] 그 가운데 500년경에 만들어진 라틴어 역본이 가장 훌

10 Bremmer, "Apocalypse of Paul", 429-430 참조. 바오로 묵시록 1장 '그라티아누스'에 붙은 각주를 참조하라.

11 Elliott, "Apocalypse of Paul (Visio Pauli)", 617.

12 Elliott, "Apocalypse of Paul (Visio Pauli)", 616. 콰스텐은 바오로 묵시록 저술 시기를 240-250년 사이로 잡는다: Quasten, *Patrology: The Beginnings of Patristic Literature From the Apostles Creed to Irenaeus, Vol. 1*, 146.

13 Reddish (ed.), *Apocalyptic Literature: A Reader*, 291; Duensing/de Santos Otero, "Apocalypse of Paul", 713-714.

14 Duensing/de Santos Otero, "Apocalypse of Paul", 713.

15 Reddish, *Apocalyptic Literature: A Reader*, 291-293.

륭한 본문으로 꼽힌다. 이 역본은 그리스어 개정본보다 더 나은 본문으로 평가되며 열 개 이상의 개역본이 전해진다.[16] 두엔싱과 산토스 오테로에 따르면, 현존하는 가장 오래되고 온전한 본문은 1893년에 제임스James가 출판한 라틴어 비평 본문이다.[17] 제임스가 사용한 라틴어 필사본들은 그리스어 본문을 대본 삼아 4세기 말에서 6세기 초에 만들어진 것으로 추정된다고 한다. 라틴어 필사본들 대부분이 '바오로의 환시'*Visio Pauli*라는 제목을 달고 있다.

2. 구조와 내용

바오로 묵시록은 바오로가 셋째 하늘에서 보았다는 환시 내용을 알리는 것을 표방한다. 2코린 12,2-4에서 바오로는 셋째 하늘로 들어 올려진 사람에 관해 이야기하는데, 학자들은 대개 이 사람을 바오로 사도 자신이라 여긴다. 바오로 묵시록은 바오로가 셋째 하늘로 들어 올려졌을 때 보고 들은 내용을 기록한 것이라고 한다. 가령 사도는 천사에게 이끌려 의로운 영혼들의 처소, 곧 의로운 이들이 빛나는 땅, 하느님의 도성이 위치한 아케론 호수를 방문하고, 그다음에는 불경한 죄인들의 영혼이 벌 받고 있는 불의 강으로 인도되어 그곳에서 벌어지는 일들을 목격한다. 바오로 묵시록의 구조는 대략 다음과 같다.

---

16 Silverstein, *Visio Sancti Pauli*, 5-6; Elliott, "Apocalypse of Paul(Visio Pauli)", 616 참조.

17 Duensing/de Santos Otero, "Apocalypse of Paul", 713. 제임스의 라틴어 비평본은 James, "Apocrypha Anecdota"에 전해진다. 제임스는 같은 책 4-7쪽에 그리스어, 시리아어, 라틴어 본문을 비교해 놓았다.

I. 도입(1—2)

II. 바오로가 셋째 하늘에서 본 것(3—10)

1. 피조물들의 호소(3—6)

2. 천사들의 보고(7—10)

III. 바오로의 저세상 여행(11—51)

1. 각 개인의 사후(11—18)

2. 의인들의 처소, 온유한 이들의 땅, 하느님의 도성(19—30)

의인들의 처소(19—20)

온유한 이들의 땅(=약속의 땅)(21—22)

하느님의 도성(23—30)

3. 처벌 장소(31—44)

4. 낙원(45—51)

(콥트어 본문에는 결어가 추가되어 있다)

1—2장은 도입부로서 바오로의 계시를 기록한 문서가 발견된 상황을 전하고 있다.[18] 바오로 묵시록이 발견된 경위와 그전까지 그 책이 알려지지 않았던 이유를 설명한다. 도입부에 이어 3—10장은 바오로가 셋째 하늘로 들어 올려진 사건을 전한다. 바오로는 먼저 자연 세계, 곧 해와 달과 별과 바다와 땅의 다양한 요소들이 땅에 만연한 악에 대해 한탄하는 내용을 전하고 최후 심판이 늦춰진 이유를 설명한다. 하느님께서 참고 계시기 때문이라는 것이다. 그러나 하느님께서는 자연의 한탄을 들으시고 결국에는 당신이 몸소 인류를 심판하실 것이라 답하신다(3—6). 다음으로 바오로는 두 무리의 천사가 하느님 앞에서 땅 위의 사람들 하나하나에 관해 보고하는 모습을 본다. 한 무리는 의로운 이들을 위해 배정된 천사들이고 다른 한 무리

18 시리아어 역본에는 이 타르수스 이야기가 작품 말미에 위치한다: Elliott, "Apocalypse of Paul (Visio Pauli)", 620, 각주 2.

는 죄인들에게 배정된 천사들이다. 이 천사들은 각자가 맡은 사람의 상황에 대해 매일 하느님께 보고를 올린다(7—10).

작품의 나머지 부분(11—51)은 바오로의 저세상 여행을 묘사한다. 바오로는 셋째 하늘로 들어 올려진 다음 의인의 영혼과 악인의 영혼이 몸을 떠나는 모습을 지켜보는데, 의인의 영혼은 낙원으로, 악인의 영혼은 지하 세계로 인도된다(11—18). 그런 다음 바오로는 셋째 하늘에 있는 "의인들의 처소"(=낙원)를 방문한다(19—30). 그곳에서 바오로는 에녹을 만난 뒤(19—20) '약속의 땅'을 방문한다(21—22). 이곳은 그리스도께서 천 년 동안 다스리실 때 의인들이 차지할 땅이라고 한다. 그런 다음 바오로는 아케론 호수 안에 있는 하느님의 도성으로 인도된다. 그곳은 히브리어 성경에 나오는 많은 인물을 포함하여 의인들이 사는 곳이라고 한다(23—30).

그리스도의 도성을 방문한 다음 바오로는 천사의 인도로 악인들이 처벌받는 장소로 향한다(31—44). 바오로 묵시록에서도 베드로 묵시록에서처럼 벌은 각자 생전에 지은 죄에 비례하여 치러지는 것으로 묘사된다. 벌 받는 악인들이 애원하자 바오로와 대천사 가브리엘(라틴어 역본: 미카엘)은 그들을 위해 하느님의 자비를 청한다. 그리하여 하느님의 아들은 주님의 날에 잠시 벌을 멈추고 죄인들에게 휴식을 허락하신다. 그때부터 매주 주님의 날 하루 동안은 지옥에서도 벌이 멈출 것이라고 한다. 천사는 바오로를 다시 낙원으로 데려가는데, 거기서 바오로는 동정녀 마리아, 성조들, 모세, 여러 예언자들과 의인들을 만난다(45—51). 라틴어·시리아어·그리스어 본문은 이 시점(51)에서 끝난다. 콥트어 본문은 바오로가 다시 셋째 하늘로 들어 올려져 낙원을 방문한 뒤 올리브 산으로 되돌아와서 사도들을 만나는 내용을 전한다.[19] 시리아어 역본은 바오로가 필사본을 자기 집 아래에 감춘 다음 죽은 뒤에 그 장소를 가르쳐 주는 내용을 본문 끝에 위치시킨다.[20]

---

19 Duensing/de Santos Otero, "Apocalypse of Paul", 714.

20 Elliott, "Apocalypse of Paul (Visio Pauli)", 620, 각주 2.

3. 신학

바오로 묵시록은 묵시록의 요건을 충족한다. 길을 인도하고 해석해 주는 천사*angelus interpres*가 계시의 중개자로 제시된다.[21] 이 계시는 주로 공간적 내용으로서 저세상의 장소들과 관련 있다. 이 작품은 저세상의 존재들에 대해서도 특별한 관심을 표명한다. 안내자이자 해석자인 천사는 물론이고, 대천사 미카엘/가브리엘도 등장할 뿐더러 낙원과 하느님의 도성과 처벌 장소 등에서 다양한 종류의 성경 및 교회 인물들이 나오거나 언급된다. 매일 하느님께 인간에 대해 보고하는 천사들, 그리고 사람이 죽을 때 그 영혼을 두고 경합하는 선한 천사와 악한 천사들 이야기도 전해진다. 죽은 이들이 마지막 심판에 참석하기 위해 모두 부활하게 되리라는 이야기나 이 세상의 악을 척결할 '위대한 심판의 날'(16)에 관한 언급은 묵시록의 시간적 차원을 드러낸다.

바오로 묵시록 저자는 이미 존재하던 다양한 자료를 두루 이용한 듯하다. 반복되는 내용이 많기도 해서 잘 짜인 구성이라고 말하기는 어렵다.[22] 이 세상의 삶에 관한 내용은 저자가 자신의 상상력을 사용한 듯하지만 나머지 부분은 유다교 및 그리스도교 묵시문학 전승에 의존한다.[23] 저자는 또 타르타로스, 아케론 호수, 불의 강 등 사후와 관련된 그리스 신화의 내용들도 잘 알고 있었다.[24] 고대 이집트 종교에 바탕을 둔, 인간의 행업을 저울질하는 이미지는 그리스-로마 시대 유다인들과 그리스도인들에게 익숙한 내

21 Bremmer, "Apocalypse of Paul", 437.

22 Duensing/de Santos Otero, "Apocalypse of Paul", 712-714.

23 Bremmer, "Apocalypse of Paul", 437.

24 Bremmer, "Apocalypse of Paul", 438.

용들이었다. 특히 지하계의 신 오시리스 앞에서 죽은 이의 심장 무게를 달아 재판('사자死者의 서書')하는 사후 심판 개념은 초대 교회와 중세 교회에 깊이 침투해 있었다. 이런 개념들이 바오로 묵시록 저자에게는 더 이상 낯선 개념들이 아니었을 것이다.

저자는 베드로 묵시록의 내용도 알고 있었음이 틀림없다. 처벌 장소에 대한 묘사들이 이를 증명한다. 스바니야 묵시록과의 연계점도 관찰된다. 스바니야 묵시록에도 배를 타고 아케론 호수를 건너는 장면이 나오며 인간의 행동을 낱낱이 기록하는 천사에 관한 언급도 있다. 계시의 수신자가 천국에서 모든 의인, 특히 성조들인 에녹·엘리야·다윗을 만나는 점도 비슷하다.[25]

바오로 묵시록에 담긴 신학적 요소들 가운데 수호천사 개념과 윤리를 살펴보도록 하겠다.

3.1. 수호천사

바오로 묵시록에는 다양한 종류의 천사들이 등장한다. '주님의 천사'라 불리는 계시자 천사(1—2장), 바오로의 저세상 여행을 인도하는 안내자이자, 바오로가 저세상에서 목격한 내용과 인물들을 설명해주는 해석자 천사(11—51장), 매일 하느님께 인간의 행업을 보고하고(7—10장), 죽은 사람의 영혼을 데려가는 수호천사들(12—15장)이 나온다. 처벌 장소(지옥 또는 타르타로스)를 관장하는 테멜루코스/타르타루코스 천사(16장; 18장), 지옥에서 벌 받는 사람들을 위해 하느님께 기도하는 가브리엘 또는 미카엘 대천사(43장), 낙원에서 마리아를 찬송하는 천사들(46장)도 언급된다.

---

25 Duensing/de Santos Otero, "Apocalypse of Paul", 714-715; Elliott, "Apocalypse of Paul (Visio Pauli)", 616.

그 가운데 모든 사람에게 파견된, 이른바 '수호천사'에 대한 내용이 특별히 눈에 띈다. 바오로 묵시록은 경건한 의인들과 하느님을 위해 목숨을 바친 의인들은 물론 죄인들도 천사의 보호와 봉사를 받는다고 한다(7—10장). 그리고 임종을 맞이하는 사람에게 그의 수호천사와 악한 천사가 함께 와서 그의 영혼을 하느님께 데려간다고 한다(12—18장).[26] 이러한 수호천사 개념은 구약성경에 뿌리를 두고 있으며 이후 구약 외경을 비롯한 다양한 유다교 전승과 신약성경 등에 더욱 발전된 형태로 나타난다. 먼저 유다교 및 그리스도교 전승에 담긴 수호천사 개념을 살펴본 뒤 바오로 묵시록이 묘사하는 수호천사의 모습을 살피도록 하겠다.[27]

3.1.1. 유다교 및 그리스도교 전승

천사에게 사람을 보호하는 역할이 주어졌음은 이미 구약성경에 암시되어 있다.[28] 에제 28,14에서 커룹은 사람의 보호자로 나온다.

> **에제 28,14** "나는 우람한 커룹을 너에게 보호자로 붙여 주었다. 너는 하느님의 거룩한 산에 살면서 불타는 돌들 사이를 거닐었다."

에제 28,16에는 "보호자 커룹"이 언급되어 있다. 다니엘서에서는 미카엘 대천사가 하느님 백성의 보호자라 불린다(다니 12,1).[29] 미카엘이 한 백성

---

26 하느님 대전에서 심판(사심판 또는 개별 심판)을 거친 뒤 의인은 낙원으로 악인은 처벌 장소로 인도된다는 것이다.

27 수호천사에 대해서는 송혜경, 『구약 외경 2』, 368-384 참조.

28 구약성경의 수호천사 개념은 "CATHOLIC ENCYCLOPEDIA: Guardian Angels": www.newadvent.org.

의 보호자라면, 각 개인을 보호하는 천사들도 있다. 시편 91,11-12은 각 개인의 수호천사 개념을 드러낸다.

> 시편 91,11 "그분께서 당신 천사들에게 명령하시어 네 모든 길에서 너를 지키게 하시리라. 12 행여 네 발이 돌에 차일세라 그들이 손으로 너를 받쳐 주리라."

토빗기에도 수호천사 개념이 담겨 있다. 토빗이 자기 아들을 떠나보내면서 한 말에 수호천사 개념이 드러난다. 라파엘 천사가 동행하며 그를 지키고 보호해준다는 것이다.

> 토빗 5,17 "그분의 천사께서 너희가 안전하도록 동행해 주시기를 빈다."

구약 외경 1에녹 100,5에는 의인들을 보호하는 천사들이 언급되어 있다. 수호천사가 의인들을 눈동자처럼 보호하리라고 한다.

> 1에녹 100,5 "그분께서는 거룩한 천사들 가운데서 수호자를 뽑으시어 의롭고 거룩한 모든 이들 위에 세우실 것입니다. 그리하여 그들은 재앙과 죄가 사라질 때까지 눈의 눈동자처럼 보호받을 것입니다."

수호천사 개념은 라삐 문헌에서도 발견된다. *b. Taanit* 11a에는 한 사람 당 두 수호천사가 동행한다는 믿음이 담겨 있다. 심판 때 이 두 천사가 그 사람을 위해서 또는 그 사람을 거슬러 증언할 것이라고 한다. 각 사람마다 두 시중 천사(선한 천사와 악한 천사)가 동행한다는 믿음은 *b. Shabbatt* 119b

---

29 미카엘 대천사가 이스라엘의 수호천사라는 개념은 Hannah, *Michael and Christ: Michael Traditions and Angel Christology in Early Christianity*, 33-38.

에도 전해진다. 『창세기 라바』 65.15에서는, 하느님께서 천사들에게 항상 사람을 도울 태세를 갖추라고 명하셨다고 한다.[30]

이처럼 유다교 전승 안에는 백성을 위해서든 한 개인을 위해서든 그를 보호하는 '수호천사'가 있다는 믿음이 있었다. 이러한 수호천사 개념은 신약 성경에도 나타난다. 예수님이 광야에서 사탄의 유혹을 받으시는 동안 천사들이 그분의 시중을 들었다고 한다(마르 1,12-13; 마태 4,11).

> 마르 1,12 "그 뒤에 성령께서는 곧 예수님을 광야로 내보내셨다. 13 예수님께서는 광야에서 사십 일 동안 사탄에게 유혹을 받으셨다. 또한 들짐승들과 함께 지내셨는데 천사들이 그분의 시중을 들었다."

예수님의 한 편에는 유혹하는 사탄이, 다른 한편에는 시중드는 천사가 있다는 것이다. 또한 사탄이 시편 본문(91,11-12)을 인용하며 예수님께 한 말도 수호천사 개념을 드러낸다.

> 마태 4,6 (사탄이) 그분께 말하였다. "당신이 하느님의 아들이라면 밑으로 몸을 던져 보시오. 성경에 이렇게 기록되어 있지 않소? '그분께서는 너를 위해 당신 천사들에게 명령하시리라.' '행여 네 발이 돌에 차일세라 그들이 손으로 너를 받쳐 주리라.'"

> 루카 4,10 "성경에 이렇게 기록되어 있지 않소? '그분께서는 너를 위해 당신 천사들에게 너를 보호하라고 명령하시리라.' 11 '행여 네 발이 돌에 차일세라 그들이 손으로 너를 받쳐 주리라.'"

---

30 라삐 문헌의 수호천사 개념은 Rebiger, "Angels in Rabbinic Literature", 635-637.

마태 18,10도 수호천사 개념과 관련하여 중요한 사항을 보여준다. 사람을 '보호'하기 위해 파견된 수호천사가 늘 하느님을 '보고' 있다는 것이다.

마태 18,10 "너희는 이 작은 이들 가운데 하나라도 업신여기지 않도록 주의하여라. 내가 너희에게 말한다. 하늘에서 그들의 천사들이 하늘에 계신 내 아버지의 얼굴을 늘 보고 있다"

루카 22,41-43은 예수님께서 겟세마니에서 잔을 거두어 달라고 기도하실 때 천사가 나타나 기운을 북돋아 드렸다고 하는데 이 대목은 수호천사의 역할을 보여준다.

루카 22,41 그러고 나서 (예수님께서는) 돌을 던지면 닿을 만한 곳에 혼자 가시어 무릎을 꿇고 기도하셨다. 42 "아버지, 아버지께서 원하시면 이 잔을 저에게서 거두어 주십시오. 그러나 제 뜻이 아니라 아버지의 뜻이 이루어지게 하십시오." 43 그때에 천사가 하늘에서 나타나 그분의 기운을 북돋아 드렸다.

'기운을 북돋아 드리다'라고 옮긴 그리스어 ἐνισχύω는 '힘(기력)을 불어넣어주다'라고 옮길 수도 있다. 천사가 힘과 기력이 다한 이에게 힘을 넣어주는, 힘이 나게 해주는 역할을 한다는 것이다.

광야에서 사탄에게 유혹받으시는 예수님께 시중드는 모습, 또는 고뇌 중에 홀로 기도하시는 예수님께 힘내시라고 기운을 북돋아 드리는 모습은 수호천사의 일이 어떤 것인지 잘 보여준다. 천사의 역할을 설명하는 히브 1,14에도 수호천사 개념이 담겨 있다. 그들은 인간에게 봉사하도록 파견되는 이들이라는 것이다.

히브 1,14 "천사들은 모두 하느님을 시중드는 영λειτουργικὰ πνεύματα으로

서, 구원을 상속받게 될 이들에게 봉사하도록εἰς διακονίαν 파견되는 이들이 아닙니까?"

히브 1,14은 인간에 대한 '봉사와 시중, 섬김'διακονία/λειτουργία이 수호천사의 역할임을, 다시 말해 천사들은 인간에 대한 봉사와 시중, 섬김을 위해 파견된 영적 존재들임을 보여준다.

3.1.2. 바오로 묵시록

수호천사는 사람을 돕고 시중들기 위해, 사람을 위로하고 봉사하기 위해 파견된 천사들이라는 개념은 바오로 묵시록에 그대로 이어진다. 바오로 묵시록도 천사가 사람에게 파견되어 그를 보호하고 그를 위해 봉사한다고 한다(9; 10장). 바오로 묵시록에서 수호천사의 역할은 크게 두 가지로 나뉜다. 살아생전에 사람을 보호하고 봉사하는 역할과 임종 후 망자의 영혼이 하느님께 가는 길에 동행하는 역할이다.

생애의 동반자

사람을 보호하고 사람에게 봉사하는 수호천사의 임무에는 자기가 맡은 사람의 행업을 하느님께 보고 드리는 일도 포함된다. 천사들이 날마다 하느님께 각 사람의 행업을 보고해 드린다는 것이다(7—10장). 천사들이 인간의 행업을 낱낱이 기록하여 하느님께 보고한다는 생각은 구약성경에 뿌리를 두었으며(말라 3,16; 에제 9,3-4),[31] 비슷한 믿음이 구약 외경(3바룩 12—13장; 2에녹 22장)에도 나타난다. 하느님께서 "우리에게 불리한 조항들을 담은 우리의 빚 문서"를 지워버리셨다고 하는 콜로 2,13-14에서도 같은 생각을 엿볼

31 Rodriguez, "The Heavenly Books of Life and of Human Deeds", 10-26.

수 있다.[32] 천사가 인간의 행업을 기록 또는 보고한다는 개념은 초대 및 중세 그리스도교 문학에도 두루 퍼져 있었다. 바오로 묵시록도 사람에게 파견된 천사들이 날마다 하느님 대전에 나아가 사람의 행업을 보고 드린다고 한다(7장).

> 7 "(태양이 지는) 시간에는 모든 천사가 하느님께 예배드리러 그분께 나아가서, 사람들의 행적들, 곧 좋은 것이든 나쁜 것이든 각 사람이 새벽부터 저녁까지 행한 모든 것을 보고 드린다. 그런데 어떤 천사는 함께 사는 사람 때문에 기뻐하면서 가고, 어떤 천사는 슬픈 얼굴을 하고 간다. 모든 천사는 정해진 시간에 하느님께 예배드리러 가면서 그날그날의 사람들의 행적을 가져간다."

이어지는 8—10장에서는 이를 더 구체적으로 묘사한다. 먼저 '경건한 이들'을 맡은 천사들은 정해진 시간에 기뻐하고 찬송하면서 하느님께 간다고 한다(8장).

> 8 "경건한 사람들을 맡은 천사들은 정해진 시간에 나아갈 때, 기뻐하고 찬송하면서 주님께 드리는 예배에 나타난다. 그때 하느님의 영이 그들에게 (말씀하셨다). "기뻐하는 너희들은 어디서 왔느냐?" 그들은 대답하였다. "경건한 사람들에게서 왔습니다. 그들은 하느님의 이름을 두려워하면서 매우 경건한 삶을 살아갑니다. 주님, 그들에게 당신의 의로움 속에 끝까지 머물라고 명령하십시오." 그때 목소리가 그들에게 내렸다. "나는 그들을 보호했다. 그리고 내 나라에서도 그들을 흠 없이 보호할 것이다."

32 콜로 2,13-14: "… 그분께서는 우리의 모든 잘못을 용서해 주셨습니다. 우리에게 불리한 조항들을 담은 우리의 빚 문서를 지워 버리시고, 그것을 십자가에 못 박아 우리 가운데에서 없애 버리셨습니다."

하느님께서 경건한 이들을 보호하셨으며 당신 나라에서도 보호하실 것이라 말씀하신다. 이어서 '하느님의 이름을 위해 세상과 그 안에 든 모든 것과 작별한 사람들'에게 맡겨진 천사들에 대한 내용이 이어진다. 그들은 태양처럼 빛나는 얼굴로 온다고 한다(9장). 그들에게는 "평화롭게 물러가라. 그리고 그들과 함께 하며 그들을 보호하여라"라는 명령이 내려진다. 이어서 '하느님의 이름을 부르면서도 죄의 지배를 받는 자들'을 맡은 천사들에 대한 이야기가 나온다. 그들은 슬퍼하고 울면서 나타난다고 한다(10장).

> 10 그들이 대답하였다. "저희는 당신의 이름을 부르면서도 죄의 육신에 지배받는 자들에게서 왔습니다. 그들에게 봉사하는 것이 무슨 소용이 있겠습니까?" 목소리가 그들에게 들려왔다. "그들에게 봉사하는 것을 그만두지 마라. 그들이 회개할지도 모른다. (회개)하지 않는다면, 그들이 내게 올 때 내가 그들을 심판할 것이다. 사람의 아들들아, 너희들이 날마다 행한 일들을 천사들이 하늘에 적어 놓는다. 그러니 너희들은 하느님을 찬양하는 것을 그만두지 마라."

죄인을 맡은 천사들은 자기들이 죄인들에게 봉사하는 것이 무슨 소용이 있겠느냐고 탄식하지만 그 천사들도 끝까지 죄인들을 포기해서는 안 된다고 한다. 죄인들이 회개할지도 모른다는 것이다. 여기서 수호천사의 역할이 사람에게 봉사하고 시중드는 것이며 이 역할은 그 사람이 죽을 때까지 계속된다는 것이 드러난다.

영혼의 안내자

수호천사들은 임종 순간에 그리고 망자의 영혼이 이 땅을 떠나 저세상으로 갈 때에 그 길을 인도하는 안내자 역할을 맡는다. 망자의 영혼을 저세상으로 데려가는 이들은 보통 '영혼의 안내자'ψυχοπομπός라고 불린다. 수호천사가 맡은 '영혼의 안내자' 역할은 천사가 바오로에게 보여준 사람의 임종 장면에서 다뤄진다. 임종을 앞둔 사람에게 천사들이 찾아오는 장면이다. 먼저 의인의 임종 장면이다(14장).

> [14] 사람의 아들들 가운데 한 사람이 죽음에 임박한 것이 보였다. 천사가 내게 말하였다. "이 사람은 의인이다." 그런데 그가 한 모든 행적이 위급한 때에 그자 앞에 놓여 있었다. 그리고 선한 천사들이 악한 천사들과 함께 찾아왔다. 악한 천사들은 그자 안에 있을 자리를 찾지 못하였다. 반면에 선한 천사들은 그 의인의 영혼을 차지하고 그 영혼에게 말하였다. "네가 빠져 나가는 몸을 기억해 두어라. 하느님께서 의인들에게 약속하신 것을 받기 위해 부활의 날에 다시 그 안에 들어 가야 하기 때문이다." 그 의인의 영혼을 받아든 선한 천사들은 그를 잘 아는 영혼인 것처럼 반갑게 대하였다. 그가 그들과 함께 오자 (하느님의) 영께서 그들을 맞이하러 나와서 말씀하셨다. "오라, 영혼아. 하느님께서 당신 의인들을 위해 마련해 두신 부활의 처소로 들어가라."

바오로 묵시록 14장에 따르면, 사람이 죽으면 선한 천사들과 악한 천사들이 함께 찾아온다고 한다. 의인의 경우 선한 천사가 그 영혼을 차지한다고 한다. 여기서 선한 천사는 수호천사를 가리킨다. 이는 선한 천사가 그 영혼을 잘 아는 영혼인 것처럼 반갑게 맞이했다는 말에서 유추할 수 있다(14장). 선한 천사는 "(그 사람과) 함께 하던 천사"라고도 불린다(16장). 날마다 그 사람과 함께 하며 보호하고 시중들던 수호천사가 임종 때에도 찾아온다는 것이다. 라틴어 역본 14장에서는, 선한 천사들은 늘 그 사람을 지켜보고 날마다 그의 행적을 하느님께 보고하던 수호천사였음을 분명히 밝히고 있다.[33] 어떻든 선한 천사들이 의인의 영혼을 데리고 하늘로 올라가면

33 라틴어 역본 16장도 참조. Duensing/de Santos Otero, "Apocalypse of Paul", 720-722; Elliott, "Apocalypse of Paul (Visio Pauli)", 624-625.

(하느님의 영께서) 그 영혼에게 부활의 처소로 들어가라고 말씀하신다. 라틴어 역본은 이 장면을 조금 더 자세히 묘사한다. 이에 따르면 하늘에 올라간 영혼은 맨 먼저 하느님께 경배한다. 그 다음 하느님은 그 영혼을 미카엘 대천사에게 넘겨 부활의 처소 곧 낙원으로 데려가게 하신다. 의인의 영혼은 부활의 날까지 그곳에서 다른 성도들과 함께 있을 것이라고 한다(라틴어 역본 14장).[34]

그 다음에는 죄인의 임종 장면이 이어진다. 죄인에게도 수호천사와 악한 천사가 함께 찾아온다(15장).

> 15 그러자 천사가 나에게 말하였다. "저 아래 땅을 내려다보고 불경한 자의 영혼이 어떻게 자신의 둥지를 떠나는지 살펴보아라. 그는 '먹고 마십시다. 저승에 내려갔다가 다시 올라와 심판과 응보가 있다고 선포한 자가 누가 있소?' 하고 말하면서 하느님을 진노케 만들었다." 나는 눈길을 돌려 그의 모든 행적, 그가 한 모든 일이 그자 앞에 놓여 있는 것을 보았다. 그때 악한 천사들과 선한 천사들이 왔다. 선한 천사들은 그에게서 부활의 자리를 찾지 못하였다. 악한 천사들이 그 영혼을 차지하고 말하였다. "오, 불쌍한 영혼아, 너의 육신을 보고 네가 어디에서 빠져 나오는지 기억해 두어라. 부활의 날에 너는 네가 지은 죄들에 걸맞은 것을 받도록 다시 네 육신 속에 들어 가야 하기 때문이다."

악인의 임종 때에도 수호천사와 악한 천사가 함께 찾아온다. 악인의 경우 악한 천사가 그 영혼을 차지하지만 "(그 사람과) 함께 하던"(16장) 수호천사는 악인의 영혼이 하느님께 올라갈 때까지 함께 한다. 그리고 다른 천사들에게 자기와 함께 그 영혼을 위해 울어달라고 요청한다(16장). 악인의

34 라틴어 역본 16장도 참조. Duensing/de Santos Otero, "Apocalypse of Paul", 720-722; Elliott, "Apocalypse of Paul (Visio Pauli)", 624-625.

영혼은 결국 처벌 장소로 가게 된다고 한다(16장).

바오로 묵시록에서 수호천사는 한 사람의 생애 동안뿐만 아니라 임종 때에도 그리고 그 영혼이 하느님께 나아갈 때에도 동행한다고 한다. 망자의 영혼을 악한 천사가 장악했을 때에도 그 영혼이 하느님 대전에 도착할 때까지 수호천사가 동행한다는 것이다(16장).

3.2. 윤리

바오로 묵시록이 사람이 죽은 뒤 받게 되는 사심판이나 낙원과 지옥 그리고 그곳에 있는 사람들을 상세히 설명하는 것은 단순히 독자의 흥미를 자극하거나 공포심을 조장하기 위해서가 아니다. 저자는 이 이야기들을 통해 하느님은 우리의 모든 나날을 알고 계신다는 것, 천사가 우리의 전 생애와 죽음 이후까지도 우리와 동행한다는 것, 그리고 각자가 자신의 삶에 책임을 져야 한다는 것을 말하고 있다. 또한 저자는 낙원에 가는 사람들이 지닌 덕목과 지옥에 가는 사람들이 저지른 죄악을 열거함으로써 그리스도인으로서 갖추어야 할 덕목과 피해야 할 악덕을 상기시키고 있다.

바오로 묵시록이 제시하는 덕목에는 순수함ἁπλότης, 순박함ἀκακία, 깨끗한 마음καρδία καθαρά(19), 온유함πραότης(21), 하느님 때문에 자신의 뜻을 행하지 않는 것μὴ ποιήσας τὸ θέλημα αὐτῆς διὰ τὸν θεόν(25), 낯선 이를 환대하는 것φιλοξενία(27), 자신을 하느님께 바치는 것οἱ ἀναθέμενοι ἑαυτοὺς τῷ θεῷ(28) 등이 있다. 신심이 깊은(또는 경건한) 사람들과εὐσεβής(8) 세상과 작별한 사람들은(9) 천사들의 보호를 받는다고 한다.

반면에 살인φονεύω, 동거οἰκέω μετά τινος, 불의ἀδικέω(18), 허영κενοδοξία과 교만ὑπερηφανία(24)은 악으로 규정된다. 특히 지옥을 묘사하는 31—44장은 초대 교회가 어떤 것을 악덕으로 보고 어떤 사람을 악인으로 규정했는지 반영한다. 곧 불륜πορνεία과 간음μοιχεία을 저지른 자들(31; 38), 도둑κλέπται, 중상꾼λοίδοροι, 갈취자συκοφάνται(32), 교회에서 험담하는 자들καταλαλέω(37), 마술쟁이들φάρμακοι과 협잡꾼들γόητες, 과부와 고아의 목을 조른 사람들(38), 혼인하기 전에 동정을 상실한 자들과(39), 낙태한 여인들(40)이 악인으로 제시된다. 자신의 의무와 책임을 다하지 않은 성직자들의 죄는 특별히 다뤄진다. 신자들을 돌보지 않는 주교와 합당하지 않은 몸으로 전례를 드리는 사제와 부제는 영원한 벌을 면할 수 없다고 한다(34—36). 바오로 묵시록이 제시하는 덕목과 죄악은 바오로 서간과 묵시록의 영향을 특히 많이 받은 것 같다. 이를테면, "도둑도 탐욕을 부리는 자도 주정꾼도 중상꾼도 강도도 하느님의 나라를 차지하지 못합니다"라는 1코린 6,10이나, 불륜을 저지르는 자, 탐욕을 부리는 자, 우상 숭배자, 중상꾼, 주정꾼, 강도인 교우와는 식사도 함께 하지 말라고 경고하는 1코린 5,11의 영향이 짐작된다. 묵시록의 영향도 명백하다. "비겁한 자들과 불충한 자들, 역겨운 것으로 자신을 더럽히는 자들과 살인자들과 불륜을 저지르는 자들, 마술쟁이들과 우상 숭배자들, 그리고 모든 거짓말쟁이들이 차지할 몫은 불과 유황이 타오르는 못뿐이다. 이것이 두 번째 죽음이다"(묵시 21,8).[35] 바오로 묵시록이 바오로 서간이나 묵시록의 윤리를 계승하고 있음을 알 수 있다.

한편 바오로 묵시록에서 가장 큰 잘못으로 평가되는 것은 교의와 관련된다. 가장 끔찍한 죄인으로 평가되는 사람들을 다룬 41—42장은, 예수의 어머니 마리아를 하느님의 어머니θεοτόκος로 고백하지 않고,[36] 주님이 마

35 묵시 22,15도 참조: "개들과 마술쟁이들, 불륜을 저지르는 자들과 살인자들과 우상 숭배자들, 그리고 거짓을 좋아하여 일삼는 자들은 밖에 남아 있어야 한다."

36 예수의 어머니 마리아를 하느님의 어머니(θεοτόκος)로 고백하지 않는 자를 단죄하는 대목은 아마 431년 에페소 공의회 이후에 삽입되었을 것이다. 테오토코스는 마리아가 낳은 예수 그리스도가 하느님이자 인간이라는 그리스도론적 언명으로서 에페소 공의회 때 교의로 선포되었다.

리아를 통하여 사람이 되셨음을 부정하거나, 빵과 포도주가 주님의 살과 피가 아니라고 주장하는 사람들은 하느님의 영광에서 배제되며 어떤 천사도 그들을 위해 탄원할 수 없다고 한다(41장). 그리고 죽은 이의 부활이 없다고 말하는 사람들은 결코 자비를 입지 못한다고 한다(42장). 이를 통해 바오로 묵시록이 저술(또는 편집)되던 즈음에는 그리스도론, 성체와 성혈, 부활에 관한 교의들의 윤곽이 어느 정도 잡혀 있었음을 짐작할 수 있다.

바오로 묵시록은 영원한 벌을 면하는 방법을 제시하는 것도 잊지 않는다. 그것은 회개ἐπιστροφή와 참회μετάνοια라고 한다(33장). 결국 바오로 묵시록이 낙원과 지옥을 묘사한 의도는 독자들이 회개하고 참회하여 하느님께서 원하시는 삶을 살도록 힘과 용기를 주려는 것임을 알 수 있다.

바오로 묵시록은 그리스도교 특히 중세 서방 교회에 천국과 지옥에 관한 대중 신심을 퍼뜨리는 데 크게 기여하였다.[37] 『신곡』에서 단테가 사후 세계를 그토록 생생하게 묘사할 수 있었던 것도 베드로 묵시록과 바오로 묵시록 덕분일 것이다.[38]

4. 바오로 묵시록

번역은 Tischendorf, *Apocalypses Apocryphae: Mosis, Esdrae, Pauli, Johannis, Item Mariae Dormitio*, 34–69에 소개된 그리스어 본문을 토대로 하였다. 티센도르프Tischendorf가 제시한 그리스 본문은 원문의 요약본에 해당한다. 티센도르프는 15세기 밀라노 사본(Milan, Biblioteca Ambrosiana, C 255, fols. 218r–228v)과 13세기 뮌헨 사본(Munich, Bayerische Staatsbibliothek, Cod. graec. 276,

37 Hilhorst, "Apocalypse of Paul: Earlier History and Later Influence", 61–74.

38 Elliott, "Apocalypse of Paul (Visio Pauli)", 616.

fols. 132v-148v)을 토대로 비평 본문을 만들었다고 한다. 티센도르프의 그리스어 본문은 축약된 형태라 우리말로 옮길 때 문맥 파악을 위해 라틴어 역본을 참조하였다. 라틴어 역본은 그리스어 원문을 토대로 만들어져 현존하는 역본들 가운데 가장 신뢰도가 높다는 평가를 받는다. 라틴어 본문은 Silverstein, *Visio Sancti Pauli : the history of the Apocalypse in Latin together with nine texts*, 130-218에 제시된 라틴어 비평 본문과 Duensing/de Santos Otero, "Apocalypse of Paul"에 제시된 영어 번역을 참조하였다.

거룩한 사도 바오로의 묵시록. 그가 셋째 하늘까지 올라가 낙원에 인도되어 말로 표현할 수 없는 말들을 들었을 때 그에게 계시된 모든 것.[39]

I. 도입(1—2)

1 경건한 테오도티우스 황제와[40] 경하하올 그라티아누스가[41] 통치권자로 있던 당시, 어떤 고위 관리가 타르수스라는 도시의 거룩한 바오로 사도의 집에 살고 있었다. 그때 주님의 천사가 그에게 나타나 말하였

39 2코린 12,2-4: "[2] 나는 그리스도를 믿는 어떤 사람을 알고 있는데, 그 사람은 열네 해 전에 셋째 하늘까지 들어 올려진 일이 있습니다. 나로서는 몸째 그리되었는지 알 길이 없고 몸을 떠나 그리되었는지 알 길이 없지만, 하느님께서는 아십니다. … [4] 낙원까지 들어 올려진 그는 발설할 수 없는 말씀을 들었는데, 그 말씀은 어떠한 인간도 누설해서는 안 되는 것이었습니다."

40 플라비우스 테오도티우스 아우구스투스(347-395). 테오도티우스 1세 또는 대테오도티우스(그리스어: Θεοδόσιος Α 또는 Θεοδόσιος ὁ Μέγας)라 불린다. 그는 379년부터 395년까지 로마 황제로 있었다. 로마의 동부 지역과 서부 지역을 통합했으며 동로마 제국과 서로마 제국 두 곳을 모두 다스린 마지막 황제였다. 그

다. "이 집의 기초를 해체한 뒤 (거기서) 발견되는 것을 밖으로 꺼내어라." 하지만 그는 자기에게 환영이 나타났다고 생각하였다.

2 천사는 세 번째 환시 때까지 연이어 나타났고, 그 고위 관리는 기초를 해체하라는 재촉을 받았다.[42] 그가 (땅을) 파냈을 때 이 묵시록이 든 대리석 상자를 발견하였다. 그는 그것을 가져다가 그 도시의 수령에게 보여 주었다. 그 수령은 그 상자가 납으로 봉인되어 있는 것을 보고 그것을 테오도티우스 황제에게 보냈다. 무언가 다른 (중요한) 것이 아닐까 염려되었기 때문이다. 그것을 받아든 황제는 (묵시록 내용을) 똑같이 베껴 쓴 다음 원본은 예루살렘에 보냈다.[43] 그 안에는 이렇게 적혀 있었다.

가 죽자 동·서로마 제국은 영구히 분열되었다. 니케아 공의회에 입각한 그리스도교를 로마 제국의 공식적 국교로 만든 것으로 유명하다. 378-392년에는 동로마 지역만 다스렸으며(서로마는 그라티아누스와 발렌티니아누스 2세가 다스리고 있었다), 동·서로마를 통일한 392년부터 죽을 때까지(395년) 동·서로마 제국 전체를 다스렸다. https://www.britannica.com/biography/Theodosius-I (검색일 2024/03/31).

41 플라비우스 그라티아누스(359-383). 367-383년에 서로마 제국 황제로 있었다. 로마 전통의 다신교보다 그리스도교를 선호하였다: https://en.wikipedia.org/wiki/Gratian (검색일 2024/03/31). 제임스(James) 등은 그라티아누스라 읽지 않고, 4세기 말엽에 동로마 제국의 총독과 집정관을 지냈던 시네기우스(Cynegius)로 바꾼다: Elliott, "Apocalypse of Paul (Visio Pauli)", 616; Duensing/de Santos Otero, "Apocalypse of Paul", 716, 743 참조. 마테르누스 시네기우스(388년 사망)는 383/384년에 테오도티우스 1세의 재무장관으로 임명되었으며 384년에 동로마 제국 집정관으로 임명되어 이집트, 그리스, 소아시아 등지의 비그리스도교 성전들을 파괴하는 임무를 맡았다. 그리스와 이집트를 방문한 첫 해에 그곳에 있는 성전들을 폐쇄하고 제사를 금지하였으며 반유다교 법령을 고시하였다. https://en.wikipedia.org/wiki/Maternus_Cynegius (검색일 2024/03/31).

42 천사가 고위 관리에게 세 번이나 나타나서 집의 기초를 무너뜨리라고 재촉했다는 의미다.

43 어떤 라틴어 필사본(L1)은 원본은 황제 자신이 가지고 베껴 쓴 것을 예루살렘

II. 바오로가 셋째 하늘에서 본 것(3—10)

1. 피조물들의 호소(3—6)

3 주님의 말씀이 나에게 내리어 이렇게 말씀하셨다.[44]
"이 백성에게 말하여라. 너희는 언제까지 죄를 지으며 죄에 (죄를) 더
하고[45] 너희를 만드신 하느님을 노하시게 만들 셈이냐? 너희는 자신들
이 아브라함의 자손들이라고 말하면서[46] 사탄의 일들을 행한다. 그리
고 너희는 하느님과 터놓고 지내면서 (그분께) 이름으로 불리는 것을
자랑하지만, 죄의 육신 때문에 가난하다.[47] 사람의 아들들아, 모든 피
조물이 하느님께 복종하는데, 인간의 본성만이[48] 죄를 지음으로써 하
느님을 노하시게 만든다는 것을 알아라."
4 종종 큰 빛인 태양이 하느님께 나아가 사람들을 거슬러 말하였다. "전
능하신 주 하느님, 사람들의 죄를 언제까지 견디시렵니까? 제게 명령
을 내리십시오. 그러면 제가 그들을 태워버리겠습니다." 그러자 한 목

에 보냈다고 한다: Duensing/de Santos Otero, "Apocalypse of Paul", 745.

44 어떤 라틴어 필사본(L1)에는, 문장 첫머리에 "나는 몸 안에 있는 동안 셋째 하늘로 들어올려졌다"가 덧붙여져 있다: Duensing/de Santos Otero, "Apocalypse of Paul", 745-746.

45 이사 30,1.

46 요한 8,33 참조.

47 "이름으로 불리는 것"이라고 옮긴 표현은 προσηγορία다. 하느님께서 야곱의 후손을 당신 백성으로 삼으시고 이스라엘이라 부르신 것(창세 32,29; 35,10)을 연상시킨다. "죄의 육신"이라고 옮긴 표현은 ὕλη τῆs ἁμαρτίαs다. 본디 '목재', '재료', '물질'을 가리키는 ὕλη가 여기서는 육신을 가리키는 데 사용되었다. 사람을 구성하는 물질적 성분이라는 의미일 것이다(Bauer-Danker; Liddell-Scott 참조).

48 또는 "인성"(ἡ ἀνθρώπινος φύσις).

소리가 그에게 말하였다. "나의 인내는 그들 모두를 견뎌낸다. 그들이
회개할 수 있도록 말이다. 그러나 그렇게 되지 않는다면, 그들이 내게
올 때 내가 그들을 심판할 것이다."
5 종종 달과 별이 주님께 가서 말하였다. "전능하신 주 하느님, 당신께서
는 저희에게 밤을 지배할 권한을 주셨습니다.[49] 저희가 더는 사람들의
도둑질과 간음과 피흘림을 참지 않겠습니다. 저희에게 명령을 내리십
시오. 그러면 그들에게 이적을 행하겠습니다." 그러자 목소리가 들려왔
다. "나의 인내는 그들을 참아낸다. 그들이 돌아올 수 있도록 말이다.
그러나 그렇게 되지 않는다면, 그들이 내게 올 때 내가 그들을 심판할
것이다."
6 마찬가지로 바다도 소리 내어 말하였다. "전능하신 주 하느님, 사람의
아들들이 당신의 거룩한 이름을 더럽혔습니다. 제게 명령하십시오. 그
러면 제가 일어나 땅을 뒤덮고 사람의 아들들을 그곳에서 몰아내겠습
니다." 그러자 목소리가 말하였다. "나의 인내는 그들을 참아낸다. 그
들이 회개할 수 있도록 말이다. 그렇게 되지 않는다면, 그들이 내게 올
때 내가 그들을 심판할 것이다."

2. 천사들의 보고(7—10)

7 사람의 아들들아, 너희는 알아라.[50] 모든 피조물이 하느님께 복종하는
데, 인간의 본성만이 하느님 앞에서 죄를 짓는다는 것을! 그러니[51] 너

49 창세 1,14-18; 예레 31,35.

50 바오로 묵시록 7장에 따르면, 천사들은 자기가 맡은 사람의 행적을 매일 하느님께 가져간다고 한다. 천사들이 사람의 행적을 예물로 하느님께 봉헌한다는 생각은 3세기 작품인 3바룩 12—14장에도 나타난다.

51 직역: "이 모든 것 때문에."

희는 쉬지 않고 하느님을 찬양하여라. 태양이 질 때 더더욱 (그렇게 하여라). 그 시간에는 모든 천사가 하느님께 예배드리러 그분께 나아가서, 사람들의 행적들, 곧 좋은 것이든 나쁜 것이든 각 사람이 새벽부터 저녁까지 행한 모든 것을 보고 드린다.[52] 그런데 어떤 천사는 함께 사는 사람 때문에 기뻐하면서 가고, 어떤 천사는 슬픈 얼굴을 하고 간다.[53] 모든 천사는 정해진 시간에 하느님께 예배드리러 가면서 그날그날의 사람들의 행적을 가져간다.[54] 그러니 너희 사람들은 끊임없이 주님을 찬양하여라.

8[55] 경건한[56] 사람들을 맡은 천사들은 정해진 시간에 나아갈 때, 기뻐하고 찬송하면서 주님께 드리는 예배에 나타난다. 그때 하느님의 영이 그들에게 (말씀하셨다). "기뻐하는 너희들은 어디서 왔느냐?" 그들은 대답하였다. "경건한 사람들에게서 왔습니다. 그들은 하느님의 이름을 두려워하면서 매우 경건한 삶을 살아갑니다. 주님, 그들에게 당신의 의로

52 "보고 드리다"로 옮긴 단어는 προσάγω다. 직역하면, "(하느님 대전에) 가지고 가다"이다.

53 또는 "화난 얼굴을 하고 간다." '슬픈 (또는 화난) 얼굴을 하다'로 옮겨지는 단어는 σκυθρωπάζω다(Liddell-Scott).

54 "가져가다"라고 옮긴 προσφέρω는 예배의 맥락에서 '예물이나 희생제물을 봉헌하다'라는 의미로 사용된다(Bauer-Danker). 다섯째 하늘에서 미카엘 대천사가 하느님께 사람들의 덕행을 예물로 바치고 있다고 하는 3바룩 14,2 참조.

55 8—10장에서는 수호 천사 개념을 엿볼 수 있다. 이에 따르면 경건한 이들은 물론 죄인들도 죽을 때까지 천사의 보호와 돌봄을 받는다. 수호 천사 개념에 대해서는 '3.1. 수호 천사' 항목을 참조하라. 바오로 묵시록 8—10장은 3바룩 12—13장과 비슷하다. 세분하자면 경건한 이들을 맡은 천사를 다루는 8—9장은 3바룩 12장, 악인들을 맡은 천사를 다루는 10장은 3바룩 13장에 상응한다. 바오로 묵시록에서는 천사들이 직접 하느님께 사람의 행적을 전달하지만, 바룩 3서에서는 천사들이 사람들의 행적을 미카엘 대천사를 통하여 하느님께 봉헌한다고 한다.

56 "경건한"이라고 옮긴 εὐσεβής는 "신심 깊은"이라고 옮겨도 된다.

움 속에 끝까지 머물라고 명령하십시오." 그때 목소리가 그들에게 내렸다. "나는 그들을 보호했다. 그리고 내 나라에서 그들을 흠 없이 보호할 것이다."

9 그리고 그들이 자리를 뜨자 환한 얼굴을 한 다른 천사들이 태양처럼 빛을 내며 다가왔다. 목소리가 그들에게 "너희들은 어디서 왔느냐?" 하였다. 그러자 그들이 대답하였다. "저희는, 당신의 거룩한 이름을 위해 세상과 그리고 세상에 있는 것들과 작별한 사람들에게서[57] 왔습니다. 그들은 광야와 산과 동굴과 땅굴에서 지내면서 바닥에서 자고 단식하면서 자신들의 삶을 완성합니다.[58] 저희에게 그들과 함께 하라는 명령을 내려 주십시오." 그때 목소리가 들려왔다. "평화롭게 물러가라. 그리고 그들과 함께 하며 그들을 보호하여라."

10 그들이 물러가는 동안 다른 천사들이 슬퍼하고 울면서 하느님 앞에 예배드리러 왔다. 그때 영께서 그들을 맞이하러 나왔고 목소리가 그들에게 들려왔다. "너희는 어디서 왔느냐?" 그들이 대답하였다. "저희는 당신의 이름을 부르면서도 죄의 육신에 지배받는 자들에게서 왔습니다. 그들에게 봉사하는[59] 것이 무슨 소용이 있겠습니까?" 목소리가 그들에게 들려왔다. "그들에게 봉사하는 것을 그만두지 마라. 그들이 회개할지도 모른다. (회개)하지 않는다면, 그들이 내게 올 때 내가 그들을

---

57 테클라 행전 5장에 '이 세상과 작별한 사람들'이 누리는 진복이 전해진다.

58 세상과 세상의 모든 것을 버린 채 외딴 곳에 은둔하여 죽을 때까지 딱딱한 바닥에 누워 자고 단식하는 사람들을 가리킨다.

59 "봉사하다"로 옮긴 단어는 διακονέω다. "시중들다", "섬기다", "돌보다"라고 옮길 수도 있다. 바오로 묵시록 10장에 따르면, 천사에게는 사람을 돌보고 시중들고 섬기고 봉사하는 임무가 주어졌다. 죄인이라 하더라도 그를 맡은 천사는 죽을 때까지 그 사람을 돌보고 섬기는 일을 그만 둘 수 없다. 죄인이 회개할지도 모르기 때문이다. 3바룩 16,1에도 비슷한 생각이 엿보인다. 죄인을 맡은 천사라도 그들을 포기해서는 안 된다고 한다.

심판할 것이다. 사람의 아들들아, 너희들이 날마다 행한 일들을 천사들이 하늘에 적어 놓는다. 그러니 너희들은 하느님을 찬양하는 것을 그만두지 마라."

III. 바오로의 저세상 여행(11—51)

1. 각 개인의 사후(11—18)

11 나는 성령에 사로잡혔고[60] 천사가 나에게 말하였다. "오라, 나를 따르
라. 너에게 의로운 이들의 처소, 곧 그들이 생을 마친 뒤에 가는 곳을
보여 주겠다."[61] 그래서 나는 그 천사와 함께 걸어갔다. 그는 나를 궁창
아래쪽 하늘로 데려 갔다. (그곳을 주시하자) 진노로 가득한 무시무시
하고 거대한 권력들이[62] 보였다. 그들의 입에서 불꽃들이 뿜어져 나왔
으며 그들은 불로된 천을 두르고 있었다. 나는 천사에게 물었다. "이들
은 누구입니까?" (천사가) 나에게 말하였다. "이들은 위급한 때에[63] 죄
인들의 영혼들에게 파견되는 이들이다. 사실 그 (죄인)들은 심판과 응
보가 있음을 믿지 않았다."

---

60 두엔싱과 오테로는 시리아어 역본을 참조하여 '성령에 낚아채어' 다음에 "하늘의 셋째 부분, 곧 셋째 하늘로 옮겨졌다"를 덧붙인다: Duensing/de Santos Otero, "Apocalypse of Paul", 719.

61 어떤 라틴어 역본에는 이 문장 뒤에 "그런 다음 너를 지하(inferus)로 데려가서 죄인들의 영혼과 그들이 죽은 뒤에 오는 장소를 보여주겠다"가 덧붙여져 있다: Duensing/de Santos Otero, "Apocalypse of Paul", 719. 이 역본에 따르면, 의인들의 처소는 '셋째 하늘'에, 죄인들의 처소는 '지하'에 있다.

62 "권력"이라 옮긴 단어는 ἐξουσία다.

63 "위급한 때"는 임종 때를 가리킨다(14장 참조). 바오로 묵시록 12장에 따르면, 악인들의 영혼에게는 임종 때에 무자비한 천사들이 파견된다.

12 내가 (더 높은) 하늘을 올려다보았을 때, 얼굴은 태양처럼 빛나고 허
리에 황금 띠를 두르고, 손에 상賞을 든 천사들이 보였는데 그들에게
는 주님의 이름이 새겨져 있었다.[64] 그들은 온유와 자비로 가득 차 있
었다. 나는 천사에게 물었다. "이들은 누구입니까?" 나에게 대답하였
다. "이들은 부활의 날에 의인들의 영혼을 데려오도록 파견되는 이들
이다.[65] 그들(의인들의 영혼)은 흔들림 없이 하느님을 향해 나아간다."
13 나는 천사에게 말하였다. "의인들의 영혼과 죄인들의 영혼이 어떻게
세상을 떠나는지 그 영혼들을 보고 싶습니다." 천사가 나에게 말하였
다. "땅을 바라보아라." (땅을) 바라보니 온 세상이 내 앞에서 사라지고
없는 것처럼 보였다. 내가 천사에게 말하였다. "사람들의 위대함이란
게 고작 이 정도입니까?" 그가 나에게 말하였다. "그렇다. 사실 불의한
자는 모두 그렇게 사라진다." 내가 바라보자 불 구름이 온 세상을 뒤덮
고 있는 것이 보였다. 나는 "나리, 이것은 무엇입니까?" 하고 물었다. 그
가 나에게 말하였다. "그것은 불의로서, 죄인들의 멸망과 섞여 있다."[66]
14[67] 나는 울고 나서 천사에게 말하였다. "저는 의인들의 영혼과 죄인들의

---

64 필리 3,14 "하느님께서 그리스도 예수님 안에서 우리를 하늘로 부르시어 주시는 상을 얻으려고, 그 목표를 향하여 달려가고 있는 것입니다" 참조. 1코린 9,24도 참조하라.

65 바오로 묵시록 12장에 따르면, 의인들의 영혼에게는 부활의 날에 자비의 천사들이 파견된다. '부활의 날'은 죽은 모든 이들이 부활하게 될 마지막 때를 가리킨다: 14장 참조. 요한 11,24 참조: "마르타가 '마지막 날 부활 때에 오빠도 다시 살아나리라는 것을 알고 있습니다.' 하였다."

66 라틴어 역본은 "그것은 불의로서 죄인들의 주군들과 섞여 있다"라 읽는다: Duensing/de Santos Otero, "Apocalypse of Paul", 720.

67 바오로 묵시록 14—18장에서는 사심판 개념이 명백히 드러난다. 이에 따르면 사람이 죽으면, 의인이든 악인이든, 그 영혼은 일단 하느님 대전에 가서 개별적으로 심판을 받는다. 그리고 의인은 하늘의 낙원으로, 악인은 처벌 장소로 가서 '부활의

영혼이 (세상을) 떠나는 것, 곧 어떤 모습으로 세상을 떠나는지 보고 싶었습니다." 그러자 천사가 나에게 말하였다. "바오로야, 아래를 내려다보아라. 그리고 (네가) 청하는 것을 보아라."[68] (내려다)보자 사람의 아들들 가운데 한 사람이 죽음에 임박한 것이 보였다. 천사가 내게 말하였다. "이 사람은 의인이다." 그런데 그가 한 모든 행적이 위급한 때(임종 때)에 그자 앞에 놓여 있었다. 그리고 선한 천사들이 악한 천사들과 함께 찾아왔다. 악한 천사들은 그자 안에 있을 자리를 찾지 못하였다. 반면에 선한 천사들은 그 의인의 영혼을 차지하고 그 영혼에게 말하였다. "네가 빠져 나가는 몸을 기억해 두어라. 하느님께서 의인들에게 약속하신 것을 받기 위해 부활의 날에 다시 그 안에 들어가야 하기 때문이다."[69] 그 의인의 영혼을 받아든 선한 천사들은 그를 잘 아는 영혼인 것처럼 반갑게 대하였다.[70] (의인의 영혼이) 그들과 함

날'까지 머문다. 이 책에서 의인들의 처소는 "부활의 처소", 처벌 장소는 "지하"(라틴어 역본), "바깥쪽 어둠"(16장) 등으로 불린다. 이 처소들은 '중간 상태'에 해당한다.

68 또는 "네가 청하는 것이 보일 것이다."

69 육신의 부활 개념을 주목하라. 바오로 묵시록 14장에서 부활은, 죽을 때 몸에서 분리되어 나온 영혼이 다시 그 몸속으로 들어는 것으로 이해된다.

70 루카 16,22 참조. 바오로 묵시록 라틴어 역본 14장에 따르면, 의인의 임종 때 찾아온 선한 천사들은, 그 의인이 살아 있는 동안에 늘 그를 지켜보고 날마다 하느님께 그의 행적을 보고하던 천사였다. 그 수호천사가 임종 때에도 찾아온다는 것이다. 그 천사는 의인이 살아 있는 동안 하늘에 있을 곳을 마련해 두었다고 한다. 천사는 영혼을 데리고 하늘로 올라간다. 그리고 그 영혼은 하느님께 경배하고 하느님은 그 영혼을 미카엘 대천사에게 넘겨 낙원으로 데려가게 한다. 의인의 영혼은 낙원에서 부활의 날까지 다른 성도들과 함께 머물 것이라고 한다: Duensing/de Santos Otero, "Apocalypse of Paul", 720-721. 바오로 묵시록에서 '낙원'은 부활 이전, '중간 상태'에 있을 때 머무는 곳으로 이해된다(특히 14장). 미카엘 대천사가 의로운 영혼의 안내자 역할을 맡는 것(14장)은 연미사 때 드리는 봉헌 기도를 연상시킨다. 목수요셉 23장에서 미카엘 대천사는 요셉의 영혼의 보호자이자 안내자 역할을 맡는다.

께 오자 (하느님의) 영께서 그들을 맞이하러 나와서 말씀하셨다. "오라, 영혼아. 하느님께서 당신 의인들을 위해 마련해 두신 부활의 처소로 들어가라."[71]

15 그러자 천사가 나에게 말하였다. "저 아래 땅을 내려다보고 불경한 자의 영혼이 어떻게 자신의 둥지를[72] 떠나는지 살펴보아라. 그는 '먹고 마십시다.[73] 저승에 내려갔다가 다시 올라와 심판과 응보가 있다고 선포한 자가 누가 있소?' 하고 말하면서 하느님을 진노케 만들었다." 나는 눈길을 돌려 그의 모든 행적, 그가 한 모든 일이 그자 앞에 놓여 있는 것을 보았다. 그때 악한 천사들과 선한 천사들이 왔다. 선한 천사들은 그에게서 부활의 자리를 찾지 못하였다. 악한 천사들이 그 영혼을 차지하고 말하였다. "오, 불쌍한 영혼아, 너의 육신을 보고 네가 어디에서 빠져 나오는지 기억해 두어라. 부활의 날에 너는 네가 지은 죄들에 걸맞은 것을 받도록 다시 네 육신 속에 들어 가야 하기 때문이다."[74]

---

71 "부활의 처소"는 19—30장과 45—51장의 낙원을 가리킨다.

72 둥지는 몸을 가리킨다.

73 이사 22,13; 1코린 15,32; 루카 12,16-21; 17,26-30.

74 바오로 묵시록 14—15장에 부활에 대한 이해가 반영되어 있다. 이에 따르면, 의인의 영혼뿐 아니라 악인의 영혼도 부활한다. 부활의 날에는 모든 영혼이 자기 몸(또는 육신)을 찾아 가야 한다는 것이다. 사실 의인과 악인 모두 부활한다는 생각은 이미 정경에 나온다. 요한 5,29에서는 "그들(무덤 속에 있는 모든 사람)이 무덤에서 나와, 선을 행한 이들은 부활하여 생명을 얻고 악을 저지른 자들은 부활하여 심판을 받을 것이다"라 하고, 사도 24,15에서도 "의로운 이들이나 불의한 자들이나 모두 부활하리라"고 한다. 물론 그들이 부활하는 목적은 다르다. 의인은 생명과 하늘 나라에 참여하기 위해서, 악인은 심판을 받기 위해서라고 한다. 묵시 20,12-13도 의인이든 악인이든 죽은 모든 이들이 부활한다는 생각을 표현한다. 죽은 모든 이가 부활하여 자기들의 행실에 따라 심판을 받는다는 것이다. 루카 20,35-36에는 의인들만 부활한다는 생각이 암시되어 있다: "저세상에 참여하고 또 죽은 이들의 부활에 참여할 자격이 있다고 판단받는 이들은 … 천사들과 같아져서 더 이상 죽는 일도 없다. 그들은 또한 부활에 동참하여 하느님의 자녀가 된다."

16 그 영혼이 자신의 둥지를 떠날 때 그와 함께 하던 천사가 그에게 말하였다.[75] "불쌍한 영혼아, 너는 어디로 가느냐? 나는 날마다 너의 죄를 기록하는 자다. 회개의 시간을 다 날려버렸으니 몹시 부끄러워하여라." 그가 (하늘에) 다가가자 모든 천사들이 그를 보고 한목소리로 말하였다. "너는 불행하다! 불쌍한 영혼아, 하느님께 무슨 변명을 하려고 왔느냐?" 그러자 그 영혼의 천사가 말하였다. "모두들 저와 함께 그를 위해 울어 주십시오." 그리고 그 천사는 앞으로 나아가 주님께 절하며 말하였다. "주님, 보십시오. 이 영혼은 자신의 삶 동안, 일시적 생명(의 시간) 동안 악한 것들과 더불어 살았습니다. 당신의 심판대로 그에게 행하십시오."

그때 목소리가 들려와 그 영혼에게 말하였다. "네 의로움의 열매는 어디 있느냐?" 그 영혼은 답변을 하지 못하고 입을 다물었다. 그러자 목소리가 다시 그에게 들려왔다. "자비를 베푼 사람은 자비를 입을 것이다.[76] 자비를 베풀지 않은 사람은 자비를 입지 못할 것이다.[77] 이 영혼을 무자비한 테멜루코스[78] 천사에게 넘겨 (사람들이) 울고 이를 갈고

75 라틴어 역본에서 악인의 수호천사는 자기가 할 수만 있다면 그 악인에게 단 하루도 봉사하지 않았을 것이라고 말한다. 자비로우신 하느님께서 그가 회개할 때까지 봉사를 멈추지 못하게 하셨다는 것이다: Duensing/de Santos Otero, "Apocalypse of Paul", 722.

76 마태 5,7; 25,31-40.

77 마태 25,41-46.

78 라틴어 역본은 테멜루코스 대신 타르타루코스라 읽는다: Duensing/de Santos Otero, "Apocalypse of Paul", 723. 바오로 묵시록에서 타르타루코스는 타르타로스(지옥)를 지키는 천사를 일컫는다. 바오로 묵시록에서 이들은 악인의 영혼을 처벌하는 천사들로 묘사된다(18장). 테멜루코스는 타르타루코스들 가운데 하나인 듯하다. 그에게도 지옥 벌을 집행하는 임무가 주어진다. 바오로 묵시록 34장에서 테멜루코스는 합당하지 않은 상태로 전례를 집행한 사제를 벌하는 천사로 등장한다. 바오로 묵시록 라틴어 역본 40장에서는 테멜루코스가 사산된 아기들의 영혼

있는 바깥쪽 어둠 속으로 던져 넣어라."[79] 그때 수백만 명이 내는 소리 같은 (큰) 목소리가 들려왔다. "주님, 당신께서는 의로우시며 당신의 재판도 의롭습니다."[80]

17 그리고 다른 영혼도 천사에게 인도되어 가는 것이 보였다. 그는 "저를 불쌍히 여기십시오, 의로운 심판관이시여. 그리고 저를 이 천사의 손에서 구해 주십시오. 그는 끔찍하고 무자비하기 때문입니다" 하고 말하며 울었다. 목소리가 그에게 말하였다. "너는 항상 무자비하였다. 이 때문에 네가 그런 천사에게 이렇게 넘겨진 것이다. 네가 세상에서 저

을 돌보는 천사로 등장한다. 베드로 묵시록 에티오피아어 본문에서 타르타루코스는 지옥에서 벌을 내리는 천사(13장), 테멜루코스는 사산된 아기들의 영혼을 돌보는 천사로 소개된다(8장). 해당 내용이 그리스어 본문에는 나오지 않는다. 타르타루코스와 테멜루코스에 대해서는 Bauckham, *The Fate of the Dead: Studies on the Jewish and Christian Apocalypses*, 223-226.

79 "바깥쪽 어둠"이라고 옮긴 표현은 τὸ σκότος τὸ ἐξώτερον다. 라틴어 역본은 "울음과 이갈기가 있는 바깥쪽 어둠에 던져 넣어 위대한 심판의 날까지 그곳에 머물게 하여라"라고 읽는다. 여기서 "바깥쪽 어둠"은 마지막 심판 날까지 머무는 중간 상태 개념이며 31—44장, 서쪽 대양 너머에 있는 처벌의 장소를 가리키는 듯하다. "바깥쪽 어둠"은 마태 8,12; 22,13; 25,30; 루카 13,28에 근거를 둔 표현이다. 마태 8,11-12에 따르면, "바깥쪽 어둠"은 "하늘 나라"와 대비되는 처벌의 장소다: "[11] 내가 너희에게 말한다. 많은 사람이 동쪽과 서쪽에서 모여 와, 하늘 나라에서 아브라함과 이사악과 야곱과 함께 잔칫상에 자리 잡을 것이다. [12] 그러나 하느님 나라의 상속자들은 바깥 어둠 속으로 쫓겨나, 거기에서 울며 이를 갈 것이다." 루카 13,27-28은 울음과 이갈기가 있는 "그곳"과 "하느님 나라"를 대비시킨다. 복음서에서 "바깥 어둠"은 마지막 시대 이후의 최종 처벌 장소로 이해된다.

80 묵시 16,7; 19,2 참조. 바오로 묵시록은, 마지막 때에 모든 이가 심판을 받는 최후의 심판 이전에 각 개인이 죽은 뒤에 받는 '개별 심판' 또는 '사심판' 개념을 표방하고 있다. 가령 바오로 묵시록 16장에는 죽은 이의 영혼이 곧바로 하느님 앞에서 심판을 받는 장면이 그려진다. 17—18장에서도 마찬가지다. 14—15장에도 사심판 개념이 나타난다.

지른 네 죄를 고백하여라." 그 영혼이 말하였다. "의로운 심판관이시여, 저는 죄를 짓지 않았습니다."[81] 주님께서 그 영혼에게 말하였다. "네가 아직도 세상에 있어서 사람들의 눈을 피할 수 있다고 생각하느냐? 누군가 생을 마치면 선한 것이든 악한 것이든 그의 행적이 그 사람보다 먼저 (이곳으로) 달려온다는 것을 모르느냐?" 그는 이 말을 듣자 입을 다물었다. 그리고 나는 심판관께서 하시는 말씀을 들었다. "천사가 너의 죄들이 기록된 장부를[82] 손에 들고 오리라!" 그리고 심판관께서 그 천사에게 말씀하셨다. "너, 천사에게 말한다. 모든 것을 (읽는 것은) 관두어라.[83] 그자가 생을 마치기 전 오 년 동안 행한 일들을 말해 보아라. 나를 걸고 너에게 맹세한다. (그가 회개했다면) 그가 살아생전에 지은 모든 죄가 망각되었을 것이다."[84] 그러자 그 천사가 대답하였다. "주님,

81 이 장면은 고대 이집트 '사자의 서' 125장을 연상시킨다. 고대 이집트에서는 사람이 죽으면 오시리스와 여러 심판관들 앞에서 그 사람의 심장 무게를 달아서 그 결과에 따라 괴물에게 먹혀 지옥으로 떨어뜨리든지 갈대 평야(낙원) 또는 오시리스의 나라로 들여보내든지 결정된다고 믿었다. 이 심판 때에 유죄 판결을 받지 않도록 심장 무게가 더 나가게 만들려고 망자의 가슴에 부적을 달아 주기도 했다. 그 부적에는 망자가 자신의 죄를 묻는 심판관들 앞에서 고백해야 하는 '나는 이러이러한 죄를 짓지 않았습니다!'라는 부정적 고백과 '나는 이러이러한 좋은 일을 했습니다!'라는 긍정적 고백이 적혀 있다.

82 "장부"라고 옮긴 단어는 χειρόγραφον다. 콜로 2,14 참조.

83 "모든 것을 (읽는 것은) 관두어라"고 옮긴 πάντα ἔασον은 "모든 것을 (읽는 것은) 그만두어라" 또는 "모든 것은, 그만 되었다"로 옮길 수도 있다. 라틴어 역본에 따르면, 천사가 죽은 자가 열다섯 살 때부터 지은 죄들을 낭독하려 하자 하느님께서 만류하시면서 죽기 오 년 전부터의 일만 낭독하라고 명령하신다: Duensing/de Santos Otero, "Apocalypse of Paul", 724.

84 직역: "그의 생애 동안에 지은, 이전의 모든 죄에 대한 망각이 일어났을 것이다." 죄인이 회개하면 그가 과거에 지었던 모든 죄가 잊힌다고 한다. 회개의 결과는 죄의 용서로 끝나지 않고 죄의 망각으로까지 이어진다는 설명이다.

천사들에게 영혼들을 대령시키라고 명령하십시오."

18 그러자 그들은 바로 그 시각에 (영혼들을) 대령시켰다. 그리고 주님께서 영혼에게 말씀하셨다. "이들을 기억해 보아라. 네가 이 영혼들에게 무슨 죄를 짓지는 않았느냐?" 그 영혼이 대답하였다. "주님, 제가 그들 가운데 한 영혼을 죽이고 다른 영혼과 함께 지낸 뒤로 한 해가 채 지나지 않았습니다. 그뿐 아닙니다. 그에게 불의를 저지르기도 했습니다."[85] 주님께서 그 영혼에게 말씀하셨다. "너는 모르느냐? 어떤 이가 이 세상에서 누군가에게 불의를 저질렀다면, 그리고 (불의를 당한) 자가 죽었다면, 후자는 자기에게 불의를 저지른 자가 올 때까지 이 처소에[86] 갇혀 있어야 한다. 그리고 둘 다 내 앞에서 심판을 받고 각자 자신의 행업에 따라 되갚음 받는다."

그리고 나는 다음과 같이 말하는 목소리를 들었다. "이 영혼을 타르타루코스 천사에게 넘겨 위대한 심판의 날까지 가두어 두어라!"[87] 그리고 수백만이 말하는 듯한 (큰) 목소리를 들었다. "주님, 당신은 의로우시며 당신의 심판도 의롭습니다."[88]

---

85 망자의 영혼은, 자신이 누군가를 죽이고 다른 사람과 살았을 뿐 아니라 피해자에게 부당한 일도 저질렀다고 고백한다. 라틴어 역본에 따르면 해당 영혼은 피해자의 재산도 갈취했다고 한다: Duensing/de Santos Otero, "Apocalypse of Paul", 724.

86 여기서 "이 처소"가 어디인지에 대한 설명은 제시되지 않는다. 하느님 대전에 올라가 개별 심판을 받기 전까지 머무는 곳을 가리킨다.

87 콥트어 사본은 테멜루코스 천사라고 읽는다. 라틴어 역본에서는 해당 영혼을 "타르타로스"(Tartarus)의 손에 넘기라고 한다. 그리고 그 영혼은 지하(Inferus)로 보내어져서 지하 감옥(Carcer inferorum)에서 고문을 당하면서 위대한 심판의 날까지 갇혀 있어야 한다고 한다: Duensing/de Santos Otero, "Apocalypse of Paul", 724. 여기서 타르타로스는 위대한 심판 때까지 악인의 영혼이 벌을 받는 '중간 상태'를 가리킨다.

2. 의인들의 처소, 온유한 이들의 땅, 하느님의 도성(19—30)[89]

의인들의 처소

19 천사가 나에게 말하였다. "이 모든 것을 보았느냐?" 나는 "예, 나리" 하
고 대답하였다. 다시 천사가 나에게 말하였다. "와서 나를 따르라. 그러
면 너에게 의인들의 처소를 보여 주겠다." 그래서 나는 그분을 따라갔
다. 그분은 나를 한 도성의 성문 앞에 세웠다.[90] 나는 황금 정문과 그
앞에 있는 두 황금 기둥과 그 위의, 글자로 가득한 두 황금 판을 보았
다.

천사가 나에게 말하였다. "이 성문들로 들어가는 사람은 행복하다. 순
수함과 순박함과 깨끗한 마음을 가진 이들 말고는 아무도 들어갈 수
없기 때문이다."[91] 나는 천사에게 물었다. "무엇 때문에 이 판들에 글
자들이 새겨져 있습니까?" 그가 나에게 말하였다. "이것은 의인들과
하느님을 섬기는 이들의 이름들이다." 나는 그에게 말하였다. "그들의
이름은 그들이 아직 살아 있는 동안에 하늘에 기록되었습니까?" 천

---

88 묵시 19,2 참조.

89 19—30장은 "낙원"에 해당하는 장소에 관한 내용이다. 먼저 19—20장은 "의인들의 처소", 21—22장은 "온유한 이들의 땅", 23—30은 "하느님의 도성"에 관한 내용이다. 이에 따르면, "의인들의 처소"는 셋째 하늘에 있다. "온유한 이들의 땅"은 대지를 둘러싼 대양 동쪽에, 하느님의 도성은 더 오른쪽, 태양이 뜨는 곳에 있다고 한다. 세 장소가 사람들의 세상(지상)이 아닌 땅 끝 너머 동쪽에 있다는 것은 분명하다. 세 장소에 대한 묘사는 45—51장의 낙원에 대한 묘사와 겹친다. 바오로 묵시록 19장은 베드로 묵시록 아크밈 본문 1—5장과 비교하라.

90 19장에서 "의인들의 처소"는 성문과 정문을 갖춘 (천상의) "도성"으로 표현되고 있다. 라틴어 역본은 천사가 바오로를 "셋째 하늘로 들어올려", 성문 앞에 세웠다고 한다. "의인들의 처소"가 셋째 하늘에 있다는 의미다.

91 마태 5,8 참조. 바오로 묵시록 19장에서 순수함(ἁπλότης), 순박함(ἀκακία), 깨끗한 마음(καρδία καθαρά)이 덕목으로 제시된다.

사가 나에게 말하였다. "… 올바로 섬기는 이들은 하느님 대전에서 인정받는다."[92]

20 곧바로[93] 정문이[94] 열리고 머리가 희끗한 사람이 우리를 맞으러 나와서 나에게 말하였다. "평안한가, 하느님께서 사랑하시는 바오로여!" 그리고 그는 기쁜 얼굴로 눈물을 흘리며 나에게 입을 맞추었다. 나는 그에게 말하였다. "아버지, 왜 우십니까?" 그가 나에게 말하였다. "하느님께서 사람들을 위해 좋은 것들을 많이 마련해 두셨는데 그들이 그분의 뜻을 행하지 않아 그것들을 누릴 수 없기 때문이다." 나는 천사에게 물었다. "나리, 이분은 누구십니까?" 그가 나에게 말하였다. "이분은 마지막 날의 증인인 에녹이시다."

온유한 이들의 땅(=약속의 땅)[95]

21 그리고 천사는 나에게 말하였다. "내가 이곳에서 너에게 보여 주는 것들을 다 보아라. 그리고 내가 너에게 말하는 것 말고는 (다른 사람에게) 알려 주지 마라."

그러고는[96] 그가 나를 강 위쪽에[97] 세웠는데, 그 강의 기초는 둥근 하

---

92 라틴어 역본에서는 그들의 이름뿐만 아니라 그들의 얼굴도 하늘에 새겨져 있다고 한다: Duensing/de Santos Otero, "Apocalypse of Paul", 725.

93 20장에서는 바오로가 에녹을 만난 일이 전해진다. 라틴어 역본에는 엘리야도 언급된다.

94 라틴어 역본에서는 바오로가 "낙원의 성문들" 안으로 들어갔다고 한다: Duensing/de Santos Otero, "Apocalypse of Paul", 725.

95 21–22장은 "온유한 이들의 땅"(=약속의 땅)에 관한 내용이다.

96 라틴어 역본에는, 천사가 바오로에게 본 내용을 아무에게도 발설하지 말라고 명한 뒤 그를 셋째 하늘에서 둘째 하늘로, 이어서 궁창으로 그리고 궁창에서부터 하늘의 문들 위에까지 데리고 내려왔다고 한다. 그리고 대양 위에 기초가 세워져 있었다고 한다. 대양의 '기초' 또는 기둥이 하늘을 떠받치고 있는 모양새다: Duensing/de Santos Otero, "Apocalypse of Paul", 725.

늘의 둘레를 따라 세워져 있었다 ― 온 땅을 둥글게 감싸고 있는 것이 바로 그 강이다.[98] 그가 나에게 말하였다. "이 강은 대양이다." 그곳에는 큰 빛이 (비추고) 있었다. 나는 말하였다. "나리, 이것은 무엇입니까?" 그가 내게 말하였다. "이것은 온유한 사람들의 땅이다. 너는 '행복하여라, 온유한 사람들! 그들은 땅을 차지할 것이다'라고[99] 기록되어 있는 것을 모르느냐? 의인들의 영혼들은 이곳에서 보호받을 것이다."[100] 나는 천사에게 말하였다. "그렇다면 그것들은[101] 언제 드러나겠습니까?" 그가 나에게 말하였다. "부활의 날, 심판관께서 오시어[102] 좌정하실 때다. 그때 그분께서 명을 내리시어 그 땅을 드러내실 것이다. 그러면 그것은 다시 빛나고 그 안에 있는 거룩한 이들은 빛을 발

---

97 "강 위쪽에"로 옮긴 표현은 ἐπάνω τοῦ ποταμοῦ다. ἐπάνω는 상대적으로 (우)위에 있는 것을 표현한다. 영어로는 above나 over로 옮겨진다(Bauer-Danker).

98 여기서 우주는 대양이 둥근 대지를 감싸고 있고 그 대양은 반구형 하늘과 맞닿아 있는 모습으로 그려진다. 바오로 묵시록이 고대 근동과 고대 그리스 신화, 구약성경에서 엿보이는 전형적 '삼층 우주관'을 따르고 있음을 알 수 있다.

99 마태 5,5. "온유한 사람들의 땅"이 라틴어 역본에는 "약속의 땅"(terra repromissionis)이라고 되어 있다. 이 땅은 대양 동쪽에 있는 듯하다. 동쪽이라는 표현은 22장에서야 나오지만("태양이 뜨는 곳") 온유한 이들의 땅도 동쪽에 있음이 틀림없다. 이는 천사가 낙원에 해당하는 장소를 다 보여 준 뒤 "나를 그 도성과 아케론 호수와 좋은 땅 바깥으로 데리고 나가", "궁창을 떠받치고 있는 대양의 강 위쪽에" 세운 뒤 서쪽 "태양이 지는 곳으로 데려갔다"(31장)고 표현한 데서 알 수 있다.

100 온유함(πραότης)이 덕목으로 제시된다.

101 '그것들이 드러나다'에서 숨은 주어는 여성복수형으로, 이 문맥에서 '영혼들'이나 '땅들'을 가리킬 수 있다. 의미상 '땅들'이 더 적합할 듯하다. 라틴어 역본은, "어느 정도 시간이 지난 다음에는 그 땅이 드러나게 됩니까?"라 읽는다. 그리고 그리스도께서 다시 오실 때 첫째 땅은 사라지고 이 약속의 땅이 드러날 것이라고 한다. 그리고 그리스도께서 모든 성도들과 함께 그 땅에 오시어 그곳에서 천 년 동안 그들을 다스리시리라고 한다: Duensing/de Santos Otero, "Apocalypse of Paul", 725.

102 2테살 1,10 참조.

하며 세상 창조 때부터 누워 있던 선한 사람들과 함께 기뻐할 것이다."
22 그 강의 강변에는 다양한 열매가 가득 달린 나무들이 심겨져 있었다.
그리고 나는 태양이 뜨는 곳을[103] 보았다. 그곳에는 열매가 가득 달린
매우 큰 나무들이 보였다. 그 땅은 은이나 금보다 더 밝게 빛났다. 그
리고 종려나무에는 포도나무가 자라고 있었는데, 덩굴마다 가지 만 개
와 포도송이 만 개가 달려 있었다.
나는 천사에게 말하였다.[104] "이것은 무엇입니까, 나리?" 그가 내게 말
하였다. "이것은 아케론 호수다.[105] 그 안에 하느님의 도성이[106] 있다. 그
러나 모든 사람이 그 안에 들어가도록 허락받지는 않는다. 오직 자신
이 지은 죄들에서 마음을 돌려 회개하는 이만이 (들어갈 수 있다). 사
람이 회개하고 삶을 바꾼다면 그는 미카엘에게 넘겨진다. (천사들이)
그를 아케론 호수에 넣으면 미카엘이 그를 의인들과 나란히 하느님의
도성으로 데려갈 것이다."[107] 나는 깜짝 놀라서 내가 본 모든 것에 대해
하느님을 찬양하였다.

---

103 "동쪽"이라고 옮길 수도 있다. 바오로 묵시록 22장에 따르면, "아케론 호수", "온유한 이들의 땅"(21장), "하느님의 도성"은 태양이 뜨는 곳, 곧 태양의 동쪽에 있다. 반면 처벌 장소는 태양이 지는 곳, 곧 태양의 서쪽(과 북쪽)에 있다고 한다(31장). 초대 교회 저작물들에서 태양이 지는 서쪽은 어둠과 사탄의 영역을 가리킨다: Lampe, *Patristic Greek Lexicon*, 393.

104 라틴어 역본에는 천사가 그곳에서 바오로를 내리고 나와 다른 곳으로 데리고 간다. 그곳에서 다른 강을 보는데 그것이 아케론 호수라고 한다: Duensing/de Santos Otero, "Apocalypse of Paul", 726. 아케론 호수 안에 "하느님의 도성"이 있다고 한다.

105 그리스 신화에 나오는 저세상에 있다는 호수 또는 강.

106 묵시 21,10-27에 나오는 "하늘로부터 하느님에게서 내려오는 거룩한 도성 예루살렘"에 대한 묘사를 참조하라.

107 하느님의 도성으로 들어갈 수 있는 사람은 오직 회개하고 자신의 삶을 바꾼 사람과 의인들뿐이다.

하느님의 도성[108]

23 천사가 나에게 말하였다. "나를 따르라. 너를 하느님의 도성과 그 도성
의 빛으로 데려 가겠다." 그 (도성의) 빛은 세상의 빛이나 황금의 빛보
다 더 빛나고 성벽이 그 도성을 둘러싸고 있었다. 그 도성의 길이와 넓
이는 백 스타디온에 달했다. 그리고 그 도성으로 들어가는 열두 성문
이 보였는데 매우 아름답게 꾸며져 있었으며, 각각 꿀, 젖,[109] 기름, 포
도주가 흐르는 네 강이 그 도성을 둘러싸고 있었다.[110] 나는 천사에게
말하였다. "나리, 이 강들은 무엇입니까?" 그가 나에게 말하였다. "이
강들은 의인들이다.[111] 그들은 세상에 있는 동안 이것들(꿀과 젖과 기름과
포도주)을 쓰지 않고 하느님을 위해 자신을 낮추었다. 그들이 이 안에서
는 (이것들을) 만 배로 보상받는다."
24 나는 그 도성으로 들어가다가 도성 성문 앞에서 매우 키가 큰 나무를
보았는데, 거기에는 열매가 하나도 없었다. 몇몇 사람이 그 아래에서
격하게 울고 있었다. 그 나무들은 몸을 숙이고 있었다. 그들을 보고
나도 울었다. 그리고 천사에게 물었다. "이 사람들은 누구입니까? 그
들은 도성으로 들어갈 허락을 받지 못했습니까?" 그가 나에게 말하였
다. "그렇다. 모든 악의 뿌리는 허영이다."[112] 나는 말하였다. "이 나무들

---

108 23—30은 하느님의 도성에 관한 내용이다.

109 탈출 3,8 참조.

110 라틴어 역본은 네 강의 이름이 피손(꿀), 기혼(기름), 티그리스(포도주), 유프라테스(젖)라고 제시되어 있다: Duensing/de Santos Otero, "Apocalypse of Paul", 727. 45장에도 같은 내용이 나온다.

111 라틴어 역본에서는 "이 강들은 이 약속의 땅에 있는 이들을 위해 풍성하게 흐르는 네 강들이다"라 읽는다: Duensing/de Santos Otero, "Apocalypse of Paul", 727.

112 라틴어 역본에는 이들이 밤낮으로 단식하고 절제했지만 그러한 자신을 두고 교만한 마음을 품고 타인들보다 자신들이 더 낫다고 여겼다고 한다: Duensing/de Santos Otero, "Apocalypse of Paul", 727.

은 무엇 때문에 이렇게 자기를 낮추었습니까?" 천사가 나에게 대답하였다. "그 나무들이 열매를 맺지 않고 교만을 멀리하지 않았기 때문이다."[113] 나는 천사에게 물었다. "나리, 그들은 무슨 은총으로 그 도성의 성문들 앞에 자리 잡고 있습니까?" 그가 나에게 대답하였다. "하느님의 깊은 선하심 덕분이다. 그리스도께서 그 도성으로 들어가시면, 그분을 따르는 사람들이 이 사람들을 위해 탄원하여 이들도 그들과 함께 안으로 인도될 것이다."

25 나는 그 천사의 안내를 받아 계속 걸어갔다. 그는 나를 그 강 위쪽에 세웠다.[114] 나는 그곳에서 모든 예언자들을 보았다. 그들은 다가와 나에게 인사하며 말하였다. "평안하냐, 하느님께서 사랑하시는 바오로야." 나는 천사에게 말하였다. "나리, 이분들은 누구십니까?" 그가 나에게 말하였다. "이분들은 모든 예언자들이며, 이 송가들은 모든 예언의 송가들이다. 하느님 때문에 자신의 뜻을 행하지 않고 자기 영혼을 슬프게 한 사람은 누구나 (세상을) 떠나면 이곳으로 온다.[115] 그리고 예언자들이 그를 맞이한다."

26 그리고 천사는 나를 그 도성의 남쪽, 젖으로 된 강이 있는 곳으로 데려갔다. 나는 그곳에서 주님의 이름 때문에 헤로데 임금에게 살해당한 모든 아기들을 보았다.[116]

---

113 교부들도 허영(κενοδοξία)과 교만(ὑπερηφανία)은 피해야 할 악으로 보았다. 요한 클리마쿠스 『천국으로 가는 사다리』 22,16을 보라(Lampe).

114 라틴어 역본은 "꿀의 강"이라 읽는다. 23장에 언급된, 하느님의 도성을 감싸고 흐르는 네 강들 가운데 하나다: Duensing/de Santos Otero, "Apocalypse of Paul", 728.

115 라틴어 역본은 그 사람이 세상을 떠나면 하느님께 인도되어 그분께 경배 드린 다음 미카엘 천사에게 넘겨져 이 도성의 예언자들의 길로 오게 된다고 한다: Duensing/de Santos Otero, "Apocalypse of Paul", 727.

116 마태 2,16. 라틴어 역본은 정결을 지킨 사람이 세상을 떠나면 하느님께 인도

27 그리고 그 천사는 다시 나를 도성의 동쪽으로 데려갔다.[117] 그곳에서
나는 아브라함과 이사악과 야곱을 보았다. 나는 천사에게 물었다. "나
리, 이곳은 어디입니까?" 그가 나에게 말하였다. "낯선 사람들을 환대
하는 사람은 누구나 세상을 떠날 때 이곳으로 온다. 그가 낯선 이를
친절히 대했기 때문에 (그곳 사람들은) 그를 하느님의 친구로 맞아들
인다."[118]
28 그는 다시 나를 다른 곳으로 데리고 갔다. 나는 그곳에서 도성 북쪽에
서 시작된 기름 형상의 강을 보았다.[119] 그리고 기뻐하며 찬송하는 사
람들도 보았다. 나는 물었다. "이 사람들은 누구입니까, 나리?" 그가
나에게 말하였다. "이 사람들은 자신을 하느님께 바친 사람들이다. 이
들은 이 도성으로 인도된다."
29 그리고 유심히 보니 그 도성 한가운데 있는 매우 높고 큰 제단이 보였
다. 어떤 사람이 그 제단 곁에 서 있었는데 그의 얼굴이 태양처럼 빛나
고 있었다. 그는 양손에 하프와 기타를 들고 즐겁게 알렐루야를 부르
고 있었는데 그의 목소리가 온 도성을 가득 채웠다. 그리고 모든 이가
한마음으로 그에게 응답하였는데 그 도성이 그들의 함성으로 흔들릴

되어 그분께 경배 드린 다음 미카엘 천사에게 넘겨져 이 아기들이 있는 곳으로 오게 된다고 한다: Duensing/de Santos Otero, "Apocalypse of Paul", 727.

117 라틴어 역본은 도성의 '북쪽'으로 데려갔으며 그곳에 포도주 강이 있었다고 한다. 그곳에서 아브라함·이사악·야곱을 만났다는 것이다. 낯선 이들을 환대한 사람이 세상을 떠나면 하느님께 인도되어 그분께 경배 드린 다음 미카엘 천사에게 넘겨져 이곳으로 오게 된다고 한다: Duensing/de Santos Otero, "Apocalypse of Paul", 727.

118 낯선 이 또는 이방인을 환대하는 것(φιλοξενία)은 구약성경에서부터 큰 덕목으로 간주되었다. 신명기 곳곳에 과부와 이방인과 고아를 돌보라는 명령이 나온다.

119 라틴어 역본은 도성의 '동쪽'으로 데려갔으며 그곳에 기름 강이 있었다고 한다: Duensing/de Santos Otero, "Apocalypse of Paul", 727.

정도였다. 나는 천사에게 물었다. "기쁘게 찬송하는 이분은 누구십니까? 모든 이가 그분께 응답합니다." 나에게 말하였다. "이 사람은 예언자 다윗이며, 이 (도성)은 천상의 예루살렘이다.[120] 그리스도께서 두 번째로 오실 때 다윗도 모든 성인들과 함께 올 것이다. 하늘에서와 같이 땅에서도 똑같이 이루어진다.[121] 사실 다윗을 빼고 제사를 드리면 안 되고, 그리스도의 귀중한 몸과 피의 향을 피우는 시간에도 다윗이 알렐루야를 불러야 한다."

30 나는 천사에게 물었다. "나리, 알렐루야는 무슨 뜻입니까?" "그것은 히브리어로 '테벨 마레마타', 곧 만물의 기초를 놓으신 '하느님께 드리는 말씀'이다. 그것은 '다 함께 그분께 영광을 드리자'라는 뜻이다. 그러므로 알렐루야를 부르는 모든 사람은 하느님께 영광을 드린다."

3. 처벌 장소(31—44)

31 이것들에 대한 천사의 설명이 끝나자, 천사는 나를 그 도성과 아케론 호수와 좋은 땅의 바깥으로 데리고 나갔다. 그리고 하늘의 궁창을 떠받치고 있는 대양의 강 위쪽에 나를 세우고 말하였다. "내가 어디로 가는지 알겠느냐?" 나는 말하였다. "아니요, 나리." 그가 나에게 말하였다. "나를 따르라. 너에게 불경한 자들과 죄인들의 영혼이 있는 곳을 보여 주겠다."

그리고는 천사는 나를 태양이 지는 곳으로 데려갔다.[122] 하늘 어귀의

---

120 천상의 예루살렘으로 옮긴 그리스어 표현은 ἡ ἐπουράνιος Ἰερουσαλήμ이다. 히브 12,22(Ἰερουσαλήμ ἐπουράνιος); 갈라 4,26; 묵시 3,12; 21,2.10 참조. 2티모 4,18의 "하늘의 그분의 나라"(ἡ βασιλεία αὐτοῦ ἡ ἐπουράνιος)도 참조.

121 마태 6,10 참조.

122 태양이 지는 곳이라 옮긴 ἐκ δυσμῶν ἡλίου는 '서쪽'이라 옮겨도 된다. 바오

기초가 대양의 강에 단단히 세워져 있었다. 그리고 그 강 너머를[123] 보니 그곳에는 빛은 없고 어둠과 슬픔과 탄식(한숨)만 있었다.
그리고 나는 끓어오르는 강을 보았는데, 그 안에는 수많은 남자와 여자들이 빠져 있었다. 어떤 사람들은 무릎까지, 어떤 사람들은 배꼽까지 빠져 있었다. 그러나 머리까지 찬 사람들도 많았다. 나는 물었다. "이 사람들은 누구입니까?" 나에게 말하였다. "이 사람들은 불륜과 간음에 빠져 참회 없이 산 자들이다."

32 그리고 그 강의 남서쪽에[124] 다른 강이 보였는데, 그 안으로 불의 강이[125] 흘러들어오고 있었다. 그곳은 많은 영혼들로 가득 차 있었다. 나는 천사에게 물었다. "이 사람들은 누구입니까, 나리?" 나에게 말하였다. "이 사람들은 도둑들과 중상꾼들과 갈취자들이다. 그들은 하느님을 자신의 도움으로 삼지 않고 헛된 자기 재산에 희망을 두었다."[126] 나는 천사에게 말하였다. "이 강은 깊이가 얼마나 됩니까?" 그가 나에게 말하였다. "그 깊이는 치수를 가지지 않는다. 그것은 측량할 수 없다."

33 나는 인류 때문에 탄식하며 울었다. 천사가 나에게 말하였다. "왜 우느

로 묵시록에 따르면 복된 땅은 태양이 뜨는 곳(ἐκ ἡλίου ἀνατολῶν)이자 동쪽에 있고(22장), 저주의 땅은 태양이 지는 곳이자 서쪽에 있다(31장).

123 "너머"라고 옮긴 단어는 ἐπέκεινα다. 31장에 따르면 태양이 지는 곳(서쪽), 대양의 강과 하늘이 맞닿은 곳 너머에 처벌 장소가 있다.

124 라틴어 역본은 "북쪽"이라 읽는다: Duensing/de Santos Otero, "Apocalypse of Paul", 731.

125 불의 강은 고대 그리스 신화에 나오는 지하계의 다섯 강 가운데 하나다. 베드로 묵시록 8장에 달린 각주를 참조하라.

126 강도들과 중상꾼들과 갈취자들도 지옥에 한 자리를 차지한다. 그들을 하느님이 아니라 자기 재산에 희망을 둔 사람으로 묘사하는 것이 신선하다. 1코린 6,10 "도둑도 탐욕을 부리는 자도 주정꾼도 중상꾼도 강도도 하느님의 나라를 차지하지 못합니다"을 참조하라.

냐? 네가 하느님보다 더 자비로운 건 아니지 않느냐?[127] 사실 하느님은 거룩하시지만 사람들을 위해 마음을 돌리시고, 그들의 회개와 참회를 기다리신다. 그런데도 그들은 자기 뜻대로 즐기며 살다가[128] 이곳으로 온다. 그리고 그들은 영원히 벌을 받는다."

34 불의 강을 유심히 바라보니, 어떤 노인이 두 사람에게 끌려 다니고 있었다. 그는 무릎까지 (강에) 빠진 채였다. 그때 테멜루코스 천사가[129] 손에 낫을 들고 와서 그것으로 노인의 내장을 입 밖으로 꺼내었다. 나는 천사에게 물었다. "나리, 이런 벌을 받고 있는 이 사람은 누구입니까?" 그가 나에게 말하였다. "네가 보고 있는 이 노인은 사제였는데,[130] 먹고 마시던 중에 하느님께 드리는 전례를 집행하였다."[131]

---

127 4에즈 8,47 "내 피조물을 네가 나보다 더 사랑할 수는 없다" 참조. 4에즈 5,33 "이스라엘 때문에 많이 괴로워했느냐? 혹, 그를 만드신 분보다 네가 더 그를 사랑했느냐?"도 참조.

128 또는 "그들은 자기 뜻에 스스로 기만당하여." ἀπατάω는 능동태로 쓰일 때는 '기만하다', '오류로 이끌다', 중간태로 쓰일 때는 "즐기다"는 뜻이다(Bauer-Danker).

129 라틴어 역본은 "타르타로스의 간수들"이라고 읽는다: Duensing/de Santos Otero, "Apocalypse of Paul", 731.

130 원로를 뜻하는 πρεσβύτερος는 교회 '사제'를 칭하는 데 사용되었다. 이 단어는 때로 επίσκοπος와 같은 의미로 사용되기도 하였다(Bauer-Danker).

131 34—36장은 초대 교회의 성직자 제도를 보여 준다. 성직자는 직분에 따라 주교(επίσκοπος)-사제(πρεσβύτερος)-부제(διάκονος)의 세 직제 또는 주교(επίσκοπος/πρεσβύτερος)와 부제(διάκονος)의 두 직제로 나뉘었다. 처음에 지역 교회 지도부는 여러 원로들(πρεσβύτερος) 또는 감독들(επίσκοπος)로 구성되었다(필리 1,1; 『디다케』 15,1-2). 그러다가 점차 '한 명의 감독(=주교)과 원로단'이 지역 교회를 맡아 함께 다스리게 되었다(1티모 3,1-13; 4,14). 2세기에는 교회가 '감독과 원로단' 외에 '봉사자들'(διάκονος)도 갖추었는데 이 '감독·원로들·봉사자들'이 원-정통 교회의 전형적 직제로 자리잡게 된다. 이들은 나중에 각각 주교, 사제, 부제라 불리게 된다. 직무의 분화와 발전에 대해서는 Burkett, *An Introduction to the New Testament and the Origins of Christianity*, 427-428, 437-439.

35 그리고 그곳에서 다른 노인도 보았는데 네 천사가 그를 열심히 끌고 있
었다. 그들은 그를 불의 강에 허리까지 집어넣었다. 그는 번갯불에 끔
찍하게 태워지고 있었다. 나는 천사에게 말하였다. "이 사람은 누구입
니까, 나리?" 나에게 말하였다. "네가 보는 이 사람은 주교였다. 그는
그 이름을 받기는 했지만, 하느님의 선하심에 따라 살지 않고 의로운
재판을 내리지도 않았으며 과부와 고아를 불쌍히 여기지도 않았다. 그
는 사랑도 없었고 낯선 이를 친절히 맞아들이지도 않았다. 그는 이제
자기의 행업대로 응보를 받는다."[132]
36 그리고 둘러보니 (불의) 강 한가운데에 다른 사람이 보였는데 그는 배
꼽까지 빠져 있었다. 그의 손에는 피가 잔뜩 묻어 있었고 벌레들이 그
의 입으로 올라가고 있었다. 나는 천사에게 물었다. "이 사람은 누구입
니까, 나리?" 나에게 말하였다. "네가 보는 이 사람은 부제였다. 그는
먹고 마신 다음 하느님께 (드리는 예배 때) 시중들었다."[133]
37 그리고 다른 곳도 보았는데, 그곳에는 뜨겁게 달궈진 동으로 된 벽이
있었고 그 안에는 남자들과 여자들이 혀를 깨물면서 끔찍한 형벌을
받고 있었다. 나는 천사에게 물었다. "이 사람들은 누구입니까, 나리?"
나에게 말하였다. "이 사람들은 자기 교회에서 험담이나 하고 하느님
의 말씀에 귀 기울이지 않은 사람들이다."[134]

---

132 주교는 지역 교회를 책임진 사람으로서 성직자들의 우두머리에 해당한다. 그러나 이 직분은 권한을 나타낸다기보다 의무를 가리킨다. 바오로 묵시록은 주교를 하느님의 선성에 따라 살고 의로운 재판을 내리며 과부와 고아를 돌볼 의무가 있는 사람으로 묘사한다. 낯선 이를 환대하는 것과 애덕도 주교들이 갖추어야 할 덕목이었다.

133 일찍부터 교회에서는 합당한 예배를 드리지 않는 사제와 부제의 죄를 크게 여겼다. 성찬례에 참석하는 이들의 합당한 준비를 강조하는 1코린 11,28 "그러니 각 사람은 자신을 돌이켜보고 나서 이 빵을 먹고 이 잔을 마셔야 합니다"와도 비교.

134 교회에서 하느님의 말씀을 듣지 않고 남을 헐뜯는 것(καταλαλέω)도 악덕에 속한다.

38 그리고 둘러보니 피가 넘쳐흐르는 구렁이 보였다. 나는 말하였다. "이
구렁은 무엇입니까?" (천사가) 나에게 말하였다. "이곳은 마술쟁이들과
협잡꾼들, 불륜을 저지른 자들과 간음한 자들, 과부와 고아의 목을 조
른 사람들이 던져지는 곳이다."[135]
39 그리고 나는 다른 곳에서 검은 옷을 입고 어두운 곳으로 끌려가는 여
자들을 보았다. 나는 물었다. "이 사람들은 누구입니까, 나리?" 나에게
말하였다. "이 여자들은 자기 부모의 말을 듣지 않고 혼인하기 전에 동
정을 더럽힌 사람들이다."
40 나는 흰 옷을 입은 여자들도 보았다. 그들은 눈이 먼 자들로서 뜨겁게
달궈진 쇠꼬챙이들 위에 앉아 있었다. 한 천사가 그 여자들을 무자비
하게 치면서 말하였다. "지금 너희가 어디에 있는지 알겠느냐? 너희에
게 성경이 봉독되는데도 너희는 깨닫지 못하였다." 그리고 천사가 나
에게 말하였다. "이 여자들은 자신을 더럽히고 자기 아기들을 죽인 사
람들이다." 그때 아기들이 와서 소리쳤다. "우리를 위해 어머니들에게
복수해 주십시오." 아기들은 천사들에게 넘겨져 널찍한 곳으로 옮겨졌
고, 그 아이들의 부모는 영원한 불 속에 (던져졌다).
41 천사는[136] 이 처벌의 장소들에서 나를 끌어내어 한 샘 위에 세웠다.[137]

135 묵시 21,8; 22,15.

136 41—42장은 교의 내용과 관련된다. 예수님의 어머니 마리아를 하느님의 어머니로 고백하지 않고, 주님이 마리아를 통하여 사람이 되셨음을 부정하며, 빵과 포도주가 주님의 살과 피가 아니라고 주장하는 사람들은 가장 큰 죄인으로 여겨진다. 어떤 천사도 그들을 위해 탄원할 수 없다는 것이다. 그리고 죽은 이의 부활이 없다고 말하는 자는 결코 자비를 입지 못한다고 한다. 적어도 4세기경에 성체와 성혈, 부활에 대한 교의와 마리아 공경에 대한 윤곽이 잡혀 있었음을 추측할 수 있다.

137 라틴어 역본에서는 천사가 바오로를 '북쪽'으로 데려갔다고 한다. 바오로는 그곳에서 일곱 봉인이 쳐진 샘(우물)을 보았다고 한다: Duensing/de Santos Otero, "Apocalypse of Paul", 734.

샘 입구에는 일곱 봉인이 쳐져 있었다. 나와 함께 있던 천사가 그곳 샘에 있던 천사에게 말하였다. "하느님께서 사랑하시는 바오로가 볼 수 있도록 샘을 열어 주시오. 그에게 처벌 (장면)을 볼 권한이 주어졌소." 그곳의 천사가 나에게 말하였다. "내가 봉인을 열 때까지 멀리 떨어져 계시오." 그가 (봉인을) 열자 감당할 수 없는 악취가 흘러나왔다. 그곳에 다가가니 어둠과 암흑으로 가득한 그 샘이 보였다. 그 안에는 많은 고통이 있었다.[138] 나와 함께 있던 천사가 나에게 말하였다. "네가 보는 이곳은 하느님의 영광에서 배제된 사람이 빠지는 샘이다. 어떤 천사도 그들을 위해 탄원할 수 없다. 거룩한 마리아를 하느님의 어머니라 고백하지 않고,[139] 주님께서 그녀에게서 사람이 되신 것이 아니며 감사의 빵과 축복의 잔이 그분의 살과 피가 아니라고 한 사람들은 모두 이 샘에 던져진다. 앞서 말한 대로 어떤 천사도 그들을 위해 탄원할 수 없다."[140]

---

138 또는, "그곳은 매우 협소하였다." 협소함을 가리키는 στενοχωριά는 '고통', '환난', '재난'을 의미하기도 한다(Bauder-Danker).

139 테오토코스(Θεοτόκος), 크리스토토코스(Χριστοτόκος) 논쟁과 관련 있다. 예수님의 어머니 마리아를 그리스도의 어머니라고만 부를 것이냐, 아니면 하느님의 어머니로 부를 것이냐 하는 문제다. 이 논쟁의 핵심은 마리아가 아니라, 예수 그리스도다. 예수 그리스도가 참된 하느님이시라면, 그분의 어머니도 참된 하느님의 어머니라는 것이다. 크리스토토코스를 주창하는 사람들은 마리아는 지상의 예수님, 곧 그리스도의 어머니일 뿐, 하느님의 어머니는 아니라고 한다. 그들은 그리스도의 인성과 신성을 모두 인정하되, 둘의 신비로운 결합은 인정하지 않는다. 그들에 따르면 마리아는 그리스도의 인성의 어머니이지 신성의 어머니는 아니다.

140 2-3세기 때부터 성찬례 때 드리는 빵과 포도주가 그리스도의 살과 피라고 믿었음을 알 수 있다. 뿐만 아니라 이를 부정하는 사람들은 마리아가 하느님의 어머니라는 것을 부정하는 사람들과 함께 중죄인으로 간주되어 죽은 뒤에 어떤 천사의 탄원도 받지 못한다고 한다.

42 그리고 서쪽을[141] 바라보니 그 안에는 울며 이를 가는 자들이 있었다.[142] 많은 남자들과 여자들이 그곳에서 고문을 당하고 있었다. 나는 천사에게 말했다. "이 사람들은 누구입니까, 나리?" 나에게 말하였다. "이 사람들은 죽은 이들의 부활이 없다고 말하는 사람들이다. 그들에게는 결코 자비가 베풀어지지 않을 것이다."[143]

43 나는 이 말을 듣고 비통하게 울었다. 그리고 궁창으로 눈을 돌리자 하늘이 열려 있고, 가브리엘 대천사가[144] 천사들의 군대와 함께 내려오는 것이 보였다. 그들은 벌 받는 모든 현장을 둘러쌌다. 벌 받고 있던 사람들이 그 (광경)을 보고 모두 한목소리로 크게 외쳤다. "저희에게 자비를 베풀어 주십시오, 하느님 대전에서 시중드시는 가브리엘 님! 심판이 있다는 말을 저희가 들었으며 이제 그것을 깨달았습니다." 그러자 가브리엘 대천사가 대답하였다. "내가 시중드는 주님께서 살아 계신 한, 나는 밤낮으로 끊임없이 인류를 위해 기도한다. 그러나 그들은 살아 있는 동안에 착한 일은 하지 않고 자기 생명의 나날을 헛되이 탕진하였다. 그러나 이제 나는 사랑하는 바오로와 함께 울겠다. 어쩌면 선하신 주님께서 (너희를) 불쌍히 여기시고 너희에게 사면을 베푸실지도 모른다!" 그들은 한목소리로 "저희에게 자비를 베풀어 주십시오, 주님"이라 말하며 하느님 앞에 엎드려 간청하였다. "당신께서 당신 모

141 "태양이 지는 곳"이라고 옮길 수도 있다.

142 직역: "그 안에는 눈물과 이갈기가 있었다." 마태 8,12; 13,42.50; 22,13; 24,51; 25,30; 루카 13,28.

143 그리스도의 부활과 죽은 이들의 부활에 대한 믿음은 그리스도교 신앙의 핵심이다. 따라서 이를 부정하는 이들은 중죄인으로 간주되며 죽어서도 자비를 입지 못한다고 한다.

144 라틴어 역본에서는 미카엘 대천사가 내려왔다고 한다: Duensing/de Santos Otero, "Apocalypse of Paul", 735.

상대로 만드신 사람의 아들들에게 자비를 베풀어 주십시오, 주님."[145]
44 그리고 하늘이 나뭇잎처럼 흔들렸다. 그리고 나는 스물 네 명의 원로
들이 얼굴을 바닥에 대고 엎드려 있는 것을 보았다. 그리고 제단과 옥
좌와 휘장도 보았다. 그리고 모두가 하느님의 영광을 노래하는 가운데
하느님의 아들이 영광과 강한 힘을 지니시고 땅으로 내려오시는 것을
보았다. 나팔소리가 울리자 벌을 받던 모든 사람들이 소리쳤다. "저희
에게 자비를 베풀어 주십시오, 하느님의 아들이시여! 하늘과 땅과 지
하에 있는 모든 것의 권한이 당신께 주어졌습니다." 그러자 목소리가
나와 다음과 같이 말하였다. "너희가 무슨 착한 일을 했다고 안식을
청하느냐? 너희는 너희가 원하는 대로 행했으며 회개하지 않았다. 대
신 방탕하게 (지내면서) 너희 삶을 탕진하였다. 그러나 이제 내 정의의
천사 가브리엘과 내 사랑하는 바오로 때문에, 너희에게 거룩한 주일
밤과 낮을 선사한다. 내가 죽은 이들 가운데서 일으켜진 그날 하루 동
안 (너희가) 안식할 수 있도록!" 그러자 벌 받던 사람들 모두가 외쳤다.
"당신을 찬양합니다. 살아 계신 하느님의 아들이시여! 우리에게는 세
상에 사는 동안 누린 생명보다 그러한 안식이 더 낫습니다."[146]

4. 낙원(45—51)[147]

45 그 다음에 천사가 나에게 말하였다. "자, 너는 모든 벌을 다 보았다. 와

---

145 라틴어 역본에서는 마지막 기도를 바오로가 드린다: Duensing/de Santos Otero, "Apocalypse of Paul", 735.

146 주님의 날(주일)에는 단죄 받는 영혼들이 벌칙에서 해방되어 하루 동안 쉴 수 있다고 한다. 이는 바오로와 가브리엘 천사 덕분이라고 한다.

147 45—51은 낙원에 대한 내용이다. 19—30장과 중복되는 내용이 많다. 어떤 학자들은 45—51장을 후대에 첨가된 내용으로 여긴다.

서 나를 따르라. 너를 낙원으로 인도하겠다. 너는 네 영혼을 다해 의인들을 바라보게 될 것이다. 사실 많은 이들이 너에게 인사하고 싶어 한다." 그리고 그는 영의 기민함으로 나를 붙잡아 순식간에 낙원으로 데리고 갔다. 그리고 나에게 말하였다. "이곳은 낙원이다. 이곳에서 아담과 하와가 잘못을 저질렀다." 나는 그곳에서 매우 크고 아름다운 나무를 보았는데, 거기에서 성령께서 쉬고 계셨다. 그리고 그 (나무) 뿌리에서부터 모든 향기로운 물이 흘러 나와 네 줄기로 나뉘고 있었다. 나는 천사에게 말하였다. "나리, 이 나무는 무엇입니까? 여기서 이토록 많은 물이 흘러나오다니요? 그리고 (이 물은) 어디로 흘러갑니까?" 그가 나에게 대답하였다. "하늘과 땅이 생겨나기 전에 (하느님께서) 그것을 네 줄기와 네 머리로 가르셨는데, 그 이름은 피손, 기혼, 티그리스, 유프라테스다."[148] 그러고는 그가 내 손을 잡고 다시 선과 악에 대한 지식의 나무[149] 곁으로 데리고 갔다. 그리고 나에게 말하였다. "이 나무를 통해 죽음이 세상에 들어오게 되었다. 아담은 아내에게서 이 나무의 열매를 받아먹었다. 그러고 나서 그들은 그곳에서부터 바깥으로 쫓겨났다." 그리고 그는 나에게 다른 생명의 나무를[150] 보여 주면서 말하였다. "커룹들과 번쩍이는 불 칼이 이 나무를 지키고 있다."[151]

46 내가 그 나무를 보고 놀라워하고 있을 때 멀리서 한 여인이 다가오는 것이 보였는데, 천사들의 무리가 그 여인을 찬송하고 있었다. 나는 천사에게 물었다. "이토록 기품 있고 아름다운 이 여인은 누구십니까, 나리?" 천사가 나에게 말하였다. "이 여인은 거룩한 마리아, 주님의 어머

148 창세 2,4-14 참조. 23장에 언급된 네 강(꿀·젖·기름·포도주 강)에 해당한다.

149 τὸ ξύλον τῆς γνώσεως ἀγαθοῦ καὶ πονηροῦ. 비교: 칠십인역 창세 2,9 τὸ ξύλον τοῦ εἰδέναι γνωστὸν καλοῦ καὶ πονηροῦ.

150 δένδρον τῆς ζωῆς. 비교: 칠십인역 창세 2,9 τὸ ξύλον τῆς ζωῆς.

151 창세 3,24.

니시다." 그때 그녀는 나에게 다가와 인사하며 말하였다. "평안하냐, 하느님과 천사들과 사람들에게 사랑받는 바오로야. 너는 세상에서 하느님의 말씀을 선포하고 교회들을 세웠다. 너를 통해 구원받은 모든 이가 증언한다. 사실 그들은 너의 가르침 덕분에 우상의 오류에서 구원되어 이곳에 들어온다."

47 그들이 나와 이야기하고 있을 때 내가 유심히 바라보니 다른 세 남자가 오는 것이 보였다. 나는 천사에게 물었다. "이분들은 누구십니까, 나리?" 나에게 말하였다. "이 사람들은 아브라함, 이사악, 야고보, 의로운 선조들이다." 그들은 나에게 다가와 인사하며 말하였다. "평안하냐, 하느님께 사랑받는 바오로야. … 하느님께서는 우리를 슬프게 하지 않으셨다. 우리는 네가 세상을 떠나오기 전, 몸속에 있을 때부터 너를 알고 있었다." 그리고 이어서 그들은 아브라함부터 므나쎄까지 자신들의 이름을 나에게 말해 주었다. 그리고 그들 가운데 한 명, 곧 이집트에 팔려 간 요셉이 나에게 말하였다. "내 말을 들어라, 하느님의 친구 바오로야. 나는 나를 팔아넘긴 내 형제들에게 되갚지 않았다. 사실 시련을 견딜 줄 아는 사람은 행복하다. 주님께서 다가올 시대에 그에게 일곱 배로 갚아 주실 것이다."

48 아직 그가 나와 말하고 있는 동안 다른 사람이 멀리서 오는 것을 보았다. 그의 모습은 천사의 모습과 같았다. 나는 천사에게 물었다. "나리, 이 분은 누구십니까?" 그가 나에게 말하였다. "이 사람은, 율법을 제정한 모세다. 하느님께서 그를 통하여 이스라엘 자손들을 이집트 종살이에서 구해 내셨다." 그는 내 곁에 다가와 울면서 나에게 인사하였다. 나는 그에게 말했다. "아버지, 왜 우십니까? 당신은 의롭고 온유하지 않으십니까?" 그는 나에게 대답하였다. "나는 모든 인간을 위해 울어야 한다. 내가 어리석은 백성을 위해 고생하였는데도, 그들이 열매를 맺지 않았기 때문이다. 그리고 내가 돌본 양들이 뿔뿔이 흩어져 있는 것이 보인다. 내가 이스라엘 자손들을 위해 기울인 노고가 아무것

도 아닌 것으로 여겨졌다. 힘들과 군대가 그들 가운데 있는 것이 보이는데도 그들은 깨닫지 못하였다.[152]
네가 선포한 말씀을 통해 (하느님께) 예배드리고 믿고 회개하여 이곳으로 오는 이민족 사람들이 보인다. 그런데 나의 백성 가운데서는 아무도 함께 오지 않았다. 유다인들이 하느님의 아들을 십자가에 매달았을 때 모든 천사와 대천사들 그리고 의인들과 하늘과 땅과 지하에 있는 모든 피조물이 가슴을 치며 크게 탄식하였다. 그런데도 불경한 자들과 몰지각한 유다인들은 깨닫지 못하였다. 이 때문에 영원한 불과 잠들지 않는 벌레가 그들에게 마련되었다."[153]

49 아직 그가 이 말을 하고 있을 때 다른 세 사람이 와서 내게 인사하며 말하였다.[154] "평안하냐, 하느님께 사랑받는 바오로, 교회들의 자랑이자 천사들의 자랑이여!" 나는 물었다. "여러분은 누구십니까?" 첫째 사람이 말하였다. "나는 므나쎄가 나무 톱으로 (목을) 날려버린 이사야다."[155] 둘째 사람이 말하였다. "나는 유다인들이 돌을 던진 예레미야다.[156] 그들은 불길에 싸여 영원한 불 속에 남아 있다." 셋째 사람이 말하였다. "나는 그리스도의 살해자들이[157] 시험한 에제키엘이다. 우리가

152 48—49장에는 반유다교 성향이 엿보인다. 여기서 유다인들은 그리스도의 죽음에 직접 책임이 있는 사람들로 평가되며 불경하고 몰지각한 사람들로 묘사된다. 유다인들은 예언자들의 끝없는 노력도 소용없이 회개하지 않아 아무도 천국에 들지 못한다고 한다. 1테살 2,15 "유다인들은 주 예수님을 죽이고 예언자들도 죽였으며, 우리까지 박해하였습니다"를 참조하라.

153 마르 9,48 참조: "지옥에서는 그들을 파먹는 구더기도 죽지 않고 불도 꺼지지 않는다." 마태 18,8-9도 참조.

154 49장은 예언자들 이야기다. 25장과 중첩된다.

155 예언자들의 생애 1,1.

156 히브 11,37 "(예언자들은) 돌에 맞아 죽기도 하고 톱으로 잘리기도 하고 칼에 맞아 죽기도 하였습니다" 참조. 예언자들의 생애 2,1 참조.

이 모든 것을 견디어 내었는데도 유다인들의 돌 같은 심장을 되돌리지는 못했다." 나는 얼굴을 바닥에 대고 엎드려 하느님의 선의를 간구하였다. 그분께서 나에게 자비를 베푸시어 히브리 백성에게서 (나를) 속량해내셨기 때문이다.[158] 그때 목소리가 말하였다. "하느님께 사랑받는 바오로야, 너는 행복하다. 너를 통해 우리 주 예수 그리스도의 이름을 믿게 된 사람들도 행복하다. 그들에게 영원한 생명이 마련되었기 때문이다."

50 그 목소리가 말하고 있을 때 다른 사람이 소리치며 왔다. "바오로야,
너는 행복하다." 나는 천사에게 물었다. "이분은 누구십니까, 나리?"
그가 나에게 말하였다. "이 사람은 홍수 시대의 노아다."[159] 우리는 서
로 인사를 나누었다. 나는 그에게 물었다. "당신은 누구십니까?" 그가
나에게 말하였다. "나는 노아다. 나는 백 년 동안, 방주를 만들고 입은
옷을 벗지 않고 머리도 깎지 않았으며 금욕하고 절제하여 내 아내를
가까이 하지 않았다. 그런데도 내 옷은 그 백 년 동안 더럽혀지지 않
았으며 내 머리카락도 더러워지지 않았다. 그리고 나는 사람들에게 끊
임없이 '회개하시오, 홍수가 다가오고 있소' 하고 선포하였다. 그런데도
아무도 깨닫지 못한 채 모두가 나를 비웃었으며, 홍수가 닥쳐 그들 모
두를 쓸어버릴 때까지 불법 행위를 그만 두지 않았다."

51 둘러보니 먼 곳에 다른 두 사람이 보였다.[160] 나는 천사에게 물었다.
"이분들은 누구십니까, 나리?" 그는 나에게 말했다. "이 사람들은 에

---

157 유다인을 가리킨다.

158 로마 9,3 참조: "사실 육으로는 내 혈족인 동포들을 위해서라면, 나 자신이 저주를 받아 그리스도에게서 떨어져 나가기라도 했으면 하는 심정입니다."

159 창세 6,9—7,24; 집회 44,17-18.

160 51장은 에녹과 엘리야 이야기다. 20장과 중첩된다.

녹과[161] 엘리야다."[162] 그들은 다가와 나에게 인사하며 말하였다. "평안하냐, 하느님께 사랑받는 바오로야." 나는 그들에게 말하였다. "당신들은 누구십니까?" 엘리야 예언자가 내게 대답하였다. "나는 엘리야 예언자다. 내가 하느님께 기도드리자 그분께서 사람의 아들들이 저지른 불법 때문에 삼 년 육 개월 동안 땅에 비가 내리지 않게 하셨다. 그리하여 천사들은 하느님께 비를 청하면서 여러 차례 기도드렸다. 그리고 나는 '너희는 내 사랑하는 엘리야가 기도할 때까지 참아라. 나는 그때라야 땅에 비를 내려 보내겠다. …'[163] 하는 말씀을 들었다."[164]

---

161 창세 5,24; 집회 44,16; 49,14. 성경은 에녹이 죽지 않고 하느님께서 데려가신 것으로 전한다.

162 집회 48,1-11.

163 1열왕 17,1.

164 그리스어, 라틴어 본문은 여기서 갑자기 끝난다. 콥트어 본문은 조금 더 이어진다. 천사가 바오로를 올리브 산에 내려주자 바오로는 열두 사도를 소집하여 자기가 본 모든 것을 알려 주었다고 한다. 시리아어 본문에는 바오로가 자신이 본 모든 것을 책으로 기록하여 킬리키아의 타르수스에 있는 한 신자의 집에 숨겨 두었다는 내용이 이어진다. 그리고 천사가 "바오로야, 내가 이 모든 것을 집 벽 속에 가두어 두라고 너에게 보여 주었겠느냐? 그것을 (사람들에게) 보내고 알려 주어라. 그리하여 사람들이 그것을 읽고 진리의 길로 돌아서서 이토록 비참한 고문 (장소)로 오지 않게 하여라"라고 말했다고 한다. 시리아어 본문은 "이렇게 해서 이 묵시록이 발견되었다"라는 말로 끝난다: Duensing/de Santos Otero, "Apocalypse of Paul", 742-743.

3. 설화

여기서 소개할 '마리아의 영면'과 '목수 요셉 이야기'는 전체적으로 '설화'로 볼 수 있다. 두 작품은 신약성경 복음서에 예수님의 부모로 소개된 마리아와 요셉의 죽음 또는 마지막과 관련된 이야기로 설화 또는 내러티브 형식으로 만들어져 있다. 두 작품은 설화의 틀 안에 묵시문학적 요소와 찬양과 시와 기도 등 여러 장르가 복합적으로 결합되어 있다. 그런 이유에서인지 '신약 외경'을 소개하는 책에서 두 작품은 다양한 항목에서 소개되는 편이다. '마리아의 영면'은 '예수님 가족 및 친척' 항목에서(Schneemelcher) 다뤄지기도 하고, '묵시문학' 항목에서 다뤄지기도 한다(Elliott). 아예 '몽소승천'이라는 항목을 따로 둔 책도 있다(Erbetta). '마리아의 영면'의 모체가 된 식스 북스를 '행전' 항목에 위치시킨 경우도 있다(Edwards). '목수 요셉 이야기'는 대체로 '유년기 복음서' 항목에서 다뤄지지만(Erbetta; Ehrmann; Elliott) '예수님 가족 및 친척' 항목에서 다뤄지기도 한다(Schneemelcher).

여기서는 두 작품이 공통적으로 설화의 큰 틀 안에 짜여 있음을 고려하여 '설화' 항목에서 다룬다.

마리아의 영면

Dormition of the Virgin Mary

≫ 마리아의 영면 또는 몽소승천에 대한 믿음과 전승의 역사는 Shoemaker, *Ancient Traditions of the Virgin Mary's Dormition and Assumption*; van Esbroeck, "Les Textes littéraires sur L'Assumption avant le xe siècle", 265-285; Testa, "L'origine e lo sviluppo della Dormitio Mariae", 250-262. 마리아의 영면 전승에 대한 개요는 Sheridan, "The Tradition of the Dormition and Assumption in the Catholic Church's Teachings", 7-12을 참조할 수 있다. 이 논문은 온라인상에서 열람이 가능하다(https://www.academia.edu 검색일: 2023.10.31).

1950년 11월 1일 교황 비오 12세는 사도 헌장 Munificentissimus Deus(지극히 부요하신 하느님)를 반포하면서 마리아의 몽소승천Assumption을 가톨릭교회의 믿을 교리로 선포하였다.[1] 몽소승천은 마리아의 영혼과 육신이 하늘로 들어올려졌음을 뜻한다. 마리아가 하늘로 들어올려진 사건은 승천Ascension이 아니라 몽소승천Assumption이라고 한다. 승천과 몽소승천 둘 다 하늘로 올라간 행위를 가리키지만 행위의 주체가 누구인가 또는 행위의 주도권이 누구에게 있는가에서 차이가 난다. 예수님은 스스로 승천하셨기에 그분에게는 행위의 능동성을 함축한 '승천'Ascension이라는 단어를 적용한다. 마리아는 하느님에 의해 승천의 은총을 입었기 때문에 그녀에게는 행위의 '피동성'을 함축한 몽소승천Assumption이라는 단어를 적용한다.

몽소승천이라는 단어 안에 해당 사건이 하느님에 의해 일어난 일이라는 뜻이 내포되어 있지만, 프로테스탄트들에게는 좀처럼 수용되기 어려울 법한 개념이다. 주님의 어머니라고는 하나, 한낱 인간에 지나지 않은 마리아가 하늘로 들어 올려졌다는 표현이 자칫 마리아 숭배로 여겨질 소지도 있다. 그러나 마리아에게 일어난 일(몽소승천)이 하느님의 특별한 은총이라는

---

1 https://www.britannica.com/topic/Assumption-Christianity(검색일: 2023/10/31). 해당 사도 헌장 전문은 https://www.vatican.va/content/pius-xii/en/apost_constitutions/documents/hf_p-xii_apc_19501101_munificentissimus-deus.html에서 열람할 수 있다(검색일: 2023/10/31).

점을 고려한다면 이 교리를 마리아 숭배로 간주할 필요는 없다.[2] 게다가 이 믿음은 20세기 중반 어느 날 갑자기 교회에 의해 생겨난, 낯설고 생소한 믿음이 아니다. 이 믿음은 적어도 1600-1700년 전으로 거슬러 올라가는 교회의 오래된 믿음이다.

슈메이커에 따르면, 마리아의 영면 또는 몽소승천에 대한 믿음은 3-4세기 외경 문학에 담기기 시작했으며 600년경에는 마리아의 영면/몽소승천에 대한 믿음이 동방 교회에서 교리로 확립되었다고 한다.[3] 서방 교회에서도 마리아의 마지막에 대한 논의들이 진행되었다. 이는 490년에 반포된 겔라시우스 칙령(490년경)에서 알 수 있다. "거룩한 마리아의 귀향이라 불리는 책"을 외경이라 선언한 겔라시우스 칙령(5장)은 마리아의 죽음을 둘러싼 이야기들이 5세기 말 이전에 만들어졌음을 암시한다.[4] 마리아의 영면에 관한 책들이 정경이 아니라고 하는 언급은 그와 관련된 전승의 존재를 방증한다는 것이다. 슈메이커에 따르면, 마리아의 영면 이야기들이 5세기 말부

2 사실 구약성경에 하느님께서 데려가신 것으로 전해지는 인물이 적어도 두 명 있다. 에녹과 엘리야가 그들이다. "에녹은 하느님과 함께 살다가 사라졌다. 하느님께서 그를 데려가신 것이다"(창세 5,24). "엘리야가 회오리바람에 실려 하늘로 올라갔다"(2열왕 2,11). 에녹과 엘리야가 하늘로 들어 올려진 사건은 마리아 몽소승천의 예형이 되는 듯하다.

3 Shoemaker, *Mary in Early Christian Faith and Devotion*, 125. Sheridan, "The Tradition of the Dormition and Assumption in the Catholic Church's teachings", 8도 참조.

4 웬거는 5세기 이전에 만들어진 다양한 전설들이 마리아의 최후에 대한 믿음들의 초창기 모습을 짐작하게 해준다고 여긴다: Wenger, *L'Assomption de la T.S. Vierge dans la tradition byzantine du VIe au Xe siècle*, 67. 같은 책 66쪽에서 웬거는 마리아의 몽소승천에 대한 20여 개의 초기 전승들의 계보를 제시하였다. 웬거의 계보는 나중에 에스브록(Esbroek)이 제시하는 계보의 바탕이 된다: van Esbroeck, "Les Textes littéraires sur L'Assumption avant le xe siècle", 270. Shoemaker, *Ancient Traditions of the Virgin Mary's Dormition and Assumption*, 18에 재인용.

터 그리스도교 정통 신학의 논의 안으로 들어왔다고 한다. 3-4세기 외경 문학에서 출발한 이야기가 5세기 말부터는 교회 도그마를 논하는 자리에서 공식적으로 언급되기 시작했다는 의미다.[5] 어떻든 이 믿음은 향후 동방과 서방 교회의 신학과 신심에 큰 영향을 주었다. 이는 여러 문헌 증거를 통해 확인할 수 있다.

마리아의 마지막과 관련한 다양한 믿음과 전승들이 여러 문헌으로 현재까지 전해진다. 그 가운데 이 책에서는 '베들레헴 전승'에 속하는 '차명 요한에 의한 마리아의 영면'을 소개하려 한다(이제부터 줄여서 '마리아영면'이라고 부르겠다). 그 전에 마리아의 마지막에 대한 믿음과 전승의 역사를 간략히 살펴보겠다. '마리아영면'만으로는 관련 전승의 다양성과 풍성함을 다 담아내지 못한다는 판단에서다. 영면 전승을 큰 그룹으로 묶어서 소개한 다음 '마리아영면'을 본격적으로 살피겠다.

I. 마리아의 마지막에 대한 믿음과 전승들

마리아의 마지막과 관련된 전승들은 다양한 형태와 언어로 전해진다. 마리

5 Shoemaker, *Ancient Traditions of the Virgin Mary's Dormition and Assumption*, 31-32.76. 트룰리아에 따르면, 마리아의 몽소승천과 관련된 이야기들 가운데 '마리아의 안식에 관한 책'(*The Book of Mary's Repose*)과 '식스 북스'(*Six Books*)는 예루살렘의 키릴루스(313-386년) 이전에 만들어졌다고 한다. 트룰리아는 슈메이커의 글을 인용하여 '마리아의 안식에 관한 책'은 본디 그리스어로 쓰였으며 그리스어 원문이 처음 만들어진 시기는 3세기라고 한다: Truglia, "Original Sin in The Byzantine Dormition Narratives", 9. 트룰리아가 인용한 슈메이커의 글은 Shoemaker, *Mary in Early Christian Faith and Devotion*, 125. '식스 북스'에 대해서는 '2. 베들레헴 전승'의 2.1을 참조하라.

동방 교회/서방 교회

≫ 동방교회/서방교회에 대해서는 https://en.wikipedia.org/wiki/Eastern_Christianity (검색일: 2024/0303).

여기서 고대 그리스도교 교회를 편의상 동방 교회Eastern Christianity와 서방 교회Western Christianity로 나누어 부르지만 실제로 두 교회가 서로 다른 교회로 분열되어 있었던 것은 아니다. 동서 교회는 여러 굴곡을 거치면서도 325년 니케아 공의회를 비롯한 총 일곱 공의회를 함께 개최하며 일치를 유지했다. 니케아 공의회를 따르는 동서 교회는 다섯 총대주교가 관할하였다. 그 가운데 로마 총대교구는 서방 교회Western Christianity에, 나머지 예루살렘, 안티오키아, 알렉산드리아, 콘스탄티노플 네 총대교구는 동방 교회Eastern Christianity에 속한다. 동서 교회가 완전히 분열된 것은 1054년 이후다.

물론 1054년에 동서 교회가 완전히 분열되기 전에도 교회는 작은 분열의 역사를 겪었다. 431년 에페소 공의회를 기점으로 네스토리우스파가 동방 교회에서 떨어져 나가는데, 이들은 동방의 교회Church of the East라 불린다. 마리아가 테오토코스(하느님의 어머니)가 아닌 크리스토토코스(그리스도의 어머니)일 따름이라고 주장한 네스토리우스파 교회는, 아시리아 교회the Assyrian Church, 페르시아 교회Persian Church, 네스토리우스 교회Nestorian Church, 동방 시리아 교회East Syriac Church 등 다양한 이름으로 불린다(중국에 전해진 네스토리우스 교회는 경교가 된다).

그러다가 451년 칼케돈 공의회를 기점으로 미아피지트 교회들이Miaphisite churches 떨어져 나간다. 이들 미아피지트 교회는 칼케돈 정식, 곧 그리스도의 신성과 인성이 "혼합 없이 변화 없이 분리 없이 분할 없이" "프로소폰과 휘포스타시스로 결합된다"는 양성론적 그리스도론dyophysitism을 수용하지 않았다. 그 대신 이들은 그리스도의 두 본성physis이 '하나'mia로 결합되어 있다는 이른바 미아피지트 그리스도론miaphysite christology을 표방하였다("육화하신 말씀께서는 하나의 본성physis 안에서 온전히 하느님이시며 온전히 인간이시다" Incarnate Word, is fully divine and fully human, in one 'nature'[physis]: https://ukmid-copts.org/coptic/universal/ 검색일 2024/02/28). 이들 미아피지트 교회는 오리엔트 정교회Oriental Orthodox Churches라 불리게 된다. 콥트 정교회Coptic Orthodox Church, 시리아 정교회Syriac Orthodox Church, 아르메니아 사도 교회Armenian Apostolic Church, 에티오피아 정교회Ethiopian Orthodox Church 등이 이 전통을 따른다. 동방 교회에서 칼케돈 정식을 받아들인 교회는 칼케돈 교회, 멜키트 교회 등으로 불렸다.

그러다가 1054년 동방 교회와 서방 교회가 결정적으로 갈라서게 되고 동방 교회를 가리키는 명칭도 바뀌게 된다. 칼케돈 동방 교회들은 1054년 이후 동방 정교회Eastern Orthodox Church라 불리게 된다(그리스 정교회, 러시아 정교회가 대표적이다).

서방의 가톨릭교회는 16세기 이후 로마 가톨릭과 프로테스탄트로 나뉜다.

그리하여 현재 서방 교회Western Christianity는 로마 가톨릭과 프로테스탄트, 동방 교회Eastern Christianity는 동방의 교회Church of the East, 오리엔트 정교회Oriental Orthodox Churches, 동방 정교회Eastern Orthodox Church 등으로 구성된다.

아의 마지막에 대한 이야기들이 처음 생겨난 시점은 아무리 늦어도 5세기 이전이었으리라 추정된다. 이 이야기를 담은 시리아어 단편 필사본들이 고문서학적 검증에 의해 5세기 말의 것으로 판명되었기 때문이다.[6] 더구나 시리아어 본문에 사용된 그리스어 차용어들은 해당 시리아어 본문이 그리스어 원문에서 번역된 것임을 드러낸다. 그리스어 원문은 5세기 말 이전에 만들어졌으리라는 의미다. 4세기 에피파니우스가 마리아의 마지막에 대해 언급하는 점을 감안하면 영면 이야기의 시초 곧 그리스어 원작은 3세기 말에서 4세기에 만들어졌으리라 추정할 수 있다.

영면 이야기의 기원, 곧 이 이야기를 처음 만들어낸 사람 또는 공동체(들)가 누구였는가 하는 문제는 정확히 알 수 없다. 예수님 사후에 마리아와 함께 한 초창기 유다계 그리스도인들에게서[7] 영면 전승이 유래했으리라는 추정이 가능하지만 이 추정을 뒷받침할 결정적 증거는 없다.

마리아의 마지막과 관련된 이야기들이 하나의 공통된 전승에서 유래했는가, 아니면 처음부터 서로 다른 형태의 여러 이야기들이 독자적으로 만들어졌는가 하는 문제도 있다. 간단히 하나의 기원이 있었느냐, 서로 다른 복수의 기원이 있었느냐는 것이다. 바가티Bellarmino Bagatti, 테스타Emmanuele Testa 등의 학자는 마리아 영면 이야기들이 하나의 원-전승에서 출발했다는 입장이다. 팔레스티나의 유다계 그리스도인들 사이에서 최초의 전승이 처음 만들어졌으며 그 후 여러 지역에서 원-전승에서 확장·발전된 이야기들이 만들어졌다는 것이다.[8] 바가티에 따르면, 사도 시대 또는 그 직후에 예

6 5-6세기 작품으로 추정되는 콥트어 바르톨로메오 복음서에도 마리아의 마지막이 언급되어 있다. 마리아가 세상을 떠날 때가 되면 주님께서 몸소 가브리엘과 미카엘과 함께 오시어 그녀를 불멸의 저소로 데려가시리라고 선포하는 대목에서다. 마리아(곧 그녀의 영혼)는 주님 왕국에서 지낼 것이며, 그녀의 몸은 커룹이 불 칼을 들고 지키고 있는 생명의 나무 아래에 놓여 있으리라고 한다. 이는 영면 이야기가 5세기 이전에 만들어졌으리라는 방증이 된다: Shoemaker, *Ancient Traditions of the Virgin Mary's Dormition and Assumption*, 30-31. 참고로 슈메이커는 바르톨로메오 복음서 저자가 '(생명의) 종려나무 전승'을 알았으리라 추측한다. '종려나무' 전승에 대해서는 뒤에서 자세히 살펴보겠다.

7 사도 1,12-14 참조: "그 뒤에 사도들은 올리브산이라고 하는 그곳을 떠나 예루살렘으로 돌아갔다. … 성안에 들어간 그들은 자기들이 묵고 있던 위층 방으로 올라갔다. … 그들은 모두, 여러 여자와 예수님의 어머니 마리아와 그분의 형제들과 함께 한마음으로 기도에 전념하였다."

8 Shoemaker, *Ancient Traditions of the Virgin Mary's Dormition and Assump-*

루살렘의 유다계 그리스도인들은 마리아의 마지막에 대한 구전 전승을 간직하고 있었으며 그 전승이 후대의 외경에 반영되었다고 한다.[9] 최초의 이야기에 마리아의 몽소승천, 곧 마리아의 몸이 하늘로 들어올려졌다는 믿음이 담겨 있었다는 입장이다.[10] 테스타는 바가티의 가설을 조금 더 발전시킨다. 예루살렘의 유다계 그리스도인들 사이에서 만들어진 영면 또는 몽소승천 전승이 4-5세기 이방계 그리스도인들에 의해 조금 다른 형태로 변형되었다는 것이다. 몽소승천에 대한 단 하나의 전승이 여러 형태로 변화·발전하여 오늘날 우리에게 전해지는 것처럼 영면 이야기의 신학과 서사가 다양화되었다는 입장이다.[11]

---

tion, 18-19. 바가티의 의견은, Bagatti, "Ricerche sulle tradizioni della morte della Vergine", 186-194; Bagatti, "La morte della Vergine nel Testo di Leucio", 456-457.

9 바가티는 마리아 영면의 원-전승이 2세기 이전에 만들어졌다는 입장이다: Bagatti, *Alle origini della chiesa, Vol. 1. Le comunità giudeo-cristane*, 47. 그는 마리아의 영면(*Dormitio Mariae*) 에티오피아어 본문(CSCO n. 343)과 그리스어 바티칸 사본 1982(cod. Vat. greco n. 1982)에 영면 전승의 원형이 간직되어 있다고 주장한다.

10 Bagatti, "Ricerche sulle tradizioni della morte della Vergine", 186-194. 팔레스티나 유다계 그리스도인들의 '마리아 공경'에 대해서는 Bagatti, *Alle origini della chiesa, Vol. 1. Le comunità giudeo-cristane*, 66-68에 요약되어 있다. 그는 마리아 공경의 첫째 요소로, 마리아의 동정성에 대한 믿음을 꼽는다. 동정녀의 잉태와 출산, 평생 동정, 동정녀의 육신이 부패를 겪지 않으리라는 믿음이 외경 등의 자료에 반영되어 있다는 것이다. 그 밖에 마리아가 열두 사도의 어머니, 나아가 교회의 어머니라는 믿음도 일찍부터 발달했다고 한다(마리아의 영면*Dormitio Mariae* 에티오피아어 본문〈CSCO n. 343〉과 그리스어 바티칸 사본〈cod. Vat. greco n. 1982〉). 바가티에 따르면, 마리아 공경과 연관된 대표적 두 장소는 나자렛에 있는 마리아의 집과 겟세마니의 마리아 무덤이다. 고고학적 증거들, 이를테면 교회 기둥이나 벽에 남은 그라피티 등이 마리아 공경을 암시한다: 같은 책, 68.

11 Testa, "L'origine e lo sviluppo della Dormitio Mariae", 249-262. Shoemak-

미무니Mimouni는 바가티나 테스타와 약간 다른 의견이다.[12] 그는 영면 이야기들을 대략 서로 다른 세 가지 전승으로 분류하되, 세 전승 모두 단 하나의 원-전승에서 비롯했다고 주장한다. 그런데 미무니는 바가티나 테스타와 달리, 원-전승에는 몽소승천에 대한 내용이 없었으며 몽소승천 이야기는 후대에 덧붙여진 것이라고 주장한다. 먼저 마리아의 '죽음' 이야기가 생겨났으며 그 이야기가 시간이 지나면서 몽소승천 이야기로 변화·확장되었으리라는 것이다. 마리아의 죽음에 관한 초기 전승이 후대로 가면서 몽소승천 이야기로 변화·발전했다는 의미다.[13] "몽소승천 없는 영면" 이야기가 원-전승이고 "(마리아의) 몽소승천에 대한 믿음"은 후대 신학의 산물이라는 미무니의 주장은 받아들이기 어렵다. 다양한 영면 이야기들을 번역하고 연구한 슈메이커가 지적하듯 이미 초기 전승들에서 몽소승천에 대한 믿음이 표현되고 있기 때문이다.[14] 슈메이커는, 이 이야기들이 처음부터 독립적으로 여러 곳에서 생성되고 독자적으로 발전한 것으로 판단한다.

초대 교회 전승들의 다양성을 있는 그대로 인정해야 한다는 입장인 슈메이커는, 초대 교회 문헌에 담긴 전승들을 도그마의 렌즈를 통해서 읽을 것이 아니라 서사 자체를 읽어야 한다고 주장한다. 그리고 그는, 미무니 등과 달리 영면 이야기들이 하나의 전승에서 여러 형태로 분화·발전한 것

---

er, *Ancient Traditions of the Virgin Mary's Dormition and Assumption*, 19-20에서 재인용.

12 Mimouni, *Dormition et Assomption de Marie: Histoire des traditions anciennes*; Mimouni, "Genèse et évolution des traditions anciennes sur le sort final de Marie. Étude de la tradition litteraire copte", 69-143.

13 Mimouni, "Genèse et évolution des traditions anciennes sur le sort final de Marie. Étude de la tradition litteraire copte", 69-143. Shoemaker, *Ancient Traditions of the Virgin Mary's Dormition and Assumption*, 20-21에서 재인용.

14 Shoemaker, *Ancient Traditions of the Virgin Mary's Dormition and Assumption*, 21-22 참조.

이 아니라 처음부터 다양한 영면 이야기들이 독립적으로 생겨났다고 주장한다. 초기 전승들 자체가 상호 독립적이고 서로 다른 형태였다는 것이다.[15] 온전한 내러티브 형식을 갖춘 영면 이야기들이 서로 유의미한 차이와 다양성을 드러내는데다 전형적인 내용과 형식을 벗어난 이야기들도 많다는 이유에서다. "하나의 기원"single origin이 아니라 "서로 다른 여러 기원"several distinct origins에서 다양한 이야기들이 발전해 나왔다는 것이다.[16] 초창기 이야기들 가운데에는 정통 그리스도교 신학과 큰 차이를 보이지 않는 이야기도 있고, 정통 신학과 다른 내용을 담고 있어서 후대의 손질을 거쳐야 했던 이야기들도 있다. 어떻든 3세기 외경 문학에서 시작된 영면 이야기들은 "정통"이 아니라는 이유로 경원시되다가 5세기말-6세기에는 그리스도교 정통 신학의 장으로 들어왔다고 한다.[17] 그 결과가 수많은 필사본과 역본으로 오늘날까지 전해지고 있다.[18]

영면 이야기가 처음부터 다양한 형태로 만들어졌다고 보는 슈메이커는, 영면 전승에는 "종려나무 전승"과 "초기 베들레헴 전승", 및 "콥트어 전

15 Shoemaker, *Ancient Traditions of the Virgin Mary's Dormition and Assumption*, 25. 슈메이커에 앞서 웬거도 비슷한 입장을 보였다: Wenger, *L'Assomption de la T.S. Vierge dans la tradition byzantine du VIe au Xe siècle: Études Et Documents*, 17. Shoemaker, *Ancient Traditions of the Virgin Mary's Dormition and Assumption*, 25에 재인용.

16 Shoemaker, *Ancient Traditions of the Virgin Mary's Dormition and Assumption*, 76-77.

17 Shoemaker, *Ancient Traditions of the Virgin Mary's Dormition and Assumption*, 77.

18 슈메이커는 그리스어, 라틴어, 시리아어, 콥트어, 조르지아어, 팔레스티나 아람어 본문들을 번역하여 한 책으로 출간하였다: Shoemaker, *The Dormition and Assumption of the Virgin Mary*. 마리아의 몽소승천에 대한 여러 전승들을 비교하며 읽을 수 있다. 마리아 영면의 여러 전통에 따른 역본과 사본에 대한 정보는 Elliott, "The Assumption of the Virgin", 692-694도 참조할 수 있다.

승"이 있으며 그 밖에 나머지 작은 전승들도 있다고 한다. 사실 학자들 대부분이 영면 전승을 세 그룹으로 나눈다.[19] 세 전승 가운데 "종려나무" 전승이 차지하는 비중이 가장 크다.[20] 이제부터 마리아의 마지막에 관한 대표적인 세 전승을 살펴보겠다. 슈메이커의 논의를 따라가며 세 전승에 대해 조금 자세히 알아보도록 하자.[21]

1. 종려나무 전승

낙원의 생명나무(=종려나무)의 가지, 곧 종려나무가지가 이야기에 주요 소재로 쓰이는 영면 이야기들은 "종려나무 전승"The 'Palm of the Tree of Life' Traditions/ Palm traditions이라는 이름으로 불린다.

1.1. 종류

"종려나무 전승"의 출발점으로 간주되는 것은 5세기 말부터 6세기 초에 제작된 시리아어 단편 사본들이다. 여기에 담긴 것이 현존하는 가장 오래된

19 세 전승을 개관하는 데 가장 도움을 많이 받은 자료는 Shoemaker, *Ancient Traditions of the Virgin Mary's Dormition and Assumption*다. 이 책은 마리아 영면 전승에 대한 여러 학자들의 의견과 연구사를 비교적 객관적으로 서술하고 있다.

20 Shoemaker, *Ancient Traditions of the Virgin Mary's Dormition and Assumption*, 32-34.

21 슈메이커는 *Ancient Traditions of the Virgin Mary's Dormition and Assumption*에서 '세 전승' 외에 여러 마이너 전승들을 다루고 있지만 이 전승들은 이 책에서 따로 소개하지 않는다. 마이너 전승들 내용이 세 전승과 유의미한 차이를 보이지 않는다는 판단에서다.

영면 이야기들이다.[22] "거룩한 동정녀의 장례"Obsequies of the Holy Virgin라는 제목으로 알려진 이 시리아어 단편들은 보통 "장례"Obsequies라고 줄여서 부른다.[23] "장례" 단편들에는 마리아의 죽음 및 부활과 관련한 여러 일화가 담겨 있는데, 부활한 마리아가 하늘을 여행하는 내용이 담긴 단편도 있다. 이 초창기 영면 이야기의 전문全文은 *Liber Requiei* 곧 "영면의 책"이라 불리는 에티오피아어 역본에 전해진다.[24] "종려나무 전승"은 조르지아어 역본과 콥트어 역본 단편으로도 전해진다.[25] 6세기 그리스어 사본에는 이 전승의 축약본이 전해진다. 이 사본은 웽거에 의해 출간되었다.[26]

"종려나무 전승"은 서방 교회에서도 만들어졌는데,[27] 차명 멜리토의 트란지투스 마리애*Transitus Mariae*가 대표적이다. 서방 최초의 영면 이야기로 여겨지는 이 작품은 5세기 것으로 추정된다. 트란지투스 마리애가 토대로 삼은 이야기는 5세기 이전에 만들어졌다는 의미다.[28]

---

22 마리아의 영면에 대한 시리아어 단편들은 19세기 중반에 라이트에 의해 출간되었다: Wright (ed.), *Contributions to the Apocryphal Literature*, 42-51.

23 에르베타는 시리아어 "마리아의 장례"*Le Esequie di Maria* 본문을 이태리어로 번역·소개한다: Erbetta, "Le Esequie di Maria", 457-462.

24 에르베타는 에티오피아어 "영면의 책"(*Il Libro del Roposo Etiopico*) 본문을 이태리어로 번역·소개한다: Erbetta, *Gli apocrifi del Nuovo Testamento vol. 1.2*, 421-456. "영면의 책"(*Liber Requiei*) 전반, 각종 사본과 역본, 비평본에 대한 소개는 Burke, "Book of Mary's Repose", *e-Clavis: Christian Apocrypha* (검색일: 2023/10/31).

25 Shoemaker, *Ancient Traditions of the Virgin Mary's Dormition and Assumption*, 33-34. 같은 책 24쪽 각주 69에 조르지아어 역본과 콥트어 역본의 출간 정보가 담겨 있다.

26 Wenger, *L'Assomption de la T.S. Vierge dans la tradition byzantine du VIe au Xe siècle: Études Et Documents*, 210-241(본문), 17-67(주석).

27 서방 교회에서는 영면 이야기가 종려나무 전승으로만 전해진다고 한다: Shoemaker, *Ancient Traditions of the Virgin Mary's Dormition and Assumption*, 35.

1.2. 원어와 저술 시기

"종려나무 전승"은 처음에 그리스어로 저술되었을 가능성이 크다. 슈메이커에 따르면, 이 전승이 처음에 시리아어로 만들어졌을 가능성도 배제할 수 없지만, 시리아어 본문들이 그리스어 원본에 바탕을 두었음을 드러내는 증거들이 충분하다. 시리아어 본문에서 쓰인 그리스어 차용어들도 그러한 증거에 속한다. 특히 슈메이커는 종려나무가지를 표현하는 데에, 그리스어 차용어 ܬܠܘܣܐ(=θαλλός)가 쓰였음을 지적한다. 다른 시리아어 작품들에서는 종려나무가지를 주로 시리아어 ܣܘܟܐ나 ܒܝܘܐ로 표현하는 것과 대조된다. 심지어 ܬܠܘܣܐ는 대부분의 시리아어 사전에 등록되지도 않았을 정도로 희귀한 단어라고 한다. 슈메이커는 이것이 시리아어 "장례"*Obsequies* 단편들이 그리스어 본문의 번역본이라는 강력한 증거라고 주장한다.[29]

시리아어 "장례"*Obsequies* 단편들이나 에티오피아어 "영면의 책"*Liber Requiei*의 그리스어 원본이 만들어진 시기를 추정하는 일은 리처드 보캄이 시도하였다. 그리스어 원본이 시리아어 사본이 제작된 5세기 말 이전에 만들어졌다는 것은 분명하다. 보캄은 이 이야기와 바오로 묵시록 사이에 나타나는 유사점들을 근거로 영면 이야기들의 그리스어 원본이 늦어도 400년 이전에 만들어졌으리라고 추정한다. 슈메이커는 보캄을 따라, 바오로 묵시록과의 비교를 통해 저술 시기 범위를 좁힌다. 슈메이커는 두 작품 주인공인 마리아와 바오로가 각각 저세상의 징벌 장소를 둘러보는 점이나 성직자들의 처벌 장면을 묘사하는 점(바오로 묵시록 34—36)이 비슷하다는 사실에 주

---

28 Shoemaker, *Ancient Traditions of the Virgin Mary's Dormition and Assumption*, 35-37.

29 Shoemaker, *Ancient Traditions of the Virgin Mary's Dormition and Assumption*, 38-42. 각주 76에 후대 역본들이 그리스어 원본에 기대고 있다는 증거를 제시하는 논문이나 저서들이 소개되어 있다.

목한다. 그리고 바오로 묵시록에서 바오로가 낙원에서 마리아와 만나는 장면(46장)을 근거로 내세워 바오로 묵시록이 영면 이야기에 기대고 있다고 주장한다. 결국 영면 이야기가 바오로 묵시록보다 먼저, 곧 400년 이전에 만들어졌다는 것이다.[30]

1.3. 줄거리

"종려나무 전승"의 줄거리는 다음과 같다.[31]

어느 날 마리아는 올리브 산에서 천사를 만난다. 천사는 그녀의 죽음이 임박했음을 선포하면서 생명의 나무 곧 종려나무에서 꺾어온 가지를 준다. 마리아는 예루살렘에 있는 집으로 돌아가 가족과 친지들을 불러 자신의 죽음이 가까웠음을 알린다. 이때 땅 끝에 흩어진 사도들이 기적적으로 이동해 오는데 요한 사도가 제일 먼저 도착한다. 마리아는 종려가지를 그에게 맡긴다. 나머지 사도들도 곧이어 도착한다. 사도들의 수장으로 묘사되는 베드로는 마리아가 죽기 전날 밤에 그곳에 모인 사람들 앞에서 연설한다. 다음날 아침이 되자 마리아는 죽음을 준비한다. 그곳에 있던 사람들은 잠에 빠지지만 사도들과 세 동정녀들은 깨어서 그리스도께서 천사들과 함께 오시는 것을 목격한다. 그리스도께서는 '흰 강보에 싸인 아기'와 같은 마리아의 영혼을 당신 손에 받아 드신다. 그리고 마리아의 영혼을 미카엘 천사에게 넘기신다. 사도들은 마리아의 시신을 도성 바깥, 올리브 산기슭의 겟세마니 동산 옆에 있는 무덤으로 옮긴다. 마리아의 장례 행렬이 이어지는

30 Shoemaker, *Ancient Traditions of the Virgin Mary's Dormition and Assumption*, 43-46, 76-77.

31 Shoemaker, *Ancient Traditions of the Virgin Mary's Dormition and Assumption*, 37-38 참조.

동안 유다교 지도자들은 마리아의 시신을 없앨 음모를 꾸민다. 하지만 그들이 자신들의 계획을 실행하려던 순간 모두 눈이 멀고 만다. 상여를 엎으려 하던 예포니아라는 유다인은 예외였다. 예포니아가 상여에 손을 대자 천사에 의해 그의 두 손이 절단되는데, 회개한 그가 마리아에게 기도하니 두 손이 원상으로 회복된다. 예포니아는 예루살렘 도성 안으로 돌아가 자신에게 일어난 일을 사람들에게 알린다. 그의 말을 믿고 뉘우친 사람들은 잃었던 시력을 회복한다.

한편 무덤에 도착한 사도들은 마리아의 시신을 무덤 안쪽에 모신다. 그리고 무덤 바깥에 앉아 그리스도께서 다시 오시기를 기다린다. 며칠 뒤 그리스도께서 오신다. 그리스도께서는 마리아의 시신과 함께 사도들을 낙원으로 데려가신다. 그리고 그곳에서 마리아의 몸과 영혼을 다시 결합시키신다. 마리아가 부활한 것이다.[32] 사도들은 다시 땅으로 되돌아오고 마리아는 부활한 상태로 낙원에 머문다.

2. 베들레헴 전승

영면 이야기의 두 번째 주요 전승은 "베들레헴 전승"이다. 이 이름이 붙은 것은 이 전승에서는 주요 사건이 대부분 베들레헴에서 일어난 것으로 그려지기 때문이다. 다른 전승에서는 이야기 배경이 주로 예루살렘으로 설정된 것과 차이가 난다. 베들레헴 전승을 담은 초창기 사본들은 5세기 말에서 6세기 초에 만들어진 것으로 추정된다.

32 초창기 종려나무 전승에는 부활한 마리아가 상급 장소와 처벌 장소를 둘러보는 내용도 전해진다.

2.1. 종류

“베들레헴 전승” 가운데 현존하는 가장 오래된 작품은 식스 북스*Six Books*로 알려진 책이다.[33] 식스 북스는 시리아어 필사본들과 아랍어 역본 및 에티오피아어 역본 등으로 전해진다. 이 필사본들 가운데 가장 오래된 것은 시리아어 재록 필사본Palimpsest으로, 고문서학적 분석법에 의해 5세기 말에서 6세기 초에 제작된 것으로 추정된다.[34] 7세기 테살로니카의 요한의 『강론』도 베들레헴 전승을 따르며 시리아어 재록 필사본 계열에 속한다.[35]

여기에서 다룰 ‘차명-요한의 마리아 영면’도 “베들레헴 전승”에 속한다. ‘마리아영면’의 내용은 전반적으로 식스 북스와 매우 가까우나 식스 북스에 비해 상당히 압축적인 모양새를 하고 있다. 마리아영면을 식스 북스의 축약본으로 여겨도 큰 무리가 없다.

2.2. 원어와 저술 시기

대부분 학자들은 베들레헴 전승이 애초에 그리스어로 쓰였을 것으로 추정

---

33 마리아 영면 이야기가 총 6권에 걸쳐 전개되기에 식스 북스(*Six Books*)라는 제목으로 통칭된다. “식스 북스 아포크리폰”(*Six Books Apocryphon*), “식스 북스 영면”(*Six Books Dormition*) 등으로 불리기도 한다. 줄거리, 사본, 역본, 현대어 번역과 주석서 등 식스 북스에 대한 전반적 정보는 Kateusz, “Six-Books Dormition of the Virgin”, *e-Clavis: Christian Apocrypha* (검색일: 2024/09/01) 참조.

34 Shoemaker, *Ancient Traditions of the Virgin Mary's Dormition and Assumption*, 46-47. 베들레헴 전승에 속하는 여러 필사본들에 대한 정보는 같은 책, 48-51을 참조하라.

35 Shoemaker, *Ancient Traditions*, 47 참조. 에르베타는 테살로니카의 요한의 『강론』*Il Racconto Di Giovanni di Tessalonica*을 이태리어로 번역 소개한다: Erbetta, *Gli apocrifi del Nuovo Testamento vol. 1.2*, 511-525.

한다. 무엇보다 식스 북스 시리아어 필사본 서문에, 그리스어 원문을 시리아어로 번역했다는 설명이 담겨 있다. 시리아어 본문에서 엿보이는 그리스어 특성과 이 서문의 진술을 토대로 식스 북스의 원어가 그리스어였으리라 추측할 수 있다. 서문에는 그리스어 원본이 소실되었다가 다시 발견되었다는 내용도 나오는데 이는 '마리아의 마지막'에 대한 관심이 4세기 이후, 특히 5-6세기에 폭발적으로 증가한 사실과도 부합한다. 현존하는 식스 북스 시리아어 필사본들이 5-6세기 것으로 추정되는 사실로부터, 그리스어 원본은 아무리 늦어도 5세기 이전에 만들어졌으리라 추측할 수 있다.[36]

2.3. 줄거리

베들레헴 전승, 더 정확히는 식스 북스의 줄거리는 대략 다음과 같다(마리아 영면 내용과 소소한 점에서 차이가 난다).

예수님께서 승천하신 뒤로 마리아는 줄곧 그리스도의 무덤에 가서 기도하였다. 이 일이 유다교 지도자들의 심기를 건드렸고, 결국 유다인들은 로마 관리들을 설득하여 마리아가 그 일을 계속하지 못하도록 경비병을 무덤 앞에 세워두게 하였다. 그런데도 마리아가 그리스도의 무덤에서 기도하려고 하자 유다인들은 그녀에게 베들레헴의 집으로 가라고 말한다. 이 일에 앞서서 천사로부터 자신의 죽음이 임박했다는 소식을 들었던 마리아는 예루살렘의 집을 떠나 베들레헴으로 향한다. 그곳에서 마리아는 선교 차 땅 끝으로 흩어진 사도들을 맞이한다. 마리아의 죽음이 임박했다는 소식을 들은 사도들이 기적적 방식으로 베들레헴의 마리아에게 찾아온 것이다.

36 식스 북스의 원어와 저술 시기는 Shoemaker, *Ancient Traditions of the Virgin Mary's Dormition and Assumption*, 56-57.

마리아를 통해 베들레헴에서 일어난 치유 기적들은 예루살렘 유다교 지도자들의 주의를 끈다. 마리아가 유다 민족을 파멸시킬지 모른다고 두려워한 그들은 로마 관리들을 설득하여 베들레헴의 마리아와 사도들에게 군사들을 파견한다. 그러나 군사들이 마리아의 집에 도착하기 전에 마리아와 사도들은 성령의 힘으로 예루살렘에 있는 마리아의 집으로 옮겨진다. 군사들은 베들레헴의 마리아 집이 비어있음을 확인한다. 유다교 지도자들은 마리아와 사도가 다시 예루살렘으로 돌아온 것을 알고 그곳에 있는 마리아의 집을 불태우려 한다. 그러나 그들이 마리아의 집에 불을 놓자 불길이 도리어 그들에게 향하여 많은 유다인들이 불에 탄다. 이를 본 로마 총독은 그리스도가 하느님이심을 인정한다. 한편 사도들은 아직 살아 있는 마리아를 모시고 예루살렘 도성을 빠져나와 겟세마니 근처에 있는 무덤으로 향한다. 그러는 사이 유다인들은 마리아의 몸을 불태울 음모를 꾸민다. 그들 가운데 하나인 예포니아라는 사람이 그녀를 실은 들것에 손을 대자 천사가 그의 두 팔을 잘라낸다. 예포니아의 잘린 두 팔은 들것에 대롱대롱 매달린다. 하지만 마리아로 인한 기적 덕분에 그의 팔은 원상 복구된다. 사도들이 무덤에서 마리아에게 시중들고 있는 동안 그리스도께서 나타나시어 어머니의 영혼을 받아드신다. 마리아의 영혼이 몸에서 완전히 빠져나간 것이다. 이 이야기는 마리아의 몸이 낙원으로 옮겨졌다는 진술로 끝이 난다. 마리아의 몸은 낙원에서 모든 이들의 부활 때까지, 그리하여 자기 영혼과 다시 결합할 그날까지 기다리고 있다고 한다.[37]

---

37 마리아영면이나 식스 북스에서는 마리아의 육신의 부활이 언급되지 않는다. 그러나 시나이 재록 필사본이나 라이트(Wright)의 비평본에는 마리아의 부활에 대한 내용이 담겨 있다. 이를테면, 낙원에 옮겨진 마리아의 육신이 부활하여 상벌 장소들을 방문한다는 내용이다. 이는 초기 "종려나무 전승들"에 나타나는 몽소승천 이야기와 흡사하다: Shoemaker, *Ancient Traditions of the Virgin Mary's Dormition and Assumption*, 52.

3. 콥트 전승

마리아의 마지막과 관련된 전승에는 종려나무 전승과 베들레헴 전승 외에 "콥트 전승들"Coptic Traditions도 있다.[38]

3.1. 종류

콥트 전승들은 마리아의 죽음과 몽소승천에 대해 서로 다른 내용을 전하고 있다. 상대적으로 이른 시기인 5-6세기에 만들어진 이야기에서는 마리아가 토베Tobe 달 21일(=1월 16일)에 사망했으며 그녀의 몸이 세상에서 사라졌다는 말로 끝난다(차명 예루살렘의 키릴루스, 『강론』). 다른 이야기에서는 마리아의 몸이 메소레Mesore 달 16일(=8월 9일)에 하늘로 들어올려졌다고 한다(에보디우스, 『미카엘 수도원 강론』).[39] 몽소승천이 메소레 달 16일에 일어났다는 것이다. 각각의 이야기는 콥트 교회 전례와 밀접한 관련이 있다. 각각 토베 달 21일 마리아의 죽음 기념일과 메소레 달 16일 몽소승천 기념일을 반영한다는 것이다.

---

38 제임스(M.R. James)는 마리아 영면에 대한 믿음이 이집트에서 처음 생겨났거나 적어도 그곳에서 처음 본격화된 것으로 추정하며 따라서 여러 전승 가운데 콥트어 전승을 가장 우선적으로 다룬다: James, "The Assumption of the Virgin", 194(콥트어 본문들은 같은 책 194-201에 소개되어 있다). 엘리엇도 제임스처럼 콥트어 전승을 가장 먼저 소개한다: Elliot, "Assumption of the Virgin", 694-701 참조.

39 차명 키릴루스의 『강론』은 Elliott, *The Apocryphal New Testament*, 697-698에서 확인할 수 있다. 에보디우스의 『강론』은 두 버전이 전해진다. 하나는 이집트 파윰의 미카엘 수도원 사본에, 다른 하나는 이집트 와디 엘 나트룬의 마카리우스 수도원 사본에 실려 있다. 둘을 구분하기 위해 전자는 『미카엘 수도원 강론』, 후자는 『마카리우스 수도원 강론』라고 표기하겠다.

6세기 중반 이후 콥트 교회 전례에서는 두 축일을 모두 받아들이게 된다. 그리하여 그 이후의 영면 이야기들에서는 이 둘을 조화시킨 이야기들이 나온다. 후대의 이야기들은 마리아의 죽음과 몽소승천 사이에 시간차를 비교적 길게 둔다.[40] 예를 들어 6-7세기 에보디우스의 『마카리우스 수도원 강론』에서는 마리아의 영혼이 하늘로 들어올려지고 일곱 달(206일)이 지난 뒤에 몸이 하늘로 들어올림corporeal assumption을 받았다고 한다(17—19장).[41] 『마카리우스 수도원 강론』에서는 선교 활동으로 각지에 흩어져 있던 사도들이 마리아에게 마지막 인사를 하러 모이는 내용도 없다. 열두 사도 가운데 요한과 베드로와 야고보만 그녀의 마지막 순간에 등장한다(14장). 마리아에게 죽음을 예고한 이도 천사가 아니라 예수님이라고 한다(7장). 종려나무 전승 및 베들레헴 전승과 『마카리우스 수도원 강론』을 비교하면 차이가 분명해진다. 앞의 두 전승에서는 천사가 마리아의 죽음을 예고하고, 세계 각지에서 선교 활동 중이던 사도들이 마리아에게 마지막 인사를 하러 모인다. 마리아의 죽음과 몽소승천 사이에 시간차도 크게 나지 않으며, 천사들이 마리아의 영혼을 하늘로 모셔간 뒤 거의 곧바로 몸도 하늘로 옮겨졌다고 한다.[42] 이처럼 콥트 전승은 종려나무 전승이나 베들레헴 전승과 약간 다른 모양새를 보인다. 아마도 콥트 교회의 마리아 축일과 전례의 고유성에서 오는 차이일 법하다.

---

40 이에 대한 논의는 Shoemaker, *Ancient Traditions*, 58-62을 보라.

41 에보디우스의 『마카리우스 수도원 강론』은 Elliott, *The Apocryphal New Testament*, 695-697에서 확인할 수 있다.

42 종려나무, 베들레헴, 콥트어 전승들과 차이를 보이는 다른 전승들도 있다. 이를테면 마리아의 영면이 에페소에서 일어났다고 하는 이야기들이다. 각종 전통의 초창기 내러티브들은 마리아의 죽음을 예루살렘에서 일어난 일로 묘사한다. 에페소의 집에서 죽음을 맞이했다는 전승은 비교적 늦은 시기에 만들어졌다고 한다: Shoemaker, *Ancient Traditions of the Virgin Mary's Dormition and Assumption*, 74-76; Sheridan, "The Tradition of the Dormition and Assumption in the Cath-

II. 차명 요한에 의한 마리아의 영면

≫ '차명 요한에 의한 마리아 영면' 전반에 대한 소개는 Mimouni, *Dormition et Assumption de Marie. Histoire des traditions anciennes*, 118-127; "La Lecture liturgique et les Apocryphes du Nouveau Testament. Le cas de la Dormition grecque du Pseudo-Jean", 403-425; Panagopoulos, "The Byzantine Traditions of the Virgin Mary's Dormition and Assumption", 1-8; Klauck, *Apocryphal Gospels: An Introduction*, 191-204; Shoemaker, *Ancient Traditions of the Virgin Mary's Dormition and Assumption*; Erbetta, *Gli Apocrifi del Nuovo Testamento vol. I.2*, 483-491. '차명 요한에 의한 마리아의 영면'에 대한 간략한 정보, 특히 개요와 사본 및 현대어 역본, 주요 참고 논문 및 서적에 대한 정보는 Elcombe, "Dormition of the Virgin by the Apostle John", *e-Clavis: Christian Apocrypha* (검색일 2024/02/19)을 참조할 수 있다. '차명 요한에 의한 마리아의 영면'에 대한 간략한 정보, 특히 개요와 사본 및 현대어 역본, 주요 참고 논문 및 서적에 대한 정보는 Elcombe, "Dormition of the Virgin by the Apostle John", *e-Clavis: Christian Apocrypha* (검색일 2024/02/19)을 참조할 수 있다.

여기서 소개할 작품은 '차명 요한에 의한 마리아의 영면'(이하 '마리아영면')이다. '마리아영면'은 그리스어, 라틴어, 콥트어, 시리아어, 아르메니아어, 에티오피아어, 아랍어, 슬라브어, 조르지아어, 팔레스티나 아람어 등 다양한 언어로 만들어지고 번역되어 지금까지 전해진다. 가장 중요한 본문은 그리스어 본문이다. 현재까지 티센도르프의 그리스어 비평본이 그리스어 본문의 표준으로 여겨진다.[43] 라틴어 표준 본문은 사르디스의 멜리토의 이름으로

---

olic Church's teachings", 8(검색일: 2023/10/31).

43 Elliott, "The Assumption of the Virgin", 691. 티센도르프 비평본의 영어 번역은 Walker, *Apocryphal Gospels, Acts and Revelations*, 504-514에 실려 있다. 이 영어 번역은 Roberts/Donaldson (eds.), *The Ante-Nicene Christian Library vol. 16*, 504-514에도 수록되어 있다. 같은 책, xii-xiv 참조.

전해지지만 실제 작가는 따로 있다. 멜리토가 차명 저자인 셈이다. 티센도르프는 차명 멜리토의 라틴어 본문을 "Transitus Mariae B"라는 제목으로 소개한다.[44] 마리아영면의 아랍어와 에티오피아어 본문은 시리아어 본문과 가깝다고 한다.

1. 원어와 저술 시기, 사본과 역본들

마리아영면은 그리스어 본문이 가장 중요하다. 마리아영면을 담은 그리스어 필사본이 100개 이상 전해지고 있다. 슈메이커는 마리아영면 및 그 토대가 된 식스 북스가 본디 그리스어로 쓰였을 것이라 추정한다.[45]

현존하는 그리스어 필사본들은 모두 10세기 이후에 제작된 것이지만 마리아영면 이야기 자체는 그 전에 만들어졌다. 본문에 암시된 마리아 공경 관습이 5-6세기 마리아 축일 관습을 담고 있기 때문이다. 실제로 슈메이커는 마리아영면 2장에서 엿보이는 마리아 축일 관습이 5-6세기를 반영한다면서 이 작품이 본디 5세기 말에서 6세기에 저술되었으리라 추정한다.[46] 슈메이커는 또, 후대 그리스어 본문 및 다른 역본들의 토대가 된 그리스어 원작("a Greek original" 또는 "a Greek archetype")은 늦어도 시리아어 역본이 만들어

---

44 Tischendorf, "VII. Transitus Mariae. B", 124-136. 에르베타는 "차명 멜리토의 이야기"를 이태리어로 번역 소개한다: Erbetta, "Il Racconto di Giovanni di Tessalonica", 492-510.

45 Shoemaker, *Ancient Traditions of the Virgin Mary's Dormition and Assumption*, 54.

46 미무니와 에스브록이 같은 의견이라고 한다: Mimouni, *Dormition et Assomption de Marie: Histoire des traditions anciennes*, 124; van Esbroeck, "Les Textes littéraires sur L'Assumption avant le xe siècle", 269. Shoemaker, *Ancient Traditions of the Virgin Mary's Dormition and Assumption*, 51, 각주 112에서 재인용.

진 5세기 이전에 만들어졌으리라 판단한다.[47]

앞에서 밝혔듯, 마리아영면은 마리아의 마지막에 대한 베들레헴 전승에 속한다. 마리아영면은 내용 상 '식스 북스'와 매우 유사하며, 후자의 축약본이라고 보아도 무방하다.

마리아영면의 그리스어 비평 본문critical edition은 티센도르프에 의해 처음 만들어졌다. 티센도르프의 그리스어 비평 본문은 다섯 개의 주요 필사본을 토대로 하여 다른 필사본들을 참조하면서 만들어졌다고 한다.[48] 이 비평 본문에 사용된 주요 필사본들은 프랑스 파리 국립도서관에 소장된 그리스어 필사본(gr. 1173, fols. 264-267, 11 세기)을 비롯하여 모두 11-14세기에 제작된 것들이다.[49]

47 Shoemaker, *Ancient Traditions of the Virgin Mary's Dormition and Assumption*, 54-57. 에르베타는 마리아영면의 몇몇 시리아어 필사본을 5세기 것으로 소개한다: Erbetta, "Transito Siriaco A·B", 534-544. 트룰리아는, 마리아영면의 원 전승이 4세기까지 거슬러 올라가는 것으로 추정한다: Truglia, "Original Sin in The Byzantine Dormition Narratives", 9. 각주 30.

48 Tischendorf, *Apocalypses Apocryphae: Mosis, Esdrae, Pauli, Jahannis, Item Mariae Dormito*, xxxiv-xlvi, 95-112.

49 티센도르프의 비평 본문에 사용된 주요 필사본들은 다음과 같다. Paris, Bibliothèque nationale de France, gr. 1173, fols. 264-267 (11세기); Venice, Biblioteca Nazionale Marciana, gr. II. 042 (coll. 1123), fols. 229v-237 (13세기); München, Bayerische Staatsbibliothek, Cod. graec. 276, fols. 121v-132v (12세기); Milan, Biblioteca Ambrosiana, A 60 sup. (Martini-Bassi 008), fols. 98-104v (11세기); Milan, Biblioteca Ambrosiana, C 92 sup. (Martini-Bassi 192), fols. 270r-274v (14세기). 각 필사본에 대한 자세한 정보는 https://www.nasscal.com/e-clavis-christian-apocrypha/dormition-of-the-virgin-by-the-apostle-john/(검색일 2024//2/19)에 링크된 웹사이트에서 열람할 수 있다.

티셴도르프의 그리스어 비평 본문은 Tischendorf, "V. Iohannis Liber de Dormitione Mariae", *Apocalypses Apocryphae*, 95-112에 실려 있다.

브레폴스Brepols 출판사(Corpus Christianorum Series Apocryphorum)에서 티셴도르프의 본문을 능가하는 그리스어 비평 본문을 준비 중이라고 한다. 미무니, 에스브록 등이 편집에 참여하고 있으며 그들의 비평 본문은 *Dormitio Mariae, auctore Iohanne apostolo*라는 제목으로 출간될 예정이라고 한다: S. Mimouni, B. Outtier, M. van Esbroeck, and S. Voicu (eds.), *Dormitio Mariae, auctore Iohanne apostolo* (Corpus Christianorum, Series Apocryphorum; Turnhout).[50] 2025년 4월 22일 현재 이 책은 아직 출간되지 않았다.

마리아영면은 조르지아어, 아랍어, 라틴어, 슬라브어 역본으로도 전해져 동서 교회 전체에서 그 인기가 어느 정도였을지 짐작하기가 어렵지 않다.

2. 텍스트와 전례, 고고학

마리아의 마지막에 관한 본문들은 처음부터 전례와 밀접히 연결되어 만들어졌다. 전례 때 쓸 강론homily으로 만들어진 경우도 있고, 전례 때 봉독할 독서용 본문으로 만들어진 경우도 있다. 마리아영면이나 식스 북스 등 외경 본문들은 후자에 해당한다.[51] 외경 식스 북스는 마리아의 축일들을 제

50 Shoemaker, *Ancient Traditions of the Virgin Mary's Dormition and Assumption*, 51, 각주 111.

51 미무니는 마리아영면이 전례 때 봉독되었으리라 추정한다: Mimouni, "La Lecture liturgique et les Apocryphes du Nouveau Testament: Le Cas de la Dormitio grecque du Pseudo-Jean", 403-425; "Les Transitus Mariae sont-ils vraiment des apocryphes?", 122-128.

시해 놓고 각 축일마다 그와 관련된 식스 북스 본문을 봉독할 것을 권면하고 있다. 베들레헴 전승에 속하는 테살로니카의 요한의 『강론』은 테살로니카 지역 교회에서 8월 15일 성모 영면 축일 때 봉독되었다.[52] 같은 맥락에서 초기 예루살렘 교회의 마리아 축일 전통과 영면 전승이 깊은 관련이 있으리라 짐작할 수 있다.

오늘날 학자들은 초창기 예루살렘 교회의 영면 전승 연구에 마리아 축일과 전례, 고고학적 발굴 결과를 두루 참고하고 있다. 1997년 예루살렘과 베들레헴을 잇는 도로 인근에서 발굴된 카티스마κάθισμα 교회는 "마리아 테오토코스"(=하느님의 어머니)에게 봉헌된 5세기 비잔틴 교회로서 "마리아 좌 교회"Church of the Seat of Mary라고도 불린다. 마리아가 테오토코스임을 선포한 431년 에페소 공의회 이후 마리아 공경이 활발히 일어나기 시작했을 때 이 교회도 세워졌다. 카티스마 교회 자리는 야고보 원복음에서 요셉과 마리아가 호구등록을 하러 베들레헴으로 가는 길에 잠시 머물렀다고 하는 장소라고 한다.[53] 5세기에 마리아에게 봉헌된 교회가 세워졌다는 사실은 당시 예루살렘 교회에서 마리아 공경이 이루어지고 있었다는 중요한 증거가 된다.[54] 그밖에 겟세마니 동산 근처의 키드론 골짜기에 세워진 '마리아의 무

---

52 Shoemaker, *Ancient Traditions of the Virgin Mary's Dormition and Assumption*, 78-79. 테살로니카의 요한의 『강론』은, Erbetta, "Il Racconto di Giovanni di Tessalonica", 511-525.

53 야고보 원복음 17—18에 따르면 산기를 느낀 마리아가 예루살렘과 베들레헴 사이 광야의 한 동굴에서 쉬었다고 한다.

54 Shoemaker, *Ancient Traditions of the Virgin Mary's Dormition and Assumption*, 79-80. 카티스마 교회는 6세기 스키토폴리스의 키릴루스(Cyril of Scythopolis, 525-559년)가 쓴, 『테오도시우스의 생애』*Vita Theodosii*에도 언급되어 있다. 이에 따르면 카티스마 교회와 수도원은 유브날이 예루살렘 주교로 있을 때(422-458년)에 세워졌다고 한다. 카티스마 교회에 대해서는, Avner, "The Initial Tradition of the Theotokos at the Kathisma: Earliest Celebrations and the Calendar", 9-30 참조.

덤 교회'도 5세기 예루살렘 교회의 마리아 공경 관습을 엿보게 해준다. 마리아의 무덤이 있었다고 전해지는 자리에 5세기 예루살렘 대주교 유브날이 교회를 건축 또는 증축했는데 그 뒤로 예루살렘 교회의 마리아 공경은 이 무덤 교회를 중심으로 이루어졌다고 한다.[55] 5세기 예루살렘에서 마리아 공경이 활발했었음을 '카티스마' 교회와 '마리아의 무덤' 교회가 말해준다. 아울러 마리아의 마지막에 대한 이야기들이 그녀의 무덤과 관련하여 회자되고 있었을 것임을 짐작할 수 있다.

3. 구조와 내용

마리아영면은 이야기가 전개되는 장소를 중심으로 크게 세 부분으로 나눌 수 있다. 제1부의 배경은 예루살렘, 제2부는 베들레헴, 제3부는 다시 예루살렘이다.

I. 예루살렘에서(1-3)
 도입: 어머니 마리아가 날마다 주님의 무덤에 가서 기도하다(1-2)
 영면 예고: 가브리엘 천사로부터 영면을 예고 받다(3)

II. 베들레헴에서(4-31)
 베들레헴에 간 마리아가 주님께 사도들을 불러달라고 기도하다(4-5).
 요한이 도착하여 마리아의 몸이 부패를 겪지 않으리라고 예고하다(6-11)

55 Shoemaker, *Ancient Traditions of the Virgin Mary's Dormition and Assumption*, 140.

성령에 의해 세계 각지에서 사도들이 동시에 소환되어
오다(12-15)
마리아가 사도들에게 어떻게 동시에 올 수 있었는지 묻자
그 경위를 설명하다(16-25)
마리아의 감사 기도(26)
천사들이 찾아오고 세라핌이 마리아의 집을 둘러싸다(27)
마리아의 집 둘레에서 기적이 일어나고 그 소문이 예루살렘에
퍼지다(28-29)
유다인들이 총독에게 가서 마리아와 사도들을 예루살렘과
베들레헴에서 쫓아내달라고 요청하다(30-31)

III. 다시 예루살렘에서(32-49)
성령께서 마리아와 사도들을 예루살렘으로 데려가시다(32-33)
천인대장이 베들레헴에서 마리아 일행을 찾지 못하다(34)
마리아 일행이 예루살렘에 있음이 알려지고 유다인들이
마리아의 집을 태우려다 실패하다(35-37)
성령께서, 주님의 날에 주님께서 마리아를 데리러 오시리라
예고하시다(38)
주님의 날에 그리스도께서 천사 군단과 함께 마리아를 데리러
오시다(39-40)
마리아의 감사 기두와 중재 기도(41)
축복을 기원하는 사도들의 기도 및 마리아의 중재 기도(42-43)
마리아의 이름을 부르는 사람들을 위한 주님의 약속(44)
주님께서 마리아의 영혼을 받아 드시다(45)
사도들이 마리아의 몸을 무덤에 모시다. 사흘 뒤 마리아의 몸이
낙원으로 옮겨진 것을 사도들이 환시로 보다(46-49)

나가는 말: 마리아의 "귀환"을 본 사도들이 하느님을 찬양하다(50)

마리아영면의 줄거리는 식스 북스의 것과 대동소이하다. 앞에 "베들레헴 전승" 항목에 제시된 줄거리와 큰 차이가 없으므로 여기서는 따로 제시하지 않겠다.

4. 신학

마리아영면에서 가장 중요한 신학적 주제는 마리아의 영면 또는 몽소승천, 그리고 마리아의 중재 역할이다. 먼저 몽소승천을 살펴보고 나서 마리아의 중재에 대해서 살펴보겠다. 이어서 마리아는 하느님의 여종이며 숭배 대상이 아니라는 것도 살펴볼 것이다.

4.1. 마리아의 영면 또는 몽소승천

마리아영면에서 가장 중요한 신학은 단연 마리아의 영면Dormitio 또는 몽소승천Assumption이다. 주님의 날에 마리아를 찾아오신 주님께서 마리아의 영면을 예고하시며 이렇게 말씀하신다.

> 40 "자, 지금부터 당신의 귀한 몸은 낙원으로 옮겨질 것입니다. 그리고 당신의 거룩한 영혼은 하늘로, 밝은 빛 가운데 있는 내 아버지의 보고寶庫로 (옮겨질 것입니다). 그곳에는 거룩한 천사들의 행복과 평화가 있습니다."

여기서 마리아의 몸σῶμα은 낙원παράδεισος으로, 영혼ψυχή은 하늘에 있는 하느님의 보고θησαυρός로 옮겨질 것이라고 한다. '보고'는 유다교와 그리스도교 전통에서 죽은 의인들의 영혼이 머무는 곳을 가리키며, '영혼들의 보고'라 불리기도 한다.

마리아영면 45-49에서는 주님께서 마리아의 영혼을 데려가시고 사흘째 되던 날 마리아의 몸이 낙원으로 옮겨졌다고 한다. 그 다음 사도들은 환시를 통해 마리아의 어머니 안나와 엘리사벳과 성조들이 낙원에서 알렐루야를 부르는 모습과 성도들이 마리아의 몸을 경배하는 모습을 본다.

> 49 "보라! 우리는 거룩한 세례자 요한의 어머니 엘리사벳과 여왕의 어머니 안나와 아브라함과 이사악과 야곱과 다윗이 알렐루야를 부르는 것을 바라보았다. 성도들의 모든 합창단이 주님의 어머니의 소중한 시신을 경배하고 있었다. 그 장소는 밝게 빛나고 있었는데 그 어떤 것도 그 빛보다 더 빛나지 않았다. 그리고 그녀의 소중하고 거룩한 몸이 옮겨진 낙원 속 그 장소는 좋은 향기로 가득하였다."

여기서 마리아의 몸은 부패를 겪지 않고 거룩한 모습 그대로 낙원으로 옮겨졌음이 암시되고 있다. 앞서 사도 요한이 마리아에게 "당신의 신성하고 귀중한 몸은 결코 부패를 보지 않을 것입니다"(10) 하고 예고한 대로다. 마리아영면은 마리아의 몸은 부패하지 않았다는 믿음, 그리고 몽소승천에 대한 믿음이 교회 안에 일찍부터(3-4세기) 자리 잡고 있었음을 보여 준다.

사실 몽소승천에 대한 믿음의 역사는 매우 길고 다채롭다. 영면 이야기 전승의 역사에서 밝혔듯이 마리아의 마지막에 대한 이야기는 3-4세기 외경 문학에서 처음 나타난 뒤로 동서 교회 곳곳에서 지속적으로 생겨났다. 이 전승들은 서로 통일되지 않고 각자 조금씩 다른 형태를 띠었다. 어떤 전승은 마리아의 죽음, 그리스도께서 영혼을 데려가심, 시신 안장, 다시 오신 그리스도께서 마리아의 육신을 낙원으로 데려가심(몽소승천), 그곳에서 마리아의 영혼과 몸을 다시 결합시킴(곧 마리아의 부활) 순으로 이야기를 전개한다(종려나무 전승).

어떤 전승은 마리아의 죽음, 그리스도께서 영혼을 받아 드심, 시신 안장 및 빈 무덤(곧 시신 실종) 순으로 이야기를 전개한다(베들레헴 전승). 이 전승에서는, 마리아가 죽자 그리스도께서 영혼을 데려가시고 사도들은 그 시신을 무덤에 안치했는데, 며칠 뒤 무덤에 가보았더니 시신이 사라지고 없었다는 식으로 이야기를 전개한다. 천사들에 의해 시신이 낙원으로 옮겨졌다는 것이다. 선 영혼, 후 육신 순으로 마리아의 영혼과 육신이 각각 따로 이 세상에서 하늘로 옮겨졌다고 하는 지점까지는 종려나무 전승과 크게 차이나지 않는다. 그러나 마리아의 영혼과 육신의 결합, 곧 마리아의 부활이 베들레헴 전승에서는 마지막 때까지 기다려야 하는 일로 제시된다.

마리아의 죽음과 시신의 몽소승천 사이에 206일이라는 긴 기간이 소요되는 전승도 있다(콥트 전승).

각각 형태는 다르지만 세 전승이 전하는 핵심 내용은 같다. 마리아의 영혼은 물론이고 육신까지 그리스도에 의해 하늘로 옮겨졌다는 것, 하느님이신 그리스도의 어머니의 몸은 결코 부패를 겪지 않았다는 것이다.

3-4세기까지 거슬러 올라가는 이 이야기들은 마리아에 대한 특별한 신심과 공경이 일찍부터 교회에서 시작되었음을 알린다. 처음 3-4세기에는 외경에서 다루어졌던 영면 이야기들이 5세기부터는 동방 교회의 정통 신학의 장으로 들어왔음을 각종 강론과 전례독서 자료집을 통해 확인할 수 있다. 서방 교회에서도 적어도 7세기경부터 마리아의 마지막에 대한 논의들이 이루어졌음이 남겨진 문헌들을 통해 확인된다. 실제로 영면 이야기들이 7-8세기 라틴어 필사본들에도 전해지고 있다.

마침내 1950년 11월 1일 교황 비오 12세는 사도 헌장*Munificentissimus Deus*에서 마리아의 몽소승천을 가톨릭교회의 믿을 교리로 선포한다. 마리아의 육신과 영혼이 하늘로 올라가 영광을 입으셨다는 것이다. 그런데 마리아영면이 보여주듯이 마리아 몽소승천 교리는 20세기에 갑자기 생겨난 것이 아니다. 이 믿음은 교회 역사와 더불어 성장한 것이라 말하는 편이 사실에 더 가깝다. 이 교리는 적어도 1600-1700년 전부터 있었던 교회의 믿음에 근거한다. 이 교리가 1600-1700년간의 믿음의 역사를 가졌다는 의미다.

믿음이 먼저 있었기에 나중에 교리의 선포가 있을 수 있었다. 교회의 오랜 믿음이 교리로 선포된 것이다.

4.2. 마리아, 우리를 위해 기도하는 사람

마리아영면은 마리아의 중재 역할에 대한 믿음을 보여준다. 마리아가 사도들과 우리 죄인들을 위해 하느님께 기도한다는 것, 그리고 마리아의 이름을 부르는 사람들에게 보호와 위로와 도움이 주어지리라는 믿음이다. 마리아의 중재 역할은 41-44절 그리고 50절에서 뚜렷이 드러난다.

먼저 41절에서 마리아는 그리스도를 하느님으로 고백하면서, 자신의 이름에 대고 기도하는 모든 이에게 도움을 내려달라고 기도한다.

> 41 "… 그리스도 하느님이시여! … 당신 여종의 이름에 호소하거나, 기도하거나 (그 이름을) 부르는 모든 사람에게 당신의 도움을 내려주소서!"

사도들은 세상을 떠나려 하는 마리아의 발치에 엎드리며 그녀에게 세상을 위한 축복을 기원해 달라고 요청한다. 마리아가 "세상의 빛"을 낳으심으로써 멸망한 세상이 일으켜 세워졌다는 것이다.

> 42 "주님의 어머니여! 이 세상을 위한 축복을 기원해주십시오! 당신은 이곳에서 나가고 계시니까요! 사실 당신은 이미 세상을 축복하셨습니다. 세상의 빛을 낳으심으로써 멸망한 그것을 일으켜 세우신 것입니다."

43절에서 마리아는, 자신의 이름이 기억되는 모든 장소를 거룩하게 만들어달라고 요청한다. 그리고 마리아의 이름을 통해 주님을 찬양하는 사람들을 영광스럽게 만들고, 또 그 사람들의 예물과 애원과 기도를 받아달라고 청한다.

43 "주 예수 그리스도여! 하늘과 땅 위에 계신 전능하신 분이시여! 당신의 거룩한 이름에 대고 계속해서 호소합니다! 내 이름이 기억되는 모든 시간 모든 장소에서 그 장소를 거룩하게 만들어주십시오. 그리고 내 이름을 통해 당신을 찬양하는 사람들을 영광스럽게 만들어주십시오. 또한 그러한 사람들의 모든 예물과 모든 애원과 모든 기도를 받아주십시오."

44절은 성부, 성자, 성령에게서 모든 은총과 모든 선물이 마리아에게 주어졌다고 하면서, 마리아의 이름을 부르는 영혼은 부끄러움을 당하지 않으리라는 것, 그리고 자비와 위로와 지지와 확신을 발견하리라는 약속이 주어진다. 다음은 주님께서 당신 어머니에게 하신 말씀이다.

44 "당신의 마음이 즐거워하고 기뻐하기를! 하늘에 계신 내 아버지와 나와 성령에게서 모든 은총과 모든 선물이 당신에게 주어졌기 때문입니다. 당신의 이름을 부르는 모든 영혼은 부끄러움을 당하지 않을 것입니다. 그 영혼은 지금 시대에도 다가올 시대에도, 하늘에 계신 내 아버지 앞에서 자비와 위로와 지지와 확신을 발견할 것입니다."

50절은 우리 모두가 마리아의 도움과 보호 아래 있으며, 마리아의 기도와 중재πρεσβεία를 받을 수 있음을 선포한다.

50 그리하여 우리 사도들은 갑작스레 일어난, 그녀의 거룩한 몸의 소중한 이동을 관조하고 하느님을 찬양하였다. 그분께서 우리 주 예수 그리스도의 어머니의 귀환 때에 당신의 이적을 우리에게 보여주셨기 때문이다. 그리하여 우리 모두, 지금 이 시대에도 다가올 시대에도, 그녀의 은닉과 도움과 보호 아래서 그녀의 기도와 중재를 받을 수 있는 자격을

얻게 되었다.

이 구절은 지금 이 시대에도 다가올 시대에도 마리아의 보호 아래서 마리아의 기도와 중재를 받을 수 있는 자격이 우리 모두에게 주어졌음을 선포한다. 이는 마리아의 보호와 중재에 대한 믿음이 아주 일찍부터 교회 안에 있었음을 보여준다. 그런 믿음들이 있었기에 갖가지 영면 이야기들이 만들어지고, 보전되고, 오늘날까지 전해질 수 있었을 것이다.

그런데 다른 사람이나 공동체, 백성 전체를 위해 기도하는 역할, 하느님과 인간을 중재하는 역할이 오직 마리아에게만 부여된 특권은 아니다. 하느님과 백성 사이를 중재하는 역할은 이미 구약성경의 인물들에게서 관찰된다. 소돔과 고모라를 위해 하느님께 탄원한 아브라함과 이스라엘 백성을 위해 자비를 구한 모세가 대표적이다.

구약 외경에도 타자를 위한 중재 개념을 담은 본문이 있다. 우선 기원전 3세기에 만들어진 "감시자들의 책"(1에녹 1—36장)에 에녹이 타락한 천사들을 위해 중재하는 장면이 나온다. 타락한 천사들에게 영원한 징벌이 선포되자 그들의 요청으로 에녹은 하느님과 천사들 사이에서 중재를 시도한다. 그러나 에녹의 중재는 실패로 돌아가고 타락한 천사들은 최후의 심판 때까지 어둠 속에 갇혀 있어야 한다는 운명이 선고된다(1에녹 12—16장). 실패로 돌아가기는 했지만 에녹에게 하느님과 천사들을 중재하는 역할이 주어졌다는 것은 분명하다.

4에즈 7,102-111에서는 의인들이 악인들을 위해 중재할 수 있는지를 묻는 장면이 나온다. 에즈라는 심판의 날에 의인이 악인을 위해, 아버지가 아들을 위해, 아들이 아버지를 위해 탄원할 수 있는지 묻는다(7,102-103). 이에 대한 답은, 그때에는 다른 이의 중재가 불가능하며 모든 이가 자기 삶에 따라 상벌을 받게 된다는 것이다(7,104-105). 그러자 에즈라는 중재기도를 올린 구약의 인물들을 언급하면서 왜 심판 날에는 중재기도가 불가능한지 묻는다. 아브라함, 모세, 여호수아, 사무엘, 다윗, 솔로몬, 엘리야, 히즈키야 등

의인들이 불의한 자들을 위해 탄원했는데, 왜 심판 날에는 그럴 수 없느냐는 것이다(7,106-111).

> 4에즈 7,106 나는 답하며 말하였다. "내 주님, 이런 일은 어떻게 가능했습니까? 전에 아브라함은 소돔 사람들을 위해서 탄원했습니다. 모세도 광야에서 우리 조상들이 죄를 지었을 때 그들을 위해, 107 이어서 눈의 아들 여호수아는 아카르 시절에 이스라엘을 위해, 108 사무엘은 사울 시절에, 다윗은 백성의 상처 때문에, 솔로몬은 성소에 있던 사람들을 위해, 109 엘리야는 비를 받게 된 사람들을 위해, 그리고 되살아나도록 죽은 사람을 위해, 110 히즈키야는 산헤립 시절 백성을 위해, 그리고 많은 이들이 많은 이들을 위해 그렇게 했습니다. 111 이처럼, 부패가 증가하고 불의가 팽배해진 때 의인들이 불의한 자들을 위해 탄원했습니다. 그렇다면, 주님 왜 나중에는 그렇게 할 수 없습니까?"

이에 대한 주님의 답변은, 새 시대에는 심판에서 패한 자에게 자비를 베풀 수도, 심판에서 승리한 이에게 해를 끼칠 수도 없다는 것이다. 그때가 되면 인간은 각자의 운명에 대한 책임을 스스로 져야 하며 중재해 줄 이도, 내 짐을 대신 져 줄 이도 없다고 한다. 어떻든 4에즈 7,106-111은 적어도 구약성경에 중재자 역할을 맡은 사람들이 있었음을 보여준다.

백성을 위한 기도와 탄원, 백성을 위한 중재 개념은 구약성경과 외경뿐 아니라 신약성경에도 이어진다. 신약성경에도 백성을 위한 기도, 인류를 위한 기도, 다른 신도들이나 공동체들을 위한 기도와 중재 개념이 나타난다. 무엇보다 예수 그리스도가 인류 전체를 위한 우리의 중재자임이 선포된다. 사도행전과 서간들에서도 서로를 위해 기도하고 탄원하는 모습을 종종 발견할 수 있다(사도 8,15; 12,5; 2코린 13,9; 콜로 4,12; 1티모 2,2; 야고 5,14.16).

타자를 위해 기도하고 탄원하는 역할은 성경 전통 전체를 관통하고 있다. 이 역할은 아브라함이나 모세, 엘리야와 같은 위대한 예언자나 백성의 지도자뿐 아니라 공동체 구성원 모두에게 요구되기도 한다. 예수님의 어머니 마리아에게 우리를 위해 기도하고 탄원하는 역할이 주어진 것은 성경 전통 안에 있는 것이지 성경과 무관한 또는 성경 전통에 어긋나는 요소가 아님을 확인할 수 있다.

4.3. 마리아, 하느님의 여종

마리아영면에서 마리아는 사도들을 위해, 백성들을 위해, 나아가 죄인인 우리 모두를 위해 하느님께 기도하는 모습으로 그려진다. 여기서 기억해야 할 중요한 사실은, 마리아는 세상과 인류를 위해 주님께 기도하는 존재이지 마리아 자신이 신앙이나 숭배의 대상이 되지는 않는다는 점이다. 이 이야기에서 마리아를 통해서 일어난, 또는 마리아 주위에서 일어난 모든 기적의 결과는 예수 그리스도에 대한 신앙 고백이었다. 기적 뒤에는 항상 마리아에게서 태어난 예수 그리스도가 하느님이시라는 고백이 이어진다. 가령 마리아의 집을 불태우러 온 유다인들이 도리어 불에 타버리는 모습을 본 총독은 이렇게 고백한다. "여러분이 쫓아내려고 마음먹은 동정녀에게서 태어나신 분은 참으로 하느님의 아들이십니다"(37). 또 다른 기적을 목격한 유다인들도 이렇게 외친다. "당신에게서 태어나신 분은 참으로 진정한 하느님이십니다, 하느님의 어머니, 영원한 동정녀 마리아여!"(48). 결국 '마리아를 통해' 사람들은 예수 그리스도가 하느님이심을 알아본다. 48절에 쓰인 하느님의 어머니, 또는 테오토코스(하느님을 낳으신 분)라는 호칭 자체도 마리아를 높이는 표현이 아니라, 그리스도론적인 언명이다. 이 표현은 마리아가 낳은 예수 그리스도가 하느님이시라는 고백이다.

그러므로 이 이야기에서 마리아도 예수 그리스도를 주님이라 부르고 그분께 축복과 은총을 구한다. 가령, 마리아가 "당신 오른손을 얹어 나를 축복해 주세요, 주님!"(41) 하고 기도하자 주님께서는 당신 오른손을 뻗어 그녀를 축복하신다. 그러자 마리아는 주님의 오른손에 입을 맞추고 아들 예수님을 창조주로 고백하며 여종인 자신을 받아달라고 기도한다.

> 41 "나는 하늘과 땅을 지으신 이 오른손을 경배합니다. 그리고 나는 지극히 찬양하올 당신 이름에 호소합니다. 그리스도 하느님이시여, 시대들의 임금이시며 아버지의 독생자시여! 당신 여종을 받아주소서! 인류를 구원하시려고 비천한 나를 통해 태어나주신 분이시여! 그것은 형언할 수 없는 당신 구원계획을 위해서였습니다!"

마리아의 이 기도는, 예수 그리스도가 인류구원을 위해 마리아의 몸을 통해 '태어나주셨음'을 고백한다. 마리아가 예수님의 어머니가 되신 것은 하느님의 "구원계획" 때문이었으며, 그녀가 하느님의 어머니라고 불리신 것은 마리아가 예수 그리스도보다 높다는 뜻이 아니라 그녀가 낳은 예수님이 하느님이시라는 의미다. 예수 그리스도의 어머니인 마리아도 궁극적으로는 그분의 "여종"이라는 것이다(5).

5. 거룩한 '하느님의 어머니'의 영면에 관한 신학자 성 요한의 이야기

번역 대본으로 삼은 본문은 티센도르프의 그리스어 비평 본문이다. 티센도르프의 그리스어 본문은 Tischendorf, "V. Iohannis Liber de Dormitione Mariae", 95-112에 실려 있다. 그리스어 사전은 성경에 나오지 않는 어휘들을 많이 포함한 Liddell-Scott을 주로 사용하였다. 신약성경 시대 이후 그리스어 용례를 포함한 Bauer-Danker와 Lampe도 많이 참조하였다.

I. 예루살렘에서

도입: 어머니 마리아가 날마다 주님의 무덤에 가서 기도하다.

1 참으로 거룩하고 영예로운 '하느님의 어머니'이자[56] 평생 동정이신 마리
아는—늘 하던 대로[57]—분향하러 우리 주님의 거룩한 무덤에 갔다.
그리고 거룩한 두 무릎을 꿇으면서, 자기에게서 태어나신 그리스도 우
리 하느님께서 자기에게 돌아오실[58] 것을 간청하였다.[59]

2 그녀가 신성한 무덤 곁에 맴도는 것을 본 유다인들은 수석 사제들에게
가서 이렇게 말하였다. "마리아가 날마다 무덤에 갑니다." 그러자 수석
사제들은, 아무도 거룩한 무덤에서 기도하지 못하게 하려고 배치해둔

---

56 '하느님의 어머니'라 옮긴 단어 테오토코스(θεοτόκος)는, '하느님을 낳은 이'라는 뜻이다.

57 '늘 하던 대로'라 옮긴 표현은 κατὰ τὸ εἰωθός다. '관습대로', '전통대로'라고 옮길 수도 있다.

58 '돌아오다'라고 옮긴 ἀναλῦσαι는 자동사로서 '(이 세상을) 떠나다'(=죽다), '귀환하다'를, 타동사로서 '풀어주다', '해체하다' '해방시키다'를 뜻한다(Liddell-Scott; Lampe). 필리 1,23에서 바오로 사도가 이 세상을 떠나 그리스도와 함께 하고 싶다는 뜻을 표현할 때 이 단어를 썼다. "나는 이 둘 사이에 끼여 있습니다. 나의 바람은 '이 세상을 떠나'(ἀναλῦσαι) 그리스도와 함께 있는 것입니다. 그편이 훨씬 낫습니다." 이 단어는 마리아의 영면에서 아주 중요한 역할을 한다. 동사(ἀναλῦσαι) 또는 명사(ἀνάλυσις)로서 마리아가 세상을 떠나는 것을 가리키는 데 쓰인다. 문맥에 따라, '떠남', '귀환', '하직', '해방' 등으로 옮긴다.

59 직역: "자기에게 반드시 돌아오셔야 한다고 우겼다." 여기서 '우기다'는 뜻으로 쓰인 동사 δυσωπέω는 '무언가를 고집하다, 고수하다'를 의미한다. 그래서 '끈질기게 간청하다'는 뜻이 되기도 한다(Liddell-Scott; Lampe). 여기서 이 동사는 미완료형(ἐδυσώπει)으로 쓰여 간청 행위가 지속·반복되었음을 드러낸다.

경비병들을 불렀다. 그리고 그녀에 대해, 정말로 실상이 그러한지 물었다. 경비병들은 대답하며 그런 일은 보지 못했다고 말하였다. 하느님께서 그들로 하여금 그녀가 있는 모습을 보게 놔두지 않으셨던 것이다.[60]

마리아가 천사로부터 영면 예고를 받다.

3 그러던 어느 날 한 준비일이었다.[61] 거룩한 마리아는 늘 하던 대로 (주님의) 무덤에 갔다. 그녀가 기도하고 있는 동안 하늘이 열리고, 대천사 가브리엘이 그녀에게 내려와서 이렇게 말하였다. "기뻐하여라,[62] 그리스도 우리 하느님을 낳은 이여! 너의 기도가 하늘을 뚫고 올라가서 너에게서 태어나신 분께 받아들여졌다.[63] 이제부터 너의 청에 따라, 너는 이 세상을 떠나 천상으로, 곧 너의 아드님, 참되고 끝없는 생명으로 들어갈 것이다."

II. 베들레헴에서

마리아가 베들레헴 집으로 가다

4 거룩한 대천사에게서 이 말을 들은 마리아는 거룩한 베들레헴으로 돌아갔다. 그녀의 시중을 들던 세 동정녀도 함께 데려갔다. 그녀는 잠시

60 직역: "하느님께서 그들로 하여금 그녀가 있는 것을 보는 것을 허락하지 않으셨던 것이다."

61 '준비일'이라 옮긴 παρασκευή는 안식일 전날 또는 파스카 전날을 가리킨다. 마르 15,42; 요한 19,14.31 참조.

62 "기뻐하여라"라 옮긴 χαῖρε는 루카 1,28에서 마리아에게 나타난 가브리엘 천사가 한 인사말이다. 예수님을 팔아넘기기로 한 유다가 예수님을 보고 인사하는 장면인 마태 26,49에서는 χαῖρε가 "안녕하십니까?"로 옮겨져 있다.

63 또는, "너의 기도가 하늘을 뚫고 너에게서 태어나신 분께 올라가 받아들여졌다."

휴식을 취한 다음 일어나 앉아[64] 동정녀들에게 말하였다. "나에게 향로를 가져다주세요. 우리 함께 기도합시다." 그러자 그들은 부탁받은 대로 (그것을) 가져왔다.

마리아가 마지막 인사를 위해 사도들을 보내달라고 기도하다

5 그녀는 기도하며 이렇게 말하였다. "내 주님, 예수 그리스도여! 당신의 한없는 선하심으로, 내게서 태어나는 일을 마땅하다 여기신 분이시여![65] 내 목소리를 들으시고 나에게 당신의 사도 요한을 보내주세요. 그리하여 내가 그를 보고 기쁨의 첫 열매를 맛보게 해 주세요. 그리고 당신의 나머지 사도들도 나에게 보내주세요. 이미 당신에게 돌아간 이들과 지금 이 세상에 있는 이들, 곧 당신의 거룩한 명령에 따라 각지에 (흩어져) 지내고 있는 이들을 보내주세요. 그리하여 내가 그들을 보고 찬양하올 당신 이름을 축복할 수 있도록! 사실 나는 당신이 모든 점에서 당신 여종의[66] 소리를 들어주심을 확신하고 있어요."

요한이 도착하다

6 그녀가 기도를 하고 있을 때 나 요한이 도착하였다.[67] 거룩한 영(성령)께서 에페소에서 구름으로 나를 낚아채시어 내 주님의 어머니가 누워계

64 '일어나 앉다'라 옮긴 단어는 ἀνακαθίζω다. 누웠다가 일어나 앉는 동작을 표현한다(Liddell-Scott).

65 또는, "당신의 한없는 선하심을 통해 내게서 태어나주신 분이시여!" 마리아의 영면 41; 42 참조.

66 루카 1,38 "보십시오, 저는 주님의 종입니다 ἰδοὺ ἡ δούλη κυρίου. 말씀하신 대로 저에게 이루어지기를 바랍니다" 참조. 마리아영면 5에서 마리아는 자신을 예수 그리스도의 여종이라 일컫는다.

67 6절부터 화자가 "나"가 된다. 요한이 1인칭 시점에서 서술한다.

시던 곳에 나를 내려놓으셨다.[68] 나는 그녀에게 다가가 그녀에게서 태
어나신 분을 찬양한 뒤[69] 말하였다. "안녕하십니까![70] 내 주님의 어머
니, 그리스도 우리 하느님을 낳으신 분이시여![71] 즐거워하십시오, 당신
이 큰 영광 안에서 이 삶을[72] 떠나가게 되셨습니다!"[73]

7 거룩한 '하느님의 어머니'(테오토코스)는 나 요한이 그녀에게 온 일을 두
고 하느님을 찬양하였다. 다음과 같이 말씀하신 주님의 목소리를 기억
해냈던 것이다. "보라, 네 어머니시다." 그리고 "보십시오, 당신 아들입
니다."[74]

그때 세 동정녀가 와서 엎드려 절하였다.

8 그리고 거룩한 '하느님의 어머니'가 나에게 말하였다. "기도하세요. 그
리고 향을 넣으세요."[75] 그래서 나는 이렇게 기도하였다. "주 예수 그리

---

68 또는, "거룩한 영(성령)께서 나를 낚아채시어 에페소에서부터 구름에 태워 (데려오셔서는) 내 주님의 어머니가 누워계신 곳에 내려놓으셨다." '누워계시다'로 옮긴 단어는 ἀνάκειμαι다. 침상 등에 '누워 있다', '눕혀져 있다'를 뜻한다. 식탁 장의자에 비스듬히 기댄 자세를 가리키기도 한다(Bauer-Danker).

69 또는, '그녀에게서 태어나신 분께 영광을 드린 뒤.' 여기에 쓰인 동사 δοξάζω는 '영광을 드리다', '찬양하다' 등으로 옮길 수 있다(Bauer-Danker).

70 또는, "기뻐하십시오!" 인사말에 χαῖρε가 쓰였다.

71 ἡ γεννήσασα Χριστὸν τὸν θεὸν ἡμῶν. '테오토코스'(θεοτόκος)를 풀어 쓴 말이다.

72 '삶'이라 옮긴 단어는 βίος다. ζωή와 다르게 영적 생명보다는 육신의 생명, 수명, 생애에 더 가깝다(Bauer-Danker).

73 또는, "당신이 큰 영광 안에서 이 삶을 떠나게 되었으니, 즐거워하십시오!"

74 요한 19,26-27: "ἰδοὺ ὁ υἱός σου."; "ἴδε ἡ μήτηρ σου."

75 직역: "향을 던지세요"(βάλε θυμίαμα). 향로에 향을 놓으라는 의미일 것이다. '향을 놓다', '향을 넣다', '분향하다', '향을 피우다' 등으로 옮길 수 있다. 칠십인역에서는 (향로나 불에) 향을 놓는다는 의미로 대개 ἐπιβάλλω나(레위 10,1; 민수 16,18; 17,12) ἐπιτίθημι가 쓰인다(민수 16,7; 16,17; 신명 33,10).

스도여! 이적을[76] 행하신 분이시여! 이제, 당신을 낳으신 분 앞에서 이
적을 행해주십시오! 당신 어머니가 이 생을 떠나게 해주십시오. 그리
고 당신을 십자가에 못 박은 자들, 당신을 믿지 않은 자들이 겁에 질리
게 해주십시오."
9 내가 기도를 마치자 거룩한 마리아가 나에게 말하였다. "내게 향로를
가져다주세요." 그리고 그녀는 향을 넣으며 말하였다. "당신께 영광이
(있나이다), 내 하느님, 내 주님이시여. 당신이 하늘들로 올라가시기 전
에 내게 약속하신 것이 내 안에서 모두 이루어졌기 때문입니다. 또한
내가 이 세상을 떠나갈 때 당신과 당신의 수많은 천사들이 영광과 함
께 내게 오실 것이기 때문입니다."
10 나 요한은 그녀에게 말하였다. "우리 주 예수 그리스도, 우리 하느님께
서 오십니다.[77] 그리고 당신은 그분을 보고 계십니다. 그분께서 당신께
약속하신 대로입니다." 그러자 거룩한 '하느님의 어머니'가 나에게 대
답하며 말하였다. "유다인들이 내가 (생을) 마치면 내 몸을 불태우겠노
라고 맹세했어요." 나는 그녀에게 대답하며 말하였다. "당신의 신성하
고 귀중한 몸은 결코 부패를 보지 않을 것입니다."[78]
그녀는 내게 답하며 말하였다. "향로를 가져오세요. 그리고 향을 넣고
기도하세요."[79] 그때 하늘들에서 소리가 나와서 '아멘' 하고 말하였다.
11 나 요한은 이 소리를 들었다. 그 뒤 성령께서 나에게 말씀하셨다. "요
한아, (마리아의) 기도가 끝난 뒤에 하늘에서 선포된 이 소리를 들었느

---

76 '이적'이라 옮긴 단어는 τέρας다. '놀라운 일', '경이로운 일'로도 옮길 수 있다(Liddell-Scott). δύναμις(힘, 능력, 기적)와 구별하여 '이적'이라 옮겼다.

77 요한 20,28 참조: "토마스가 예수님께 대답하였다. '저의 주님, 저의 하느님!'"

78 10절에서 마리아의 몸(σῶμα)은 결코 부패를 겪지 않으리라고 한다. 부패라 옮긴 그리스어 διαφθορά는 '부패', '해체', '썩음' 등을 뜻한다.

79 또는, "분향하며 기도하세요."

냐?" 나는 대답하며 말하였다. "예! 들었습니다." 그러자 성령께서 내게 말씀하셨다. "네가 들은 이 소리는 네 형제들인 사도들과 거룩한 권능들의[80] 도착이 임박했음을 의미한다.[81] 그들이 오늘 이곳으로 올 것이다."

12 이에 나 요한은 기도를 올렸다.

성령께서 세상 각지로 선교를 떠난 사도들을 소환하시다

그리고 성령께서 사도들에게 말씀하셨다. "너희 모두 구름을 타고 세상 끝에서 오너라.[82] 그리고 모두 거룩한 베들레헴에 함께 모여라. 우리 주 예수 그리스도의 어머니를 위해, 회오리바람에[83] (실려)! 베드로

---

80 '권능'이라 옮긴 단어는 δύναμις다. '힘', '능력', '기적', '권능' 등을 뜻하는 이 단어는 천상의 (선한 혹은 악한) 신적 세력을 가리키는 말로도 쓰인다(Bauer-Danker). 가령 "예수 그리스도께서는 하늘에 오르시어 하느님 오른쪽에 계시는데, 그분께 천사들(ἄγγελος)과 권력들(ἐξουσία)과 권능들(δύναμις)이 복종하게 되었습니다"(1베드 3,22). 또는 "그러고는 종말입니다. 그때에 그리스도께서는 모든 권세(ἀρχή)와 모든 권력(ἐξουσία)과 권능(δύναμις)을 파멸시키시고 나서 나라를 하느님 아버지께 넘겨 드리실 것입니다"(1코린 15,24). "모든 권세(ἀρχή)와 권력(ἐξουσία)과 권능(δύναμις)과 주권(κυριότης) 위에, 그리고 현세만이 아니라 내세에서도 불릴 모든 이름 위에 뛰어나게 하신 것입니다"(에페 1,21).

81 직역: "네가 들은 이 소리는 네 형제들인 사도들과 거룩한 권능들의 임박한 도착을 의미한다."

82 토마 행전 1장에 따르면 사도들은 제비뽑기를 통해 선교 지역을 할당받는다. 여기서 유다 토마는 인도에 배당된다. 사도들이 선교지를 할당받아 세계 각지로 흩어졌음은 에우세비우스, 『교회사』 3.1에도 전해진다. 이에 따르면 토마에게는 파르티아, 안드레아에게는 스키티아, 요한에게는 소아시아가 할당되었다고 한다. 베드로는 폰투스, 갈라티아, 비티니아, 카파도키아, 소아시아 등지에서 디아스포라 유다인들에게 복음을 선포하다가 로마에서 순교했다고 한다. 바오로는 예루살렘에서 일리리쿰에 이르기까지 복음을 전파다가 로마에서 순교했다고 한다. 전승에 따라 사도들에게 배당된 선교지가 달리 전해진다.

는 로마에서, 바오로는 티베리아에서,[84] 토마는 이국인들의 인도에서, 야고보는 예루살렘에서 (오라)!"

사도들이 구름을 타고 세계 각지에서 동시에 도착하다

13 베드로의 형제 안드레아와 필립보, 루카와 열혈당원 시몬,[85] 타대오 등, 이미 잠든 이들은 성령에 의해 무덤에서 일으켜졌다.[86] 그들을 향해 성령께서 말씀하셨다. "지금 부활이라고 생각하지 마라. 너희가 무덤에서 일어난 것은 이것 때문이다. 곧 너희가 주 너희 구원자 예수 그리스도의 어머니의 영예와 경이에 경의를 표하러 가라는 것이다. 탈출의 날, 그녀가 하늘로 떠나는 날이 가까이 다가왔기 때문이다."[87]

14 마르코도 비슷하게 왔다. 그는 알렉산드리아에서 다른 사람들과 함께 왔다.[88] '각지에서'라고 말해진 대로였다.

---

83 '회오리바람'이라 옮긴 συσσεισμός는 '지진'이라는 뜻도 있다(Liddell-Scott). 땅이든 바람이든 심하게 흔들려 갈라진다는 뜻을 품은 단어다.

84 20절에 따르면 바오로가 활동했다는 티베리아는 로마에서 좀 떨어진 마을이다. 따라서 여기서 말하는 티베리아는 이스라엘 북동부에 위치한 갈릴레아의 티베리아와 다른 곳이다

85 '열혈당원 시몬'이라 옮긴 표현은 Σίμων ὁ Καναναῖος다. 마태 10,4; 마르 3,18에도 같은 표현이 나온다. 『성경』에는 "열혈당원 시몬"이라고 옮겨져 있다. Καναναῖος는 '열렬주의자'를 뜻하는 아람어 קַנְאָן의 차용어라고 한다. 루카 6,15; 사도 1,13(Σίμων ὁ ζηλωτής: 열혈당원 시몬)에 나오는 ζηλωτής와 같은 뜻으로 추정된다(Bauer-Danker).

86 13절에서 안드레아와 필립보, 루카, 열혈당원 시몬, 타대오는 마리아 영면 이전에 세상을 떠난 것으로 제시된다.

87 '탈출'에는 ἔξοδος가, '떠나기'에는 ἀνάλυσις가 쓰였다. '길나서기', '길에서 나가기'를 뜻하는 ἔξοδος는 종종 '세상을 떠남', '세상과의 작별', '죽음'을 가리키는 데 쓰인다. '떠남', '출발', '귀환', '해방'을 뜻하는 ἀνάλυσις도 '(세상을) 떠남', '하직', 곧 '죽음'을 가리키기도 한다(Bauer-Danker).

15 베드로는 구름에 의해 들어올려져 하늘과 땅 사이에 서 있었다. 성령
께서 그를 지탱해주고 계셨다. 그리고 나머지 사도들 무리, 그들도 구
름에 낚아 채여 베드로와 함께 있게 되었다. 이렇게 성령에 의해, 선포
된 대로 모두 동시에[89] 왔던 것이다.

마리아가 사도들에게 어떻게 동시에 올 수 있었는지 묻다

16 우리는[90] 주 우리 하느님의 어머니에게 가서 절하며 말하였다. "두려워
마십시오, 슬퍼하지도 마십시오. 주 하느님 당신에게서 태어나신 분께
서 당신을 이 세상에서 영광스럽게 데려가실 것입니다."[91] 그러자 그녀
는 자기 구원자 하느님 안에서 기뻐하며 침상에서 일어나 앉았다. 그
리고 사도들에게 말하였다. "지금 나는 스승이신 우리 하느님께서 하
늘에서 (이리로) 오신다는 것을 믿었습니다. 그리고 나는 그분을 봅니
다. 이렇게 나는 이 생을 떠납니다. 내가 여러분이 여기 온 것을 보았
으니 말입니다. 그런데 여러분이 내게 말해주었으면 좋겠습니다. 여러
분은 내가 (세상을) 떠난다는 것을 어떻게 알고 나에게 왔습니까? 그
리고 어떤 지방에서, 얼마나 멀리서 이곳으로 온 건가요? 나를 방문하
러 이렇게도 신속하게 오다니 말입니다. 사실 나에게서 태어나신 분,
우리 주 예수 그리스도, 만물의 하느님께서도 나에게 아무것도 숨기지

88 마르코 복음사가의 활동지가 이집트 알렉산드리아로 제시된다. 전통적으로 이집트 교회의 기원은 마르코 사도와 연결된다: Bestavros, "The Christian Coptic Orthodox Church Of Egypt", *Encyclopedia Coptica* (검색일: 2024/01/09).

89 '동시에'라고 옮긴 ἅμα는 부사로 쓰일 때, 시간적 동시성과 활동의 연합을 표현한다. '한꺼번에', '모두 함께', '순식간에 같이'라 옮겨도 된다(Bauer-Danker).

90 티센도르프 비평 본문에는 15절이 한 번 더 반복되어 이후 숫자가 하나씩 밀린다.

91 직역: "당신을 영광 속에 이 세상 밖으로 내보내실 것입니다."

않으셨습니다. 사실 나는 지금도 그분께서 지극히 높으신 분의 아들이
심을 믿습니다."

사도들이 자신들이 성령에 의해 베들레헴으로 오게 된 경위를 설명하다

17 베드로가 대답하며 사도들에게 말하였다. "각자 성령께서 알려주신
대로, 그리고 우리에게 명하신 대로 우리 주님의 어머니께 모든 것을
다 말합시다."
18 그래서 나 요한은 대답하며 말하였다. "내가 에페소에 있는 거룩한 제
단에 봉사하러 들어갔을 때 성령께서 내게 말씀하셨습니다. '네 주님
의 어머니의 귀환 시간이 다가왔다.[92] 그녀에게 인사하러 베들레헴으
로 가거라!' 그리고 빛의 구름이 나를 낚아채어 당신이 누워계신 이곳
문 앞에 내려놓았습니다."
19 베드로도 대답하였다. "나도 로마에서 지내고 있는데, 새벽녘에 성령
께서 내게 말씀하시는 소리를 들었습니다. '네 주님의 어머니가 돌아가
야 한다.[93] 때가 가까웠기 때문이다. 그녀에게 인사하러 베들레헴으로
가거라.' 그때 빛의 구름이 나를 낚아챘습니다. 그리고 나머지 사도들
도 구름에 실려 내게로 오는 것을 보았습니다. 그리고 한 소리가 나에
게 말하였습니다. '여러분 모두 베들레헴으로 가시오!'"
20 바오로가 대답하며 말하였다. "나도 로마에서 좀 떨어진 도시, 티베리
아인들의 마을이라 불리는 곳에서 지내고 있었는데 성령께서 나에게
말씀하시는 소리를 들었습니다. '네 주님의 어머니가 귀환을[94] 통해 이

---

92 또는, "네 주님의 어머니가 (하늘로) 떠날 시간이 다가왔다." '귀환'이라 옮긴 단어는 ἀνάλυσις다. '해방'이라고 옮겨도 된다.

93 또는, "떠나야 한다"; "해방되어야(풀려나야) 한다." '돌아가야'라고 옮긴 단어는 ἀναλύω의 부정사형 ἀναλῦσαι다.

94 '귀환'이라 옮긴 단어는 ἀνάλυσις다. '해방'이라 옮겨도 된다.

세상을 떠나 하늘로 가는 여정에 오른다. 그러니 너도 그녀에게 인사
하러 베들레헴으로 떠나라.' 그때 빛의 구름이 나를 낚아채어서 여러
분이 계시는 이곳에 내려놓았습니다."
21 토마도 대답하며 말하였다. "나는 인도인들의 고을을 지나고 있었습
니다. 그리스도의 은총 덕분에 복음이 우세해지고 랍다누스라는 이
름의, 임금의 조카가[95] 궁에서 나에게 막 봉인을 받으려고 하던[96] 참이
었습니다. 갑자기 성령께서 나에게 말씀하셨습니다. '토마, 너도 네 주
님의 어머니에게 인사하러 베들레헴으로 가거라. 그녀가 하늘을 향해
이동을[97] 하고 있다.' 그리고 빛의 구름이 나를 낚아채서 여러분 앞에
내려놓았습니다."
22 마르코도 대답하며 말하였다. "내가 도시 알렉산드리아에서 셋째 날
의 규칙을 완수하고 기도를 드리고 있을 때였습니다. 성령께서 나를 낚
아채시어 여러분 앞에 데리고 오셨습니다."
23 야고보도 대답하며 말하였다. "나는 예루살렘에서 지내고 있는데 성
령께서 나에게 명하시며 말씀하셨습니다. '베들레헴에 가거라. 네 주님
의 어머니가 하직을 하고 있다.' 그때 빛의 구름이 나를 낚아채어 여러
분 앞에 나를 내려놓았습니다."
24 마태오도 대답하며 말하였다. "나는 하느님을 찬양하였고 또 찬양할
것입니다. 나는 배에 탄 채 폭풍에 시달리고 있었습니다. 바다는 파도
를 치며 노효하고 있었습니다. 그런데 갑자기 빛의 구름이 폭풍 소용
돌이에 그림자를 드리우더니 그것을 잠잠하게 만들었습니다. 그리고
나를 낚아채어 여러분 앞에 나를 내려놓았습니다."

---

95 직역: "임금의 누이의 아들."

96 '봉인하다'(σφραγίζω)는 세례를 가리킨다.

97 '이동'이라 옮긴 단어는 μετάστασις다. '이주', '자리 이동', '변화' 등을 뜻한다 (Liddell-Scott).

25 먼저 도착한 이들도 비슷하게 대답하며 자신들이 어떻게 그곳에 당도했는지 설명하였다. 그리고 바르톨로메오가 말하였다. "나는 테베(테바이스θηβαίς)에서 말씀을 선포하고 있었습니다. 그때 성령께서 내게 말씀하셨습니다. '네 주님의 어머니가 하직을 하고 있다. 그러니 그녀에게 인사하러 베들레헴으로 떠나라.' 그러자 빛의 구름이 나를 낚아채어 여러분 앞으로 나를 데려왔습니다."

마리아의 기도

26 사도들은 이 모든 것을 거룩한 '하느님의 어머니'에게 말하였다. 자기들이 어떻게 그리고 어떤 방식으로 왔는지 (말한 것이다).

그러자 그녀는 하늘로 두 손을 뻗어 이렇게 말하며 기도하였다. "나는 엎드려 절하며, 찬가를 부릅니다. 그리고 찬미하올 당신의 이름을 찬양합니다. 당신께서 당신 여종의 비천함을 굽어보셨기 때문입니다.[98] 그리고 능하신 당신께서 나에게 큰일을 하셨기 때문입니다.[99] 보십시오, 모든 세대가 나를 행복하다 할 것입니다."[100]

---

98 26절에 나오는 마리아의 기도는 루카 1,48-49과 매우 비슷하다. "당신께서 당신 여종의 비천함을 굽어보셨기 때문입니다"의 그리스어 원문은 ὅτι ἐπέβλεψας ἐπὶ τὴν ταπείνωσιν τῆς δούλης σου다. 이는 루카 1,48ㄱ의 주어가 '그분' 3인칭에서 '당신' 2인칭으로 바뀐 것이다. 루카 1,48ㄱ: "그분께서 당신 종의 비천함을 굽어보셨기 때문입니다"(ὅτι ἐπέβλεψεν ἐπὶ τὴν ταπείνωσιν τῆς δούλης αὐτοῦ).

99 ἐποίησάς μοι μεγάλα ὁ δυνατός. 이는 루카 1,49의 주어가 '그분' 3인칭에서 '당신' 2인칭으로 바뀐 것이다. 루카 1,49: "전능하신 분께서 나에게 큰일을 하셨기 때문입니다"(ὅτι ἐποίησέν μοι μεγάλα ὁ δυνατός).

100 ἰδοὺ μακαριοῦσίν με πᾶσαι αἱ γενεαί. 이는 루카 1,48ㄴ에서 γὰρ ἀπὸ τοῦ νῦν(이제부터)가 빠진 형태다. 루카 1,48ㄴ: "이제부터 과연 모든 세대가 나를 행복하다 하리니"(ἰδοὺ γὰρ ἀπὸ τοῦ νῦν μακαριοῦσίν με πᾶσαι αἱ γενεαί).

천사들이 찾아오고 세라핌이 마리아의 집을 둘러싸다

27 기도를 마친 뒤 그녀는 사도들에게 말하였다. "향을 넣고 기도하세요." 그들이 기도하고 있는 동안 하늘에서 천둥이 쳤다. 그리고 무시무시한 소리가 나왔는데 마치 전차들 (소리) 같았다. 그리고 수많은 천사들과 권능들의 군대가 보였다. 그리고 사람의 아들의 소리 같은 소리가 들려왔다. 그리고 세라핌이 거룩하고 흠 없는 하느님의 어머니이자 동정녀가 누워 있는 집 둘레를 둘러쌌다. 그리하여 베들레헴에 있는 모든 사람들이 이 모든 놀라운 광경을 보고 예루살렘에 가서 (베들레헴에서) 일어난 모든 놀라운 일을 (사람들에게) 알렸다.

마리아의 집 둘레에서 자연 기적과 치유 기적이 일어나다

28 한편 소리가 났을 때, 태양과 달이 그 집 둘레에 나타났다. 그리고 거룩한 첫열매들의 교회가[101] 주님의 어머니가 누워 있던 집을 둘러쌌다. 그녀에게 존경과 영광을 표하려는 것이었다. 나는 많은 표징이 일어나는 것도 보았다. 눈먼 이가 앞을 보고, 듣지 못하는 이가 들으며, 걷지 못하는 이가 걸어 다니고, 악성피부병 환자가 깨끗해지며 더러운 영들에 사로잡힌 이들이 낫게 되었다.[102]

그리고 질병과 아픔에 지배받던 모든 이가 그녀가 누워 있던 집의 담벼락에 손을 대며 외쳤다. "거룩하신 마리아, 그리스도 우리 하느님을 낳으신 분이시여! 우리를 불쌍히 여기소서."[103] 그러자 그들은 즉시 나았다.

---

101 "거룩한 첫열매들의 교회"에 해당하는 그리스어 표현은 ἐκκλησία πρωτοτόκων ἁγίων이다. "거룩한 만물(맏이)들의 교회"라고 옮겨도 된다. '교회'라 옮긴 ἐκκλησία는 '회중', '무리'라 옮길 수도 있다.

102 마태 11,5; 15,30-31; 루카 4,18; 7,21-22 참조. 이사 35,5-6도 참조.

103 또는, "저희에게 자비를 베풀어 주십시오." ἐλέησον ἡμᾶς 구문은 구약에서

예루살렘까지 마리아의 소식이 퍼지다

29 한편 예루살렘에 지내고 있던, 기도를 위해 각 나라에서 온 많은 군중
들이 주님의 어머니 때문에 베들레헴에서 표징이 일어났다는 소식을
들었다. 그들은 그곳에 찾아와 다양한 병의 치유를 청하였다. 그리고
그들은 그것을 얻었다. 그날 형언할 수 없는 기쁨이 치유 받은 많은 사
람들과 그것을 본 사람들에게 일어났다. 그들은 그리스도 우리 하느님
과 그분의 어머니를 찬양하였다. 베들레헴에서부터 온 예루살렘이 시
편과 영가를 부르며 축제를 지냈다.

유다인들이 마리아와 사도들을 예루살렘으로 소환하기로 결정하다

30 유다인들의 사제들과 그들의 백성은 일어난 일을 두고 크게 놀랐다.
그들은 극심한 질투심에 사로잡혀 헛된 망상에 빠져들었다. 그리고 그
들은 의회를 소집하여, 사람을 보내어 거룩한 하느님의 어머니와 그곳
베들레헴에 있던 사도들을 소환하기로 결정하였다. 그리하여 유다인
들 무리가 베들레헴으로 가는 여정에 올랐을 때였다. 천 걸음쯤[104] 떨
어진 곳에서 그들이 무시무시한 환시를 보고는 발이 얼어붙어버렸다.
그 뒤 그들은 자기네 동족에게 돌아가서 무서운 환시에 대해 수석 사
제들에게 보고하였다.

하느님을 향해, 신약에서 예수님을 향해 탄원하는 대목에 자주 쓰인다. 가령 마태 9,27: "예수님께서 그곳을 떠나 길을 가시는데 눈먼 사람 둘이 따라오면서, '다윗의 자손이시여, 저희에게 자비를 베풀어 주십시오(ἐλέησον ἡμᾶs)' 하고 외쳤다." 혹은, "(나병 환자 열 사람이) 소리를 높여 말하였다. '예수님, 스승님! 저희에게 자비를 베풀어 주십시오'"(루카 17,13).

104 '천 걸음'이라 옮긴 단어 μίλιον은 로마식 단위 1마일(milliarium)에 해당한다 (Liddell-Scott).

유다인들이 총독에게 마리아와 사도들의 추방을 요구하다

31 그러자 그들은 한층 더 분노에 끓어올라 총독에게[105] 가서 소리치며 말하였다. "이 여자 때문에 유다 민족이 망가졌습니다! 그녀를 베들레헴과 예루살렘 속주에서 몰아내 주십시오!" 하지만 총독은 이적에 놀라워하며 그들에게 말하였다. "나는 그녀를 베들레헴에서도 다른 장소에서도 몰아내지 않겠소." 그러자 유다인들은 계속 소리를 지르며 자리를 떠나려 하지 않았다. 그리고 티베리우스 황제의 건강을 내걸면서 베들레헴에서 사도들을 내보낼 것을 요청하였다. "각하께서 이렇게 하지 않으신다면 저희가 황제에게 보고하겠습니다!"라는 것이었다. 그러자 총독은 어쩔 수 없이 베들레헴에 있는 사도들에게 천인대장을 파견하였다.

III. 다시 예루살렘

성령께서 마리아와 사도들을 미리 예루살렘으로 데려가시다

32 그러자 성령께서 사도들과 주님의 어머니에게 말씀하셨다. "보라, 총독이 너희에게 천인대장을 파견하였다. 유다인들이 소동을 일으켰기 때문이다. 그러니 너희들은 베들레헴에서 나가도록 하여라. 두려워하지 마라. 자, 내가 너희를 구름에 태워 예루살렘에 데려갈 것이다. 사실 아버지와 아들과 성령의 힘이 너희와 함께 있다."

마리아와 사도들이 예루살렘의 집에 도착하다

33 그리하여 사도들은 곧바로 일어나 그 집에서 나왔다. 그들은 여왕이신[106] '하느님의 어머니'의 침상을 메고 예루살렘을 향한 여정 길에 올

---

105 총독이라 옮긴 ἡγεμών은, 속주에 파견된 로마 관리(procurator, prefectus 등)를 통칭하여 사용된다.

랐다. 그런데 그들은 순식간에 성령께서 말씀하신 대로 구름에 태워져 예루살렘에 있는 여왕의 집으로 옮겨졌다. 그들은 선 채로 닷새 동안 쉼 없이 찬송을 드렸다.

천인대장이 베들레헴에서 마리아와 사도들을 찾지 못하다

34 한편 천인대장이 베들레헴에 도착했을 때 그곳에서 주님의 어머니도
사도들도 찾을 수 없었다. 그는 베들레헴 주민들을 붙잡아 그들에게
말하였다.
"여러분이 총독과 사제들에게 찾아와서 (이곳에서) 일어난 모든 표징과 이적들을 말하지 않았소? 그리고 사도들이 각지에서 (베들레헴에) 왔다고 말하지 않았소? 그런데 그들이 지금 어디에 있소? 자 이제 여러분은 예루살렘에 있는 총독에게 가시오!"
천인대장은 사도들과 주님의 어머니가 예루살렘으로 옮겨갔다는 것을 알지 못하였다. 그리하여 천인대장은 베들레헴 주민들을 데리고 총독에게 가서 아무도 발견하지 못했다고 보고하였다.

마리아와 사도들이 예루살렘에 있음이 알려지다

35 닷새가 흐른 뒤, 주님의 어머니가 사도들과 함께 예루살렘의 자기 집
에 있다는 사실이 총독과 사제들과 온 도성 (사람들)에게 알려졌다. 그곳에서 표징들과 이적들이 일어났던 것이다. 수많은 남자들과 여자들과 동정남녀들이 한데 모여 소리쳤다. "거룩한 동정녀여, 그리스도 우리 하느님을 낳으신 분이시여! 사람들의 종족들을 잊지 말아 주십시오!"[107]

---

106 '여왕'이라 옮긴 단어는 δέσποινα다. 주군, 주님을 뜻하는 δεσπότης의 여성형에 해당한다(Liddell-Scott). 이 단어는 교부들 사이에서 하느님의 어머니 마리아를 가리키는 말로 종종 사용된다(Lampe).

마리아의 집을 태우러 간 유다 백성이 도리어 불에 타다

36 이 일들이 있은 뒤 유다 백성과[108] 사제들은 더더욱 질투에 사로잡혀
서 장작과 불을 집어 들고 주님의 어머니와 사도들이 함께 있는 집을
불태우러 올라갔다.[109] 총독은 멀리서 그 광경을 지켜보고 있었다. 유
다 백성이 그 집 대문에 도착했을 때였다. 보라! 갑자기 안에서부터 불
의 권능이 나와서 수많은 유다인 무리를 태워버렸다. 천사를 통해 일
어난 일이었다. 그리하여 온 도성에 큰 두려움이 일어났다. 그리고 그
들은 그녀에게서 태어나신 하느님을 찬양하였다.[110]

이적을 본 많은 유다인들이 예수님을 믿게 되다

37 일어난 일을 본 총독은 온 백성에게 소리치며 말하였다. "여러분이 쫓
아내려고 마음먹은 동정녀에게서 태어나신 분은 참으로 하느님의 아
들이십니다.[111] 사실 이 표징들은 참되신 하느님의 표징들입니다."
그리하여 유다인들 사이에서 분열이 일어났다. 그리고 일어나는 표징
들로 인해 많은 이들이 우리 주 예수 그리스도의 이름을 믿었다.[112]

---

107 '잊지 않다'에 해당하는 ἐπιλανθάνομαι는 하느님이 우리를 잊지 않으심을 표현하는 단어이기도 하다(루카 12,6; 히브 6,10).

108 직역: "유다인들의 백성."

109 또는, "유다 백성은 더더욱 질투에 사로잡혀서 사제들과 함께 장작과 불을 집어 들고 주님의 어머니와 사도들이 함께 있던 집을 불태우러 올라갔다."

110 36절에서 마리아로 인해 일어난 이적을 보고 유다 백성은 마리아에게서 태어나신 하느님 곧 예수 그리스도를 찬양한다.

111 "동정녀에게서 태어나신 분은 참으로 하느님의 아들이십니다"(ἐπ' ἀληθείας θεοῦ υἱός ἐστιν ὁ τεχθεὶς ἐκ τῆς παρθένου)라는 총독의 고백은, 예수님이 돌아가신 뒤 백인대장이 "참으로 이분은 하느님의 아드님이셨다"(ἀληθῶς θεοῦ υἱὸς ἦν οὗτος)(마태 27,54) 또는 "참으로 이 사람은 하느님의 아드님이셨다"(ἀληθῶς οὗτος ὁ ἄνθρωπος υἱὸς θεοῦ ἦν)(마르 15,39)고 고백한 일을 연상시킨다.

112 37절에서, 마리아로 인해 일어난 표징과 기적을 통해 사람들이 '예수 그리스

성령께서 마리아의 영면을 예고하시다

38 '하느님의 어머니', 영원한 동정녀 마리아, 주님의 어머니를 통해 이 모든 이적들이 일어난 뒤였다. 우리 사도들이 예루살렘에서 그녀와 함께 있을 때 성령께서 우리에게 말씀하셨다.

"너희는 안다.

주님의 날에[113] 동정녀 마리아가 대천사 가브리엘에게서 기쁜 소식을 들었다.[114]

그리고 주님의 날에 구원자께서 베들레헴에서 태어나셨다.[115]

그리고 주님의 날에 예루살렘의 자녀들이 그분을 만나러 종려나무 가지를[116] 들고 나와 이렇게 외쳤다. '지극히 높은 곳에 호산나! 주님의 이름으로 오시는 분은 복되시어라!'[117]

도'를 믿게 되었다고 한다. 마리아를 통해 사람들이 예수 그리스도를 찬양하고(36절) 그분을 믿게 되었다고(37절) 하는 점은 의미심장하다. 찬양과 신앙의 대상이 마리아가 아닌 하느님의 아들 예수라는 것이다.

113 "주님의 날"이라 옮긴 단어는 ἡ κυριακή다. ἡ κυριακή 단독, 또는 ἡμέρα와 함께 ἡ κυριακὴ ἡμέρα가 주님의 날, 주일을 가리킨다(Lampe). 묵시 1,10 "어느 주일에(ἐν τῇ κυριακῇ ἡμέρᾳ) 나는 성령께 사로잡혀 내 뒤에서 나팔소리처럼 울리는 큰 목소리를 들었습니다" 참조.

114 루카 1,26-38. 마리아영면 38절에서 예수님 잉태 예고와 탄생을 비롯한 중요한 사건들이 모두 주님의 날(=주간 첫날, 안식일 다음날)에 일어났다고 한다. 마리아의 영면도 주님의 날에 이루어질 것이리라고 한다.

115 루카 2,1-7.

116 38절에 '종려나무 가지'(βαΐον)가 언급된다. 요한 12,12-13: "이튿날, 축제를 지내러 온 많은 군중이 예수님께서 예루살렘에 오신다는 말을 듣고서, 종려나무 가지를 들고 그분을 맞으러 나가 이렇게 외쳤다.…" 참조. 1마카 13,51도 보라. 마태 21,8에는 그저 '나뭇가지'(οἱ κλάδοι ἀπὸ τῶν δένδρων)라고 되어 있다. 종려나무는 마리아 관련 전승에서 큰 역할을 한다. 앞의 해제를 보라.

117 38절의 찬송(ὡσαννὰ ἐν τοῖς ὑψίστοις, εὐλογημένος ὁ ἐρχόμενος ἐν ὀνόματι κυρίου)은 예루살렘 입성 장면을 연상시킨다. 마태 21,9 "다윗의 자

그리고 주님의 날에 그분께서 죽은 이들 가운데서 일어나셨다.[118]
그리고 주님의 날에 그분께서 산 이들과 죽은 이들을 심판하러 오실 것이다.[119]
그리고 주님의 날에 그분께서 하늘에서 내려오실 것이다. 그분을 낳으신, 거룩하고 영광스러운 동정녀가 맞이할 귀환의[120] 영광과 영예를 위해서다."

그리스도께서 천사들 군단과 함께 마리아를 데리러 오시다

39 바로 그 주님의 날에 주님의 어머니가 사도들에게 말하였다. "향을 넣
으세요. 그리스도께서 천사들 군단과 함께 오고 계십니다." 그러자 보
라! 그리스도께서 케루빔의 왕좌에 좌정하신 채 오고 계셨다.[121] 그리
고 우리 모두 기도를 올리는 가운데 수없이 많은 천사들이 나타났다.
그리고 주님께서는 큰 권능으로 케루빔 위에 좌정해 계셨다. 그런데 보
라! 그녀의 외아들의 현존을 통해 빛줄기가 거룩한 동정녀를 내리쬐고
있었다. 그리고 하늘의 모든 권능들이 그분께 엎드려 절하였다.

손께 호산나! 주님의 이름으로 오시는 분은 복되시어라. 지극히 높은 곳에 호산나!"(ὡσαννὰ τῷ υἱῷ Δαυίδ· εὐλογημένος ὁ ἐρχόμενος ἐν ὀνόματι κυρίου· ὡσαννὰ ἐν τοῖς ὑψίστοις); 마르 11,9-10; 요한 12,13 "호산나! 주님의 이름으로 오시는 분은 복되시어라." 루카 19,38; 시편 118,26도 참조.

118 마르 16,2; 마태 28,1; 루카 24,1; 요한 20,1 참조.

119 예수 그리스도께서 산 이들과 죽은 이들을 심판하러 오시리라는 것은 사도 10,42; 2티모 4,1; 1베드 4,5을 참조하라.

120 '귀환'이라 옮긴 단어는 ἀνάλυσις다. '해방'이라 옮겨도 된다.

121 39절에 따르면, 그리스도께서 천사들 군단과 함께 케루빔(χερουβιμ) 위에 좌정하신 채 마리아를 데리러 오신다. 케루빔은 히브리어 커룹의 복수형 커루빔의 차용어에 해당한다. 커룹에 대해서는 에제 10장을 참조하라. 1사무 4,4; 2사무 6,2; 2열왕 19,15; 이사 37,16; 1역대 13,6; 시편 80,2; 99,1; 다니 3,55에서는 하느님이 커룹들 위에 좌정해 계신 분으로 묘사된다.

마리아의 몸은 낙원, 영혼은 아버지의 보고로 옮겨지리라는 예고

40 주님께서 그분의 어머니에게 이르셨다. "마리아!" 그러자 그녀가 대답하며 말하였다. "저 여기 있습니다, 주님!"[122] 그러자 주님께서 그녀에게 말씀하셨다. "슬퍼하지 마세요! 오히려 어머니 마음은 기뻐하고 즐거워하세요! 당신은, 내 아버지께서 나에게 선사하신 영광을[123] 바라보는 은총을 입었기 때문입니다."[124]

그러자 하느님의 거룩한 어머니는 눈을 들어 올려 그분 안에 깃든 영광을 보았다. 그것은 사람의 입이 발설하거나 취할 수[125] 없는 것이었다. 주님께서 계속 그녀 곁에 머무시며 말씀하셨다. "자, 지금부터 당신의 귀한 몸은 낙원으로 옮겨질 것입니다. 그리고 당신의 거룩한 영혼은 하늘로, 밝은 빛 가운데 있는 내 아버지의 보고寶庫로[126] (옮겨질 것입니다).[127] 그곳에는 거룩한 천사들의 행복과 평화가 있습니다. 그 밖

---

122 40절에서 "저 여기 있습니다, 주님"으로 옮긴 문장은 ἰδοὺ ἐγώ, κύριε다. 이사 6,8 참조: "그때에 나는 이렇게 말씀하시는 주님의 소리를 들었다. '내가 누구를 보낼까? 누가 우리를 위하여 가리오?' '제가 있지 않습니까?(ἰδού εἰμι ἐγώ) 저를 보내십시오.' 하고 내가 아뢰었더니."

123 직역: "내 아버지로부터 나에게 선사된 영광을."

124 40절에 따르면, 마리아는 주님의 영광을 바라볼 은총을 입었다. '바라보다'라고 옮긴 θεωρῆσαι는 단순히 바라보는 것을 넘어 '관조', '관상', 하느님 직관을 가리키는 데도 쓰인다(Lampe). 마리아가 주님의 영광을 보았다고 하는 것은, 베드로, 요한, 야고보에게만 주님의 영광스러운 변모를 목격할 은총이 주어진 일을 연상시킨다. 루카 9,28-36; 마태 17,1-9; 마르 9,2-10 참조. 특히 루카 9,32 "베드로와 그 동료들은 잠에 빠졌다가 깨어나 예수님의 영광을 보고" 참조. "우리는 그분의 영광을 보았다"고 하는 요한 1,14; 이사야가 예수님의 영광을 보았다고 하는 요한 12,41도 참조하라.

125 '취하다'로 옮긴 단어는 καταλαμβάνω다. '이해하다', '파악하다'는 뜻도 있다.

126 또는, "당신의 거룩한 영혼은 하늘로, 밝은 빛 가운데, 하늘에 있는 내 아버지의 보고에 (옮겨질 것입니다)."

에 다른 것들도[128] 있습니다."

마리아의 기도

41 그러자 주님의 어머니가 대답하며 그분께 말하였다. "당신 오른손을 얹어 나를 축복해 주세요, 주님!" 그리하여 주님께서는 티 없는[129] 당신 오른손을 뻗어 그녀를 축복하셨다. 그러자 그녀는 그분의 티 없는 오른손을 잡고 입을 맞추며 말하였다.

"나는 하늘과 땅을 지으신[130] 이 오른손을 경배합니다.

그리고 나는 지극히 찬양하올 당신 이름에 호소합니다. 그리스도 하느님이시여, 시대들의 임금이시며 아버지의 독생자시여! 당신 여종을 받아주소서![131]

---

127 마리아의 몸(σῶμα)은 낙원(παράδεισος)으로, 영혼(ψυχή)은 하느님의 보고(=곳간 θησαυρός)로 옮겨질(μετατιθέμενος) 것이라고 한다. '보고', '곳간'은 유다교와 그리스도교 전통에서 죽은 의인들의 영혼이 머무는 곳을 가리킨다. '영혼들의 곳간', '영혼들의 보고'라 불리기도 한다(2바룩; 4에즈 참조). 2바룩 21,23은 "영혼들의 보고"를 셔올과 구분한다. 4에즈 4,35에서는 의로운 망자들의 영혼은 나머지 영혼들과 구분되어 셔올 안쪽 어딘가에 있는 '영혼들의 보고'에서 지내는 것으로 그려진다. '영혼들의 보고'에 대해서는 송혜경, 『구약 외경 2』, 252 각주 321을 참조하라.

128 '그 밖에 다른 것들'이라 옮긴 단어는 ἐπέκεινα다. '그 이상의 것'이라 옮길 수도 있다(Liddell-Scott).

129 '티 없는'으로 옮긴 ἄχραντος는 χραίνω에서 파생한 단어로서 '더럽혀지지 않은', '얼룩이 없는' 등의 뜻이다. χραίνω는 '살며시 만지다', '얼룩지게 만들다', '더럽히다', '오염시키다' 등을 뜻하며 윤리적 오염을 가리키기도 한다(Liddell-Scott).

130 41절은 예수님의 오른손이 하늘과 땅을 지으셨다고 한다. '짓다'라 옮긴 단어는 δημιουργέω다. 여기서 파생된 명사 데미우르고스(δημιουργός '솜씨 뛰어난 장인'이라는 뜻)는 플라톤 철학에서 창조주를 가리킨다. 교부들은 영지주의 창조주를 대개 데미우르고스라 칭했다. 마리아영면 41절은 예수님의 오른손이 하늘과 땅을 지으셨다고 한다.

인류를[132] 구원하시려고 비천한 나를 통해 태어나주신 분이시여![133] 그것은 형언할 수 없는 당신 구원계획을 위해서였습니다![134]
당신 여종의 이름에 호소하거나, 기도하거나 (그 이름을) 부르는 모든 사람에게 당신의 도움을 내려주소서!"[135]

사도들의 기도

42 그녀가 이 말씀을 올리는 동안 사도들은 그녀의 발치에 다가가 엎드리며 말하였다. "주님의 어머니여! 이 세상을 위한 축복을 기원해주십시오! 당신은 이곳에서 나가고 계시니까요! 사실 당신은 이미 세상을 축복하셨습니다. 세상의 빛을 낳으심으로써 멸망한 그것을 일으켜 세우신 것입니다."

마리아의 기도

주님의 어머니는 기도하며 기도 중에 이렇게 말하였다.
"오 하느님, 당신의 크신 선성으로 하늘에서부터 당신의 외아들을 보

---

131 직역: "그리고 나는, 그리스도 하느님이시여, 시대들의 임금이시며 아버지의 독생자시여! 당신 여종을 받아달라고 지극히 찬양하올 당신 이름에 호소합니다!"

132 직역: "사람들의 종족"(τὸ γένος τῶν ἀνθρώπων).

133 또는, "나를 통해 태어나는 일을 마땅하다 여기신 분이시여!" 마리아영면 5절; 42절 참조.

134 구원계획이라 옮긴 단어는 οἰκονομία다. '관리', '살림', '직무' 등을 뜻하는 이 단어는 하느님의 계획, 하느님의 구원 계획, 구원 경륜을 가리키는 것으로 용법이 확장된다(Bauer-Danker). 1티모 1,4 참조: "신화나 끝없는 족보에 정신을 팔지 말라고 지시하십시오. 그러한 것들은 믿음을 통하여 알려지는 하느님의 계획(οἰκονομία)에는 도움이 되지 않고, 억측만 불러일으킵니다."

135 41절에서 마리아는 자신의 이름에 대고 기도하는 모든 이에게 도움을 내려달라고 기도한다.

내주시어 제 비천한 몸에 자리 잡게 하신 분이시여! 비천한 저를 통해
태어나주신 분이시여![136] 이 세상과, 당신 이름을 부르는 모든 영혼을
가엾이 여기소서!"[137]
43 다시 그녀가 기도하며 말하였다. "주님, 하늘들의 임금이시여, 살아 계
신 하느님의 아들이시여! 당신 이름을 부르는 모든 사람을 받아주소
서! 그리하여 당신의 탄생이 찬양받게 하소서!"
그녀는 또 기도하며 말하였다. "주 예수 그리스도여! 하늘과 땅 위에
계신 전능하신 분이시여! 당신의 거룩한 이름에 대고 계속해서 호소합
니다![138] 내 이름이 기억되는[139] 모든 시간 모든 장소에서 그 장소를 거
룩하게 만들어주십시오. 그리고 내 이름을 통해 당신을 찬양하는 사
람들을 영광스럽게 만들어주십시오. 또한 그러한 사람들의 모든 예물
과 모든 애원과 모든 기도를 받아주십시오."[140]

주님의 약속

44 그녀가 이렇게 기도하자 주님께서 당신 어머니에게 말씀하셨다. "당신

---

136 또는, "비천한 나를 통해 태어나는 일을 마땅하다 여기신 분이시여!" 마리아의영면 5; 41 참조.

137 또는, "이 세상과, 당신 이름을 부르는 모든 영혼에게 자비를 베푸소서!" ἐλέησον은 ἐλεέω의 아오리스트 2인칭 단수 명령형으로 '가엾이 여기소서', '자비를 베푸소서' 등으로 옮길 수 있다.

138 '계속하다'라 옮긴 δυσωπέω는 '고집하다', '끈질기게 굴다'는 뜻이다(Liddell-Scott).

139 직역: "내 이름의 기억(기념)이 이루어지는." 또는, "내 이름의 언급이 이루어지는", "내 이름이 언급되는."

140 43절에는 마리아 공경 전통이 암시되어 있다. 마리아는 자신의 이름이 기억되는 모든 장소를 거룩하게 만들어줄 것을 청한다. 그리고 마리아의 이름을 통해 주님을 찬양하는 사람들을 영광스럽게 만들고, 또 그 사람들의 예물과 애원과 기도를 받아달라고 청한다.

의 마음이 즐거워하고 기뻐하기를! 하늘에 계신 내 아버지와 나와 성령에게서 모든 은총과 모든 선물이 당신에게 주어졌기 때문입니다.[141] 당신의 이름을 부르는 모든 영혼은 부끄러움을 당하지 않을 것입니다. 그 영혼은 지금 시대에도 다가올 시대에도, 하늘에 계신 내 아버지 앞에서 자비와 위로와 지지와 확신을 발견할 것입니다."

마리아의 마지막 인사와 귀환

45 그리고 주님께서 뒤돌아서시며 베드로에게 말씀하셨다. "찬가를 시작할 시간이 다가왔다." 그리하여 베드로가 찬가를 시작하자 하늘의 모든 권능들이 알렐루야로 답하였다. 그리고 그때 주님의 어머니의 얼굴이 빛보다 더 밝게 빛났다. 그리고 그녀는 일어나서 자신의 손으로 사도들 한 사람 한 사람을 축복하였다. 그러자 모든 이들이 하느님께 영광을 드렸다. 그리고 주님께서 티 없는 당신의 두 손을 드시어 그녀의 거룩하고 흠 없는[142] 영혼을 받아들이셨다.

사도들이 마리아의 몸을 침상에 눕힌 채 무덤으로 나르다

46 그녀의 흠 없는 영혼의 탈출과 함께 그 장소는 형언할 수 없는 빛과 향기로 가득 찼다. 그리고 보라! 하늘에서 이렇게 말하는 소리가 들려왔다. "당신은 여인들 가운데에서 가장 행복하십니다!"[143]

---

141 44절은 성부, 성자, 성령에게서 모든 은총과 모든 선물이 마리아에게 주어졌다고 한다. 그리고 마리아의 이름을 부르는 영혼은 부끄러움을 당하지 않으리라는 것, 그리고 성부 앞에서 자비와 위로와 지지와 확신을 발견하리라는 약속이 주어진다.

142 '흠 없는'으로 옮긴 단어는 ἄμωμος다. 도덕적 흠결이나 잘못이 없음을 가리키기도 한다(Bauer-Danker). 1베드 1,19 "흠 없고(ἄμωμος) 티 없는 어린양 같으신 그리스도의 고귀한 피로 그리된 것입니다"; 히브 9,14 "영원한 영을 통하여 흠 없는(ἄμωμος) 당신 자신을 하느님께 바치신 그리스도의 피는 우리의 양심을 죽음의 행실에서 얼마나 더 깨끗하게 하여 살아 계신 하느님을 섬기게 할 수 있겠습니까?"

베드로와 나 요한과 바오로와 토마는 달려가서, 그녀의 소중한 두 발을 축성하기 위해 천으로 감쌌다. 열두 사도는 그녀의 소중하고 거룩한 몸을 침상에 눕힌 채 (침상을) 들고 날랐다.

마리아의 침상을 만진 이에게 일어난 벌과 이적

47 그런데 보라! 그들이 그녀를 나르고 있는 동안 이름이 예포니아인 좋은 가문의 어떤 히브리인이 (그녀의) 몸 쪽으로 달려오더니 손을 침상에 대었다. 사도들이 (침상을) 나르고 있던 때였다. 보라! 주님의 천사가 보이지 않는 힘으로 그의 두 팔을 불의 칼로 어깨에서부터 잘라버렸다. 그리고 그것들을 침상 주변의 공중에 떠 있게 하였다.

48 이 놀라운 광경을 본 유다인들 백성 전체가 '당신에게서 태어나신 분은 참으로 진정한 하느님이십니다, 하느님의 어머니, 영원한 동정녀 마리아여!' 하고 소리쳤다.[144] 베드로가 예포니아에게 하느님의 이적이 드러나게 하라고 명령하자, 예포니아는 침상 뒤에 서서 소리쳤다. "거룩한 마리아, 그리스도 하느님을 낳으신 분이시여! 저를 가엾이 여기소서!"

그러자 베드로는 몸을 돌려 그에게 말하였다. "그녀에게서 태어나신 분의 이름으로 당신에게서 떨어져 나간 팔들이 다시 붙을 것입니다!" 베드로의 말이 떨어지자마자 여왕의 침상 둘레에 떠 있던 두 팔이 예포니아에게 와서 붙었다. 그러자 그도 믿게 되었다. 그리고 그는 그리스도, 그녀에게서 태어나신 하느님을 찬양하였다.

---

143 루카 1,42: "당신은 여인들 가운데에서 가장 복되"십니다(εὐλογημένη σὺ ἐν γυναιξίν). 마리아영면 46절에서는 εὐλογημένη대신 μακαρία가 쓰였다(μακαρία σὺ γυναιξίν). 창세 30,13 참조.

144 마리아와 관련하여 일어난 기적을 본 유다인들은 예수 그리스도를 '하느님'으로 고백한다. 기적이 마리아에 대한 신앙 고백으로가 아니라 예수 그리스도에 대한 신앙 고백으로 이끈다는 것을 말하고 있다.

사도들이 마리아의 몸을 무덤에 모시다

49 이 놀라운 일이 일어난 뒤 사도들은 침상을 날라 그녀의 소중하고 거룩한 몸을 겟세마니의 새 무덤에 모셨다. 그런데 보라! 우리의 여왕, '하느님의 어머니'의 거룩한 무덤에서 좋은 향기가 퍼져나왔다. 그리고 사흘째 날이 될 때까지, 그녀에게서 태어나신 그리스도 우리 하느님을 찬양하는, 보이지 않는 천사들의 목소리가 들려왔다.

사흘이 꽉 차자 더 이상 그 소리가 들려오지 않았다. 그리고 그때부터 모든 이가, 흠 없고 소중한 그녀의 몸이 낙원으로 옮겨졌다는 것을 깨달았다.

사도들이 낙원에 옮겨진 마리아의 몸을 환시로 보다

(49) 그것이 옮겨진 다음, 보라! 우리는 거룩한 세례자 요한의 어머니 엘리사벳과 여왕의 어머니 안나와 아브라함과 이사악과 야곱과 다윗이 알렐루야를 부르는 것을 바라보았다. 성도들의 모든 합창단이 주님의 어머니의 소중한 시신을[145] 경배하고 있었다. 그 장소는 밝게 빛나고 있었는데 그 어떤 것도 그 빛보다 더 빛나지 않았다. 그리고 그녀의 소중하고 거룩한 몸이 옮겨진 낙원 속 그 장소는 좋은 향기로 가득하였다. 그리고 그녀에게서 태어나신 분을 찬송하는 이들의 멜로디—동정남녀들에게만 주어지는 것—는, 듣는 것에 충족이 없는 그런 종류의 달콤한 멜로디였다.[146]

---

145 '시신'이라 옮긴 단어 λείψανον은 '남은 것', '남겨진 것', '시신', '시체' 등을 뜻한다. 순교자나 성인들의 유해를 가리키는 말로 쓰이기도 한다(Lampe).

146 아무리 들어도 물리지 않는 멜로디라는 의미다.

나가는 말

50 그리하여 우리 사도들은 갑작스레 일어난, 그녀의 거룩한 몸의 소중한 이동을[147] 관조하고 하느님을 찬양하였다. 그분께서 우리 주 예수 그리스도의 어머니의 귀환 때에 당신의 이적을 우리에게 보여주셨기 때문이다. 그리하여 우리 모두, 지금 이 시대에도 다가올 시대에도, 그녀의 은닉과 도움과 보호 아래서 그녀의 기도와 중재를[148] 받을 수 있는 자격을 얻게 되었다. 그리고 우리는 모든 시간과 장소에서, 그녀의 외아들과 아버지와 성령을 함께 영원무궁토록 찬송한다. 아멘.[149]

---

147 '이동'이라 옮긴 단어는 μετάθεσις다. μετατίθημι에서 파생한 명사로 '떠남', '이전', '변화', '변모' 등을 뜻한다(Bauer-Danker). 히브 11,5에서 에녹이 '하늘로 들어 올려진 것'을 표현한다: "'하느님께서 그를 하늘로 들어 올리셨기(μετατίθημι) 때문에, 아무도 그를 더 이상 볼 수가 없었습니다.' 그는 하늘로 들어 올려지기(μετάθεσις) 전에 '하느님의 마음에 들었다'고 인정을 받았습니다."

148 '중재'라 옮긴 πρεσβεία는 본디 '사절', '위엄 있음', '서열'을 뜻하나 '변호', '중재'의 의미로도 쓰인다(Lampe).

149 50절은 우리 모두가 마리아의 도움과 보호 아래 있으며, 마리아의 기도와 중재를 받을 수 있음을 선포한다.

목수 요셉 이야기

History of Joseph the Carpenter

≫ 목수 요셉 이야기에 대한 전반적 정보, 특히 사본과 역본에 대한 정보는 Burke, "History of Joseph the Carpenter", *e-Clavis: Christian Apocrypha* (검색일: 2024/03/04)을 보라. 목수 요셉 이야기에 대한 서론적 내용과 현대어 번역은 Elliott, "The History of Joseph the Carpenter", 111-117; Ehrman/Pleše, "The History of Joseph the Carpenter", 157-193; Boud'hors, "Histoire de l'Enfance de Jésus", 25-59; Erbetta, "La Storia del Falegname Giuseppe", 186-205; Elliott, "The History of Joseph the Carpenter", 111-117.

'목수 요셉 이야기'*History of Joseph the Carpenter*는 예수님의 양부 요셉의 생애와 죽음에 대한 이야기다. 올리브 산에서 예수님과 제자들이 나눈 대화의 형식으로 이루어져 있다. 사도들이 요셉의 죽음에 대해 물었을 때 예수님께서 주신 답변을 기록한 본문이 '목수 요셉 이야기'라고 한다(이제부터 편의상 '목수요셉'이라 줄여서 부르겠다). 사도들은 그 본문을 예루살렘의 도서관에 보관해 두었다고 한다. 요셉과 마리아의 이야기뿐 아니라 예수님의 탄생과 유년 시절도 담고 있어서(2—29장) 유년기 복음서Infancy Gospel로 분류되기도 한다.[1]

사실 목수요셉에는 여러 장르가 혼합되어 있어서 문학유형을 한마디로 정의하기는 쉽지 않다. 작품 전체는 예수님과 제자들의 대화로 이루어져 있으며 예수님의 말씀은 계시의 형태를 취하고 있다. 그 전까지 알려지지 않았던 내용을 예수님께서 제자들에게 드러내 보이신다는 것이다. 이런 면에서 이 작품은 '계시적 대화'Revelatory dialogue로 볼 수 있다. 이런 계시적 대화의 틀 안에 다른 문학 유형들이 결합되어 있다. 요셉의 생애를 서술한다는 점에서 요셉 전기이기도 하고, 요셉의 죽음 또는 임종을 다룬 점은 헬레니즘 시대 유다교 '유언' 문학(아브라함의 유언, 열두 성조의 유언 등)과 유사

---

1 Elliott, *The Apocryphal New Testament: A Collection of Apocryphal Christian Literature in an English Translation*, 111-117; Ehrman/Pleše, *The Apocryphal Gospels: Texts and Translations*, 157-193도 '목수 요셉 이야기'를 유년기 복음서 항목에서 다룬다.

하다. 본문에서는 이 이야기가 요셉의 "죽음에 대한 증언"(디아테케 ΔΙⲀⲐΗΚΗ, διαθήκη)이라고 불리기도 한다(30,4). 한마디로 목수요셉은 마리아와 요셉의 성가정을 둘러싼, 다양한 유형의 여러 전승들의 결합물이라고 볼 수 있다.[2]

1. 구조와 내용

목수요셉은 올리브 산에서 예수님과 제자들이 나눈 대화 형식으로 짜여 있다. 목수요셉의 작품 구조는, 작품 배경이 제시된 프롤로그와 도입부(1장), 요셉의 생애와 죽음에 초점이 맞추어진 제1부(2—29장), 요셉이 죽음을 피하지 못한 이유가 제시된 제2부(30—31장), 나가는 말(32장)로 구성된다.

프롤로그
도입(1장)
제1부 요셉의 생애와 죽음(2—29장)
　　요셉의 생애(2—11장)
　　임종이 다가온 요셉(12—14장)
　　요셉의 임종(15—29장)
제2부 사도들의 질문과 주님의 답변(30—31장)
나가는 말(32장)

프롤로그와 도입부에 작품 배경이 소개된다. 올리브 산에서 예수님과

2 Ehrman/Pleše, "The History of Joseph the Carpenter", 157-158; Aranda Perez, "Joseph the Carpenter", 1371-1374.

제자들이 나눈 계시 성격의 대화가 작품의 틀로 제시된다(프롤로그 및 1장).

일인칭 시점으로 진행되는 제1부(2—29장)는 요셉 생애의 결정적인 순간들과 임종의 순간을 서술하고 있다. 제1부는 '요셉의 생애'(2—11장)와 '임종이 다가온 요셉'(12—14장), '요셉의 죽음'(15—29장), 이렇게 세 부분으로 구성된다.

요셉의 생애에 대한 서술, 곧 요셉 전기에 해당하는 2—11장은 성가정과 관련된 여러 정보들을 제공하는데, 요셉의 출신 배경(2장), 마리아의 성장과 약혼(3—4장), 예수님 잉태와 탄생, 이집트 피신과 나자렛 정착(5—11장)으로 구성된다. 이 대목에서 저자는 야고보 원복음과 정경 복음서의 유년기 사화에 기대어 마리아와 요셉의 만남, 예수님 잉태와 출산, 이집트 피신까지의 내용을 개관하고 있다.[3]

목수요셉 12—14장은 요셉이 111살에 이르러 임종이 가까워진 상황을 그리고 있다. 요셉은 병이 들자 성전에 가서 평화로운 죽음을 맞게 해달라고 기도한다. 그리고 집으로 돌아와 가족들의 위로 속에서 죽음을 기다린다(12,1—14,2). 이어서 요셉의 생애가 간단히 요약된다(14,3-6).

목수요셉 15—29장은, 요셉의 죽음 이야기다. 프롤로그에 나오는 "이것은 우리 아버지 목수 요셉의 '육신 탈출' 이야기"라는 제목에 가장 어울리는 곳이 바로 이 대목이다. 요셉의 죽음과 장례를 둘러싼 일들에 초점이 맞추어진 이 대목은 요셉의 죽음(15—23장), 그리고 장례와 축복(24—29장)으로

---

3 Hock, *The Infancy Gospels of James and Thomas* 참조. 목수요셉 2—11장은 정경의 유년기 사화를 야고보 원복음에 기대어 확대재생산한 것이라 보면 된다. 가령 요셉과 마리아가 약혼한 일화는 야고보 원복음에 바탕을 둔다. 요셉은 홀아비 상태에서 제비를 통해 마리아의 보호자로 선택되었다고 한다. 예수님의 형제들과 자매들은 요셉이 첫 혼인에서 얻은 자녀들이라고 한다. 여기서 예수님의 누이들의 이름은 리시아와 리디아로 소개된다. 요셉의 첫 부인은 막내아들 야고보가 아직 어릴 때 사망한 것으로 나온다. 요셉은 마흔에 혼인하여 89세에 홀아비가 되었다고 한다(14,3). 마리아는 성전에서 자랐다고 한다. 앞에서 언급했듯 이런 내용들(2—11장) 덕분에 이 작품 전체가 유년기 복음서로 분류되기도 한다.

나뉜다. 요셉이 죽음을 맞이한 날은 그가 백열한 살 되던 해 에피프 달 26일이었다고 한다(15장).[4] 요셉은 자기가 임신한 마리아를 의심했던 일, 가브리엘 천사의 방문, 예수님 탄생 때 이야기들을 예수님께 들려준다. 그리고 예수님이 어렸을 때 뱀에 물린 소년을 낫게 해주었던 일,[5] 그리고 자기가 예수님을 야단쳤던 일도 언급한다.[6] 그리고 마침내 '죽음'이 '저승', 악마와 마귀들과 함께 요셉을 찾아온다. 예수님이 그들을 꾸짖으시자 그들은 달아난다(21). 예수님은 요셉의 영혼을 위해 기도하면서 하느님께 가브리엘과 미카엘을 보내달라고 요청한다. 요셉의 영혼이 어둠의 일곱 에온과 좁은 길들과 불의 강을 차례로 통과하는 동안 가브리엘과 미카엘로 하여금 요셉의 영혼을 지키게 해 달라는 것이었다(22). 요셉이 영을 내려놓자 천사들은 요셉의 영혼을 천으로 감싼다(23). 예수님은 다른 가족들에게 요셉의 죽음을 알리고 온 나자렛이 그의 죽음을 애도한다(24—25). 예수님은 요셉의 시신이 부패를 겪지 않을 것이라 선포하시면서 요셉을 적절히 공경하는 이들에게는 상급과 축복을 내리실 것이라 약속하신다. 곧 요셉의 기념일(에피프 달 26일, 곧 7월 20일)에 그의 경당을 방문하여 예물을 바치거나 요셉의 이름으로 선행을 한 사람, 또는 아이 이름을 요셉이라 짓거나 '요셉 이야기' 본문을 필사한 이들에게 축복을 내리신다는 것이다(26). 요셉의 시신이 무덤으로 옮겨진 뒤(27) '죽음'에 대한 예수님의 가르침이 이어진다(28). 그리고 요셉의 시신이 안치된다(29).

---

4 15—29장은 요셉의 기도와 탄식(16), 요셉과 예수님의 대화(17), 예수님과 마리아의 대화(18), 단말마의 순간(19—20), 죽음·저승·악마의 등장(21), 예수님의 기도(22), 요셉의 죽음(23), 애도와 장례 준비(24—25), 예수님의 축복과 약속(26), 운구(27), 죽음에 대한 예수님의 가르침(28), 안치(29) 순으로 이야기가 전개된다.

5 이 이야기는 토마 유년기 9장과 16장에 바탕을 두었다. 토마 유년기 복음서 우리말 번역은 송혜경, 『신약 외경 1』, 115-136에 실려 있다.

6 토마 유년기 5장 참조.

제2부는 요셉이 왜 죽어야만 했는지 설명하는 내용이다(30–31장). 제자들은 예수님께 요셉의 영혼과 몸을 에녹과 엘리야처럼 병거에 태워 하늘로 데려가시지 않는 이유를 묻는다(30). 이에 예수님은 인간의 필멸성이라는 관점에서 그 이유를 설명하신다. 먼저 예수님께서는, 모든 사람이 죽음을 피할 수 없으며 이런 필사의 운명에는 에녹과 엘리야도 예외가 될 수 없다고 말씀하신다(31). 에녹과 엘리야도 아직 죽지 않았을 뿐, 언젠가는 죽을 것이라는 말씀이다. 에녹과 엘리야는 그리스도의 적Antichrist에게 죽임을 당하기 위해 마지막 때를 기다리고 있다고 하신다. 예수님이 그토록 사랑하신 요셉이 죽은 것은 에녹과 엘리야보다 더 복된 운명이라는 해석이다.

목수요셉은 영광송으로 끝난다(32).

목수요셉은 무엇보다 요셉 축일을 지내기 위한 전례 목적으로 만들어졌을 법하다. 요셉 축일 전례 때 봉독하기 위해 만들어졌다는 것이다.[7] 게다가 마태오 및 루카 복음서 유년기 사화의 빈틈을 메우려는 의도도 있었을 법하다. 그리스도의 육에 따른 아버지 요셉이 어떤 사람이었는지 좀 더 상세히 알려 준다는 것이다. 그리하여 정경 복음서에서 예수님의 양부 요셉에게 부여된 다소 애매한 위상을 더 분명하게 제시하려 한 것 같다. 이에 대해서는 아래 신학 항목에서 조금 자세히 다루겠다.

2. 저술 시기와 원어

목수요셉의 저술 시기는 4세기부터 7세기 사이로 추정된다. 비너트와[8] 엘리

7 Manns, "Le portrait de Joseph dans l'Histoire de Joseph le Charpentier", 94.

엇은[9] 목수요셉이 4-5세기에 만들어졌을 것으로 추정한다. 다만 엘리엇은 이 작품이 성인들의 축일 관습이 시작된 이후에 만들어졌을 가능성도 부정하지 않는다. 에어만과 플레쉬는, 요셉 이야기가 6세기 말-7세기 초 비잔틴 시대 이집트에서 저술되었을 것으로 추정한다. 작품 후반부의 형식과 내용이 6-7세기에 만들어진 콥트어 마리아의 영면(transitus, dormitio) 전승과 매우 유사하다는 이유에서다.[10]

한편 에어만과 플레쉬는 이 작품의 원어가 콥트어였으리라 추정한다. 어떤 학자들은, 이 작품에 담긴 그리스어 차용어들을 근거로 목수요셉이 본디 그리스어로 저술되었을 것이라 제안하기도 한다.[11] 그러나 이 작품에 사용된 그리스어 차용어들이 대부분 불변화사나 전문용어들이라는 이유로 이 의견은 학자들 사이에서 잘 받아들여지지 않는다. 6-7세기에는 해당 용어들이 이미 외래어로 정착되어 있었다는 것이다. 르포르, 부도르 등이 이런 의견이었다. 이들은 콥트어 특히 사히드 방언이 원어였으리라 제안한다.[12] 이는 이 작품이 이집트에서 만들어졌을 가능성을 시사한다. 사실 작품 전반에 나타나는 '동정' 찬양에서 엿보이는 독신 또는 성금욕주의 관습

---

8 Bienert, "The Relatives of Jesus", 484.

9 Elliott, "The History of Joseph the Carpenter", 111. '목수요셉'이 사히드 방언과 보하이르 방언 모두로 존재한다는 점, 26장에서 엿보이는 천년왕국설이나 다른 종말론적 가르침들이 4-5세기를 반영한다는 것이 엘리엇의 의견이다. 목수요셉 26,1-4 참조: "[1] 네기 당신에게 입혔던 당신의 살도 (썩지 않기를)! 그 대신 천 년의 만찬 날까지 당신 몸에 머물러 있기를! … [4] 당신의 기념일에 이방인이나 과부나 고아에게 포도주 한 잔을 건네는 이들은, 내가 그들을 당신께 선사하여 당신이 그들을 천 년의 만찬에 데려가게 하겠소."

10 565년 알렉산드리아의 테오도시우스가 쓴 '동정녀의 영면에 대한 강론'이 그 한 예다: Ehrman/Pleše, *The Apocryphal Gospels: Texts and Translations*, 158.

11 Elliott, "The History of Joseph the Carpenter", 111.

12 목수요셉의 원어에 대한 논의는 Ehrman/Pleše, "The History of Joseph the Carpenter", 158-159 참조.

은 4-7세기 이집트 교회와 잘 부합한다.[13] 현존하는 필사본들이 콥트어와 아랍어인 점을 미루어볼 때 이 작품의 저술 장소로 이집트보다 더 나은 후보지는 없을 듯하다.[14]

3. 사본과 역본

요셉 이야기는 세 종류의 편집본으로 전해진다. 하나는 아랍어 역본, 둘은 콥트어 본문이다. 아랍어 역본은 전문全文으로도 단편으로도 전해지는데, 모두 14세기 이후에 제작된 필사본들로 월린G. Wallin에 의해 1722년에 라틴어 번역과 함께 출간되었다.[15] 콥트어 본문 가운데 하나는 사히드 방언으로, 다른 하나는 보하이르 방언으로 전해진다.[16] 1808년, 캬트르메르E. Quatremère는 요셉 이야기 전문이 담긴 보하이르어 필사본(11세기)을 발견했

13 사실 성금욕주의 전통은 이집트 교회뿐 아니라 초대 교회 전반에서 두루 나타나는 현상이었다. 4-5세기 이후로는 이집트, 팔레스티나, 소아시아, 로마와 갈리아 할 것 없이 동서 교회 전체에서 수도 공동체들이 발달하였다. 이에 대해서는 송혜경, "초대 그리스도교 성性 금욕주의", 188-189을 보라. 그리스도교 수도 공동체의 기원을 3세기 성 안토니오에게서 찾는 것에는 부정적인 입장을 견지한 학자들도 있으나 수도 공동체가 특히 이집트 교회에서 발달했음을 부정하기는 어렵다.

14 무슬림이 이집트를 정복한 7세기 이후 이집트의 공용어는 콥트어에서 아랍어로 대체된다. 그 이후 콥트어는 주로 콥트 정교회의 전례 용어로 한정되고 다른 문헌들은 대개 아랍어로 만들어진다.

15 Ehrman/Pleše, "The History of Joseph the Carpenter", 158.

16 콥트어 문헌들은 사히드 방언, 보하이르 방언, 아크밈 방언 등 다양한 방언으로 전해진다. 그 가운데 대표적인 두 방언이 보하이르 방언과 사히드 방언이다. 보하이르 방언과 사히드 방언은 단어는 물론이고 문법적으로도 차이를 보인다. 음운학적/음성학적/문법적 측면에서 볼 때 보하이르 방언이 사히드 방언보다 더 오래된

다고 발표했다.[17] 그 필사본은 본디 바티칸 도서관 소유였으나(Vat. copt. 66,11) 발표 당시에는 파리 왕립 도서관에 소장되어 있었다고 한다. 1815년에 해당 필사본을 바티칸 도서관에 반환하기 전에 라파엘 투키R. Tûkhî가 그 본문을 필사하였고 이를 바탕으로 1876년 르빌루E. Revillout가 첫 번째 인쇄본을 발간하였다.[18] 7년 뒤인 1883년 라가르드는 보하이르어 바티칸 필사본의 비평본critical edition을 발간하였다.[19]

아랍어 역본과 보하이르어 본문 및 사히드어 본문을 비교 분석한 르포르에 따르면 아랍어 역본은 보하이르어 본문(Vat. copt. 66,11)에 가깝다고 한다. 현존하는 보하이르어 본문은 사히드어 본문에 바탕을 두었다고 한다. 성경 인용문의 문체나 언어가 사히드어 성경 본문의 형식을 따른다는 것이 그 근거로 제시된다. 보하이르어 본문에서 사히드어 방언 특유의 언어적, 문법적 특징들도 발견된다고 한다.[20] 본 책에서 번역에 이용한 콥트어 대본Vorlage은 보하이르어 본문(Vat.copt. 66,11)이다.

4. 신학

목수요셉에서 눈여겨 볼 신학적 요소는 요셉이 어떤 인물로 그려지느냐는

형태, 곧 콥트어 전단계인 후기 이집트어(Late Egyptian)에 가까운 형태를 간직하고 있다.

17 Quatremère, *Recherches sur la langue et la littérature de l'Egypte*, 128.

18 Revillout, "Apocryphes coptes dy Nouveau Testament", 28-71.

19 de Lagarde (ed.), *Aegyptiaca*, 1-37.

20 de Lefort, "À propos de l'Histoire de Joseph le Charpentier", 201-223. Ehrman/Pleše, *The Apocryphal Gospels: Texts and Translations*, 158-159에서 재인용.

것이다. 요셉의 초상을 통해 마리아와 예수님의 신원에 대한 저자의 생각도 함께 밝혀질 것이다. 목수요셉 고유의 주제는 '죽음'과 임종이다. 당대 사람들이 죽음을 어떻게 생각하고 어떻게 준비하는지, 죽음을 맞이하는 사람의 기도와 고백과 회심과 신뢰를 확인할 수 있다. 죽음을 준비하는 과정에서 그리고 망자의 임종을 지켜보는 과정에서 수호천사에 대한 믿음도 엿보인다. 여기서 수호천사는 한 사람이 어머니 몸속에서 빚어질 때부터 죽어서 하느님께 다시 올라가는 순간까지 함께 하는 것으로 그려진다(13; 22). 수호천사 개념은 '바오로 묵시록'에서 자세히 다루므로 여기서는 생략하고 '요셉의 초상' 및 '죽음과 임종'에만 집중하겠다.

4.1. 요셉의 초상

신약 외경의 요셉은 신약성경의 요셉이 확장·발전된 형태라고 볼 수 있다. 먼저 신약성경에서 요셉이 어떻게 그려지는지 간략히 살펴보겠다.[21]

신약성경에서 모든 이야기의 중심은 단연 예수 그리스도이며 마리아와 요셉은 부수적인 인물로 그려진다. 마태 1,18-25에서처럼 마리아와 요셉이 주인공인 경우라도 이 두 사람은 예수님의 신원을 드러내기 위한 장치로서 등장한다. 따라서 특정 본문에 묘사된 요셉을 제대로 이해하기 위해서는 그리스도론적 관점에서 본문에 접근해야 한다. 요셉을 그리스도의 신원을 밝혀주는 인물로서, 그리고 그리스도와의 관계 측면에서 바라보아야 한다는 의미다.

---

21 신약성경에서 그려지는 요셉의 초상은 Jacobs, *Joseph the Carpenter: his Reception in Literature and Art from the Second to the Ninth Century*, 25-80에서 비교적 상세히 다뤄진다. 저자는 마태오 복음, 루카 복음, 요한 복음에 담긴 요셉 관련 일화를 바탕으로 신약성경이 제시하는 요셉의 위치와 역할을 소개하고 있다.

신약성경에서 요셉이 자세히 소개되지는 않는다. 복음서에서 요셉이 등장하는 대목은 예수님 탄생과 어린 시절을 다루는 유년기 사화에서다. 여기서 요셉은 마리아의 배필이자 예수님의 법적 아버지 또는 양부로서 유의미한 역할을 수행한다(마태 1—2장; 루카 1—2장). 마태오 복음에서 요셉은 예수님을 다윗 가문과 연결시키는 고리가 된다. 이를테면 "(다윗 후손인) 야곱은 마리아의 남편 요셉을 낳았는데, 마리아에게서 그리스도라고 불리는 예수님께서 태어나셨다"(마태 1,16)고 한다. 메시아가 다윗의 후손에서 나오리라는 구약성경의 희망이 요셉이라는 연결고리를 통해 이루어진 셈이다.[22]

마태 1,18-25에서는 요셉의 인품과 성정이 잘 드러난다. 예수님의 탄생 경위를 알리는 이 대목에서 요셉은 "의로운 사람"으로서 유다교 율법에 충실한 인물로 묘사된다. 동시에 그는 의를 위해서라도 타인의 수치를 드러내지 않도록 조심하는 사람이기도 하다. 이는 자기와 약혼한 마리아가 같이 살기 전에 잉태한 사실이 드러났을 때 보인 행동을 통해 알 수 있다. "마리아의 남편 요셉은 의로운 사람이었고 또 마리아의 일을 세상에 드러내고 싶지 않았으므로, 남모르게 마리아와 파혼하기로 작정하였다"고 한다(마태 1,19). 어떻든 요셉은 유다교 율법에 따라 '의'를 위해 마리아와 파혼하기로 결심하지만 꿈에 나타난 천사의 말을 따라 마리아를 받아들인다(마태 1,20-24). 그리고 마리아가 아들을 낳자 예수라고 이름을 짓는다(마태 1,21-25). 마리아에게서 태어난 아들에게 이름을 지어주는 행위는 요셉이 마리아와 예수를 자기 가족으로 인정했음을 암시한다. 복음서에서 요셉은 그 후로도 계속 마리아와 아기 예수를 책임지고 보호한 것으로 그려진다. 마태 2장에서 요셉은 헤로데를 피해 마리아와 예수를 데리고 이집트로 피신 갔다가 다

---

22 예수님의 족보를 담은 루카 3,23-38에서도 예수님은 요셉을 통해 다윗의 후손이 된다. 루카 1,26-27도 참조: "여섯째 달에 하느님께서는 가브리엘 천사를 갈릴래아 지방 나자렛이라는 고을로 보내시어, 다윗 집안의 요셉이라는 사람과 약혼한 처녀를 찾아가게 하셨다. 그 처녀의 이름은 마리아였다."

시 이스라엘 땅으로 돌아왔다고 한다. 그리고 그들은 나자렛에서 살았다고 한다. 요셉은 목수 또는 (건축) 기술자로 일한 것으로 그려진다(마태 13,55).[23]

요셉과 마리아 그리고 예수님이 계속 가족을 이루고 산 것은 사람들이 예수님을 요셉의 아들이라 칭한 데서 알 수 있다(마태 13,55; 루카 3,23; 4,22; 요한 1,45; 6,42). 이를테면, "예수님께서는 서른 살쯤에 활동을 시작하셨는데, 사람들은 그분을 요셉의 아들로 여겼다"(루카 3,23)는 것이다.

복음서에서 요셉은 적어도 예수님이 열두 살 되던 해까지는 생존한 것으로 그려진다. 이는 루카 2,41-52을 통해 알 수 있다. 요셉과 마리아가 열두 살 예수님과 함께 파스카 축제를 지내고 집으로 돌아가다가 뒤늦게 아들이 일행 가운데 없는 것을 알아채고 성전으로 되돌아간다. 그리고 예수님을 예루살렘 성전에서 되찾았다고 한다. 그 이후 "예수님은 부모와 함께 나자렛으로 내려가, 그들에게 순종하며 지냈다"고 한다(루카 2,51). 이 사건 이후로 복음서에서 요셉이 직접 등장하는 경우는 없다. 마리아는 예수님의 공생활 기간에도 때때로 이야기에 등장하지만 요셉은 그렇지 않다. 가령 예수님이 미쳤다는 소문이 돌았을 때 예수님을 찾아온 가족 가운데 요셉은 언급되지 않는다. 예수님의 십자가형이 진행되던 중에도 어머니 마리아는 언급되지만 요셉은 언급되지 않는다. 십자가상에서 예수님이 요한을 마리아의 아들이라고 지정하고 그 뒤로 요한이 마리아를 모셨다는 진술도 요셉이 예수님보다 먼저 세상을 떠난 것으로 짐작하게 만든다. 일반적으로 학자들은 요셉이 예수님 공생활 이전에 돌아가셨으리라 추정한다.[24]

---

23 『성경』에서 목수라고 옮겨진 τέκτων은 목재나 석재, 철재 등 단단한 재료를 사용한 (건축) 기술자, 숙련된 장인을 가리키는 단어다(Liddell-Scott).

24 https://www.britannica.com/biography/Saint-Joseph (검색일 2024/03/31). 제이콥스는 예수님을 '요셉의 아들'이라고 현재형으로 칭하는 대목들(마태 13,55; 루카 3,23; 요한 6,42 등)을 근거로 내세우면서 복음서는 요셉이 예수님 공생활 기간에도 살아 있었음을 전제한다고 주장한다. 그리고 요한 19장, 예수님이 요한에

요약하면 신약성경의 요셉은, 율법과 전통을 충실히 지켜나가는 의로운 사람이다. 그는 하느님 뜻에 따라 마리아를 아내로 맞아들이고 그녀가 낳은 예수님을 자신의 적법한 아들로 키운다. 예수님은 열두 살 이후에도 (적어도 공생활 전까지) 부모에게 순종하며 살았다고 한다. 그리하여 예수님은 사람들 사이에서 요셉의 아들로 칭해진다. 요셉은 예수님이 공생활을 시작하시기 전에 세상을 떠난 듯하다.

신약 외경 유년기 복음서에서는 요셉이 비교적 상세히 소개된다.[25] 야고보 원복음, 토마 유년기 복음, 차명 마태오 유년기 복음서 등 다양한 유년기 복음서에 요셉이 등장한다. 그런데 요셉이 정경 바깥의 문학과 예술에서 어떤 식으로 수용되고 있는지, 그리고 요셉을 둘러싼 이야기들이 어떤 식으로 변화·발전해 나갔는지 체계적으로 연구한 논문이나 서적은 찾아보기 어렵다. 그런 의미에서 호크R.F. Hock가 1995년에 펴낸 *The Infancy Gospels of James and Thomas*는 매우 의미가 깊다. 여기서 호크는 거의 처음으로 정경 외 문학의 '요셉 수용의 역사'를 다루고 있다. 그는 정경의 요셉과 외경의 요셉을 비교하면서 요셉이라는 인물이 교회 안에서 어떻게 받아들여졌는지 그 추이와 변화를 살핀다. 특히 정경에는 없고 외경에만 나오는 요셉의 생애, 곧 마리아와 혼인하기 전의 요셉, 마리아와 요셉의 약혼 배경, 예수님 탄생을 둘러싼 사건과 일화들, 예수님 성장기의 요셉에 관한 이야기들을 소개하고 있다. 아울러 외경 문학에서 요셉에게 새롭게 덧붙여진 요

게 마리아를 어머니로 주시는 대목을 근거로 요셉은 예수님이 십자가 처형을 당하시기 얼마 전에 사망했을 것이라고 추정한다. Jacobs, *The reception history and interpretation of the new testament portrayals of Joseph the Carpenter*, 31-94, 특히 87-88을 보라.

25 신약 외경의 요셉의 초상은 Jacobs, *Joseph the Carpenter: his Reception in Literature and Art from the Second to the Ninth Century*, 83-146을 보라. 저자는 야고보 원복음, 토마 유년기 복음, 목수 요셉 이야기, 차명 마태오 유년기 복음의 요셉을 차례로 고찰하고 있다.

소나 역할들도 소개한다. 이를테면, 마태오와 루카 복음에서 요셉은 마리아와 약혼할 당시 청년이었음이 암시되어 있으나 야고보 원복음에서는 요셉이 자식이 있는 연로한 홀아비로 그려진다. 그리고 마리아와 요셉이 부부 관계라기보다는 보호자와 피보호자 관계임이 암시된다.[26]

신약 외경의 요셉도 신약성경의 요셉과 마찬가지로 그리스도론적 관점에서 접근해야 한다. 예수 그리스도가 누구이신가를 밝히는 장치로서 요셉에게 접근해야 한다는 의미다. 외경의 요셉에게는 예수님의 신원을 드러내는 역할뿐 아니라 '마리아'가 어떤 존재인가를 보여주는 역할도 부여되어 있다. 마리아가 평생 동정임을 부각시키기 위해 요셉은 결혼 적령기의 청년이 아닌 연로한 노인으로, 그리고 보통의 남편이 아니라 마리아를 보호하는 후견인 역할로 그려진다(야고보 원복음). 같은 맥락에서 신약성경에서 주님의 형제자매들로 묘사된 이들이 요셉의 첫 혼인에서 태어난, 예수님의 이복형제들로 그려진다. 동정녀 마리아가 성령으로 인해 예수를 잉태했을 뿐만 아니라 그 후에도 평생 동정으로 지냈으며 이를 실현하게 도와준 사람이 요셉이라는 것이다. 요셉은 마리아와 예수님의 보호자로서 제 역할을 다 했다는 의미다.

목수요셉에서는 요셉이 예수님의 양부, 마리아의 보호자 그 이상으로 소개되기도 한다. 요셉이라는 인물 자체에 집중해서 그에게 어떤 특별한 덕목이 있었는지, 그가 입은 특별한 은총은 무엇이었는지, 그와 예수님이 얼

26 이러한 장치들은 마리아가 평생 동정임을 부각시키려는 의도에서 채택되었을 것이다. Hock, *The Infancy Gospels of James and Thomas*, 23-25 참조. 호크의 책 외에 린하드(Lienhard)의 책도 요셉에 대한 초대 교회의 입장을 이해하는 데 도움이 된다. 린하드는 1995년에 발간한 *St. Joseph in Early Christianity*에서 초대 교회 문헌이 요셉을 어떻게 묘사하는지 개관한다. 이 책의 강점은 신약 외경과 교부문헌을 고루 다룬다는 사실이다.

마나 특별한 관계를 맺고 있었는지 보여 준다. 아울러 요셉을 통해, 그에게 도움을 청하며 기도하는 이들에게 어떤 은총이 주어지는지도 알려 준다. 요셉 공경과 요셉과 관련된 축일들의 근거를 제시해주는 셈이다. 이제부터 '목수요셉'이 전하는 요셉의 초상을 조금 자세히 살펴보도록 하겠다.[27]

그리스도의 육에 따른 아버지 요셉은 의로운 사람으로서 모든 일에서 하느님께 영광을 드렸다고 한다(목수요셉 2,5). 요셉의 생애는 2—11장에 비교적 상세히 전해지며 뒤에 다시 그의 생애가 짤막하게 요약된다(14,3-6). 요셉의 첫 번째 혼인과 두 번째 혼인, 예수님 탄생 때까지의 내용이다.

> 14,3 이것은 내 사랑하는 아버지 요셉의 행로다. 4 그가 아내를 맞이한 때는 마흔 살 때였다. 그리고 자기 아내와 사십구 년 동안 결혼 생활을 했다. 그리고 그녀가 죽자 그는 일 년 동안 혼자 살았다. 5 내 어머니는 사제들이 그에게 맡긴 뒤로 그의 집에서 이 년을 보냈다. 그는 사제들로부터 이런 가르침을 받았다. "너희에게 혼례가 베풀어질 때까지 그녀를 잘 지켜라!" 6 그녀가 그의 집에 머문 지 삼 년 째 되던 해 초엽에—그때 그녀는 열다섯 살이었다—그녀는 신비로운 방식으로 이 땅 위에 나를 출산하였다. 피조물 전체에서 누구도 알지 못하는 방식이었다. 나와 내 아버지와 성령만은 예외였다. 우리는 하나이기 때문이다.

요셉은 90세에 마리아와 약혼하였으며 마리아는 열다섯 살 되던 해에 "신비로운 방식"으로 예수님을 잉태하고 출산했다고 한다. 복된 노인으로 칭해지는 요셉의 성품은 9—10장에서 예수님의 입을 통해 묘사된다.

---

27 Jacobs, *Joseph the Carpenter: his Reception in Literature and Art from the Second to the Ninth Century*, 111-127; Manns, "Le portrait de Joseph dans l'Histoire de Joseph le Charpentier", 94-105 참조.

9,2 그리고 내 아버지 요셉, 복된 노인은 목공 기술로 일을 했다. 우리가 그의 손이 하는 일로 먹고 살았던 것이다. 그는 모세의 율법에 따라 살면서 공짜로 얻은 것은 빵 한 조각도 먹지 않았다. 10,1 그리고 긴 시간이 흐른 뒤에도 그의 몸은 힘이 없어지지 않았고 그의 눈은 빛이 사라지지 않았으며 단 하나의 치아도 그의 입에서 빠져나가지 않았다. 그 모든 시간 동안 그는 지력과 지혜가 떨어지지 않았으며 오히려 젊은이 같았다. 그의 나이는 백열한 살에 이르러 아름다운 노년기가 되었다.

위 대목은 모세의 율법에 따라 백열한 살까지 성실히 살아온 요셉의 세월을 표현한다. 요셉은 또한 예수님의 양부,[28] 예수님의 극진한 사랑을 받은 특별한 아버지로 묘사된다.

11,2 동정녀가 나를 낳았을 때 나는 자녀답게 온전히 (그들에게) 순종하며 그들과 함께 지냈다. 진실로 나는 죄만 빼고 인간이 하는 모든 일을 했다. 3 나는 마리아를 내 어머니, 요셉을 내 아버지라 불렀다. 그리고 나는 그들이 내게 말하는 모든 것을 두고 그들에게 순종했다. 나는 그들에게 한 마디도 더 보탠 적이 없다. 사실 나는 그들을 몹시 사랑하였다.

예수님은 또한 사랑하는 아들로서 요셉의 임종을 지킬 뿐 아니라 요셉의 영혼과 몸에 특별한 은총을 선사한다. 그리하여 요셉의 영혼은 예수님의 요청에 의해 하늘로 옮겨지고(23장), 그의 몸은 부패도 겪지 않을 뿐더러(25—27장), 마지막 때의 고난도 비켜갈 것이라고 한다(31장). 요셉이 죽은 것은 인간의 필멸성에 따른 일이지 그가 에녹이나 엘리야보다 덜 훌륭해서가 아니라고 한다. 에녹과 엘리야도 죽음이 늦춰진 것일 따름 언젠가는 죽게 될

28 요셉은 처음에 마리아의 동정 잉태를 의심했으나(5장), 기꺼이 예수를 자신의 적법한 아들로 등록했다고 한다(7장).

운명이라고 한다. 그들은 마지막 때의 역할, 곧 '그리스도의 적'에게 죽임당하는 역할을 위해 때를 기다리고 있다는 것이다. 아울러 인성을 입으신 예수님 또한 죽음을 맞이하실 것임이 선언된다.

목수요셉은 또 요셉에 대한 묘사를 통해 마리아가 어떤 인물이었는지도 함께 알려준다(2—4). 야고보 원복음을 바탕으로 만들어진 이 대목에서 요셉은 연로한 노인으로서 마리아와 약혼할 당시 이미 나이든 홀아비였던 것으로 묘사된다. 홀아비 상태에서 마리아의 보호자로서 선택되어 마리아와 약혼했다는 것이다. 요셉은 마리아를 자기 집에 데려다 놓은 뒤 목공 일을 하러 떠나는데 두 해가 지나 집에 돌아와 보니 마리아가 임신해 있었다고 한다. 남몰래 마리아를 내보낼 생각을 하던 요셉은 꿈에 나타난 천사에게서 성령으로 인한 잉태임을 듣고는 마리아와 아기를 보호하기로 한다. 이 모든 장치들은 예수님의 잉태와 탄생이 성령으로 인한 것임을 부각시키는 동시에 마리아의 평생 동정의 복선 구실을 한다. 아울러 마리아와 약혼할 당시에 요셉에게는 이미 첫 혼인에서 얻은 자녀들이 있었다고 함으로써 마리아가 평생 동정이었다는 믿음에 힘을 보탠다. 정경복음서에서 주님의 형제자매들로 소개되는 이들이 마리아와는 무관한 요셉만의 자녀들이라는 것이다(2—4장).

이 책은 요셉과 마리아의 이야기를 통해 예수님이 누구신지 밝히는 더 큰 목적도 함께 담고 있다. 무엇보다 예수님은 성령으로 인해 동정녀에게서 태어나신 하느님의 아들이라고 한다. 아울러 죄만 빼고는 다른 사람들과 똑같이 사셨다고 한다(11,2). 14,3-6에서는 예수님이 성부성자성령만이 아시는 "신비로운 방식으로" 마리아에게서 탄생하셨다고 한다. 이 모든 것은 예수님이 사람인 동시에 하느님임을 보여 준다. 예수님은 인간이기만 한 분도, 하느님이기만 한 분도 아니셨다는 것, 예수님은 참하느님이시며 참인간이시라는 것이다. 예수님이 하느님이시기만 했다면 요셉의 보호 자체가 필요 없었을 터다.

목수요셉에서는 예수님의 수난과 부활이 예고되기도 한다. 요셉의 양

아들 예수님은 십자가에서 돌아가시고 부활하심으로써 인류를 구원하시는 분이시라고 한다.

> [1,2] 나는 너희들에게 여러 번 말했었다. 나는 모든 이를 위하여 십자가형을 받고 죽음을 맛보아야 하며, 죽은 이들 가운데서 되살아나야 한다고.

이렇게 십자가에 못 박혀 돌아가셨다가 되살아나실 "그분은 우리 주님, 우리 하느님, 우리 구원자 예수 그리스도"시라고 한다(32,3). 예수님이 하느님이시라는 것이다. 이 작품이 삼위일체 하느님께 바치는 영광송으로 끝나는 것도 예수 그리스도가 누구신가에 대한 물음의 탁월한 답변이 된다. "그분(=예수 그리스도)을 통하여 모든 영광과 모든 영예가 아버지와 그분(성자)과 생명을 주시는 성령께, 이제와 모든 순간과 영원 무궁히, 아멘!"(32,3). 삼위일체 신앙은 앞서 14,6에서도 선포된다. 예수님 탄생을 선포하는 내용에서다. 이 또한 예수님의 입을 빌려 발설된다.

> [14,6] 그녀는 신비로운 방식으로 이 땅 위에 나를 출산하였다. 피조물 전체에서 누구도 알지 못하는 방식이었다. 나와 내 아버지와 성령만은 예외였다. 우리는 하나이기 때문이다.

이 세상에 사람으로 태어나신 예수 그리스도가 하느님이시며 성부와 성자와 성령이 일체시라는 선포다. 이렇게 목수요셉은 요셉의 이야기를 통해, 마리아가 누구인지, 나아가 예수님이 누구신지 장엄히 선포하고 있다.

4.2. 죽음과 임종

목수요셉은 죽음에 대한 깊은 성찰과 숙고를 담고 있다. 저자는 요셉의 임종 이야기를 통해 죽음에 직면한 사람과 그를 지켜보는 이가 지녀야 할 마음과 자세를 제안하고 있다. 죽음을 직면한 요셉과 그의 죽음을 마주한 그의 가족 곧 마리아와 예수님의 이야기를 통해 '좋은 죽음', '아름다운 죽음'이 무엇인지 그리고 '아름다운 임종'은 어떤 것인지 말해주고 있다. 저자는 이 이야기를 통해 자신의 죽음을 어떻게 준비해야 할지 또 죽음 앞에 섰을 때 그 시간을 어떤 마음으로 맞아야 할지, 그리고 사랑하는 이를 죽음으로 떠나보내야 할 때 어떤 마음과 태도를 지녀야 할지 숙고하는 시간을 제공하고 있다. 이제 그 이야기 속으로 들어가 보도록 하자. 먼저 요셉의 '죽음' 전승에 대해 간단히 살펴본 뒤, 목수요셉에서 그의 죽음을 어떻게 설명하는지 살펴보겠다.

신약성경은 요셉의 죽음에 대해 침묵한다. 모든 이야기의 중심이 예수 그리스도인 신약성경에 요셉의 죽음이 언급되지 않은 일은 이상할 것이 없다. 앞에서 살펴보았듯이, 학자들은 신약성경 복음서 내용을 토대로 요셉의 사망 시기를 예수님 공생활 이전으로 추정한다. 그 근거는 대략 세 가지로 추려진다. 첫째, 12살 소년 예수님의 예루살렘 성전 일화를 끝으로 요셉은 더 이상 복음서에 등장하지 않는다. 둘째, 공생활 기간 중에 예수님의 가족이 등장하는 장면에서 요셉은 나오지 않는다. 셋째, 십자가 처형 장면에도 요셉은 등장하지 않는다. 십자가에 달리신 예수님이 어머니 마리아를 요한에게 맡기신 사실은 요셉이 이미 사망했음을 짐작케 한다. 따라서 신약성경을 통해 요셉의 대략적 사망 시기는 예수님 공생활 이전으로 추정된다.[29] 그 상황이나 배경에 대해서는 신약성경이 아무런 실마리도 제공하지 않는다.

목수요셉은 요셉이 예수님 공생활 이전에 세상을 떠났다는 가성 하에 만들어진 요셉의 죽음 이야기다. 제자들이 요셉의 죽음에 대해 물었을 때 예수님이 주신 답변이 책으로 기록되었다고 설정되어 있다. 이 작품은 요셉

29 https://www.britannica.com/biography/Saint-Joseph (검색일 2024/03/31).

의 생애와 죽음을 모두 담았지만 초점은 그의 죽음에 맞춰져 있다. 요셉과 마리아의 만남과 혼인, 예수님 탄생과 유년 시절의 일화도 담겨 있으나 요셉의 죽음과 장례가 이야기의 대부분을 차지한다. 여기서 요셉은 마리아와 예수님을 비롯한 가족들의 곁에서 임종을 맞이한 것으로 그려진다. 요셉이 죽음을 맞이한 때는 111살이었던 것으로 설정되어 있다. 목수요셉 14,3에 따르면, 요셉은 마흔에 첫혼인하여 89살에 홀아비가 되었으며 아흔 살에 12살의 마리아와 약혼했다고 한다(3,1). 그리고 마리아가 14살 되던 해에 예수를 잉태했다고 한다. 요셉이 111살에 죽음을 맞이했다고 하니(10,1), 마리아는 33-34세, 예수님은 17-18세 정도 되었을 것으로 계산된다. 요셉은, 자신에게 주어진 역할 곧 마리아와 예수를 보호하는 역할을 온전히 수행한 뒤 세상을 하직하게 된 것이다.

요셉의 죽음과 장례는 12—29장에서 다뤄진다. 먼저 12—14장은 요셉이 임종이 가까워진 상황을 전하고 있다. 요셉은 병이 들자 예루살렘 성전에 가서 평화로운 죽음을 맞을 수 있게 해 달라고 하느님께 기도한다(12). 죽음을 앞둔 요셉의 기도는 다음과 같다.

> 13,1 “하느님, 모든 자비의 아버지, 모든 육신의 하느님, 내 영혼과 내 몸과 내 영의 주님이시여! 2 만약 당신께서 제게 주신 제 생명의 날들이 이 세상에서 다하였다면, 저는 주 하느님이신 당신께 청합니다. 저에게 미카엘 대천사를 보내주소서. 그리하여 그로 하여금 불쌍한 제 영혼이 고통과 동요에 굴복하지 않고 (무사히) 제 몸을 빠져나갈 때까지 저와 함께서 있게 해주소서. … 6 당신께서 저를 빚으시던 그날부터 지금까지 줄곧 저를 맡아 온 그 천사로 하여금, 제가 당신을 향해 나아갈 때, 그 길에서 그의 얼굴을 저를 향한 분노로 채우지 않게 하소서. 대신 그로 하여금 저와 평화를 이루게 하소서. … 10 오 하느님! 모든 이를 공정하고 정의롭게 심판하시는 분이시여! 이제, 주님, 당신의 자비가 저에게 위로가 되게 하소서! 당신께서는 모든 선의 샘이시기 때문입니다. 영광은 영원무궁토

록 당신의 것입니다, 아멘!"

요셉은 자신의 죽음이 임박했음을 알고 미카엘 대천사를 보내달라고 하느님께 기도한다. 하느님께 올라갈 때까지 자신을 지켜줄 천사를 보내달라는 것이다. 여기서 미카엘 대천사는 하느님께서 요셉을 "빚으시던 그날부터" 줄곧 요셉을 맡아온 천사로 묘사된다. 미카엘 대천사의 도움으로 자신의 영혼이 무사히 하느님께 올라갈 수 있게 해달라는 기도를 마친 요셉은 예루살렘 성전을 떠나 나자렛의 집으로 돌아온다. 그리고 요셉은 가족들의 위로 속에서 죽음을 기다린다(14).

15—29는 요셉의 임종과 장례 장면이다. 먼저, 요셉이 죽음을 맞이한 날은 백열한 살 되던 해 에피프 달 26일(= 그레고리력 7월 20일)이었다고 한다(15). 예수님 외에 마리아, 그리고 요셉의 (첫 혼인에서 얻은) 다른 자녀들도 임종 자리에 함께 있었던 것으로 묘사된다. 요셉은 임종 침상에서 예수님에게 자신의 삶을 들려준다. 마리아를 의심했던 일, 가브리엘 천사의 방문, 예수님 탄생에 얽힌 일들, 어린 예수님이 뱀에 물린 소년을 낫게 해주었던 일은 물론, 자기가 예수님을 야단쳤던 일도 언급한다.

이어서 요셉은 예수님에게 자신의 잘못을 고백한다. 그의 죄 고백은 '불행 선언' 형식을 띤다. 요셉은 자신의 지체들을 하나씩 언급하며 그 지체를 통해 지은 잘못을 고백한다. 그리고 요셉은 죽음을 앞둔 사람이 겪는 두려움과 혼란을 고백하면서 하느님께 자비를 청한다.

> **16,1** 비통하도다, 오늘! 불행하여라, 내 어머니가 이 세상에 나를 낳던 날
> 이여! 2 불행하여라, 내가 생명의 씨앗을 받은 자궁이여! 오 불행하여라,
> 내가 젖을 빨던 가슴이여! 3 불행하여라, 내가 앉던 무릎이여! 4 불행하
> 여라, 내가 자랄 때까지 그리하여 죄 가운데 지낼 때까지 나를 일으키던
> 손들이여! 5 불행하여라, 내 혀와 내 입술이여! 그것들은 자주 폭력, 중
> 상, 거짓된 험담, 기만으로 가득한 쓸데없는 말들에 가담했습니다. 6 불

행하여라, 내 눈들이여! 그것들은 부끄러운 일들을 목격했습니다. [7] 불행하여라, 내 귀들이여! 그것들은 공허한 말들을 즐겨 들었습니다. [8] 불행하여라, 내 손들이여! 그것들은 자기 것이 아닌 것들에 다가갔습니다. [9] 불행하여라 내 위장과 내 창자들이여! 그것들은 자기 것이 아닌 음식들을 탐했습니다. 사실 그것(위장)은 먹을 것을 발견할 때마다 그것은 타오르는 불가마보다 더 심하게 그것을 태워 그것들을 아무짝에도 소용없는 것으로 만들었습니다. [10] 불행하여라, 내 무릎들이여! 그것들은 내 몸에 해롭게 봉사하며 그것을 아름답지 않은 길로 데려갔지요. [11] 불행하여라, 내 몸이여! 그것은 내 영혼을 황량하게, 그리고 그것(영혼)을 만드신 하느님과 (상관없는) 이방인으로 만들었습니다. [12] 나는 이제 무엇을 해야 할까요? 나는 온 사방이 막힌 채 갇혀 있습니다. [13] 진정으로, 죄를 지을 모든 사람은 불행하여라! 진정 이것은, 내 아버지 야곱이 몸에서 빠져나갈 때 그분에게서 보았던 것과 같은 대혼란이로구나! 오늘 불쌍한 나를 덮친 것이 바로 그것이구나! [15] 하지만 서둘러주소서, 하느님! 제 영혼과 몸의 중재자시여, 제 안에서 당신 뜻을 행하시는 분이시여!

사랑하는 아버지 요셉의 기도를 들은 예수님은 자리에서 일어나 침상에 누운 그에게 다가간다. 그리고 요셉의 영혼과 영이 몹시 혼란스러워 하는 것을 보고 "기뻐하십시오, 내 사랑하는 아버지 요셉이여! 아름답고도 복된 노년의 사람이여!"라고 하면서 요셉을 위로한다. 예수님의 말을 들은 요셉은 위로를 받고 이렇게 고백한다.

[17,2] … "몇 번이고 기뻐하십시오, 내 사랑하는 아들이시여! 보십시오! 내가 당신 음성을 들었을 때 내 영혼이 조금이나마 안식을 느꼈습니다. [3] … 예수 선하고 자비하신 내 구원자, 예수 구원하시는 분, 예수 인도자, 예수 보호자, 예수 당신 선하심으로 가득하신 분, 예수, 그 이름이 모든 이의 입에 달콤하고 몹시도 감미로우신 분! 예수, 눈! 보시는 분! 예수, 귀!

공정하게 들으시는 분! 오늘 제 말을 들어주소서! 나는 당신의 종! 나는 내 얼굴을 당신께 향하고 당신 앞에서 눈물을 흘립니다.… [7] 당신은 예수 그리스도, 내 영혼과 몸과 영의 구원자이십니다. 내게서 잘못을 찾아내지 마소서. 나는 당신의 종, 당신 손의 작품입니다. … [15] … 나는 당신의 선하심에 대고 탄원합니다. 나를 심판에 데려가지 말아주소서! [16] 나는 당신의 종이며 당신 여종의 아들입니다."

이 기도에서 요셉은 예수님이 자신의 창조주이자 구원자이며, 자신은 그분의 종임을 고백한다. 요셉이 임종 침상에서 아들 예수님에게 신앙 고백을 한 것이다. 아버지 요셉의 말을 들은 예수님은 눈물을 참을 수 없었다고 한다. 그리고 죽음에 짓눌리고 있는 요셉을 바라보고 그의 탄식을 들으면서 운다. 그때 어머니 마리아가 몹시 괴로워하며 예수님에게 말한다. "오, 슬프다, 내 사랑하는 아들아. 선하고 복된 노인 요셉, 너의 사랑하는, 육에 따른 영예로운 아버지는 아마 곧 돌아가시겠지?"(18,3) 예수님은 어머니 마리아에게 말한다. 모든 사람은 죽는다고, 예수님도 죽게 될 것이라고, 그러나 이들의 죽음은 죽음이 아니라 영원한 생명이라고 말한다.

18,4 "오 사랑하는 내 어머니, 육신을 두른 사람들 가운데 누가 죽음을 맛보지 않겠습니까? [5] 사실 죽음은 인류의 지배자입니다, 오 나의 복된 어머니! [6] 사실 당신도 다른 모든 사람처럼 죽어야 합니다. [7] 내 아버지 요셉이든 복된 내 어머니 당신이든, 여러분의 죽음은 죽음이 아닙니다. 그것은 영원하고 끝이 없는 생명입니다. [8] 사실 나 또한 모든 이를 위하여 죽을 것입니다. 내가 당신 안에서 지니게 된 사멸하는 인간의 육신 때문입니다."

이때 예수님은 아버지 요셉의 머리맡에, 어머니 마리아는 요셉의 발치에 앉아 있었다고 한다. 마침내 죽음의 순간이 요셉을 덮치고 그는 큰 한숨을 내쉰다. 예수님은 오랫동안 요셉의 두 손과 두 발을 잡은 채로 있었다. 요셉은 줄곧 예수님을 바라보면서 "그들(죽음과 악마 무리)이 나를 데려가게 두지 마십시오!"(19,5) 하고 간청한다. 예수님이 손을 그의 가슴에 대었을 때 그의 영혼이 그의 목구멍까지 끌어올려졌음을 알아차린다. 마리아는 예수님이 요셉의 몸을 쓰다듬는 것을 보고 자신은 요셉의 두 발을 쓰다듬는다. 예수님은 요셉의 (첫혼인에서 얻은) 아들딸들을 불러 말한다. "일어나서 여러분 아버지와 말을 나누십시오. 지금이 말해야 할 때입니다. 말하는 그의 입이 멈추기 전에, 그리고 불쌍한 그의 몸이 식기 전에!"(20,4). 그러자 그의 아들들과 딸들이 요셉과 인사를 나눈다. 요셉의 딸 리시아가 형제들에게 말한다. "우리가 영원히 그분(아버지)을 다시 보지 못하겠지요!"(20,7) 그러자 요셉의 아들딸들이 소리 높여 울고, 예수님과 마리아도 그들과 함께 운다. 진정 죽음의 순간이 가까이 다가왔기 때문이다(20).

마침내 '죽음'이 '저승', 악마와 마귀들과 함께 요셉을 찾아온다(21). 예수님은 요셉의 영혼을 위해 기도하며 하느님께 가브리엘과 미카엘을 보내 달라고 기도한다. 요셉의 영혼이 어둠의 일곱 에온과 좁은 길들과 불의 강을 차례로 통과하는 동안 가브리엘과 미카엘로 하여금 요셉의 영혼을 지키게 해 달라는 것이다.

> **22,1** "내 아버지이시며 모든 자비의 아버지, 진리의 아버지시여! … 당신 손의 작품인 내 아버지 요셉을 위해 당신께 기도합니다. 천사들의 대합창단, 선의 집사 미카엘, 그리고 빛의 사절 가브리엘을 저에게 보내주소서. … [2] 제 아버지 요셉의 영혼을 불쌍히 여기소서! 그가 거룩한 당신의 손을 향해 가고 있습니다. 바로 지금이야말로 그에게 자비가 필요한 때입니다!"

요셉이 그의 영을 내려놓자 예수님은 그에게 마지막 인사를 한다. 천사들은 요셉의 영혼을 취하여 아마포로 감싼다(23). 그런데 요셉 둘레에 앉아 있던 사람들 가운데 어느 누구도 그가 죽은 것을 알아채지 못한다. 예수님은 미카엘과 가브리엘로 하여금 그의 영혼을 지키게 한다. 그 길 위에 있는 "권력들" 때문이었다. 천사들은 요셉의 영혼이 하느님 아버지께 넘겨질 때까지 그의 영혼 앞에서 찬가를 부른다(23).

예수님은 아버지 요셉의 몸 쪽으로 몸을 돌려 그의 눈꺼풀을 내리고 눈을 감긴다. 그의 입도 닫는다. 예수님은 줄곧 그의 곁에 머무르며 그를 내려다본다. 마침내 예수님은 요셉의 아들딸들에게 요셉의 죽음을 알리며 말한다. 요셉의 죽음은 죽음이 아니라 영원한 생명이라는 것이다. 그리고 요셉은 죽음을 통해서 고통과 육체의 짐을 벗고 고통과 염려로 가득한 세상을 떠나 하느님 아버지의 영원한 안식처로 가게 되었음을 선포한다.

> 24,4 "그분께서는 정말로 돌아가셨소. 그러나 내 아버지 요셉의 죽음은 죽음이 아니오. 그것은 영원한 생명이오! 5 사랑하는 내 아버지 요셉이 받게 될 것은 큰 것들이오! 사실 바로 이 순간 그의 영혼이 몸을 빠져 나갔고, 그에게는 모든 고통이 멈추었소. 그는 영원한 나라로 갔소. 그는 육체의 짐을 떠났소. 그는 온갖 고통과 헛된 염려들로 가득한 이 세상을 떠났소. 그는, 영원히 멸하지 않는 하늘에 계신 내 아버지의 안식처로 갔소."

예수님이 요셉의 죽음을 알리자 형제들은 일어나 자신들의 옷을 찢고 한참 동안 운다(24). 그리고 온 나자렛이 그의 죽음을 애도한다(25).

그날 아홉째 시각에 예수님은 모든 사람을 나가게 한 다음 사랑하는 아버지 요셉의 몸에 물을 붓고 향기로운 기름을 바른다. 그리고 하늘에 계신 아버지께 천상의 기도로 기도한다. 기도가 끝나자 곧바로 천사들 무리가 온다. 예수님은 천사들 가운데 두 명에게 긴 겉옷을 펼쳐 요셉의 몸을 감싸라고 명령한다. 그리고 예수님은 요셉의 몸에 두 손을 얹고 요셉의 몸이 부패하지 않기를 염원하는 기도를 올린다.

예수님의 기도가 끝나자 사람들은 요셉의 시신을 무덤에 옮긴다(27

장). 사람들이 요셉을 그의 부모 곁에 안치하려고 동굴 입구를 파들어 가고 있을 때, 예수님은 갑자기 아버지 요셉과 함께 이집트로 피신해 가던 날과, 요셉이 당신으로 인해 겪어야 했던 큰 고초를 떠올리고는 그의 시신 위에 몸을 포개고 그를 위해 오랜 시간 운다. 그리고 아담의 범죄 때문에 커다란 고통이 죽음과 함께 인류 전체에게 왔으며 예수님 또한 육신을 지녔기에 죽음을 맛보아야 한다고 말한다. 그리하여 인류를 불쌍히 여기게 되신다는 것이다(28).

> **28,**13 "아담의 범죄 때문에 이토록 커다란 고통이 이토록 커다란 죽음의 필연과 함께 인류 전체에게 왔구나! 14 나 자신도 고통을 일으키는 육신을 지닌 이상, 나 또한 내가 만든 피조물을 위해 (육신) 안에서 죽음을 맛보아야 한다. 그리하여 나는 그들을 불쌍히 여기게 될 것이다."

예수님이 이 말을 하면서 아버지 요셉을 품에 안고 울고 있는 동안, 사람들은 무덤 입구를 연다. 그리고 무덤 안쪽에 요셉의 몸을 눕힌다. 그리하여 백십일 세에 그의 삶이 완결된다. 그런데 그의 입에서 단 하나의 치아도 사라지지 않았으며, 그의 두 눈도 빛을 잃지 않았다고 한다. 오히려 요셉의 외관은 어린 아이의 것과 비슷했다고 한다. 또한 그는 한 번도 힘을 잃은 적이 없었으며 자리에 눕는 그날까지 목수 일을 계속해 나갔다고 한다(29)

예수님은 요셉의 사랑하는 아들로서 아버지의 임종과 장례의 전 과정에 함께 한다. 예수님은 임종 자리에서 아버지 요셉의 이야기를 듣고 위로하고 그를 만지고 그를 위해 기도하고 그를 위해 운다. 그리고 천사들을 시켜 요셉의 영혼을 받아들여 고운 천으로 감싸게 한다. 그리고 요셉의 죽은 몸에 몸소 물을 붓고 그의 몸을 기름으로 도유한다. 그리고 천사들을 시켜 그의 몸을 수의로 감싸게 한다. 예수님은 요셉의 시신을 무덤에 옮기는 과정에도 함께 한다. 그리고 예수님은 요셉의 영혼과 몸에 특별한 은총을 선사한다. 곧 요셉의 영혼은 하늘로 옮겨지고(23장), 그의 몸은 부패를 겪지 않는다(25—27장). 요셉의 몸이 부패를 피하는 은총을 입었다는 말은, 우리의 몸이 영혼만큼 소중함을 부각시킨다. 동시에 이 은총은 몸과 영혼으로 이루어진 온전한 인간의 품격을 암시한다.

이 이야기는, 예수님과 함께 산 사람의 생과 죽음이 얼마나 아름다운지 보여주고 있다. 저자는 요셉과 예수님의 이야기를 통해 '죽음'이라는 아름다운 작별의 과정을 보여준다. 저자는, 죽음을 맞이하는 사람과 그를 떠나보내는 사람의 입장을 모두 이야기한다. 요셉을 통해서는, 죽음을 맞이하는 사람의 마음과 자세, 회한과 두려움, 그리고 마침내 평화에 이르는 과정을 보여주면서 과연 '어떻게 죽어야 하는지'를 알려준다. 그리고 예수님을 통해서는, 사랑하는 사람을 떠나보내는 사람의 마음과 자세, 위로와 기도, 마지막까지 함께 하는 모습을 보여주면서 '사랑하는 사람을 어떻게 떠나보내야 하는지'를 알려준다. 예수님과 함께 한 사람의 죽음은 죽음이 아니라 영원한 생명이라는 말씀은 '죽음'이 결코 우리의 끝이 될 수 없음을, 그것은 또 다른 시작, 더 큰 시작임을 말해 주고 있다.

5. 목수 요셉 이야기

여기서 번역에 사용한 콥트어 대본Vorlage은 Ehrman/Pleše, "The History of Joseph the Carpenter", 162-193에 제공된 보하이르어 비평 본문이다.[30]

30 여기서 대본으로 쓴 콥트어 본문이 보하이르 방언(Bohairic)으로 기록되었음은 '그리고'에 ⲟⲩⲟϩ가 쓰인 데서 알 수 있다. 사히드 방언(Sahidic)에는 ⲁⲩⲱ가 쓰인다. 콥트어 사전은 Crum을 주로 이용하되, 온라인상에 제공된 '보하이르 방언 사전'도 참고하였다: http://www.stshenouda.org/language/bohairic-coptic-dic-

에어만과 플레쉬는 보하이르어 필사본(Vat.copt. 66,11)을 바탕으로 만든 라가르드의 비평 본문(de Lagarde [ed.], *Aegyptiaca*, 1-37)을 사용했다고 한다. 라가르드의 본문을 필사본 사진과 대조하면서 약간 수정했다고 한다. 에어만과 플레쉬의 비평 본문 각주에는 중요한 사히드어 이문들도 제공되어 있다.

프롤로그

이것은 우리 아버지 목수 요셉의 '육신 탈출'[31] 이야기다. 그리스도의 육에 따른 아버지인 그는 백열한 해 동안 살았다. 우리 구원자께서는 올리브 산에서 사도들에게 그의 일생을 들려주셨으며, 사도들은 그 말씀들을 기록하여 예루살렘에 있는 도서관에 보관하였다. 그 거룩한 노인이[32] 하느님의 평화 안에서 자기 육신을 내려놓은 날은 에피프 달 스무 여섯째 날이었다.[33] 아멘.

---

tionary (최종 검색일: 2024/01/25). 그리스어 사전은 신약성경 시대 이후 그리스어 용례도 포함한 Bauer-Danker, Liddell-Scott, Lampe를 주로 사용하였다.

31 '육신 탈출'이라 옮긴 콥트어 표현은 ⲡϫⲓⲛⲓ̄ ⲉⲃⲟⲗ ϧⲉⲛ ⲥⲱⲙⲁ다. 더 정확히는 '육신에서 나옴', '육신을 벗어남' 또는 '육신을 떠남'이다(Crum). 죽음을 가리키는 이 표현은 '육신을 떠나 저세상으로 넘어가다'는 뜻을 함축한다. 참고로 '탈출'에 해당하는 ⲡϫⲓⲛⲓ̄ ⲉⲃⲟⲗ은 그리스어 ἔξοδος에 상응한다. '길나서기', '떠남', '탈출'을 뜻하는 ἔξοδος는 죽음의 은유로도 쓰인다(Bauer-Danker).

32 여기서 요셉은 야고보 원복음에서처럼 연로한 노인으로 그려진다. 노인이라 옮긴 단어는 원로를 가리키는 데도 쓰이는 ϧⲉⲗⲗⲟ다.

33 에피프(Epip)라고 옮긴 단어는 ⲉⲡⲏⲡ(에페프)인데 ⲉⲡⲓⲡ(에피프)라고 쓰기도 한다. 콥트 전례력, 열한 번째 달의 명칭이다. 그리스어로는 '에피피 달'('Επιφί, Epiphí)이라고 한다: Gabra, *The A to Z of the Coptic Church*, 70-71. 에피프 달

도입(1,1-9)[34]

1 [1] 어느 날, 좋으신 우리 구원자께서 올리브 산에 앉아 계시고 그분 제
자들이 그분 앞에 모여 있을 때였다. 그분께서 그들에게 말씀하셨다.
"사랑하는 내 형제들, 좋으신 내 아버지의 자녀들이여! 그분께서 온 세
상에서 선택하신 이들이여![35] [2] 너희들도 잘 알다시피 나는 너희들에
게 여러 번 말했었다. 나는 모든 이를[36] 위하여 십자가형을 받고 죽음
을 맛보아야 하며,[37] 죽은 이들 가운데서 되살아나야 한다고.[38] 그리고
너희에게 복음 선포의 사명을 주어야 한다고. 이는 너희가 온 세상에
서 그것(복음)을 선포하게 하려는 것이었다.[39] 그리고 내가 위에서 오는
힘으로 너희를 옷 입히고 너희를 거룩한 영으로 채워서[40] 너희가 모든

은 그레고리우스력 7월 8일부터 8월 6일까지에 상응한다. 요셉의 사망 날짜로 제시된 에피프 달 26일은 율리우스력 7월 20일, 그레고리우스력 8월 2일에 해당한다(https://en.wikipedia.org/wiki/Epip 검색일 2023/10/31). Ehrman/Pleše, "The History of Joseph the Carpenter", 163도 참조하라.

34 도입(1,1-9): 예수님께서 올리브 산에서 제자들에게 요셉의 생애를 들려주시겠다고 말씀하신다.

35 '하느님께서 선택하신 이들' 개념은 마태 24,22; 마르 13,20; 루카 18,7; 사도 10,41; 로마 8,29.33; 1베드 1,2 참조.

36 '모든 이'라 옮긴 ⲡⲓⲥⲡⲧⲏⲣϥ는 '모든 것', '만물', '전체' 등으로 옮길 수도 있다.

37 직역: "죽음의 맛을 맛보아야(ϫⲉⲙ ϯⲡⲓ ⲙ̄ⲫⲙⲟⲩ) 한다고." 히브 2,9 참조: "그분께서는 하느님의 은총으로 모든 사람을 위하여 죽음을 겪으셔야 했습니다."

38 목수요셉 1,2에는 예수님의 수난과 부활이 예고되어 있다. 예수님의 수난과 부활 예고는 마태 16,21; 17,22-23; 20,18-19; 마르 8,31; 9,31; 10,33-34; 루카 9,22; 9,44; 18,32-33 참조.

39 목수요셉 1,2 후반부는 부활하신 주님께서 제자들에게 사명을 부여하시는 장면을 연상시킨다(마태 28,16-20; 마르 16,14-18; 루카 24,36-49; 요한 20,19-23).

40 요한 20,21-22 참조: "예수님께서 다시 그들에게 이르셨다. '평화가 너희와 함

민족들에게 복음을 선포하면서 이렇게 말하게 하려는 것이었다.
'회개하라! 3 사람에게는 다가올 세상에서 물 한 잔을 발견하는 것이
이 세상 전체의 온갖 재화들보다 더 낫다.[41] 4 또한 내 아버지의 집에서
(내딛는) 한 발자국이 이 세상의 모든 재산보다 더 낫다.[42] 5 또한 기뻐
하는 의인들의 한 순간이 울며 탄식하는 죄인들의 천 년보다 더 낫다.
그들(죄인)의 눈물은 닦이지 않을 것이다.[43] 그들에게는 눈길조차 주어
지지 않을 것이다.'
6 이제, 영예로운 내 지체들이여,[44] 너희가 그들(민족들)에게 가게 될 때
그들에게 이렇게 선포하여라. '내 아버지께서는 공정한 저울과 공정
한 되질로써 너희와 셈하실 것이다.[45] 또한 너희가 발설한 장난 같은[46]
말 한마디가 탐문 대상이 될 것이다.[47] 7 아무도 죽음을 피할 수 없듯

께! 아버지께서 나를 보내신 것처럼 나도 너희를 보낸다.' 이렇게 이르시고 나서 그들에게 숨을 불어넣으며 말씀하셨다. '성령을 받아라.'"

41 마르 9,41. 목수요셉 1,3에서 '다가올 세상'은 ⲡⲓⲉⲱⲛ ⲉⲑⲛⲏⲟⲩ, '이 세상'은 ⲡⲓⲕⲟⲥⲙⲟⲥ라 표현되었다. 각각을 표현하는 데 '세상'을 뜻하는 서로 다른 그리스어 차용어, 곧 ⲉⲱⲛ(αἰών)및 ⲕⲟⲥⲙⲟⲥ(κόσμος)가 사용되었다.

42 마태 6,19-20; 마르 10,23 참조.

43 이사 25,8; 묵시 21,4.

44 신자들을 그리스도의 지체로 표현한 1코린 6,15; 12,27; 에페 3,6; 5,30 참조.

45 마태 7,2; 에제 45,10 참조.

46 '장난 같은'이라 옮긴 콥트어 표현은 ⲛ̄ϭⲓϩⲣⲁϥ다. ϭⲓ ϩⲣⲁ⸗는 '장난치다', '놀다' 등의 뜻이다. ⲛ̄과 함께 쓰여 형용사처럼 명사를 수식한다. Ehrman은 '부주의한'이라 옮겼다.

47 직역: "너희에게 (답변/해명이) 요구되는 것은 너희가 발설한 장난 같은 말 한마디일 것이다." 마태 12,36-37 참조: "사람들은 자기가 지껄인 쓸데없는 말을 심판 날에 해명해야 할 것이다. 네가 한 말에 따라 너는 의롭다고 선고받기도 하고, 네가 한 말에 따라 너는 단죄받기도 할 것이다."

이, 아무도 자신이 한 일을, 좋은 것이든 나쁜 것이든, 피할 수 없다.'[48]
[8] 그런데 나의 이 모든 말들, 곧 '어떤 강자도 자신의 힘 때문에 구원받을 수 없고, 어떤 사람도 자신의 큰 재산 때문에 구원받을 수 없다'는[49] 말들은 전에도 한 적이 있다.
[9] 자, 이제 들어라. 너희에게 내 아버지 요셉, 축복받은 연로한 목수의 생애를 들려주겠다."

제1부 요셉의 생애와 죽음(2—29장)[50]

요셉의 생애(2—11장)

요셉의 직업과 첫 혼인

2 [1]《요셉이라는 사람이 있었는데 그는 베들레헴 고을 출신이었다. 그곳
은 유다인들에게 속한 지역이자 다윗 임금의 고을이기도 했다.[51] [2] 그
는 목공 기술과 기량을 제대로 배워 알고 있었다.[52] [3] 그리고 이 사람
요셉은 거룩한 혼인의 결합으로 아내를 맞아들였는데 그녀는 그에게
아들들과 딸들, 곧 네 남자 아이와 두 여자 아이를 낳아주었다. 그들

48 또는, '피해서 달아날 수 없다.' 2코린 5,10 참조: "우리 모두 그리스도의 심판대 앞에 나서야 합니다. 그래서 저마다 좋은 것이든 나쁜 것이든, 이 몸으로 한 일에 따라 갚음을 받게 됩니다."

49 시편 32,16 참조.

50 2,1—29,4는 예수님이 들려주신 요셉의 일대기다. 일대기는《 》로 표시한다.

51 루카 2,3-4 특히 "[4] 요셉도 갈릴래아 지방 나자렛 고을을 떠나 유다 지방, 베들레헴이라고 불리는 다윗 고을로 올라갔다. 그가 다윗 집안의 자손이었기 때문이다" 참조.

52 요셉이 목수로 소개되는 마태 13,55 참조.

의 이름은 각각 유다, 요세, 야고보 그리고 시몬이었다.[53] 그리고 그의
딸들의 이름은 리시아와 리디아였다.[54] 4 요셉의 아내는 모든 사람에게
정해진 길에 따라 죽었다. 아직 어린 야고보를 남겨둔 채였다.[55] 5 요셉
은 의로운 사람이었으며[56] 모든 일에서 하느님께 영광을 드렸다.[57] 그
는 집밖에서 목공 기술을 통해 일을 하였다. 곧 그와 그의 두 아들은
모세의 율법에 따라 손의 일을 하며 살았다. 6 그런데 내가 지금 말하
고 있는 이 의로운 사람, 곧 육에 따른 내 아버지 요셉에게 내 어머니
마리아가 아내로 (주어지기로) 결정되었다.[58]

마리아의 성장[59]

3 1 내 아버지 요셉이 홀아비로 지내는 동안 내 어머니 마리아, 모든 면에

---

53 목수요셉 2,3에서 요셉은 마리아와 약혼하기 전에 혼인한 적이 있는 것으로 소개된다. 첫 혼인에서 요셉은 네 아들과 두 딸을 얻었다고 한다. 요셉의 네 아들의 이름(유다ⲓⲟⲩⲇⲁⲥ, 요세ⲓⲱⲥⲏⲧⲟⲥ, 야고보ⲓⲁⲕⲱⲃⲟⲥ, 시몬ⲥⲓⲙⲱⲛ)은 마르 6,3에서 따왔을 터다. 요셉의 아들들과 딸들에 대해서는 마르 6,3을 참조하라. 가령, "저 사람은 목수로서 마리아의 아들이며, 야고보('Ιάκωβος), 요세('Ιωσῆς), 유다('Ιούδας), 시몬(Σίμων)과 형제간이 아닌가? 그의 누이들도 우리와 함께 여기에 살고 있지 않는가?" 마태 13,55-56에는 '야고보, 요셉('Ιωσήφ), 시몬, 유다' 순으로 소개된다. 복음서에 주님의 형제와 누이들로 소개된 이들이 목수요셉 2,3에서는 요셉이 첫 혼인에서 얻은 자녀들로 소개된다. 야고보 원복음도 참조.

54 목수요셉 2,3에서 요셉의 두 딸이 리시아와 리디아로 소개된다. 에피파니우스, 『구급상자』 78.8에서는 각각 마리아와 살로메로 제시된다.

55 2,4에서 요셉의 첫 아내는 야고보가 아직 어릴 때 세상을 떠난 것으로 묘사된다.

56 마태 1,19.

57 또는, "하느님을 찬양하였다."

58 이 문장의 콥트어 표현은 강조구문으로 이루어져 있다. 강조의 뜻을 부각시키자면, "내 어머니 마리아를 아내로 맡기로 결정된 사람이 바로, 내가 지금 말하고 있는 이 의로운 사람, 곧 육에 따른 내 아버지 요셉이었다." 마태 1,18; 루카 1,27 참조.

59 3장은 야고보 원복음 7,2-8과 병행을 이룬다.

서 선하고 복된 여인은 성전에서 살았다. 그녀는 자라서 열두 살이 될
때까지[60] 그곳에서 정결하게 지내며 봉사하였다.[61] 그녀가 (첫) 삼 년은
자기 부모님 집에서, 나머지 구 년은 주님의 성전에서 보냈던 것이다.
2 사제들이 그 동정녀가 몸가짐을 삼가고[62] 주님을 경외하며 지내는 것
을 보았을 때 서로 이런 이야기를 나누었다. "좋은 남자 한 사람을 찾
아서 혼인날까지 그에게 그녀를 맡깁시다. 그녀가 성전에서 초경을[63]
맞이하게 내버려두어서는 안 되기 때문이오. (그리하면) 우리가 큰 죄
아래에 들어가는 셈이 되오."[64]

요셉과 마리아의 약혼[65]

4 1 그리하여 그들은 곧바로 유다 지파를 소환하여 그들 사이에서 이스
라엘의 열두 지파의 이름을 따라 열두 사람을 골랐다. 2 그리고 제비
가 선한 노인 요셉, 육에 따른 내 아버지 위에 떨어졌다. 3 그러자 사제
들은 입을 열어 내 어머니 복된 동정녀에게[66] 이렇게 말하였다. "요셉

60 직역: "열두 살로 자랄 때까지."

61 '봉사하다'라 옮긴 콥트어 단어 ϣⲉⲙϣⲉ는 전례 때 수행하는 봉사를 가리킨다. '경배하다', '예배하다', '봉직하다' 등으로 옮길 수 있다.

62 '몸가짐을 삼가다'에 해당하는 단어는 그리스어 차용어 ⲉⲣ ⲁⲥⲕⲓⲛ(=ἀσκεῖν)이나. ἀσκεῖν은 '수련하다', '훈련하다', '금욕생활을 하다' 등을 의미한다(Bauer-Danker). 나중에 금욕주의(asceticism)의 어원이 된 낱어다.

63 '초경'이라 옮긴 콥트어 표현 ⲡⲥⲱⲛⲧ ⲛ̄ⲛⲓϩⲓⲟⲙⲓ은 '여자들의 관습' 곧 월경을 뜻한다. 이 문맥에서는 '마리아에게 월경이 닥치다' 곧 '초경을 맞다'는 뜻으로 읽힌다.

64 구약성경에서 월경은 사람의 몸을 부정하게 만드는 요소로 여겨졌다: 레위 12,2.5; 15,19; 에제 36,17.

65 요셉과 마리아의 약혼과 관련된 일화는 야고보 원복음 8,3—9,11을 참조.

66 '내 어머니 복된 동정녀'라 옮긴 표현은 ⲧⲁⲙⲁⲩ ⲉⲧⲥⲙⲁⲣⲱⲩⲧ ⲙ̄ⲡⲁⲣⲑⲉⲛⲟⲥ다. 마리아는 여기서 어머니(ⲙⲁⲩ)이자 동정녀(ⲡⲁⲣⲑⲉⲛⲟⲥ)라 불린다.

과 함께 가거라! 우리가 혼례를 치러주는 날이 올 때까지 그의 말을 들
어라."[67]
[4] 내 아버지 요셉은 마리아 내 어머니를 맡아 자기 집으로 데려갔다.
그녀는 어린 소년 야고보가 고아의 슬픔에 빠져 있는 것을 보고 그를
살뜰히 보살폈다. 그 때문에 그녀는 야고보의 (어머니) 마리아라고 불
렸다.[68] [5] 요셉은 자기 집에 그녀를 데려다 놓은 뒤 목공 일을 하러 길
을 떠났다. [6] 내 어머니 마리아는 정해진 때가[69] 될 때까지 그의 집에
서 두 해를 보냈다.

마리아의 잉태

5 [1] 그녀의 생애 열넷째 해에 나, '예수 너희의 생명'은 나 자신의 의지로
(세상에) 와서 그녀 안에 자리를 잡았다. [2] 그녀가 임신한 지 석 달째
되었을 때 정직한 요셉이 목공 일을 하던 곳에서 돌아왔다. 그는 내 어
머니 동정녀가 임신한 것을 보고 몹시 당황하였으며 두려움에 사로잡
혔다. 그는 그녀를 몰래 내보내기로 마음먹었다.[70] [3] 그리고 마음이 몹
시 괴로워 먹지도 마시지도 않았다.
6 [1] 그런데 보라! 한밤중에 가브리엘, 기쁨의 대천사가 환시 중에 그에게

---

67 '그의 말을 들어라'라고 옮긴 콥트어 표현 ⲥⲱⲧⲉⲙ ⲛ̄ⲥⲱϥ은 '그에게 순종하라'로 옮겨도 된다.

68 또는, '사람들은 그녀를 야고보의 마리아라고 불렀다.' 예수님의 어머니 마리아가 복음서의 '(작은) 야고보의 어머니 마리아'와 동일시되는 듯하다. 마르 15,40 "작은 야고보와 요세의 어머니 마리아"; 루카 24,10 "야고보의 어머니 마리아"; 마태 27,56 '야고보의 어머니 마리아' 참조.

69 '정해진 때'라고 옮긴 ⲡⲓⲥⲛⲟⲩ ⲉⲑⲛⲁⲛⲉϥ는 직역하면 '좋은 때'다.

70 5,2 마리아가 아기를 잉태한 사실을 알게 된 요셉은 마리아를 몰래 내보내기로 마음먹는다. 마태 1,18-19을 참조하라.

왔다. 좋으신 내 아버지의 명령에 따른 일이었다. 그가 말하였다. "요셉,
다윗의 아들아! 두려워하지 말고 마리아를 네 아내로 맞아라. 그녀가
낳을 분은 성령에서 나오시는 분이기 때문이다. [2] 그녀가 아들을 낳으
면 너는 그의 이름을 예수라 지어야 한다. 그분은 모든 민족들을 쇠
지팡이로 다스리실 분이시다." [3] 그리고 그 천사는 그의 면전에서 떠났
다. 요셉은 잠에서 깨어나 주님의 천사가 명한대로 행하였다. 그는 마
리아를 자기 아내로 맞았다.[71]

예수님의 탄생[72]

7 [1] 이 일들이 있은 뒤 아우구스투스 황제에 의해 온 세상 모든 이가 각
자 자기 고을에 등록해야 한다는 칙령이 나왔다.[73] [2] 그 선한 노인도[74]
일어나 마리아 내 어머니 동정녀를 데리고 자기 고향 베들레헴으로 데
려갔다—사실 그녀는 출산에 가까워져 있었다.[75] 요셉은 서기를 통해
그의 이름을 이렇게 적어둔 참이었다. '요셉 다윗의 아들, 그의 아내 마
리아, 그의 아들 예수, 이들은 유다 지파 출신이다.' [3] 마리아 내 어머니
는 베들레헴으로 가는 길에 나를 낳았다. 성조[76] 야곱의 아내, 곧 요셉
과 벤야민의 어머니인 라헬의 무덤[77] 근처였다.

---

71 6,1-3은 마태 1,20-25과 병행한다. 루카 1,30-33; 야고보 원복음 14장도 참조하라.

72 예수님의 탄생을 담은 목수요셉 7장은 루카 2,1-7; 야고보 원복음 17—20장을 참조하라.

73 루카 2,1-3 참조.

74 요셉을 가리킨다.

75 7,2은 루카 2,4-6 참조.

76 성조라고 옮긴 단어는 그리스어(πατριάρχης) 차용어 ⲡⲁⲧⲣⲓⲁⲣⲭⲏⲥ다.

77 창세 35,19-20 참조.

이집트 피신

8 1 사탄이 아르켈라오스의 아버지 헤로데 대왕을[78] 부추겼다—그자는
내 사랑하는 친척 요한의 목을 친 자이기도 하다.[79] 2 그리하여 그는
나를 죽이려 내 뒤를 쫓아다녔다. 내 왕권이 이 세상의 것이라고 여겼
던 탓이다.[80] 3 그런데 요셉이 환시에서 내 아버지의 말을 들었다. 그리
하여 그는 일어나서 나와 마리아 내 어머니를 데려갔다. 나는 그녀의
품에 안긴 채였으며[81] 살로메가 우리 뒤에서 따라오고 있었다. 우리는
이집트로 내려가 그곳에서 일 년 동안, 곧 헤로데의 몸이 자신이 죽인
무죄한 어린 아기들의 피로[82] 인해 벌레에게 먹혀[83] 죽을 때까지 지냈
다.[84]

나자렛 생활

9 1 그 범법자[85] 헤로데가 죽자 우리는 이스라엘 땅으로 돌아왔다. 그리

---

78 헤로데 대왕이라 옮긴 표현은 ⲎⲢⲰⲆⲎⲤ ⲠⲒⲚⲒϢϮ, '대 헤로데'다.

79 '부추기다'라 옮긴 단어는 그리스어 차용어인 ⲤⲨⲘⲂⲞⲨⲖⲈⲨⲒⲚ이다(=συμβουλεύω의 부정사형). '조언하다', '권고하다'의 뜻이다. 여기서 저자는 헤로데 대왕(재임: 기원전 37-4년)과 갈릴래아와 페래아의 영주 헤로데 안티파스(기원전 4-기원후 39년)를 혼동하고 있다. 세례자 요한을 죽인 자는 헤로데 대왕이 아니라 그의 아들 헤로데 안티파스다(마태 14,1-12; 마르 6,14-29).

80 마태 2,13 참조.

81 직역: "나는 그녀의 두 팔 위에 앉은 채였다."

82 헤로데 대왕이 무죄한 어린이들을 학살한 일화에 대해서는 마태 2,15-17 참조하라.

83 '벌레에게 먹히다'로 옮긴 표현은 ⲈⲢ ϤⲈⲚⲦ다. '벌레를 만들다'를 뜻하는 이 표현은 죽은 뒤 벌레에게 먹히는 상황을 묘사한다. 헤로데가 벌레에게 먹혀서 죽는다는 뜻은 아니다.

84 요셉이 마리아와 아기를 데리고 이집트로 피신하여 헤로데가 죽을 때까지 머물렀다는 것은 마태 2,13-15 참조.

고 나자렛이라는 갈릴래아의 한 고을에서 지냈다.[86] 2 그리고 내 아버지 요셉, 복된 노인은 목공 기술로 일을 했다. 우리가 그의 손이 하는 일로 먹고 살았던 것이다. 그는 모세의 율법에 따라 살면서 공짜로 얻은 것은 빵 한 조각도 먹지 않았다.

10 1 그리고 긴 시간이 흐른 뒤에도 그의 몸은 힘이 없어지지 않았고 그의 눈은 빛이 사라지지 않았으며 단 하나의 치아도 그의 입에서 빠져나가지 않았다. 그 모든 시간 동안 그는 지력과 지혜가 떨어지지 않았으며 오히려 젊은이 같았다. 그의 나이는 백열한 살에 이르러 아름다운 노년기가 되었다.

11 1 그의 두 큰 아들 요세와 시메온은[87] 아내를 얻어 각자의 집으로 떠났다. 그의 두 딸은, 모든 사람들이 하듯,[88] 그들도 남편을 얻었다. 요셉은 그의 작은 아들 야고보와 함께 지냈다. 2 동정녀가 나를 낳았을 때 나는 자녀답게 온전히 (그들에게) 순종하며[89] 그들과 함께 지냈다.[90] 진실로 나는 죄만 빼고 인간이 하는 모든 일을 했다. 3 나는 마리아를 내

---

85 범법자라 옮긴 단어는 그리스어(παράνομος) 차용어 ⲡⲁⲣⲁⲛⲟⲙⲟⲥ다. 범죄자라 옮겨도 된다.

86 요셉이 아기와 마리아를 데리고 이스라엘 땅으로 돌아간 것은 마태 2,19-23을 참조하라. 갈릴래아 지방으로 떠나 나자렛에서 정착했다고 한다.

87 시메온(ⲥⲩⲙⲉⲱⲛ=Συμεών)이 2,3에서는 시몬이라고 되어 있다. 같은 이름이다(Bauer-Danker).

88 직역: '모든 사람에게 주어진 식대로'(ⲙ̄ⲫⲣⲏϯ ⲉⲧⲉⲥⲭⲏ ⲉϧⲣⲏⲓ ⲛ̄ⲣⲱⲙⲓ ⲛⲓⲃⲉⲛ).

89 직역: '자녀다운 온전한 순종으로'(ϧⲉⲛ ϩⲩⲡⲟⲧⲁⲕⲏ ⲛⲓⲃⲉⲛ ⲛ̄ⲧⲉ ϯⲙⲉⲧϣⲏⲣⲓ). 루카 2,51 참조.

90 목수요셉 11,1-2에 따르면 예수는 공생활 이전까지 줄곧 요셉, 마리아, 야고보와 함께 지냈다. 야고보는 요셉의 첫 결혼에서 얻은 막내아들로 제시된다. '작은 야고보'를 상기시키는 묘사다.

어머니, 요셉을 내 아버지라 불렀다. 그리고 나는 그들이 내게 말하는 모든 것을 두고 그들에게 순종했다. 나는 그들에게 한 마디도 더 보탠 적이 없다.[91] 사실 나는 그들을 몹시 사랑하였다.

임종이 다가온 요셉(12—14장)

죽음이 다가온 요셉이 예루살렘 성전에 가다

12 [1] 그 뒤 모든 사람에게 정해진 대로 내 아버지 요셉의 죽음이 다가왔
다. [2] 그의 몸이 쇠약해졌을 때 그의 천사가 그에게 '이번 해에 너는 죽
을 것이다' 하고 알려주었다. [3] 그의 영혼이 동요하자 그는 예루살렘으
로 갔다. 그는 주님의 성전에 들어가서 제단 앞에서 참회하였다. 그는
기도하며 이렇게 말하였다.

요셉의 기도

13 [1] "하느님, 모든 자비의 아버지, 모든 육신의 하느님, 내 영혼과 내 몸과
내 영의 주님이시여! [2] 만약 당신께서 제게 주신 제 생명의 날들이 이
세상에서 다하였다면, 저는 주 하느님이신 당신께 청합니다. 저에게 미
카엘 대천사를 보내주소서. 그리하여 그로 하여금 불쌍한 제 영혼이
고통과 동요에 굴복하지 않고 (무사히) 제 몸을 빠져나갈 때까지 저와
함께 서 있게 해주소서.[92] [3] 모든 사람에게 죽음은 큰 두려움이며 괴로
움이기 때문입니다. 사람이든, 가축이든, 짐승이든, 파충류든, 새든 마
찬가지입니다. [4] 참으로 산 영혼이 담긴, 하늘 아래 모든 피조물은, 그

91 또는 '나는 그들에게 한 번도 반박(거역)한 적이 없다.' 루카 2,51 "예수님은 부모와 함께 나자렛으로 내려가, 그들에게 순종하며 지냈다" 참조.

92 목수요셉 13,2에는 미카엘 대천사가 임종자의 영혼을 지켜준다는 믿음이 반영되어 있다.

영혼이 몸과 분리될 때까지 고통과 괴로움을 겪습니다. [5] 이제, 오 저의 주님! 당신의 천사로 하여금, 제 영혼과 몸이 고통 없이 서로에게서 분리될 때까지 그것들과 함께 서 있게 하소서. [6] 당신께서 저를 빚으시던 그날부터 지금까지 줄곧 저를 맡아 온 그 천사로 하여금,[93] 제가 당신을 향해 나아갈 때, 그 길에서 그의 얼굴을 저를 향한 분노로 채우지 않게 하소서. 대신 그로 하여금 저와 평화를 이루게 하소서.

[7] 제가 당신을 향해 나아갈 때 그 길에서 얼굴이 변하는 자들이 저에게 고통을 가하지 않게 하소서![94] [8] 성문들 앞에 있는 자들이 제 영혼을 붙잡아두지 않게 하소서. 가공할 당신의 법정에서 저에게 수치를 주지도 마소서. [9] 불의 강의 물결들이 짐승처럼 저를 덮치지 않게 하소서—모든 영혼이 당신 신성의 영광을 볼 때까지 그곳에서 깨끗이 정화됩니다.[95]

[10] 오 하느님! 모든 이를 공정하고 정의롭게 심판하시는 분이시여! 이제, 주님, 당신의 자비가 저에게 위로가 되게 하소서! 당신께서는 모든 선의 샘이시기 때문입니다. 영광은 영원무궁토록 당신의 것입니다, 아멘!"

요셉이 나자렛으로 돌아오다

14 [1] 그 뒤 그는 나자렛, 자기가 지내던 고을로 돌아왔다. 그는 병이 들어

93 목수요셉 13,6에는 수호천사 개념이 엿보인다. 요셉이 빚어지던 날부터 줄곧 그 천사가 그를 맡았다고 한다. 임종자의 수호자인 미카엘 천사가 요셉 개인의 수호천사인 듯하다.

94 『사자의 서』 17장 참조.

95 연옥 개념이 엿보인다. 곧 영혼이 하느님의 영광을 볼 때까지 불의 강에서 정화된다고 한다. 불의 강 개념은 콥트어 마리아의 영면 11장에도 엿보인다. 이에 따르면 죽은 이들은 저승의 고발자들, 심연의 용, 불의 강을 지나가야 한다. 이때 불의 강에서 의인과 악인이 가려진다고 한다.

자리에 누웠다. 그는 그 병으로 죽게 될 터였다. 모든 사람에게 정해진
바와 같았다.[96] 2 그의 병은 매우 심각하여, 그가 이 세상에 태어난 날
이래 아팠던 모든 순간을 넘어섰다.

요셉의 행로

3 이것은 내 사랑하는 아버지 요셉의 행로다.[97] 4 그가 아내를 맞이한
때는 마흔 살 때였다. 그리고 자기 아내와 사십구 년 동안 결혼 생활
을 했다. 그리고 그녀가 죽자 그는 일 년 동안 혼자 살았다. 5 내 어머
니는 사제들이 그에게 맡긴 뒤로 그의 집에서 이 년을 보냈다. 그는 사
제들로부터 이런 가르침을 받았다. "너희에게 혼례가 베풀어질 때까지
그녀를 잘 지켜라!" 6 그녀가 그의 집에 머문 지 삼 년 째 되던 해 초엽
에—그때 그녀는 열다섯 살이었다—그녀는 신비로운 방식으로 이 땅
위에 나를 출산하였다. 피조물 전체에서 누구도 알지 못하는 방식이었
다. 나와 내 아버지와 성령만은 예외였다. 우리는 하나이기 때문이다.[98]

96 요셉도 모든 인간에게 정해진 운명대로 똑같이 죽게 된다는 의미다.

97 목수요셉 14,3-6은 요셉의 첫 혼인과 두 번째 혼인, 마리아의 출산까지다. '행로'라고 옮긴 단어는 그리스어 차용어 ⲁⲛⲁⲥⲧⲣⲟⲫⲏ다. '여정'이라고 옮길 수도 있다(Crum). 본디 '전복', '뒤집힘'을 뜻하는 그리스어 ἀναστροφή는 '거주', '생활양식', 특히 예수님이 지상에 머문 기간, 곧 예수님의 생애를 가리키는 데도 쓰인다(Lampe). 여기서는 이 단어가 요셉의 삶을 요약해서 보여준다는 의미로 쓰였다.

98 '우리는 하나다'라고 옮긴 표현은 ⲉⲛϣⲟⲡ ϧⲉⲛ ⲟⲩⲙⲉⲧⲟⲩⲁⲓ다. '우리는 일치 안에 있습니다', 또는 '우리는 일치를 이루고 있습니다'라고 옮길 수도 있다. 목수요셉 14,6에서 삼위일체 신앙이 고백되고 있다.

요셉의 임종(15—29장)

임종날

15 [1] 내 아버지 요셉, 복된 노인의 생애의 모든 날수는 백열한 해였다. 내
선하신 아버지께서 명하신 대로였다. [2] 그가 몸을 떠나던 날은 에피프
달 이십육일이었다.[99] [3] 그리고 순도 높은 황금 곧 내 아버지 요셉의 육
신이 변화하기 시작하였다. 그리고 순은 곧 (요셉의) 정신과 지혜가 변
하기 시작했다.[100] [4] 그리고 그는 먹고 마시는 것을 잊었다. 기술에 대한
지식은 오류로 바뀌었다. [5] 그리고 그날 곧 에피프 달 이십육 일에 빛
이 떠오르자 내 아버지 요셉은 자기 침상 위에서 몹시 동요하였다. 그
는 큰 한숨을 내쉬며 두 손으로 손뼉을 치기도 하고 크게 동요하며 울
부짖었다. 그리고 이렇게 말하였다.

요셉의 탄식

16 [1] "비통하도다,[101] 오늘![102] 불행하여라, 내 어머니가 이 세상에 나를 낳
던 날이여!

---

99 목수요셉 15,1-5: 임종 직전에 이른 요셉.

100 죽음에 이르러 요셉의 육신과 정신이 노쇠한 것을 가리킨다. 요셉의 육신은 황금에, 요셉의 정신은 순은에 비유하고 있다. 고대 이집트 문헌에서 신들의 육신은 황금으로, 뼈는 은으로 이루어져 있다는 믿음이 전해진다: Ehrman/Pleše, "The History of Joseph the Carpenter", 173 각주 47.

101 탄식의 대상이 '나 자신'이다(ⲟⲩⲟⲓ ⲛⲏⲓ). 요셉이 자신의 비참한 처지를 탄식하고 있어 '비통하도다'라고 옮겼다.

102 목수요셉 16,1-13은 ⲟⲩⲟⲓ ⲛ~ 구문으로 이루어진 불행 선언이다. 'ⲟⲩⲟⲓ ⲛ~'은 '~는 불행하도다' 또는 '~에게 화가 있으리라!'를 뜻한다. 불행 선언은 진복 선언과 반대되는 내용으로 이루어져 있다. 특정 대상을 향한 저주라기보다는 그 대상이 처한 현실을 애통해하며 탄식하는 내용이다.

2 불행하여라, 내가 생명의 씨앗을 받은 자궁이여! 오 불행하여라, 내가 젖을 빨던 가슴이여![103]

3 불행하여라, 내가 앉던 무릎이여!

4 불행하여라, 내가 자랄 때까지 그리하여 죄 가운데 지낼 때까지 나를 일으키던 손들이여!

5 불행하여라, 내 혀와 내 입술이여! 그것들은 자주 폭력, 중상, 거짓된 험담, 기만으로[104] 가득한 쓸데없는 말들에 가담했습니다.

6 불행하여라, 내 눈들이여! 그것들은 부끄러운 일들을[105] 목격했습니다.

7 불행하여라, 내 귀들이여! 그것들은 공허한 말들을 즐겨 들었습니다.[106]

8 불행하여라, 내 손들이여! 그것들은 자기 것이 아닌 것들에 다가갔습니다.

9 불행하여라 내 위장과 내 창자들이여! 그것들은 자기 것이 아닌 음식들을 탐했습니다. 사실 그것(위장)은 먹을 것을 발견할 때마다 그것은 타오르는 불가마보다 더 심하게 그것을 태워 그것들을 아무짝에도 소용없는 것으로 만들었습니다.

10 불행하여라, 내 무릎들이여! 그것들은 내 몸에 해롭게 봉사하며 그것을 아름답지 않은 길로 데려갔지요.

11 불행하여라, 내 몸이여! 그것은 내 영혼을 황량하게, 그리고 그것(영혼)을 만드신 하느님과 (상관없는) 이방인으로[107] 만들었습니다.

---

103 욥 3,11-16 참조.

104 '기만'이라 옮긴 단어는 그리스어 ἀπάτη의 차용어 ⲁⲡⲁⲧⲏ다

105 '부끄러운 일'이라 옮긴 ⲥⲕⲁⲛⲇⲁⲗⲟⲛ은 그리스어 σκάνδαλον의 차용어다. 걸림돌이 될 만한 일, 추문이 될 만한 일들을 가리킨다.

106 또는 "듣기를 몹시 좋아했습니다."

[12] 나는 이제 무엇을 해야 할까요? 나는 온 사방이 막힌 채 갇혀 있습
니다.
[13] 진정으로, 죄를 지을 모든 사람은 불행하여라! [14] 진정 이것은, 내 아
버지 야곱이[108] 몸에서 빠져나갈 때 그분에게서 보았던 것과 같은 대
혼란이로구나! 오늘 불쌍한 나를 덮친 것이 바로 그것이구나!
[15] 하지만 서둘러주소서,[109] 하느님! 제 영혼과 몸의 중재자시여,[110] 제
안에서 당신 뜻을 행하시는 분이시여!"

임종을 앞둔 요셉과 예수님의 대화

17 [1] 사랑하는 내 아버지 요셉이 이 말을 했을 때 나는 일어나 침상에 누
운 그에게 다가갔다. 그의 영혼과 영이 몹시 혼란스러워하고 있는 것
을[111] 보고 나는 그에게 이렇게 말하였다. "기뻐하십시오,[112] 내 사랑하

---

107 '이방인'이라 옮긴 단어는 ϣⲉⲙⲙⲟ다. 하느님 백성이 아닌, 하느님께 속하지 않은 상태를 표현한다. 그리스어 ἀλλογενής, ἀλλότριος, ξένος 등에 상응한다 (Crum).

108 마태 1,16 참조: "야곱은 마리아의 남편 요셉을 낳았는데, 마리아에게서 그리스도라고 불리는 예수님께서 태어나셨다." 루카 3,23에서는 요셉이 엘리의 아들로 소개된다: "예수님께서는 서른 살쯤에 활동을 시작하셨는데, 사람들은 그분을 요셉의 아들로 여겼다. 요셉은 엘리의 아들."

109 '서두르소서'라고 옮긴 단어는 ⲓⲏⲥ다. Ehrman/Pleše, "The History of Joseph the Carpenter", 174이 제시한 본문에는 단어 위에 줄이 그어져 있는데 이는 실수인 듯하다. '서두르다'는 뜻의 동사(ⲓⲏⲥ)에는 단어 위에 줄을 긋지 않는다. 줄을 그으면(ⲓ̅ⲏ̅ⲥ̅) '예수'의 줄임말이 된다.

110 '중재자'라 옮긴 단어는 그리스어 μεσίτης의 차용어 ⲙⲉⲥⲓⲧⲏⲥ다. 요셉이, 자신의 몸과 영혼이 분리되는 임종의 순간에 둘을 중재하시는 분의 개입을 요청한다. 분리의 고통을 줄여달라는 애원일 터다. 하느님이 몸과 영혼의 중재자, 조정자로 묘사된 것이 흥미롭다. 우리 몸 안에서 당신의 뜻을 행하시는 분이라는 설명과 같은 맥락이다.

111 직역: "그가 자신의 영혼과 자신의 영으로 혼란스러워 하다."

는 아버지 요셉이여! 아름답고도 복된 노년의 사람이여!"
2 그는 죽음의 큰 두려움 속에서 대답하며 나에게 말하였다. "몇 번이
고 기뻐하십시오, 내 사랑하는 아들이시여!
보십시오! 내가 당신 음성을 들었을 때 내 영혼이 조금이나마 안식
을 느꼈습니다.
3 예수, 내 주님, 예수 참된 임금이시여,
예수 선하고 자비하신 내 구원자,
예수 구원하시는 분,
예수 인도자, 예수 보호자,
예수 당신 선하심으로 가득하신 분,[113]
예수, 그 이름이 모든 이의 입에 달콤하고 몹시도 감미로우신 분!
예수, 눈! 보시는 분!
예수, 귀! 공정하게[114] 들으시는 분!
오늘 제 말을 들어주소서! 나는 당신의 종!
나는 내 얼굴을 당신께 향하고 당신 앞에서 눈물을 흘립니다.
4 참으로[115] 당신은 하느님! 참으로 당신은 주님, 천사가 여러 차례 내
게 말씀하신 대로입니다. 특별히 복된 동정녀에 대한 인간적인 생각
때문에 내 마음이 의심을 품었던 날, 곧 그녀가 임신했을 때 나는 이

112 '기뻐하십시오'라고 옮긴 단어는 그리스어 χαῖρε의 차용어 ⲭⲉⲣⲉ다. '안녕하십시오'라고 옮겨도 된다. 가브리엘 천사가 마리아에게 찾아갔을 때 건넨 인사말이기도 하다(루카 1,28).

113 또는 '예수 선하심 전체이신 분'(ⲓⲏ̅ⲥ̅ ⲡⲓⲉⲡⲧⲏⲣϥ ϧⲉⲛ ⲧⲉϥⲙⲉⲧⲁⲅⲁⲑⲟⲥ). 예수님이 선하심 자체라는 의미인 듯하다.

114 또는 "참되게." ⲙⲉⲑⲙⲏⲓ는 '진리', '진실', '정의'의 뜻을 모두 가진다.

115 '참으로'라고 옮긴 표현은 ϧⲉⲛ ⲟⲩⲙⲉⲑⲙⲏⲓ다. 이 표현은 그리스어 ἐν ἀληθείᾳ에 상응한다(Crum).

렇게 말했지요. ‘몰래 그녀를 내보내야겠다.’ 5 내가 그런 생각을 하고
있을 때 천사가 환시로 내게 나타나 이렇게 말했습니다. ‘다윗의 아들
요셉아, 두려워하지 마라. 마리아를 네 아내로 맞아들여라. 사실 그녀
가 낳게 될 분은 성령에서 나오신 분이다. 6 그녀의 임신을 두고 조금
도 의심하지 마라. 그녀가 아들을 낳을 터이니 너는 그의 이름을 예
수라 불러라.’[116]

7 당신은 예수 그리스도, 내 영혼과 몸과 영의 구원자이십니다. 내게서
잘못을 찾아내지 마소서. 나는 당신의 종, 당신 손의 작품입니다. 8 오
내 주님, 나는 경이로운 당신 탄생의 신비를 알지도 이해하지도 못했
습니다. 여자가 남자 없이 임신했다는, 혹은 동정 상태로 봉인된 채[117]
동정녀가 아이를 낳았다는 이야기는 들은 적이 없었습니다. 9 오 내 주
님! 만약[118] 그것이 신비의 결정이 아니었다면 나는 당신과 당신의 거룩
한 탄생을 믿지 못했을 것입니다. 그리고 당신을 낳은 여인, 곧 거룩한
동정녀 마리아를 찬송하지도[119] 않았을 것입니다.

10 살무사가 그 소년을 물어 그가 죽어버린 날도 기억합니다.[120] 11 그
의 사람들이 당신을 헤로데에게 넘기려 당신을 에워쌌었지요. 12 하지
만 당신의 자비는 그를 일으켜 세웠습니다. 그들은 그를 죽인 자가 바
로 당신이라고 중상했는데도 말입니다. 그리고 죽었던 자의 집에서는
큰 기쁨이 일어났지요. 13 나는 곧바로 당신 귀를 붙잡고 이렇게 말했

---

116 목수요셉 17,4-5는 마태 1,18-21 참조.

117 야고보 원복음 20장에 마리아가 살로메라는 여인에 의해 출산 후 동정을 검증받는 장면이 나온다.

118 ‘ⲉⲛⲉ’는 실현되지 않은 일에 대한 가정을 표현한다.

119 ‘찬송하다’라 옮긴 ϯ ⲱⲟⲩ는 ‘영광을 드리다, 찬양하다’로 옮길 수 있다.

120 목수요셉 17,10-14은 토마 유년기 복음서에 나오는 일화들(4-5; 9; 16)을 조합한 내용이다.

습니다. '현명하게 처신하거라, 내 아들아!' 14 그러자 당신은 곧바로 나
를 꾸짖으며 이렇게 말했습니다. '당신이 육에 따른 내 아버지가 아니
라면[121] 내가 분명 당신께 '도대체 내게 무슨 일을 한 겁니까?' 하고 말
했을 것입니다.'
15 이제 오 내 주님, 내 하느님! 당신께서 바로 그날을 두고 저와 셈하신
것이라면, 그리하여 내게 이토록 무서운 징표가 내려진 것이라면,[122]
나는 당신의 선하심에 대고 탄원합니다. 나를 심판에 데려가지 말아
주소서! 16 나는 당신의 종이며 당신 여종의 아들입니다. 17 당신이 내
사슬들을[123] 끊어주신다면 나는 당신께 축복의 제물을[124] 잘라 바칠
것입니다.[125] 제물이란 당신 신성의 영광에 대한 고백입니다. 곧 당신
은 예수 그리스도, 참으로 하느님의 아들이시며 동시에 사람의 아들
이시라는 것입니다."[126]

예수님과 마리아의 대화

18 1 내 아버지 요셉이 이 모든 말들을 하자 나는 눈물을 참을 수 없었다.

---

121 'ⲉⲃⲏⲗ ϫⲉ'는 조건절을 이끈다.

122 목수요셉 17,14에 소개된, 요셉이 아들 예수를 꾸짖은 일화를 가리킨다. 아들 예수를 부당하게 꾸짖은 일 때문에 임종 직전인 지금 이 고통을 겪는 것인지 묻고 있다.

123 또는 "결박." 여기서 '사슬'이라 옮긴 ⲥⲛⲁⲩϩ는 영혼이 육신에 묶여 있는 상태를 가리킨다. 사슬을 끊어달라는 것은, 영혼을 육신에서 해방시켜달라는 의미다.

124 또는 "축복의 예물." ϣⲟⲩϣⲱⲟⲩϣⲓ는 희생제사, 예물, 봉헌 등을 뜻한다.

125 주님이 자신을 속박하는 사슬을 끊어주시면 자신은 답례로 희생제물을 잘라 바치겠다는 것이다.

126 ⲛ̄ⲑⲟⲕ ⲡⲉ ⲓ̅ⲏ̅ⲥ̅ ⲡⲭ̅ⲥ̅ ⲡϣⲏⲣⲓ ⲛ̄ⲫϯ ϧⲉⲛ ⲟⲩⲙⲉⲑⲙⲏⲓ ⲟⲩⲟϩ ⲡϣⲏⲣⲓ ⲙ̄ⲫⲣⲱⲙⲓ ⲉⲩⲥⲟⲡ. 예수님이 하느님의 아들(ⲡϣⲏⲣⲓ ⲛ̄ⲫϯ)이시면서 동시에 사람의 아들(ⲡϣⲏⲣⲓ ⲙ̄ⲫⲣⲱⲙⲓ)이시라는 것은, 예수 그리스도의 신성과 인성에 대한 신앙 고백에 해당한다.

그리고 나는 울면서 그를 바라보았다. 죽음이 그를 짓누르고 있었기
때문이다. 그리고 나는 그가 하는 탄식의 말들을 듣고 있었다.
2 오 내 형제들이여! 온 세상의 생명을 위한 십자가상 내 죽음을 기억
하라![127]
3 그때 내 사랑하는 어머니 마리아가—그 이름은 나를 사랑하는 모든
이의 입에 달콤하게 느껴진다네—자리에서 일어났다. 그녀는 몹시 괴
로워하며 나에게 말하였다.
"오, 나는 슬프다, 내 사랑하는 아들아. 선하고 복된 노인 요셉, 너의
사랑하는, 육에 따른 영예로운 아버지는 아마 곧 돌아가시겠지?"
4 나는 그녀에게 말하였다.
"오 사랑하는 내 어머니, 육신을 두른 사람들 가운데 누가 죽음을 맛
보지 않겠습니까? 5 사실 죽음은 인류의[128] 지배자입니다,[129] 오 나의
복된 어머니! 6 사실 당신도 다른 모든 사람처럼 죽어야 합니다.[130] 7 내
아버지 요셉이든 복된 내 어머니 당신이든, 여러분의 죽음은 죽음이
아닙니다. 그것은 영원하고 끝이 없는 생명입니다. 8 사실 나 또한 모
든 이를 위하여 죽을 것입니다. 내가 당신 안에서 지니게 된[131] 사멸하
는 인간의 육신[132] 때문입니다. 9 이제 오 사랑하는 내 어머니! 일어나

127 18,2은 예수님이 제자들을 향해 하신 말씀으로 여담(digression)에 해당한다.

128 '인류'라고 옮긴 곱트어는 ⲧⲙⲉⲧⲣⲱⲙⲉ다. "인성"이라고도 옮길 수 있다.

129 '지배자'라 옮긴 단어는 그리스어 ἄρχων의 차용어 ⲁⲣⲭⲱⲛ이다.

130 ϩⲱϯ는 필연적인 일, 반드시 일어나야만 하는 일을 표현한다(Crum).

131 '지니게 되다'라 옮긴 표현은 ⲉⲣ ⲫⲟⲣⲓⲛ다. 그리스어 φορεῖν의 차용어 ⲫⲟⲣⲓⲛ이 쓰였다. "지게 되다", "두르게 되다"라 옮길 수도 있다.

132 간단히 "사멸하는 육신"이라 옮길 수도 있다. '사멸하는 인간의 육신'이라 옮긴 표현은 ϯⲥⲁⲣⲝ ⲛ̄ⲣⲉϥⲙⲟⲩ다. 여기서 '사멸하는 인간'에 해당하는 ⲣⲉϥⲙⲟⲩ는 그저 '사멸하는' 또는 '필멸하는'이라고 옮겨도 된다.

복된 노인 요셉에게 다가가십시오. 위에서 그에게 내려올 운명을 알게 될 것입니다."

요셉에게 닥친 단말마의 순간

19 [1] 그리하여 그녀는 일어나 그가 누워 있는 자리에 다가갔다. 그리고 죽음의 징후가 그에게 나타난 것을 보았다. [2] 내 사랑하는 이들이여! 나는 그의 머리맡에 앉아 있었고 내 어머니 마리아는 그의 발치에 앉아 있었다. [3] 그가 자기 눈을 내 얼굴 쪽을 향해 들어 올렸으나 말은 할 수 없었다. 죽음의 순간이 그를 덮쳤기 때문이다. [4] 그는 다시 눈을 들었으며 큰 한숨을 내쉬었다. [5] 나는 오랫동안 그의 두 손과 두 발을 잡고 있었다. 그는 줄곧 나를 바라보면서 "그들이 나를 데려가게 두지 마십시오!" 하고 간청했다. [6] 나는 내 손을 그의 가슴에 대었고 그의 영혼이 그의 목구멍까지 끌어올려졌음을 알아차렸다. (그의 영혼이) 그의 몸에서 나와 위로 올려지려던 참이었던 것이다. 그러나 죽음이 올 마지막 시간이 아직 채워지지 않았다. (그랬다면) 그가 버티고 있지 못했을 터였다. 동요가 그를 뒤따르고 눈물과 파괴가 그를 앞서가고 있었다.

20 [1] 사랑하는 나의 어머니는 내가 그의 몸을 쓰다듬는 것을 보고 자기도 그의 두 발을 쓰다듬었다. 그녀는 (그에게서) 숨과 온기가 이미 사라졌으며 그가 그들을 떠났다는 것을 알아차렸다. [2] 그녀는 내게 솔직하게 말하였다. "고맙습니다.[133] 사랑하는 내 아들이여! 당신의 손을 그의 몸에 내려놓은 순간부터 온기가 그를 떠나기 시작했습니다. [3] 보세요, 그의 두 발과 정강이가 유리처럼 차갑습니다." [4] 나는 그의 아들들과 딸들을 불러 그들에게 이렇게 말하였다. "일어나서 여러분 아버지와 말

133 '고맙습니다'라고 옮긴 표현은 ⲡⲉⲕϩⲙⲟⲧ ϣⲏⲡ다. 직역하면 "너의 덕분이다"이다.

을 나누십시오. 지금이 말해야 할 때입니다. 말하는 그의 입이 멈추기 전에, 그리고 불쌍한 그의 몸이 식기 전에!"

요셉과 그 자녀들의 마지막 인사

5 그러자 그의 아들들과 딸들이 요셉과 말을 나누었다. 그는 죽음의 고통 때문에 위험한 상태였으며 이 세상을 떠나기를 원하였다. 6 요셉의 딸 리시아가[134] 형제들에게 이렇게 답하였다. "나는 불행합니다! 형제들이여! 이것이 사랑하는 우리 어머니의 병과 같은 것이라면 (어떡합니까?)! 지금까지 우리는 그녀를 더 이상 보지 못했지요! 7 우리 아버지 요셉도 같은 식이라면, 우리가 영원히 그분을 다시 보지 못하겠지요!" 8 그러자 요셉의 아들딸들이 목소리를 높여 울었다. 나와 내 어머니 동정녀 마리아도 그들과 함께 울었다. 진정 죽음의 순간이 가까이 다가왔기 때문이다.

죽음과 저승과 악마의 등장, 요셉의 죽음

21 1[135] 나는 남쪽을 바라보았다. 그리고 나는 '죽음'을[136] 보았다. 그(죽음)가

---

134 사본 S^D에는 '그의 큰 딸 리디아, 자색 옷감 장수'가 덧붙여져 있다. 사도 16,14에서 바오로 사도를 집에 맞아들인 자색 옷감 장수 리디아를 연상시킨다: "티아티라 시 출신의 자색 옷감 장수로 이미 하느님을 섬기는 이였던 리디아라는 여자도 듣고 있었는데, 바오로가 하는 말에 귀 기울이도록 하느님께서 그의 마음을 열어 주셨다." Ehrman/Pleše, *The Apocryphal Gospels: Texts and Translations*, 179 각주 53.

135 죽음의 순간을 묘사하는 것은 '유언' 형식의 유다교 문학에서 종종 발견되는 현상이다. 아브라함의 유언 16—20장과 비교하라. Sander, "Testament of Abraham", 871-902. 여기서도 죽음이 의인화되어 있다. 하느님께서 임종을 앞둔 아브라함에게 '죽음'을 보내신다. 아브라함을 당신께 데려오라고 명하신 것이다(아브라함의 유언 16,5). '죽음'은 의인들에게는 아름다운 모습으로, 죄인들에게는 무시무시한 모습으로 찾아간다고 한다(17,7-8).

집 가까이 다가왔다. 그의 도구인 저승이 악마와 함께 그 뒤를 따라오고 있었다.[137] 또한 불타는 옷을 입은 수많은 부하들이 그 뒤를 따라오고 있었는데, 그들의 입에서 연기와 유황이 뿜어져 나오고 있었다.
2 내 아버지 요셉은 자기를 데리러 온[138] 자들을 물끄러미 바라보았다. 그들은 그를 향한 진노로 가득 차 있었다. 그들이 자신들의 얼굴을, 몸을 빠져나오는 모든 영혼을 향한 진노로 가득 채우던 것과 같은 식이었다. 그들은 자신들에게 속한 작은 흠도[139] 찾아내는 죄인들에 대해서는 특히 더 그러했다.[140]
3 그 훌륭한 노인이[141] 죽음과 함께 온 그들을 보았을 때 그의 두 눈에서 눈물이 흘러나왔다.
4 바로 그 순간 내 아버지 요셉의 영혼은 큰 한숨을 내 쉬며 (몸을) 빠져나갔다. 그리고 그것(영혼)은 구원받을 수 있도록 자신을 숨길 길을 찾았다.[142]

---

136 '죽음'(ⲘⲞⲨ)을 의인화하고 있다.

137 '악마'를 가리키는 데 그리스어 διάβολος의 차용어인 ⲆⲒⲀⲂⲞⲖⲞⲤ가 쓰였다. '저승'이라 옮긴 콥트어 ⲀⲘⲈⲚⲦⲈ는 그리스어 '하데스'에 해당한다. 하데스처럼 이 단어도 저승이라는 장소와 저승을 관장하는 신 둘 다를 가리킨다. 여기서 저승이 '죽음'의 도구(ⲞⲢⲄⲀⲚⲞⲚ)라 일컬어진다. 오르가논(ὄργανον)은 '기관' 또는 '기구'라 옮길 수도 있다(Bauer-Danker). 죽음, 저승과 악마 및 그 부하들이 한 편으로 그려진다. 이들 가운데 '죽음'이 가장 서열이 높고, 그 다음이 저승(='죽음'의 도구)과 악마, 그리고 그 아래가 악마의 부하들(=권세들)인 듯하다.

138 '데리러오다'라고 옮긴 구문은 ⲈⲒ ⲚⲤⲀ-다. ⲈⲒ ⲚⲤⲀ-는 '뒤에서 따라가다', '추적하다', '추격하다'라는 뜻으로도 쓰인다. 여기서는 악마와 그 무리들이 임종 직전인 사람의 영혼을 데려가려고 온 것을 가리킨다.

139 직역: "그들에게 속한 작은 것." 죄인이 지닌 나쁜 것은 모두 악마의 것으로 묘사된다.

140 죽음을 앞둔 사람에게 저승이 악마와 그 수행자들을 이끌고 찾아온다고 한다. 이들은 모두 임종을 맞이한 사람에게 분노의 얼굴을 한다. 죄인들에게는 그 강도가 더 세다고 한다.

141 직역: "훌륭한 노년기의 사람." 요셉을 가리킨다.

142 목수요셉 21,2-4은 마침내 요셉이 숨을 거두는 장면을 묘사하고 있다.

5 내 아버지 요셉이 한숨을 내쉬는 것—그가 한 번도 본 적이 없는 권
력들을[143] 보았던 것이다—을 보자 나는 곧바로 자리에서 일어나 악
마와 그와 함께 있던 자들 모두를 꾸짖었다.[144] 6 그러자 그들은 수치와
큰 동요 속에 떠나갔다.[145] 7 그런데 내 아버지 요셉 둘레에 앉아 있던
사람들 가운데 어느 누구도, 심지어 내 어머니 마리아조차도, 사람들
의 영혼을 데리러 오는 그 무시무시한 군단[146] 무리에 대해 알지 못하
였다. 8 그런데 내가 그 어둠의 권력들을 꾸짖고 쫓아버리는 것—사실
그자들에게는 그(요셉)에 대한 아무런 권한도 없었기 때문이다—을 본
'죽음'은 두려움에 휩싸였다. 9 나는 곧바로 자리에서 일어나서, 자비가
크신 내 아버지를[147] 향해 기도를 올리며 말하였다.

---

143 '권력'이라 옮긴 단어 ⲈⲜⲞⲨⲤⲒⲀ는 그리스어 ἐξουσία의 차용어다. 본디 '권위'를 가리키는 이 단어는 선한 또는 악한 영적 세력을 가리키기도 한다(Bauer-Danker). 자세한 설명은 송혜경, 『사탄, 악마가 된 고발자』를 참조하라.

144 목수요셉 21,5-8은 요셉이 숨을 거두자 예수님께서 악마와 그 무리들을 꾸짖어 내쫓으신다. 이에 '죽음'은 두려움에 휩싸인다. 요셉의 임종을 지키던 사람들의 눈에는 이 광경이 보이지 않았다고 한다. '악마'에는 그리스어 차용어 디아블로스(ⲆⲒⲀⲂⲞⲖⲞⲤ)가, '꾸짖다'에는 그리스어 차용어 ⲈⲠⲒⲦⲒⲘⲀⲚ(ἐπιτιμᾶν, ἐπιτιμάω의 부정사)이 쓰였다.

145 또는, "그들은 수치 속에 크게 동요하며 떠나갔다."

146 '군단'이라고 옮긴 ⲦⲀⲜⲒⲤ는 그리스어 τάξις의 차용어다. 이 단어는 일차적으로 군대의 맥락에서 사용되어 '부대, 소대, 중대' 등을 의미한다(Liddell-Scott). 성경 전통에서, 하늘의 천사들이 '군단'으로 묘사되듯 악마 무리들도 '군단' 이미지로 묘사된다. 이를테면, 에페 6,11-12: "악마의 간계에 맞설 수 있도록 하느님의 무기로 완전히 무장하십시오. 우리의 전투 상대는 인간이 아니라, 권세와 권력들과 이 어두운 세계의 지배자들과 하늘에 있는 악령들입니다."

147 직역: "자비가 많으신 내 아버지." 여기서 '내 아버지'는 하느님을 가리킨다. 2코린 1,3에 같은 표현(ὁ πατὴρ τῶν οἰκτιρμῶν, 인자하신 아버지)이 쓰였다. 하느님이 자비롭고 인자하신 분이심은 성경 전체가 강조하고 있다. 탈출 34,6; 신명 4,31; 시편 78,38; 103,8; 루카 6,36; 로마 12,1 참조.

요셉의 영혼을 위해 올리는 예수님의 기도

22 [1] "내 아버지이시며 모든 자비의 아버지, 진리의 아버지시여! 보시는 '눈'
이시며, 들으시는 '귀'이시여! 사랑하는 당신의 아들, 곧 저의 말을 들
어주소서! 당신 손의 작품인 내 아버지 요셉을 위해 당신께 기도합니
다. 천사들의 대합창단, 선의 집사 미카엘, 그리고 빛의 사절 가브리엘
을 저에게 보내주소서. 그리하여 내 아버지 요셉의 영혼이 어둠의 일
곱 에온을[148] 다 통과할 때까지 그들이 그 영혼과 함께 나아가게 하소
서! 또한 그의 영혼이 좁다란 길들을 지나가지 않게 하소서! 그 길들
위로 걸어가기란 두려운 일입니다! 그 길들 위에 있는 권능들을[149] 보
는 것은 더 큰 두려움입니다. 그곳에서는 불의 강이 바다 물결처럼 넘
실대고 있습니다.[150] [2] 제 아버지 요셉의 영혼을 불쌍히 여기소서! 그가
거룩한 당신의 손을 향해 가고 있습니다.[151] 바로 지금이야말로 그에게

---

148 그리스어 에온(αἰών)은 시간과 공간을 아우르는 개념이다. 문맥에 따라 '세대', '시대', '세상', '에온' 등으로 옮길 수 있다(Bauer-Danker). 일곱 에온은 일곱 행성 천구 또는 일곱 하늘을 가리키는 듯하다. 그리스-로마 시대 문학—유다교와 그리스도교 포함—에서 '일곱 하늘'에 대한 믿음을 쉽게 만날 수 있다. 특히 야고보의 첫째 묵시록과 콥트어 바오로 묵시록 등 영지주의 작품에서 망자의 영혼이 여러 하늘을 통과해야 하느님이 계신 천상계에 진입할 수 있다고 한다: 송혜경, 『영지주의자들의 성서』, 100-102, 197-201 참조.

149 '권능들'로 옮긴 단어 ⲆⲨⲚⲀⲘⲒⲤ는 그리스어 δύναμις의 차용어다. 권력들(ἐξουσία)과 마찬가지로 이 단어도 (선한/악한) 영적 세력을 가리키는 데 쓰인다. 마리아영면 11, '권능'에 달린 각주를 참조하라.

150 목수요셉 13,9의 각주를 참조하라. '불의 강' 개념은 콥트어 마리아의 영면 11장에도 엿보인다. 이에 따르면 죽은 이들은 저승의 고발자들, 심연의 용, 불의 강을 지나가야 한다. 이때 불의 강에서 의인과 악인이 가려진다고 한다. 망자의 영혼이 거쳐야 하는 여러 시험들 개념은, 적어도 마리아의 영면이 처음 만들어진 4세기 이전부터 교회 안에 있었던 것 같다.

151 '가다'라 옮긴 ⲓ ⲉϩⲣⲏⲓ은 '아래로 내려가다'라는 뜻이다. 하느님 손 아래로 엎드리는 행동을 묘사한 듯하다. Erbetta, "La storia del Falegname Giuseppe", 197

자비가 필요한 때입니다!"》[152]

³ 영예로운 내 형제들과 복된 내 사도들이여, 나 너희에게 말한다.[153] 세상에 태어나 선과 악을 알게 된 모든 사람은, 그가 자신의 모든 시간을 자기 눈꺼풀에 기대어 살았다면,[154] 그가 죽음과 길의 통과와 가공할 심판대와 변호의 시간에 도달했을 때,[155] 선하신 내 아버지의 자비를 필요로 한다. ⁴ 이제 다시 의로운 노인, 내 아버지 요셉의 육신 탈출 이야기로 다시 돌아가겠다.

요셉의 마지막

23 ¹《그가 그의 영을 내려놓자[156] 나는 그에게 인사하였다.[157] ² 천사들은

참조.

152 목수요셉 22,1-2에서는 죽은 요셉의 영혼이 하느님께 이르기까지 가야 하는 길을 보여준다. 예수님은 미카엘과 가브리엘과 천사들의 합창단을 보내주시어 요셉의 영혼이 하느님께 가는 길 내내 동행하게 해 달라고 하느님께 기도한다. 죽은 사람의 영혼은 '권능'들이 지키고 있는 좁은 길을 피하고 일곱 에온을 무사히 통과해야만 하느님께 닿을 수 있음이 암시되어 있다. 죽은 이의 영혼이 하느님께 이르는 여정을 '길'(ⲙⲱⲓⲧ)로 표현한 것이 흥미롭다. '저승길' 개념은 동서고금의 인류 공통의 자산인 듯하다.

153 목수요셉 22,3-4은 본 이야기에서 벗어난 '여담'(digression)에 해당한다.

154 '눈꺼풀에 기대어(또는 매달려) 살았다'는 것이 정확히 무슨 의미인지는 알 수 없다. 아마도 '눈에 보이는 것'에 기대어 산 것을 의미할 듯하다.

155 죽음 이후의 과정이 길의 통과, 심판대, 변호의 시간으로 그려진다. 저승길을 잘 통과해 가는 것으로 끝나지 않는다. 그 길들을 잘 통과한 다음에도 영혼은 심판대에 서서 스스로를 변호해야 한다.

156 또는, "숨을 거두자." 직역하면 "영(또는 숨)을 주자." 영 또는 숨에 해당하는 ⲡⲛⲁ는 그리스어 πνεῦμα의 차용어(단축형)다. 목수요셉 23,1-4: 천사들이 요셉의 영혼을 거두어 아마포에 싼다. 예수님의 명으로 미카엘과 가브리엘은 요셉의 영혼을 지킨다. 저승길에서 기다리는 권력들에게서 요셉의 영혼을 지키려는 것이다. 천사들은 요셉의 영혼이 하느님께 다다를 때까지 찬가를 부른다. 요셉의 임종을 지키

그의 영혼을 거두어 최고급 아마포에 쌌다. [3] 나는 그에게 다가가 그의
곁에 앉았다. 그의 둘레에 앉아 있던 사람들 가운데 어느 누구도 그가
죽은 것을 알아채지 못하였다. [4] 그리고 나는 미카엘과 가브리엘로 하
여금 그의 영혼을 지키게 하였다. 그 길 위에 있는 권력들 때문이었다.
천사들은 요셉의 영혼이 나의 선하신 아버지께 넘겨질 때까지[158] 그의
영혼 앞에서 찬가를 불렀다.

남은 가족의 슬픔

24 [1] 나는 내 아버지 요셉의 몸 쪽으로 몸을 돌렸다. 그는 속이 빈 항아리
처럼 누워 있었다. 나는 자리에 앉아 그의 눈꺼풀을 내리고 눈을 감겼
다. 그의 입도 닫았다. 나는 그의 곁에 머무르며 그를 내려다보았다.
[2] 나는 동정녀에게 말하였다. "오, 마리아, 내 어머니! 이 사람이 그의
어린 시절부터 지금까지 해온 그 모든 솜씨 좋은 일들은 지금 어디에
있습니까? 그 모든 것들은 지금 이 한순간에 지나가버렸습니다. 마치
그가 이 세상에 아예 태어나지도 않은 것처럼!"
[3] 요셉의 아들들과 딸들은 내가 내 어머니 동정녀 마리아에게 하는 말
을 듣고는 크게 울며 나에게 이렇게 말하였다. "우리 주님, 우리는 불
행합니다![159] 오, 우리 주님! 우리 아버지가 돌아가셨는데 우리는 알아
채지도 못했습니다!" [4] 나는 그들에게 말하였다. "그분께서는 정말로

는 가족들은 이를 보지 못하고, 요셉이 죽은 사실도 인지하지 못한다.

157 또는, "입을 맞추었다." "포옹했다." '인사하다'라 옮긴 ⲁⲥⲡⲁⲍⲉⲥⲑⲉ는 그리스어 ἀσπάζομαι의 차용어(부정사형)다. 안고 입맞춤하며 인사하는 모습을 연상할 수 있다.

158 또는, "그들이 요셉의 영혼을 나의 선하신 아버지께 넘길 때까지."

159 'ⲟⲩⲟⲓ ⲛ-'으로 시작하는 '불행 선언' 구문이 사용되었다. 그저 "우리는 슬픕니다!"라고 옮겨도 된다.

돌아가셨소. 그러나 내 아버지 요셉의 죽음은 죽음이 아니오. 그것은
영원한 생명이오! [5] 사랑하는 내 아버지 요셉이 받게 될 것은 큰 것들
이오! 사실 바로 이 순간 그의 영혼이 몸을 빠져 나갔고, 그에게는 모
든 고통이 멈추었소. 그는 영원한 나라로 갔소. 그는 육체의 짐을 떠
났소. 그는 온갖 고통과 헛된 염려들로 가득한 이 세상을 떠났소. 그
는, 영원히 멸하지 않는 하늘에 계신 내 아버지의 안식처로 갔소."[160]
[6] 내가 내 형제들에게 "여러분의 아버지 요셉, 복된 노인께서 돌아가셨
소!" 하고 말하자 그들은 일어나 자신들의 옷을 찢었다. 그리고 그들
은 한참 동안 울었다.

애도와 장례 준비

25 [1] 그때 애도 소식을 들은 나자렛과 갈릴래아의 모든 주민들은 유다인
들의 율법에 따라 우리가 있던 곳으로 모여들었다. 그들은 아홉째 시
각이[161] 될 때까지 하루 종일 요셉을 애도하며 보냈다.
[2] 그날 아홉째 시각에 나는 모든 사람을 나가게 한 다음 사랑하는 내
아버지 요셉의 몸에 물을 붓고 향기로운 기름으로 도유하였다. 나는

---

160 직역: "그는 하늘들 곧 영원히 멸하지 않는 곳에 계신 내 아버지의 안식처로 갔소." 또는 "그는 하늘들에 계신 내 아버지의 안식처들, 영원히 멸하지 않는 곳에 갔소." '영원히 멸하지 않는'이 수식하는 대명사가 복수형(ⲚⲎ)이다. 이 문장에서 안식처(ⲚⲘⲀ ⲚⲈⲘⲦⲞⲚ)와 하늘(ⲚⲒⲪⲎⲞⲨⲒ)이 복수 형태로 쓰였다.

161 아홉째 시각은 오늘날 오후 3시에 해당한다. 복음서에서 예수님이 돌아가신 시각이 '아홉째 시각'으로 제시된다(마태 27,46; 마르 15,34; 루카 23,44). 『성경』(cbck)에는 "오후 세 시"라고 옮겨져 있다. 히브리인들의 낮 시간은 해 뜨는 시각인 오전 6시(=히브리인들 0시)에 시작하여 해가 지는 오후 6시에 끝난다. 오후 6시 이후는 다음날로 여겨진다. 따라서 아홉째 시각은 오늘날 15시 곧 오후 3시에 해당한다. 히브리인들의 시간 계산에 대해서는, https://understandingthebible.org/ninth-hour-bible/ (검색일: 2024/10/23).

하늘에 계신 선하신 내 아버지께 천상의 기도로써 기도하였다. 그것(기도)은, 내가 거룩한 동정녀 마리아에게서 육신을 취하기 전에, 나 자신의 손가락으로 하늘의 석판에 써두었던 것이다. [3] 내가 내 기도의 아멘을 바치자[162] 곧바로 천사들 무리가 왔다. 나는 그들 가운데 두 명에게 긴 겉옷을 펼치라고 명한 뒤 내 아버지 요셉의 복된 몸을 들어다 의복 천 한가운데에 놓고 감싸게 하였다.[163]

요셉을 위한 예수님의 축복 기도[164]

26 [1] 그리고 나는 그의 몸에 나의 두 손을 얹고 말하였다.[165] "죽음의 악취
가 당신을 지배하지 않기를![166] 당신의 귀가 냄새를 풍기지 않기를! 당

---

162 기도의 아멘을 바친다는 것은 기도를 마친다는 의미다. 기도를 아멘으로 마감하기 때문이다.

163 목수요셉 25,3에서 예수님은 천사들을 시켜 요셉의 몸에 수의를 입힌다. 콥트어 마리아의 영면 12장에서는 예수님 몸소 마리아의 몸을 고운 아마포에 싸서 미카엘 천사에게 건넨다. 14장에서는 예수님께서 천상의 의복으로 마리아의 몸을 감싸고 베드로와 요한의 손에 들려 새 무덤에 모시게 한다.

164 목수요셉 26장에서는 요셉의 시신이 부패하지 않으리라는 축복, 그리고 요셉 공경 및 축일과 관련한 약속이 선포되고 있다.

165 목수요셉 26,1에서 예수님은 요셉의 몸이 부패를 겪지 않기를 청하는 기도를 올린다. 이 기도는 요셉의 몸이 부패를 겪지 않으리라는 예고이기도 하다. 예수님의 기도 또는 예고는 매우 친밀하고 섬세한 언어로 표현된다. 사랑하는 사람의 몸이 썩지 않고 온전히 보전되기를 바라는 인간의 염원이 담겨 있다.

166 26,1에는 'ⲚⲚⲈ-'으로 시작하는 부정의 희구법(optative) 문장들이 여러 차례 반복된다. 희구법은 주어가 3인칭일 때는 바람, 기원, 소망, 기도의 뜻을 표현한다. "예언적 미래"라고도 한다: Shisha-Halevey, *Coptic Grammatical Chrestomathy: A Course for Academic and Private Study*, 44-45. 희구법 문장을 "예언적 미래"로 이해하면, "죽음의 악취가 너를 지배하지 않으리라! 너의 귀가 냄새를 풍기지 않으리라! 너의 몸에서 배설물이 영원히 흘러나오지 않으리라! 너의 수의가 땅에서 썩지 않으리라! 내가 너에게 입혔던 너의 살도 (썩지 않으리라!)"라고 옮겨도 된다.

신의 몸에서 배설물이 영원히 흘러나오지 않기를! 당신의 수의가 땅에 서 썩지 않기를! 내가 당신에게 입혔던 당신의 살도 (썩지 않기를)! 그 것이 천 년의 만찬[167] 날까지 당신 몸에 머물러 있기를![168] 그토록 자주 내 손으로 만졌던 당신의 머리카락들이 희끗하게 새지 않기를!
오 사랑하는 내 아버지 요셉이여! 좋은 일이 당신과 함께 할 것입니다!

요셉을 공경하는 사람을 향한 약속

2 당신의 기념일[169] 곧 에피프 달 스무 여섯째 날 당신의 기념관에[170] 예
물을 바치는 이들은, 나 또한 하늘에 있는 천상의 예물로 그를 축복할
것이오.[171] 3 그리고 당신의 이름으로 가난한 사람의 손에 빵을 건네는
사람은, 평생 동안 이 세상의 좋은 것에 결핍을 느끼지 않게 해줄 것
이오. 4 당신의 기념일에 이방인이나 과부나 고아에게 포도주 한 잔을
건네는 이들은, 내가 그들을 당신에게 선사하여 당신이 그들을 천 년
의 만찬에[172] 데려가게 하겠소. 5 당신의 '육신 탈출' 책과[173] 오늘 내 입

---

167 26,1에 언급된 '천 년의 만찬'은 메시아 왕국이 천 년 동안 지속되리라는 믿음에 근거한 표현이다. '천년왕국설'의 한 유형을 보여준다.

168 'ⲉⲣⲉ_ⲉ-'로 시작하는 긍정의 희구법(optative) 문장이다. '_'에 주어가 놓인다. "대신 천 년의 만찬 날까지 네 몸에 머물러 있으리라!"라고 옮겨도 된다. 요셉의 시신이 썩지 않으리라는 예고 또는 강력한 희망이다.

169 직역: "당신을 기억하는 날."

170 '기념관'이라 옮긴 ⲧⲟⲡⲟⲥ는 그리스어 τόπος의 차용어다. '장소', '처소', '영역', '영토' 등을 뜻하는 이 단어는 예배의 문맥에서 '성소', '성지', '사당' 등의 뜻으로 쓰이기도 한다. 나중에는 순교자나 성인의 유해를 모신 함이나 관 또는 무덤을 가리키는 데도 사용된다(Lampe).

171 목수요셉 26,2-6은 요셉을 공경하는 사람들에게 베풀어질 은전들을 열거하고 있다.

172 목수요셉 26,1 '천 년의 만찬'에 달린 각주를 참조하라.

173 '육신 탈출'이라 옮긴 표현은 ⲡϫⲓⲛⲓ̅ ⲉⲃⲟⲗ ϧⲉⲛ ⲥⲱⲙⲁ다. 프롤로그 참조. '육

에서 나온 모든 말을 필사하는 이들은 — 당신의 구원을 걸고 (맹세하건대) — 오 내 사랑하는 아버지 요셉이여, 나는 이 세상에서 그들을 당신에게 선사할 것이오. 그리고 그들이 몸을 빠져나갈 때 나는 그들의 죄 문서를[174] 찢을 것이오. 그리하여 그들은 아무런 벌도 받지 않게 될 것이오. 단 죽음의 필연과[175] 내 아버지 대전 앞에 놓여 있는 불의 강은 예외입니다.[176] 그것(불의 강)은 모든 영혼을 깨끗이 정화합니다.[177]
6 만약 내가 한 말들을 실천할 아무런 수단도 가지지 못한 가난한 사람이 있다면,[178] 그가 아들을 낳아 당신의 이름을 기리면서 그의 이름을

신 탈출 책'이란 '목수 요셉의 이야기'를 가리킨다.

174 '그들의 죄 문서'라 옮긴 표현은 ⲠⲒⲬⲒⲢⲞⲄⲢⲀⲪⲞⲚ ⲚⲦⲈ ⲚⲞⲨⲚⲞⲂⲒ다. 그들의 죄가 적힌 문서, 이른바 치부책을 가리킨다. ⲬⲒⲢⲞⲄⲢⲀⲪⲞⲚ는 그리스어 χειρόγραφον의 차용어로서, 수기로 쓴 빚 문서나 장부를 뜻한다(Bauer-Danker). 이 표현은 하늘의 책에 우리 죄가 빠짐없이 기록되어 있다는 믿음을 반영한다. 콜로 2,14에서 이 단어(χειρόγραφον)는 '빚 문서'로 옮겨진다. "… 그분께서는 우리의 모든 잘못을 용서해 주셨습니다. 우리에게 불리한 조항들을 담은 우리의 빚 문서χειρόγραφον를 지워 버리시고, 그것을 십자가에 못 박아 우리 가운데에서 없애 버리셨습니다"(콜로 2,13-14).

175 '죽음의 필연'이라 옮긴 표현은 ⲀⲚⲀⲄⲔⲎ ⲚⲦⲈ ⲪⲘⲞⲨ다. 여기서 필연이라 옮긴 ⲀⲚⲀⲄⲔⲎ는 그리스어 ἀνάγκη의 차용어다. 이 단어는 '필연', '필요', '강요' 등의 뜻 외에 '고통', '곤궁', '괴로움' 등을 의미하기도 한다(Bauer-Danker). '죽음의 고통'이라고 옮겨도 된다. 목수요셉 28,13에도 같은 표현이 쓰였다. 죽음의 불가피성, 필연성, 고통을 두루 가리킨다.

176 '목수 요셉의 이야기'와 이날 예수님이 하신 모든 말씀을 필사하는 사람은, 그의 죽음 때 주님께서 그의 죄 문서를 찢으시어 벌을 받지 않게 하신다고 한다. 그런 사람도 죽음이라는 필연(또는 죽음의 고통)과 불의 강은 피하지 못한다고 한다.

177 '깨끗이 정화하다'라고 옮긴 단어는 그리스어 καθαρίζω의 차용어 ⲔⲀⲐⲀⲢⲒⲌⲒⲚ(부정사형)이다. 불의 강은 영혼을 정화시키는 역할을 한다. 목수요셉 26,5에 따르면, 모든 망자의 영혼은 예외 없이 불의 강을 거쳐야 한다. 이는 정화를 거치지 않고서는 어떤 영혼도 하느님께 다가가지 못한다는 뜻을 함축한다. 불의 강은 목수요셉 13,9; 22,1에도 언급되어 있다.

'요셉'이라고 부른다면 그 집에는 굶주림도 역병도 일어나지 않을 것이오. 그 집은 당신의 이름이 머무는 곳이기 때문이오."

장례 준비

27 [1] 그 뒤 마을 유지들이 장의사들을 대동한 채 내 아버지 요셉의 시신
이 눕혀져 있는 곳에 왔다. 유다인들의 장례 관습에 따라[179] 그의 시신
을 안치하려는 것이었다. [2] 그들은 그를 무덤에 모실 준비가 이미 끝났
음을 알아차렸다. 마치 쇠줄로 묶은 것처럼 수의가 그의 시신을 단단
히 감싸고 있었던 것이다. 그리고 그들이 시신을 움직였을 때 수의에
아무런 구멍도[180] 발견하지 못하였다. [3] 그 다음 그들은 그를 무덤으로
옮겼다. [4] 그들이 동굴 통로를 개방하여 그를 그의 부모 곁에 안치하
려고 동굴 입구를 파들어 가고 있을 때였다.[181] 나는 갑자기 그가 나와
함께 이집트로 가던 날과, 그가 나로 인해 겪어야 했던 큰 고초가 생각
났다. 나는 그의 시신 위에 내 몸을 포개고[182] 그를 위해 오랜 시간 울

---

178 또는, "내가 말한 것들을 실천할 수 없을 정도로 가난한 사람이 있다면."

179 요한 19,40.

180 또는, "틈." 수의로 시신을 빈틈없이 잘 싸맸다는 의미다.

181 구약시대부터 예수님 시대에 이르기까지 이스라엘 사람들은 시신을 대개 가족묘 형태의 동굴에 안치하였다. 석회암을 파 들어 가서 동굴 형태로 안을 넓힌 뒤 동굴 안쪽 가장자리 벽면을 벽감 형태나 탁자 형태로 파서 그곳에 시신을 눕혔다(Rock-cut tomb). 1년이 지난 뒤 시신이 백골이 되면 유골을 함에 넣어 보관하였다(유골을 함에 넣을 때 애도 기간이 종료한다고 한다). 가족묘 동굴 입구는 납작한 형태의 돌로 막았다. 대개 돌을 굴리면 열리는 형식이었다. 바위를 깎는 데 많은 비용이 들기에 가난한 사람의 경우 주로 땅을 파서 시신 그대로 또는 관에 넣어서 묻었다고 한다(Individual trench grave). 이 경우 밝게 채색한 명판을 세워 두어 그곳이 무덤가임을 표시하기도 했다고 한다: Keddie, *Class and Power in Roman Palestine: The Socioeconomic Setting of Judaism and Christian Origins*, 227-237.

182 직역: "그의 시신 위에 나 자신을 펼치고." "그의 시신 위에 엎드려"라고 옮겨

었다. 그리고 이렇게 말하였다.

죽음에 대한 가르침

28 [1] "오, 죽음이여! 참으로 많은 눈물과 참으로 많은 슬픔을 일으키는 자
여![183] 그러나 이토록 놀라운 권위를 너에게 부여한 분은 모든 존재 위
에 계신 분이시다![184] [2] 하지만 책임은[185] '죽음'에게보다는 아담과 그의
아내에게 더 돌려야 한다. [3] '죽음'은 내 아버지의 명령 없이는 아무 일
도 하지 않았다.[186] [4] 사실 죽기 전에 구백 년을 산 사람도 있었다. 더
오래 산 사람들도 많이 있었다.[187] 그러나 그들 가운데 '나는 죽음을 보
았다!' 혹은 '죽음은 가끔씩 찾아와서 누군가를 괴롭힌다!' 하고 말한
사람은 아무도 없었다. [6] 죽음은 단 한 번을 제외하고는 그들을 괴롭히

도 된다.

183 목수요셉 28,1-3에는 '죽음'이 의인화되어 있다. 콥트어 마리아의 영면 12장에도 죽음이 인격화되어 있다. 가령 죽음을 앞둔 마리아에게 찾아오신 부활한 주님께서 사도들에게 말씀하신다. "잠시 물러나 있자. 내가 여기 있는 동안에는 죽음이 접근하지 못하기 때문이다." 그리고 밖으로 나가신 예수님께서 말씀하신다. "오 죽음이여, 내가 너를 이겼다. … 오너라, 동정이신 내 어머니 마리아에게 나타나라! 그러나 무서운 모습으로는 안 된다!" 죽음이 나타나자 눈처럼 새하얀 마리아의 영혼이 아들의 품에 뛰어 오른다. 예수님께서는 그 영혼을 아마포에 싸서 미카엘 천사에게 넘기신다. 콥트어 마리아 영면 12장 본문은 James, "The Assumption of the Virgin", 195; Erbetta, "Il Sermone di Evodio", 599에서 확인할 수 있다.

184 또는, "만물 위에 계신 분, 바로 그분께서 너에게 이토록 놀라운 권위를 부여하셨다!" '죽음'이 행사하는 권위가 하느님으로부터 부여받은 것이라는 의미다.

185 직역: "책임은 아담과 그 아내에게만큼 죽음에게 돌려서는 안 된다." '책임'이라 옮긴 ⲁⲣⲓⲕⲓ는 '잘못', '탓'이라고 옮겨도 된다. 모든 탓을 죽음에게보다 아담과 하와에게 더 돌려야 한다는 것이다.

186 또는, "죽음은 내 아버지의 명령을 따랐을 따름이다."

187 창세 5장 참조.

지 않는다. 그 경우마저 그(죽음)를 사람에게 보내시는 분은 선하신 내 아버지시다.[188]

7 그것(죽음)이 그자에게 찾아오는 순간 그자는 하늘에서 오는 선고를[189] 듣는다. 8 만약 선고가 혼란 속에 온다면, 그리고 그것이 진노로 가득 차 있다면, '죽음'도 혼란과 분노 속에 온다. 그리고 그것은 선하신 내 아버지의 명령을 완수한다. 그리고 그것은 그 사람의 영혼을 취하여 그의 주님께 건넨다.

9 그러나 '죽음'에게는 그를 불 속에 던져 넣는 권한도, 하늘 나라에 보내는 권한도 없다.[190] 10 사실, '죽음'은 하느님의 명령을 실행하는 자이다.

그런데 아담, 그는 내 아버지의 뜻을 실행하지 않았다. 대신 그는 범죄를[191] 저질렀다. 그가 자기 아내의 말을 듣고 선하신 내 아버지의 말씀을 듣지 않았을 때[192] 내 아버지께서는 그에게 진노하셨다. 그리하여 그는 결국 모든 영혼에게 죽음을 가져왔다.[193] 11 아담이 선하신 내

---

188 모든 사람에게 죽음은 단 한 번 찾아온다. 그리고 죽음을 사람에게 허락하는 분은 하느님이시다. 사람이 죽는 것은 하느님의 뜻이라는 의미다.

189 '선고'라 옮긴 ⲁⲡⲟⲫⲁⲥⲓⲥ는 그리스어 ἀπόφασις의 차용어다. 법원의 결정, 선고를 의미한다(Liddell-Scott).

190 또는, "'죽음'은 그를 불 속에 던져 넣을 수도, 하늘 나라에 보낼 수도 없다." '죽음'에게는 사람의 영혼을 심판할 권한이나 능력이 없다는 뜻이다.

191 로마 5,14 참조. '범죄'라 옮긴 ⲡⲁⲣⲁⲃⲁⲥⲓⲥ는 그리스어 παράβασις의 차용어다. '범법', '위법'이라 옮길 수도 있다.

192 또는, "내 선하신 아버지께 순종하지 않았을 때."

193 아담의 불순종과 범죄로 인류에게 죽음이 미치게 되었다고 하는 목수요셉 28,10-14은 로마 5,12-21을 연상시킨다. 특히 "한 사람을 통하여 죄가 세상에 들어왔고 죄를 통하여 죽음이 들어왔듯이, 또한 이렇게 모두 죄를 지었으므로 모든 사람에게 죽음이 미치게 되었습니다"(로마 5,12).

아버지께 불순종하지 않았더라면, 자기에게 죽음을 가져오지 않았을
것이다.
[12] 내가 내 선하신 아버지께 내 아버지 요셉을 태울 커다란 빛의 병거
를 보내달라고 청하는 일을 막는 것은 무엇인가![194] 그러면 그는 조금도
죽음을 맛보지 않고서 자기가 태어난 육신[195] 그대로 안식처로 들어 올
려질 터인데! 그리고 몸이 없는 천사들과 함께 지낼 터인데!
[13] 하지만 아담의 범죄[196] 때문에 이토록 커다란 고통이 이토록 커다
란 죽음의 필연과[197] 함께 인류 전체에게 왔구나![198] [14] 나 자신도 고통
을 일으키는 육신을 지닌 이상, 나 또한 내가 만든 피조물을 위해 (육
신) 안에서 죽음을 맛보아야 한다. 그리하여 나는 그들을 불쌍히 여
기게 될 것이다."[199]

요셉의 시신 안치

29 [1] 내가 이 말들을 하면서 내 아버지 요셉을 품에 안고 그를 위해 울고

---

194 '막다'라 옮긴 ⲕⲱⲗⲓⲛ은 그리스어 κωλύω(부정사형 κελύειν)의 차용어다. 이 동사는 '막다', '방해하다', '금지하다', '거절하다' 등의 뜻을 지닌다(Bauer-Danker). 콥트어 본문에서 차용어가 동사인 경우 보통 그리스어 동사의 부정사형이 쓰인다.

195 '육신'이라 옮긴 ⲥⲁⲣⲝ는 그리스어 σάρξ의 차용어다. '몸이 없는'에는 그리스어 ἀσώματος의 차용어 ⲁⲥⲱⲙⲁⲧⲟⲥ가 쓰였다. 여기서 σάρξ는 문맥에 따라 '살', '육', '육신'으로 옮긴다. σώμα는 문맥에 따라 '몸', '육체'로 옮긴다.

196 로마 5,14 참조: "아담부터 모세까지는, 아담의 범죄(παράβασις 'Αδαμ)와 같은 방식으로 죄를 짓지 않은 자들까지도 죽음이 지배하였습니다. …"

197 목수요셉 26,5 '죽음의 필연'에 달린 각주를 참조하라.

198 로마 5,12.14.17 참조.

199 또는, "내가 그들을 불쌍히 여기게 되기 위해서다." 또는 "내가 그들에게 자비를 베풀 수 있기 위해서다." 예수님도 육신(σάρξ)을 지니셨기에 죽음을 겪으셔야 한다. 또 그 육신으로 인해 고통당하는 인류를 불쌍히 여기시고 자비를 베푸신다고 한다.

있을 때였다. [2] 그들은 무덤 입구를 열었다. 그리고 그들은 무덤 안쪽, 요셉의 아버지 야곱의 곁에 그의 몸을 눕혔다. [3] 그리하여 백십일 세에 그의 삶이 완결되었다.[200] 그런데 그의 입에서 단 하나의 치아도 사라지지 않았으며, 그의 두 눈도 빛을 잃지 않았다. 오히려 그의 외관은 어린아이의 것과 비슷했다. [4] 그는 한 번도 힘을 잃은 적이 없었다. 오히려 죽음에 이르게 된 병에 걸려 자리에 눕는 그날까지 목수 일을 계속해나갔다.》[201]

제2부 사도들의 질문과 주님의 답변(30—31장)

사도들의 질문

30 [1] 우리 사도들은, 우리 구원자로부터 이 말씀들을 들었을 때 몹시 기뻤다.[202] 우리는 곧바로 일어나서 그분의 두 손과 두 발 앞에 엎드렸다. 그리고 기쁨에 차서 이렇게 말하였다.

"선하신 당신께 감사드립니다, 우리 구원자시여! 당신께서 우리를, 이 생명의 말씀들을 당신에게서 들을 자격이 있는 이들로 만들어주셨기 때문입니다. 오, 우리 주님!

[2] 그런데 우리는 당신께 놀랍니다, 오 선하신 우리 구원자시여! 당신께서 왜 에녹과 엘리야에게는 불멸의 은총을 선사하셨는지요? 그리하여 그들은 왜 지금까지도 자신들이 태어난 육신 안에 머물면서 축복 속에 지내고 있는지요? 그리고 지금까지 그들의 육신은 왜 부패를 보지 않았는지요?[203]

---

200 직역: "그의 완결(종결, 완성)은 백십일 세에 이루어졌다."

201 목수요셉 2,1에서 시작된 '요셉의 생애'는 29,4에서 끝난다. 목수요셉 2,1—29,4은 예수님이 1인칭 화자로서 들려주신 요셉에 대한 이야기다.

202 목수요셉 30,1부터 1인칭 복수 '우리'가 화자가 된다.

[3] 그런데 이 복된 노인 목수 요셉은 (어떻게 된 일입니까?) 당신께서는 그분에게 당신 아버지라고 불리는 큰 영광을 선사하셨습니다. 그리고 모든 일에서 그분에게 순종하셨습니다. 또한 당신께서는 우리에게 명하시며 이렇게 말씀하셨습니다. '내가 너희에게 힘을 주고 너희에게 내 아버지의 소리[204] 곧 보호자 성령을 보내면,[205] 그리고 내가 거룩한 복음을 선포하도록 너희를 파견하면,[206] 너희는 내 사랑하는 아버지 요셉도 선포하여라.' [4] 또한 '그의 육신 탈출에 대한 증언에[207] 들어 있는 생명의 말씀들을 선언하라!'고도 하셨습니다. [5] 그리고 '축제일과 특별한 날들에 이 증언의 말씀들을 낭독하라!'고도 하셨습니다. [6] 또한 '제대로 글 쓰는 법을 배우지 않은 사람은 축제일에 이 증언을 낭독해서는 안 된다!' [7] 그리고 '이 말씀들에서 (무언가를) 빼거나 그 말씀들에

203 세 문장 모두 '왜'에 걸린다. 에녹과 엘리야에게만 불멸이라는 특혜가 주어진 이유를 묻는다. 주님께서 그들에게는 왜 불멸을 선사하시어 그들이 지금까지 육신을 유지한 채 축복 속에 지내느냐는 것이다. 에녹에 대해서는 창세 5,24; 1에녹 70,1-2을, 엘리야에 대해서는 2열왕 2,11을 보라.

204 '소리'라 옮긴 단어 ⲱϣ는 '음성', '선포', '외침', '봉독' 등으로 옮길 수도 있다. 성령이 하느님(성부)의 음성, 하느님의 대변자로 그려지고 있다. 탈무드에도 '하느님의 소리'가 하느님의 뜻을 전한다는 개념이 전해진다. 탈무드에 하까이, 즈카르야, 말라키 예언자가 죽은 뒤 거룩한 영이 이스라엘을 떠났다는 내용이 나온다. *b. Sanhedrin* 11a에 따르면, 하까이, 즈카르야, 말라키 예언자가 죽은 뒤부터는 하느님의 뜻이 성령이 아니라 '하느님의 음성'(*bat col*)을 통해 이스라엘에 전달되었다고 한다: Levison, "Did the Spirit Withdraw from Israel? An Evaluation of the Earliest Jewish Data", 35-37.

205 요한 14,26 참조. 보호자를 가리키는 데 그리스어 παράκλητος의 차용어 ⲠⲀⲢⲀⲔⲖⲎⲦⲞⲚ이 쓰였다.

206 목수요셉 1,2 참조.

207 '증언'이라 옮긴 ⲆⲒⲀⲐⲎⲔⲎ는 διαθήκη의 차용어로 '유언', '계약', '약정' 등의 뜻이다(Bauer-Danker).

(무언가를) 더하는 자, 그리하여 나를 거짓말쟁이로 만드는 자는 내가
지체 없이 그에게 복수할 것이다.'라고도 하셨습니다.
8 그래서 저희는 놀라워합니다. 당신께서 베들레헴에 태어나시고 그분
을 육에 따른 당신 아버지라고 부르신 날부터 당신께서 그분에게는 불
멸을 약속하신 적이 없습니다. 그분에게 영원한 생명을 주시지도 않
으셨습니다!"[208]

주님의 답변

31 1 우리 구원자께서 대답하시며 우리에게 말씀하셨다. "내 아버지께서
아담에게 내리신 선고는 사라지지 않을 것이다. 그가 그분의 계명에
불순종했기 때문이다. 2 내 아버지께서 어떤 사람에게 '그는 의로울 것
이다' 하고 선언하신다면 그는 그분의 선택받은 자가 된다. 3 그런데 그
사람이 자신의 뜻에 따라 악마의[209] 일들을 사랑하고 죄를 짓는다면
그분께서 그가 오래 살도록 허락하신다 해도, 그가 회개하지 않는 한
그자(악마)의 손에 떨어지게 된다는 것을 모르겠느냐? 4 만약 어떤 이
가 훌륭한 일을 하면서 오래 산다면, 그를 노인으로 만드는 것은 그의
행업이다.[210] 5 그러나 그분께서 어떤 사람이 자신의 길을 망치는 것을
보시게 된다면 그분께서는 그자의 수명을 단축시키신다. '그분께서 그
들 생의 한가운데에서 그들을 잡아채신다'는 것이 바로 이런 것이다.[211]

---

208 30,3-8에서 제자들은 주님께서 요셉에게 그토록 많은 특혜를 베푸셨으면서도 죽음을 허용하신 이유를 묻는다.

209 '악마'라고 옮긴 단어는 διάβολος의 차용어 ⲇⲓⲁⲃⲟⲗⲟⲥ다.

210 '행업'이라 옮긴 ⲡⲣⲁⲝⲓⲥ는 πρᾶξις의 차용어로 '실천, 행동, 수행' 등으로 옮길 수도 있다. '실천'이 장수의 축복을 누리게 만든다는 뜻이다.

211 시편 102,24-25 참조: "그분께서 내 힘을 도중에 꺾으시고 내 세월을 짧게 하시어 내가 아뢰었네. '저의 하느님 제 생의 한가운데에서 저를 잡아채지 마소서. 당

6 그러나 내 아버지께서 발설하신 모든 예언은 인류에게 실현될 것이다.
그리고 모든 일이 그들에게 일어날 것이다.
7 너희는 나에게 에녹과 엘리야에 대해 말하였다. 그들은 자신들이 태
어난 육신 속에 그대로 살아 있는데, 내 육에 따른 아버지인 요셉은,
'무엇 때문에 당신께서 그를 지금까지 육신 속에 두지 않으셨습니까?'
라는 것이다. 8 그가 만년을 살았다 하더라도 그가 죽어야 하는 것은
필연이다.[212]
9 너희에게 말한다. 오, 거룩한 내 지체들이여! 에녹과 엘리야가 죽
음에 대해 생각할 때마다, 그들의 바람은 자신들이 이미 죽었으면 하
는 것, 그리하여 그들이 그들 앞에 놓인 거대한 필연에서 벗어났더라
면 하는 것이었다. 그들이 혼란과 두려움과 외침과 위협과 슬픔의 날
에 죽게 될 것이기 때문에 특히 더 그러하다.[213] 10 그리스도의 적이 물
한 항아리 때문에 이 두 사람을 죽여서 그들의 피를 땅 위에 쏟을 것
이기 때문이다.[214] 그들이 그자를 꾸짖으며 그자에게 내뱉을 비난 때
문이다."

신의 햇수는 대대로 이어집니다.'"

212 직역: "그가 죽는 것은 그에게 필연이다." 필연, 필요 또는 당위를 표현하는 데 ⲁⲛⲁⲅⲕⲏ가 쓰였다. 목수요셉 26,5 '죽음의 필연'에 달린 각주를 참조하라.

213 에녹과 엘리야도 언젠가는 죽게 된다고 한다. 그들도 죽음의 필연은 피하지 못한다는 것이다. 더구나 그들은 마지막 때에 적그리스도에 의해 죽임을 당한다고 한다.

214 목수요셉 30,10에서 '그리스도의 적'이라고 옮긴 ⲁⲛⲧⲓⲭ̅ⲣ̅ⲥ̅는 ἀντίχριστος의 차용어다. 마지막 때에 나타날 '그리스도의 적'(ἀντίχριστος)이 에녹과 엘리야를 죽일 것임을 암시한다. 마지막 때에 올 그리스도의 적에 대해서는 1요한 2,18 "자녀 여러분, 지금이 마지막 때입니다. '그리스도의 적'이 온다고 여러분이 들은 그대로, 지금 많은 '그리스도의 적들'이 나타났습니다. 그래서 우리는 지금이 마지막 때임을 압니다" 참조. 에녹과 엘리야는 묵시 11,1-11의 지하에서 올라오는 짐승이 죽이리

나가는 말(32장)

영광송

32 [1] 우리는 대답하며 그분께 말하였다. "우리 주님, 우리 하느님![215] 당신
께서 '멸망의 아들이[216] 물 한 항아리 때문에 그들을 죽일 것이다' 하고
말씀하신 이 두 사람은 누구입니까?" [2] 우리 구원자 예수님, 우리의 생
명께서 우리에게 말씀하셨다. "그들은 에녹과 엘리야다."
[3] 우리 선하신 구원자께서 우리에게 이 말씀을 하셨을 때, 우리는 기
뻐하고 즐거워하였다. 그리고 우리는 그분께 감사와 영광을 드렸다.
그분은 우리 주님, 우리 하느님, 우리 구원자 예수 그리스도이시다. 그
분을 통하여 모든 영광과 모든 영예가 아버지와 그분과 생명을 주시
는 성령께, 이제와 모든 순간과 영원 무궁히, 아멘.

라는 두 예언자, 또는 두 증인을 연상시킨다. 묵시 11,6에서 이 두 사람은 물을 피로 변하게 만든다고 한다: "그들은 자기들이 예언하는 동안 비가 내리지 않게 하늘을 닫는 권한을 가지고 있습니다. 또한 물을 피로 변하게 하고, 원할 때마다 온갖 재앙으로 이 땅을 치는 권한을 가지고 있습니다."

215 요한 20,28 참조.

216 요한 17,12; 2테살 2,3: "멸망하게 되어 있는 그자."

부록

참고 문헌

성경

『성경』,
(한국천주교중앙협의회).

Biblia Sacra Iuxta Vulgata versionem Stuttgart (Stuttgart 1969, 2007).

SEPTUAGINTA. Id est Vetus Testamentum graece iuxta LXX interpretes edidit Alfred Rahlfs (Deutcshe Bibelgesellschaft, Stuttgart 1979).

Novum Testamentum Graece, Nestle-Aland 27th Edition (Stuttgart 1993).

외경

라오디케이아인들에게 보낸 편지
"Epistula ad Laodicenses", *Biblia Sacra iuxta vulgatum versionem Stuttgart* (Stuttgart 1969, 2007).

마리아의 영면
C. Tischendorf, "V. Iohannis Liber de Dormitione Mariae", *Apocalypses Apocryphae* (Hildesheim 1866), 95-112.

마태오(차명) 유년기 복음
J.K. Elliott, "The Gospel of Pseudo-Matthew", *The Apocryphal New Testament* (Oxford 1993), 84-99.

목수 요셉 이야기
B.D. Ehrman, Z. Pleše, "The History of Joseph the Carpenter", *The Apocryphal Gospels: Texts and Translations* (Oxford 2011), 162-193.

바룩 2서
송혜경,『구약 외경 2』 (한님성서연구소 2023), 218-334.

바룩 3서
송혜경,『구약 외경 2』 (한님성서연구소 2023), 395-424.

바오로 묵시록
C. Tischendorf, *Apocalypses Apocryphae: Mosis, Esdrae, Pauli, Jahannis, Item Mariae Dormito* (Hildesheim 1866), 34-69.

바오로 묵시록(콥트어)
송혜경,『영지주의자들의 성서』 (한님성서연구소 2022), 204-210.

바오로 행전(테클라 행전)
R.A. Lipsius, M. Bonnet (eds.), "Acta Pauli", *Acta Apostolorum Apocrypha I* (Hildesheim 1972), 235-272.

바오로와 세네카의 교환 서신
C.W. Barlow, *Epistolae Seneca ad Paulum et Pauli ad Senecam 'quae vocantur'* (Rome 1938) (= Papers and Monographs of the American Academy in Rome 10) [라틴어 본문, *PL*, Supplementum I, 673-678].

바오로와 코린토인들의 교환 서신
L. Vouaux, *Les Actes de Paul et ses Lettres Apocryphes: Introduction, Textes, Traduction et Commentaire* (Paris 1913), 248-274.

베드로 묵시록
J.A. Robinson, M.R. James (eds.), *The Gospel According to Peter and the Revelation of Peter* (Stillwell 2007),

89-96.

베드로 묵시록(콥트어)

송혜경, 『영지주의자들의 성서』 (한님성서연구소 2022), 78-89.

베드로 복음서

송혜경, 『신약 외경 1』 (한님성서연구소 2021), 241-250.

베드로 행전

R.A. Lipsius, M. Bonnet (eds.), "Acta Petri", *Acta Apostolorum Apocrypha I* (Hildesheim 1972), 78-102.

사도들의 편지

송혜경, 『신약 외경 1』 (한님성서연구소 2021), 325-349.

스바니야 묵시록

O.S. Wintermute, "Apocalypse of Zephaniah", J.H. Charlesworth (ed.), *OTP vol. 1* (New York 1983), 497-515.

아따이의 가르침

G. Howard, *The Teaching of Addai* (Early Christian Literature Series 4; Chico 1981).

아브라함의 유언

E.P. Sanders, "Testament of Abraham", J.H. Charlesworth (ed.), *OTP vol. 1* (New York 1983), 871-902.

야고보 원복음

송혜경, 『신약 외경 1』 (한님성서연구소 2021), 91-113.

야고보의 첫째 묵시록

송혜경, 『영지주의자들의 성서』 (한님성서연구소 2022), 107-121.

야고보의 둘째 묵시록

송혜경, 『영지주의자들의 성서』 (한님성서연구소 2022), 272-286.

에녹 1서

송혜경, 『구약 외경 1』 (한님성서연구소 2022), 86-160.

에녹 2서

F.I. Andersen, "2 (Slavonic Apocalypse of) Enoch", J.H. Charlesworth (ed.), *OTP vol. 1* (New York 1983), 91-221.

에즈라 4서

송혜경, 『구약 외경 2』 (한님성서연구소 2023), 61-159.

열두 성조의 유언

H.C. Kee, "Testament of Abraham", J.H. Charlesworth (ed.), *OTP vol. 1* (New York 1983), 775-828.

예수님과 압가루스의 교환 서신

R.A. Lipsius, *Acta Apostolorum Apocrypha I* (Hildesheim 1972), 279-283.

예언자들의 생애

송혜경, 『구약 외경 1』 (한님성서연구소 2022), 315-345.

요한의 비전

송혜경, 『영지주의자들의 성서』 (한님성서연구소 2022), 452-523.

타대오 행전

R.A. Lipsius, M. Bonnet (eds.), "Acta Thaddaei", *Acta Apostolorum Apocrypha I.3* (Hildesheim 1972), 273-278.

토마 묵시록

M.J. Jett, "Apocalypse of Thomas", J.C. Edwards (ed.). *Early New Testament Apocrypha* (Ancient Literature for New Testament Studies 9; Grands Rapid 2022), 459-475.

토마 유년기 복음

송혜경, 『신약 외경 1』 (한님성서연구소 2021), 123-136.

토마 행전

R.A. Lipsius, M. Bonnet (eds.), "Acta Thomae", *Acta Apostolorum Apocrypha II.2* (Hildesheim 1972), 99-288.

교부·고전 문헌

그레고리우스(대),

『윤리』*Moralia*, J.P. Migne (ed.) (PL 76).

바르헤브래우스,

『연대기』*Chronicon* (두 부분이 따로 출판된다)

『교회 연대기』 *Chronicon Ecclesiasticum*, J.B. Abbeloos et al. (eds.), *Gregorii Barhebraei Chronicon Ecclesiasticum I-III* (Louvain 1872-77).

『시리아 연대기』 *Chronicon Syriacum*, P. Bedjan (ed.), *Gregorii Barhebraei Chronicon Syriacum* (Paris 1890).

『규정들』*Nomocanon*, P. Bedjan (ed.), *Barhebræi Nomocanon* (Paris 1898).

"Bar Hebraeus", https://www.newworldencyclopedia.org/entry/Bar-Hebraeus (검색일: 2024/09/09).

락탄티우스,

『거룩한 지침』*Divinae Institutiones*, S. Brandt (ed.) (CSEL 19).

메토디우스(올림푸스),

『향연』*Symposium*, G. Bonwetsch (ed.) (GCS 27).

소조메누스,

『교회사』*Historia Ecclesiastica*, C.D. Hartranft (ed.), *Nicene and Post-Nicene Fathers, II* (New York 1890).

아우구스티누스,

『마니교도 파우스투스 반박』*Contra Faustum Manichaeum*, J. Zycha (ed.) (CSEL 25).

『서간들』*Epistulae 185-270*, A. Goldbacher (ed.) (CSEL 57).

『요한 복음에 관한 논고』*In Iohannis evangelium tractatus*, R. Willems (ed.) (CCSL 36); J.P. Migne (ed.) (PL 35).

『편람』*Enchiridion*, M.P.J. van den Hout et al. (eds.) (CCSL 46).

아우구스티누스(차명),

『거룩한 책들』*De Divinis Scripturis*, F. Weihrich (ed.) (CSEL 12).

에보디우스,

『강론』*homilia*, J.K. Elliott, *The Apocryphal New Testament: A Collection of Apocryphal Christian Literature in an English Translation* (Oxford 1993), 695-697.

에우세비우스,

『교회사』*Historia Ecclesiastica*, E. Schwartz (ed.) (GCS 9.2).

에제리아,

『순례』*Peregrinatio Aetheriae*, P. Geyer (ed.) (CSEL 39).

에피파니우스(살라미스),

『구급상자』*Panarion* (= 『이단 논박』*Adversus Haereses*), J.P. Migne (ed.) (PG 41); K. Holl (ed.) (GCS 31).

오리게네스,

『시편 강해』*hom. in Psalmos*, C.H.U. Lommatzsch (ed.) (Berlin 1841).

요한(다마스쿠스),

『거룩한 초상』*De sacris imaginibus orationes III*, M.H. Allies (ed.), *St. John Damascene on Holy Images, Followed by Three Sermons on the Assumption* (London 1899).

요한(솔즈베리),

『서간』*Epistolae*, W. J. Millor et al. (eds., tr.), *The Letters of John of Salisbury, 2 vols.* (Oxford 1979-86).

요한(클리마쿠스),

『천국으로 가는 사다리』*Scal.*, P. Trevisan (ed.), *Scala paradisi* (Torino 1941).

요한(테살로니카),

『강론』*Il Racconto Di Giovanni di Tessalonica*, Erbetta, *Gli Apocrifi del Nuovo Testamento vol. I.2* (Turin 2021), 511-525.

유스티누스(순교자),

『트리폰과의 대화』*Dialogue cum Tryphone Judaeo*, J.P. Migne (ed.) (PG 6).

이레네우스(리옹),

『이단 논박』*Adversus haereses*, A. Rousseau (ed.) (SC 263, 264, 293, 294, 210, 211, 100, 152).

클레멘스(알렉산드리아),

『예언서 발췌신』*Eclogue ex Scripturis Propheticis*, J.P. Migne (ed.) (PG 9).

키릴루스(예루살렘/차명),

『강론』*homilia*, J.K. Elliott, *The Apocryphal New Testament: A Collection of Apocryphal Christian Literature in an English Translation* (Oxford 1993), 697-698.

타키투스,

『연대기』*Annales*, C.D. Fisher (ed.), *Cornelius Tacitus, Annales* (Latin), (Oxford 1906). http://www.perseus.tufts.edu/hopper/searchresults?q=Tacitus.

테오필루스(안티오키아),

『아우톨리쿠스를 향한 호교론』*Apologia ad Autolycum*, J. Sender et al. (eds.) (SC 20).

플라톤,

『파이돈』*Phaedo*, H.N. Fowler (tr.) (Plato 1; Cambridge 1925).

헤르마스,

『목자』*Pastor*, R. Joly (ed.) (SC 53bis).

히에로니무스,

『에제키엘서 주해』*Comment. in Hiezechielem*, F. Glorie (ed.) (CCSL 75).

『위인들』*De viris illustribus, O. von Gebhardt* (ed.) (TU 14; Leipzig 1896).

『디다케』*Didache*, H.W. Attridge (ed.), *The Didache: A Commentary by Kurt Niederwimmer*, L.M. Maloney (tr.) (Minneapolis 1998).

『사자의 서』*Book of the Dead*, R.O. Faulkner, E. von Dassow (eds.), *The Egyptian Book of the Dead, The Book of Going forth by Day. The First Authentic Presentation of the Complete Papyrus of Ani* (San Francisco 1994).

라삐 문헌

https://www.sefaria.org/texts.

일반 문헌

Adler, "Jesus's Letter to Abgar", J.C. Edwards (ed.), *Early New Testament Apocrypha* (Grand Rapids 2022), 343-360.

D'Anna, A.,

"The New Testament and the Third Epistle to the Corinthians", J.-M. Roessli, T. Nicklas (eds.), *Christian Apocrypha: Receptions of the New Testament in Ancient Christian Apocrypha* (Novum Testamentum Patristicum 26; Göttingen 2014), 133–148.

"La pseudepigrafa Corrispondenza tra Paolo e i Corinzi: il suo contesto e la sua funzione nella costruzione di un'identità dottrinale cristiana", *Annali Di Storia Dell'esegesi 20* (2003), 111–137.

Aranda Perez, G., "Joseph the Carpenter", A.S. Atiya (ed.), *The Coptic Encylopedia* (New York 1991), 1371-1374.

Avner, R., "The Initial Tradition of the Theotokos at the Kathisma: Earliest Celebrations and the Calendar", L. Brubaker, M.B. Cunningham (eds.), *The Cult of the Mother of God in Byzantium. Texts and Images* (Farnham 2011), 9-30.

Backus, I., "Lettre de Paul aux Laodicéens." P. Geoltrain, J.-D. Kaestli (eds.), *Écrits apocryphes chrétiens vol. 2* (Paris 2005), 1089–1097.

Bagatti, B.,

"Ricerche sulle tradizioni della morte della Vergine", *Sacra Doctrina 69–70* (1973), 186–194.

"La morte della Vergine nel Testo di Leucio", *Marianum 36* (1974), 456–457.

Alle origini della chiesa, Vol. 1. Le comunità giudeo-cristane (Vatican City 1981).

Barlow, C.W., *Epistolae Seneca ad Paulum et Pauli ad Senecam 'quae vocantur'* (Rome 1938) (= Papers and Monographs of the American Academy in Rome 10) [라틴어 본문, *PL*, Supplementum I, 673-678].

Barnes, T., "The Date of the Teaching of Addai" (paper presented at the Oxford Patristics Conference, 1983).

Barns, J., "A Coptic Apocryphal Fragments in the Bodleian Library", *JTS NS 11* (1960), 70-76.

Barrier, J. *The Acts of Paul and Thecla* (Tübingen 2009).

Batovici, D., "Apocalypse of Peter (Greek)", J.C. Edwards (ed.), *Early New Testament Apocrypha* (Ancient Literature for New Testament Studies 9; Grand Rapids 2022), 446–458.

Bauckham, R.J.,

"2 Peter and the Apocalypse of Peter", R. Bauckham, *The Fate of the Dead: Studies on the Jewish and Christian Apocalypses* (NovTSup 93; Leiden 1998), 290-303.

"The Apocalypse of Peter: A Jewish Christian Apocalypse from the Time of Bar Kokhba", *Apocrypha 5*

(1994), 7–111.

The Fate of the Dead: Studies on the Jewish and Christian Apocalypses (Atlanta 2008).

Bauer, W., **Danker**, F.W., **Arndt**, W.F., **Gingrich**, F.W., *A Greek-English Lexicon of the New Testament and Other Early Christian Literature* (Chicago [3]2000).

Beck, E.J., "The Apocalypse of Peter: The Relationship of the Versions", M.T. Gebreananaye, L. Williams, F. Watson (eds.), *Beyond Canon: Early Christianity and the Ethiopic Textual Tradition* (Library of New Testament Studies; London 2021), 117-130.

Berry, P., *Correspondence between Paul and Seneca, A.D. 61–65* (Ancient Near Eastern Texts and Studies 12; New York 1999).

Bestavros, A., "The Christian Coptic Orthodox Church Of Egypt", *Encyclopedia Coptica*, https://web.archive.org/web/20050831164722/http://www.coptic.net/EncyclopediaCoptica/(2024/01/09).

Bienert, W.A., "The Relatives of Jesus", W. Schneemelcher (ed.), *The New Testament Apocrypha: Gospels and Related Writings I*, R.McL. Wilson (tr.) (Westminster 1991), 470-485.

Bolyki, J., "False Prophets in the Apocalypse of Peter", J.N. Bremmer (ed.), *The Apocryphal Acts of Peter: Magic, Miracles and Gnosticism* (Studies on the Apocryphal Acts of the Apostles 3; Leuven 1998), 52-62.

Bonar, C., "Epistles of Paul and Seneca", *e-Clavis: Christian Apocrypha*, https://www.nasscal.com/e-clavis-christian-apocrypha/epistles-of-paul-and-seneca/(2024/07/12).

Bonnet, M,

Acta Apostolorum Apocrypha I (Hildesheim 1972).

Acta Apostolorum Apocrypha II,1 (Hildesheim 1972).

Acta Apostolorum Apocrypha II,2 (Hildesheim 1972).

Boud'hors, A,.

"Origine et portée du récit apocryphe copte intitulé Histoire de Joseph le Charpentier", J. Longère (ed.), *Marie dans les récits apocryphes chrétiens 1.* (Bulletin de la Société française d'études mariales; Paris 2004), 139–154.

"Histoire de l'Enfance de Jésus", P. Geoltrain, J.-D. Kaestli (eds.), *Écrits apocryphes chrétiens vol.2* (Paris 2005), 25-59.

Bouriant, U., "Fragments du texte grec du livre d'Énoch et de quelques écrits attribués à saint Pierre", *Mémoires publiées par les membres de la mission archéologique française au Caire 9* (Paris 1892), 93–147.

Bovon, F.,

"La vie des Apôtres. Tradition et narration apocryphes", F. Bovon et al. (eds.), *Les Actes Apocryphes des Apôtres* (Gevena 1981), 150-153.

Revelations et ecritures: Nouveau Testament et litterature apocryphe

chretienne (Le Monde de la Bible 26; Geneve 1993).
New Testament Traditions and Apocryphal Narratives, H.-H. Jane (tr.) (Princeton theological monograph series 36; Allison Park 1995).
Studies in early Christianity (Wissenschaftliche Untersuchungen zum Neuen Testament 161; Tübingen 2003).
New Testament and Christian Apocrypha (Tübingen 2009).

van Bremen, R., *The Limits of Participation. Women and Civic Life in the Greek East in the Hellenistic and Roman Periods* (Amsterdam 1996).

Bremmer, J.N.,
"Apocalypse of Paul", J.C. Edwards (ed.), *Early New Testament Apocrypha* (Ancient Literature for New Testament Studies 9; Grand Rapids 2022), 427–445.
"The Apocalypse of Peter as the First Christian Martyr Text: Its Date, Provenance and Relationship with 2 Peter", J. Frey, M. den Dulk, J.G. van der Watt (eds.), *2 Peter and the Apocalypse of Peter: Towards a New Perspective* (BibInt 174; Leiden 2019), 75-98.
"Christian Hell: From the Apocalypse of Peter to the Apocalypse of Paul", *Numen 56* (2009), 298–325.

Bremmer, J.N., **Czachesz**, I. (eds.), *The Apocalypse of Peter* (Studies on Early Christian Apocrypha 7; Leuven 2003).

Brock, S.P., "Eusebius and Syriac Christianity", H.W. Attridge, G. Hata (eds.), *Eusebius, Christianity, and Judaism* (Studia Post-Biblica 42; Leiden 1992), 212–234.

Brock, S.P., **Kessel**, G., "The 'Departure of Mary' in Two Palimpsests at the Monastery of St. Catherine (Sinai Syr. 30 & Sinai Arabic 514)", *Christian Orient: Journal of Studies in the Christian Cultures of Asia and Africa 8* (2017), 115–152.

van den Broek, R.,
"The Authentikos Logos: A New Document of Christian Platonism", *VC 33* (1979), 260-286.
Studies in Gnosticism and Alexandrian Christianity (Nag Hammadi and Manichaean studies 39; Leiden 1996).

Burke, T.,
"Book of Mary's Repose", *e-Clavis: Christian Apocrypha*, https://www.nasscal.com/e-clavis-christian-apocrypha/book-of-marys-repose/ (2023/10/31).
"History of Joseph the Carpenter", *e-Clavis: Christian Apocrypha*, https://www.nasscal.com/e-clavis-christian-apocrypha/history-of-joseph-the-carpenter/(2024/03/04).

Burkett, D., *An Introduction to the New Testament and the Origins of Christianity* (Cambridge 2002).

Cabrol, F., "La découverte du manuscrit d'Akhmîm: l'Evangile et l'Apocalypse de saint Pierre et le livre du prophète Enoch", *Revue des Facultés catholiques de l'Ouest* (1983), 570–590.

Callon, C., "Sorcery, Wheels, and Mirror Punishment in the Apocalypse of Peter", *JECS 18* (2010), 29–49.

Calhoun, R.M., "The Resurrection of the Flesh in Third Corinthians", C.K. Rothschild, T.W. Thompson (eds.), *Christian Body, Christian Self* (WUNT 284; Tübingen 2011), 235–257.

Cantalamessa, de. R., "Il Cristo 'Padre' negli scritti del II-III sec.", *Rivista di Storia e Letteratura Religiosa 3* (1967), 1-27.

Collins, A.Y.,

"Early Christian Apocalypses", J.J. Collins (ed.), *Apocalypse: The Morphology of a Genre* (Semeia 14; Missoula 1979), 61-105.

"Early Christian Apocalyptic Literature", *ANRW II.25.6* (1988), 4665-4711.

Collins, A.Y. (ed.), *Early Christian Apocalypticism: Genre and Social Setting* (Semeia 36; Missoula 1986).

Collins, A.Y. et al. (eds.), *The Apocalypse* (New Testament message 22; Wilmington 1979).

Collins, J.J., "The Jewish Apocalypses", J.J. Collins (ed.), *Apocalypse: The Morphology of a Genre* (Semeia 14; Missoula 1979), 21-49.

Collins, J.J. (ed.),

Apocalypse: The Morphology of a Genre (Semeia 14; Missoula 1979).

The Apocalyptic Imagination: An Introduction to the Jewish Matrix of Christianity (New York 1984).

Copeland, K.B., "Sinners and Post-Mortem 'Baptism' in the Acherusian Lake", J.N. Bremmer, I. Czachesz (eds.), *The Apocalypse of Peter* (Studies on Early Christian Apocrypha 7; Leuven 2003), 91-107.

Corke-Webster, J., "A Man for the Times: Jesus and the Abgar Correspondence in Eusebius of Caesarea's Ecclesiastical History", *Harvard Theological Review 110.4* (2017), 563-587.

Countryman, L.W., "Tertullian and the Regula Fidei", *The Second Centry 2* (1982), 208-227.

Crum, W.E.,

A Coptic Dictionary (Oxford 1939).

"New Coptic Manuscripts in the John Rylands Library", *BJRL 5* (1920), 497-503.

Czachesz, I., "The Acts of Paul and the Western text of Luke's Acts: Paul between canon and apocrypha", J.N. Bremmer (ed.), *The Apocryphal Acts of Paul and Thecla* (Kampen 1996), 107-125.

Desreumaux, A., "La doctrine d'Addai, essai de classement des temoins syriaques et grecs", *Augustinianum 23* (1983), 181–86.

Dodson, J., **Briones**, D. (eds.), *Paul and Seneca in Dialogue* (Leiden 2017).

Donaldson, A., *Ante-Nicene Fathers. Vol.4* (Peabody 1994).

Drijvers, H.J.W.,

History and Religion in Late Antique

Syria (Aldershot 1984).
"Apocryphal Literature", *Apocrypha 1* (1990), 323.
"The Abgar Legend", W. Schneemelcher (ed.), *New Testament Apocrypha Vol. 1*, R.McL. Wilson (tr.) (Westminster 1992), 492-500.
"Facts and Problems in Early Syriac Speaking Christianity", *SecCent 2* (1982), 157–175.

Duensing, H., **de Santos Otero**, A., "Apocalypse of Paul", W. Schneemelcher (ed.), *New Testament Apocrypha Vol. 2*, R.McL. Wilson (tr.) (Westminster 1992), 712-748.

Edwards, J.C. (ed.), *Early New Testament Apocrypha* (Grand Rapids 2022).

Ehrman, B.D.,
Lost Scriptures: Books that did not make it into the New Testament (Oxford 2003).
Lost Christianities: The Battles for Scripture and the Faiths We Never Knew (Oxford 2005).

Ehrman, B.D., **Pleše**, Z. (eds.),
The Apocryphal Gospels: Texts and Translations (Oxford 2011).
"The History of Joseph the Carpenter", *The Apocryphal Gospels: Texts and Translations* (Oxford 2011), 157–193.
"Jesus' Correspondence with Abgar", *The Apocryphal Gospels: Texts and Translations* (Oxford 2011), 413-417.

Elcombe, T., "Dormition of the Virgin by the Apostle John", *e-Clavis: Christian Apocrypha*, https://www.nasscal.com/e-clavis-christian-apocrypha/dormition-of-the-virgin-by-the-apostle-john (2023/10/31).

Elliott, J.K.,
The Apocryphal New Testament: A Collection of Apocryphal Christian Literature in an English Translation (Oxford 1993).
A Synopsis of the Apocryphal Nativity and Infancy Narratives (NTTS 34; Leiden 2006).
"The Apocalypse of Peter", J.K. Elliott, *The Apocryphal New Testament: A Collection of Apocryphal Christian Literature in an English Translation* (Oxford 1993), 593–615.
"Apocalypse of Paul (Visio Pauli)", J.K. Elliott, *The Apocryphal New Testament: A Collection of Apocryphal Christian Literature in an English Translation* (Oxford 1993), 616-644.
"The Apocryphal Acts", *Expository Times 105* (1993-1994), 71-77.
"The History of Joseph the Carpenter", J.K. Elliott, *The Apocryphal New Testament: A Collection of Apocryphal Christian Literature in an English Translation* (Oxford 1993), 111-117.
"Shorter Epistles", J.K. Elliott, *The Apocryphal New Testament: A Collection of Apocryphal Christian Literature in an English Translation* (Oxford 1993), 539-542.
"The Epistle to the Laodiceans", J.K. Elliott, *The Apocryphal*

New Testament: A Collection of Apocryphal Christian Literature in an English Translation (Oxford 1993), 543-546.
"The Correspondence of Paul and Seneca", J.K. Elliott, *The Apocryphal New Testament: A Collection of Apocryphal Christian Literature in an English Translation* (Oxford 1993), 547-553.
"The Assumption of the Virgin", J.K. Elliott, *The Apocryphal New Testament: A Collection of Apocryphal Christian Literature in an English Translation* (Oxford 1993), 692-723.

Erbetta, M.,
Gli Apocrifi del Nuovo Testamento. 3 vols. (Torino 1966–1981).
Gli Apocrifi del Nuovo Testamento II: Atti e leggende (Torino 1966).
Gli Apocrifi del Nuovo Testamento. III: Lettere e Apocalissi (Turin 1981).
"La Storia del Falegname Giuseppe", *Gli Apocrifi del Nuovo Testamento vol. I.2* (Turin 2021), 186-205.
"Il Sermone di Evodio", *Gli Apocrifi del Nuovo Testamento vol. I.2* (Turin 2021), 593-603.
"Transito Siriaco A. B", *Gli Apocrifi del Nuovo Testamento vol. I.2* (Turin 2021), 534-544.
"Le Esequie di Maria", *Gli Apocrifi del Nuovo Testamento vol. I.2* (Turin 2021), 457-462.
"Il Racconto di Giovanni di Tessalonica", *Gli Apocrifi del Nuovo Testamento vol. I.2* (Turin 2021), 511-525.
"Il Racconto dello Ps. Melitone", *Gli Apocrifi del Nuovo Testamento vol. I.2* (Turin 2021), 492-510.
"La Lettera ai Laodiceni (160-190?)", *Gli Apocrifi del Nuovo Testamento. Vol. III: Lettere e Apocalissi* (Turin 1981), 63-67.

van Esbroeck, M., "Les Textes littéraires sur L'Assumption avant le xe siècle", F. Bocon (ed.), *Les Actes Apocryphes des Apôtres* (Geneva 1981), 265-285.

Fewster, G.P., "3 Corinthians", *e-Clavis: Christian Apocrypha*, https://www.nasscal.com/e-clavis-christian-apocrypha/3-corinthians/ (2024/03/03).

Gabra, G., *The A to Z of the Coptic Church* (A to Z Guide Series 107; Plymouth 2009).

Gamba, G.G., *Il "Carteggio" tra L. Anneo Seneca e L'Apostolo Paolo. Proposta per una sua lettura contestuale* (Roma 2001).

Gantenbein, F., "Epistula Apostolorum", J.C. Edwards (ed.), *Early New Testament Apocrypha* (Grand Rapids 2022), 395-415.

Grappone, A., "Girolamo e l'epistolario tra Seneca e san Paolo", *Augustianum 50.1* (2010), 119–145.

Gregory, A., "Correspondence of Paul and Seneca", J.C. Edwards (ed.), *Early New Testament Apocrypha* (Ancient Literature for New Testament Studies 9; Grand Rapids 2022), 361-373.

Griffith, S.H., "The Doctrina Addai as

a Paradigm of Christian Thought in Edessa in the Fifth Century", *Hugoye 6* (2003), 269–292.

Grigg, R., "Byzantine Credulity as an Impediment to Antiquarianism", *Gesta 26.1* (1987), 3–9.

Grossi, V., "Il titolo 'Padre' nell'antichità cristiana", *Augustinianum 16* (1976), 237-269.

Guscin, M., *The Tradition of the Image of Edessa* (Cambridge 2016).

Hall, T.N., "Aelfric and the Epistle to the Laodiceans", K. Powell, D. Scragg (eds.), *Apocryphal Texts and Traditions in Anglo-Saxon England* (Cambridge 2003), 65-84.

af Hällström, G., *Carnis Resurrectio: The Interpretation of a Credal Formula* (Helsinki 1988).

Hannah, D.D., *Michael and Christ: Michael Traditions and Angel Christology in Early Christianity* (Eugene 2011).

von Harnack, A., *Bruchstücke des Evangeliums und der Apokalypse des Petrus* (TUGAL 9; Leipzig 1893).

Hellholm, D. (ed.), *Apocalypticism in the Mediterranean World and the Near East: Proceedings of the International Colloquium on Apocalypticism, Uppsala, August 12-17, 1979* (1983).

Henry, R., *Photius: Bibliothèque, Vol. 2: "Codices" 84-185* (Collection Byzantine; Paris 1960).

Hilhorst, A.,

"Apocalypse of Paul: Earlier History and Later Influence", M. MacNamara (ed.), *Apocalyptic and Eschatological Heritage: The Middle East and Celtic Realms* (Dublin 2003), 61-74.

"Apocalypse of Paul: Earlier History and Later Influence", M. MacNamara (ed.), *Apocalyptic and Eschatological Heritage: The Middle East and Celtic Realms* (Dublin 2003), 61-74.

Hine, H.M., "Seneca and Paul: the First Two Thousand Years", J. Dodson, D. Briones (eds.), *Paul and Seneca in Dialogue* (Leiden 2017), 22-48.

Hock, R.F., *The Infancy Gospels of James and Thomas* (Santa Rosa 1995).

Holloway, P.A.,

Consolation in Philippians: Philosophical Sources and Rhetorical Strategy (Cambridge 2001).

"The Apocryphal Epistle to the Laodiceans and the Partitioning of Philippians", *HTR 91* (1998), 321–325.

Hopkins, S.C.E. "The Apocalypse of Paul", *e-Clavis: Christian Apocrypha*, https://www.nasscal.com/e-clavis-christian-apocrypha/apocalypse-of-paul/ (2024/10/23).

Hornschuh, M., "Acts of Paul", W. Schneemelcher (ed.), *New Testament Apocrypha II* (London [3]1965), 395-397.

Hovhanessian, V., *Third Corinthians: Reclaiming Paul for Christian Orthodoxy* (New York 2000).

Howard, G., *The Teaching of Addai* (Early Christian Literature Series 4; Chico 1981).

Hunt, E.J., *Christianity in the Second Century: The Case of Tatian* (London 2003).

Illert, M., *Die Abgarlegende: Das Christusbild von Edessa* (Fontes Christiani 45; Turnhout 2007).

Jacobs, P., *The Reception History and Interpretation of the New Testament Portrayals of Joseph the Carpenter in Nativity and Infancy Portrayals in Early Christian and Early Medieval Narratives and Art from the Second Century to the Ninth Century CE* (Ph.D dissertation, Bangor 2013).

Jacobs, P.W., *Joseph the Carpenter: his Reception in Literature and Art from the Second to the Ninth Century* (History of Biblical Interpretation 5; Dorset 2016).

Jacquier, E., *Le nouveau Testament dans l'église chrétienne I* (Paris 1911).

James, M.R.,

"Apocrypha Anecdota", *Texts and Studies II.3* (Cambridge 1893).

Apocrypha anecdota. Second Series (Cambridge 1897).

"A New Text of the Apocalypse of Peter", *JTS 12* (1911), 36-54.

"The Rainer Fragment of the Apocalypse of Peter", *JTS 32* (1931), 270-279.

The Apocryphal New Testament (Oxford 6th1955).

"Apocalypse of Peter", *The Apocryphal New Testament* (Oxford 6th1955), 505–524.

"The Assumption of the Virgin", *Apocryphal New Testament* (Oxford 1924), 194-277.

Johne, R., "Women in the Ancient Novel", G. Schmeling (ed.), *The Novel in the Ancient World* (Mnemosyne Suppl. 159; Leiden 1996), 151-207.

Johnson, S.F., *Literary Territories: Cartographical Thinking in Late Antiquity* (Oxford 2016).

Johnston, S.,

"La Correspondance apocryphe entre Paul et les Corinthiens: un pseudépigraphe paulinien au service de la polémique anti-gnostique de la fin du IIe siècle", L. Painchaud, P.-H. Poirier (eds.), *Colloque international "L'Évangile selon Thomas et les textes de Nag Hammadi"* (Bibliothèque de Copte Nag Hammadi 8; Québec 2007), 226–229.

"Les témoins Latins de la correspondance apocryphe entre Paul et les Corinthiens conservés à La Bibliothèque Nationale de France", *Apocrypha 18* (2007), 139–166.

Kaiser, U.U., "Neuere Gnosisforschung", *VF 48* (2003), fasc. 2, 44-64.

Kasser, R., "Acta Pauli 1959", *RHPR 40* (1960), 45-57.

Kateusz, A., "Six-Books Dormition of the Virgin", *e-Clavis: Christian Apocrypha*, https://www.nasscal.com/e-clavis-christian-apocrypha/six-books-dormition-of-the-virgin(2024/09/01).

Keddie, A., *Class and Power in Roman*

Palestine: The Socioeconomic Setting of Judaism and Christian Origins (Cambridge 2019).

Kelly, J.N.D., *Early Christian Doctrines* (London 21960).

Kennedy, G.A., *New Testament and Rhetorical Criticism* (Chapel Hill 1984).

Kerferd, G.B., "Sophist", *Encyclopaedia of Britannica*, https://www.britannica.com/topic/Sophist-philosophy(2024/07/17).

King, K.L., *What is Gnosticism?* (Cambridge 2003).

Kitzinger, E., "The Cult of Images in the Age before Iconoclasm", *Dumbarton Oaks Papers 8* (1954), 83-150.

Klauck, H.-J., "Himmlisches Haus und irdische Bleibe. Eschatologische Metaphorik in Antike und Christentum", *NTS 50* (2004), 5-35.

Klijn, A.F.J.,

"The Apocryphal Correspondence between Paul and the Corinthians", *VC 17* (1963), 2-23.

"Early Syriac Christianity - Gnostic?", U. Bianchi (ed.), *Le Origini dello Gnosticismo* (Leiden 1970), 575-579.

Klijn, A.F.J. (ed.), *Apokriefen van het Nieuwe Testament II* (Kampen 1985).

Kraemer, R.S., *Her Share of the Blessings* (New York 1992).

Krause, M., *Gnosis and Gnosticism: Papers Read at the Seventh International Conference on Patristic Studies* (Oxford, September 8th-13th 1975) (NHS 8; Leiden 1977).

Kruse, H., "The Return of the Prodigal", *Orientalia 47* (1978), 177-184.

Kurfess, A.,

"Zu Pseudo-Paulus ad Senecam ep. XIV", *ZNTW 35* (1936), 307.

"Zum apokryphen Briefwechsel zwischen Seneca und Paulus", *Theologische Quartalschrift 119* (1938), 318-331.

"Zu dem apokryphen Briefwechsel zwischen dem Philosophen Seneca und dem Apostel Paulus", *Aevum 26* (1952), 42-48.

de Lagarde, P. (ed.), *Aegyptiaca* (Göttingen 1883).

Lalleman, P.J., "The Resurrection in the Acts of Paul", J.N. Bremmer (ed.), *The Apocryphal Acts of Paul and Thecla* (Kampen 1996), 126-141.

Lampe, G.W.H., *A Patristic Greek Lexicon* (Oxford 1961).

Lampe, P. *Die Stadtrömischen Christen in den ersten beiden Jahrhunderten* (Tübingen ^{2}1989).

Lapham, F., "The Apocalypse of Peter", *Peter: The Myth, the Man and the Writings. A Study of Early Petrine Text and Tradition* (JSNTSup 239; London 2003), 237-253.

Lefort, L.-Th., "À propos de l'Histoire de Joseph le Charpentier", *Le Muséon 66* (1953), 201-223.

Lehtipuu, O., "Flesh and Blood Cannot Inherit the Kingdom of God: The Transformation of the Flesh in the Early Christian Debates Concerning

Resurrection", T.K. Seim, J. Økland (eds.), *Metamorphoses: Resurrection, Body and Transformative Practices in Early Christianity* (New York 2009), 159-180.

Levison, J.R., "Did the Spirit Withdraw from Israel? An Evaluation of the Earliest Jewish Data", *New Testament Studies 43* (1997), 35–57.

Lewis, A.S. (ed.), *Codex Climaci rescriptus* (Horae Semiticae 8; Cambridge 1909).

Liddell, H.G., **Scott**, R., *A Greek-English Lexicon I-II* (Oxford 1925-1940, [9]1996).

Liébaert, J., *Christologie. Von der Apostolischen Zeit bis zum Konzil von Chalkedon* (451) (Freiburg 1965).

Liénhard, E., "Sur la Correspondance apocryphe de Sénèque et de Saint-Paul", *Revue Belge de Philologie et d'Histoire 11* (1932), 5-23.

Lienhard, J., *St. Joseph in Early Christianity* (Philadelphia 1999).

Lightfoot, J.B.,

The Apostolic Fathers (London 1889-1890).

St. Paul's Epistles to the Colossians and to Philemon (London 1900).

St. Paul's Epistles to the Colossians and to Philemon (Grand Rapids 2nd1978 [1879]).

Lipsius, R.A.,

Acta Apostolorum Apocrypha I (Hildesheim 1972).

Die Apokryphen Apostelgeschichten Und Apostellegenden: Ein Beitrag Zur Altchristlichen Literaturgeschichte, vol. I-III, and Supplement (Braunschweig 1883-1890; repr. Amsterdam 1976).

Lods, A., *L'Évangile et l'Apocalypse de Pierre* (Paris 1893) (= Mémoires publiés par les membres de la mission archéologique francçanse au Caire 9.3. 224-228, [fascimile edition]).

Lollar, J.A.,

"Doctrine of Addai", *e-Clavis: Christian Apocrypha*, https://www.nasscal.com/e-clavis-christian-apocrypha/doctrine-of-addai/ (2024/07/04).

The Doctrine of Addai (Early Christian Apocrypha 10; Eugene 2023).

Longenecker, B.W., **Ryan**, S.C., "Presenting the Pauline Voice: An Appreciation of the Letter to the Laodiceans", *NTS 62.1* (2016), 136–148.

Lüdemann, G., "Did Gnosticism Ever Exist?", A. Marjanen (ed.), *Was There a Gnostic Religion?* (Göttingen 2005), 121-132.

Luisier, P., "Le Papyrus Bodmer XLI en Édition Princeps. L'Épisode d' Éphèse des Acta Pauli en Copte et en Traduction", *Le Muséon 17* (2004), 281-384.

Luttikhuizen, G.P., "The Apocryphal Correspondence with the Corinthians and the Acts of Paul", J.N. Bremmer (ed.). *The Apocryphal Acts of Paul* (Studies on the Apocryphal Acts of the Apostles 2; Kampen 1996), 75-91.

MacDonald, D.R., "A Conjectural Emendation of 1Cor 15,31-32: Or the Case of the Misplaced Lion Fight", *HTR 73* (1980), 265-276.

MacMullen, R., *Changes in the Roman Empire* (Princeton 1990).

Malherbe, A.J., "A Physical Description of Paul", *HTR 76* (1986), 170-175.

Manns, F., "Le portrait de Joseph dans l'Histoire de Joseph le Charpentier", *Essais sur le Judéo-Christianisme* (Jerusalem 1977), 94-105.

Middleton, P., *Radical Martyrdom and Cosmic Conflict in Early Christianity* (London 2006).

Mimouni, S.C.,

Dormition et Assomption de Marie: Histoire des traditions anciennes (Théologie Historique 98; Paris 1995).

"La Lecture liturgique et les Apocryphes du Nouveau Testament. Le cas de la Dormition grecque du Pseudo-Jean", *OCP 59* (1993), 403–425.

Dormition et assomption de Marie: Histoire des traditions anciennes (Théologie Historique 98; Paris 1995).

"Genèse et évolution des traditions anciennes sur le sort final de Marie. Étude de la tradition litteraire copte", *Marianum 42* (1991), 69–143.

"La Lecture liturgique et les Apocryphes du Nouveau Testament: Le Cas de la Dormitio grecque du Pseudo-Jean", *Orientalia Christiana Periodica 59* (1993), 403–425.

"Les Transitus Mariae sont-ils vraiment des apocryphes?", *Studia Patristica 25* (1993), 122–128.

Mirkovic, A., *Prelude to Constantine: The Abgar Tradition in Early Christianity* (Studies in the Religion and History of Early Christianity 15; Frankfurt 2004).

Mitchell, D., *Legacy: The Apocryphal Correspondence between Seneca and Paul* (Philadelphia 2010).

Moraldi, L. *Apocrifi del Nuovo Testamento 2 vols.* (Classici delle religioni, Sezione quarta, La religione cattolica 24; Turin 1971).

Moreschini, C., **Norelli**, E. (eds), *Early Christian Greek and Latin Literature: A Literary History 2 vols.* (Peabody 2005).

Müller, C.D.G.,

"The Ascension of Isaiah", W. Schneemelcher (ed.), *New Testament Apocrypha Vol. 2*, R.McL. Wilson (tr.) (Westminster 1992), 603-620.

"Apocalypse of Peter", W. Schneemelcher (ed.), *New Testament Apocrypha Vol. 2*, R.McL. Wilson (tr.) (Westminster 1992), 620-638.

Müller-Kessler, C.,

"An Overlooked Christian Palestinian Aramaic Witness of the Dormition of Mary in Codex Climaci Rescriptus (CCR IV)." *Collectanea Christiana Orientalia 16* (2019),

81–98.
"Obsequies of My Lady Mary (I): Unpublished Early Syriac Palimpsest Fragments from the British Library (BL, Add 17.137, no. 2)", *Hugoye 23* (2020), 31–59.
"Three Early Witnesses of the 'Dormition of Mary' in Christian Palestinian Aramaic from the Cairo Genizah (Taylor-Schechter Collection) and the New Finds in St Catherine's Monastery", *Apocrypha 29* (2018), 69–95.

Nagel, P., *Die Motivierung der Askese in der alten Kirche und der Ursprung des Mönchtums* (Berlin 1966).

Palmer, A., "Une version grecque de la légende d'Abgar", A. Desreumaux (ed.)., *Histoire du roi Abgar et de Jésus* (Apocryphes 3; Paris 1993), 135–146.

Panagopoulos, S.P., "The Byzantine Traditions of the Virgin Mary's Dormition and Assumption", *Studia Patristica 54* (2012), 1–8.

Pardee, C., "Apocalypse of Peter", *e-Clavis: Christian Apocrypha*, http://nasscal.com/e-clavis-christian-apocrypha/apocalypse-of-peter (2024/08/29).

Peretto, E., "Il Problema degli inizi del cristianesimo in Siria", *Augustinianum 19* (1979), 197-214.

Pervo, R.I.,
The Making of Paul: Constructions of the Apostle in Early Christianity (Minneapolis 2010).
The Acts of Paul: A New Translation with Introduction and Commentary (Eugene 2014).

Pesthy, M., "Thecla in the Fathers of the Church", J.N. Bremmer (ed.), *The Apocryphal Acts of Paul* (Studies on the Apocryphal Acts of the Apostles 2; Kampen 1996), 164-178.

Polański, T., "Translation, Amplification, Paraphrase: Some Comments on the Syriac, Greek and Coptic Versions of the Abgar Letter", *Collectanea Christiana Orientalia 13* (2016), 159–210.

Quasten, J., *Patrology: The Beginnings of Patristic Literature From the Apostles Creed to Irenaeus, Vol. 1* (Texas 1995).

Quatremère, E., *Recherches sur la langue et la littérature de l'Egypte* (Paris 1808).

Racle, G., "A propos du Christ-Père dans l'Homélie pascale de Méliton de Sardes", *RSR 50* (1962), 400-408.

Ramelli, I.,
"L'epistolario apocrifo Seneca-san Paolo: alcune asservazioni", *VetChr 34.2* (1997), 299–310.
"A Pseudepigraphon Inside a Pseudepigraphon?: The Seneca-Paul Correspondence and the Letters Added Afterwards", *JSP 23.4* (2014), 259–289.
"The Pseudepigraphical Correspondence between Paul and Seneca: A Reassessment", S.E. Porter, G.P. Fewster (eds.), *Paul and Pseudepigraphy* (PAST 8; Leiden 2013), 319–336.

Ramelli, I.L., "The Possible Origin of the Abgar-Addai Legend: Abgar the Black and Emperor Tiberius", *Hugoye: Journal of Syriac Studies 16.2* (2013), 211–223.

Rebiger, "Angels in Rabbinic Literature", *Deuterocanonical and Cognate Literature Yearbook* (2007), 635-637.

Reddish, M.G. (ed.), *Apocalyptic Literature: A Reader* (Peabody 1995).

Revillout, E., "Apocryphes coptes dy Nouveau Testament", *Études Égyptologiques 7* (1876), 28-71.

Robert, L., *Etudes Anatoliennes* (Paris 1937).

Roberts, A., **Donaldson**, J. (eds.), *The Ante-Nicene Christian Library, vol. 16* (Edinburgh 1870).

Robinson, J.A., **James**, M.R. (eds.), *The Gospel According to Peter and the Revelation of Peter* (Stillwell 2007).

Rodriguez, A.M., "The Heavenly Books of Life and of Human Deeds", *Journal of the Adventist Theological Society 13/1* (2002), 10–26.

Römer, C., "The Correspondence between Seneca and Paul", W. Schneemelcher (ed.), *New Testament Apocrypha Vol. 2* (Westminster 1992), 46-53.

Rordorf, W.,

Liturgie, foi et vie des premiers Chrétiens (Paris [2]1986).

"Was wissen wir über Plan und Absicht der Paulsakten?", *Oecumenica et Patristica* (Festschrift für W. Schneemelcher zum 75; Stuttgart 1989), 71-82.

"Hérésie et Orthodoxie selon la Correspondence apocryphe entre les Corinthiens et l'apôtre Paul", W. Rordorf (ed.), *Lex orandi, lex credendi* (Freiburg 1993), 389-431.

Lex orandi, lex credendi (Neuchâtel 1993).

"The Relation between the Acts of peter and the Acts of Paul", J.N. Bremmer (ed.), *The Apocryphal Acts of Peter* (Studies on the Apocryphal Acts of the Apostles 3; Leuven 1998), 178-191.

"Quelques jalons pour une interprétation symbolique des Actes de Paul", D.H. Warren (ed.), *Early Christian Voices: In Texts, Traditions, and Symbols* (Festschrift for F. Bovon) (BIS 66; Leiden 2003), 251-265.

Ross, S.K., *Roman Edessa: Politics and Culture on the Eastern Fringes of the Roman Empire 114 - 242 C.E.* (London 2001).

Rowland, C., *The Open Heaven: A Study of Apocalyptic in Judaism and Christianity* (London [2]1985).

Rudolph, K., *Die Gnosis. Wesen und Geschichte einer spätantiken Religion* (Göttingen 1994).

Ryland, J.E., *Ante-Nicene Fathers Vol. 1* (Grand Rapids 1975).

Sander, E.P., "Testament of Abraham", R.H. Charlesworth (ed.), *Old Testament Pseudepigrapha vol. 1* (New York 1983), 871-902.

de Santos Otero, A., "Later Acts of Apostles", W. Schneemelcher (ed.),

New Testament Apocrhpha Vol. 2, R. Mcl. Wilson (tr.) (Westminster 1992), 426-482.

Sbordone, F. (ed.), *Physiologus* (Rome 1936).

Schmidt, C.,

Acta Pauli: Übersetzung, Untersuchungen und koptischer Text (Aus der Heidelberger Koptischen Papyrushandschrift Nr. 1) (Leipzig 1905, Repr. Hildesheim 1965).

"Zur Datierung der alten Petrusakten", *ZNW 29* (1930), 150-155.

Acta Pauli (Hildesheim 1965).

Schmidt, C., **Schubert**, W. (eds.), *Praxeis Paulou: Acta Pauli, Nach dem Papyrus der Hamburger Staats - und Universitätsbibliothek* (Veröffentlichungen aus der Hamburger Staats - und Universitätsbibliothek 2; Glückstadt 1936).

Schneemelcher, W.,

"General Introduction", W. Schneemelcher (ed.), *New Testament Apocrypha Vol. 1*, R. McL. Wilson (tr.) (Westminster 1991), 9-75.

"The Epistle to the Laodiceans", W. Schneemelcher (ed.), *New Testament Apocrypha Vol. 2*, R.McL. Wilson (tr.) (Westminster 1992), 42-46.

"Acts of Paul", W. Schneemelcher (ed.), *New Testament Apocrypha Vol. 2*, R.McL. Wilson (tr.) (Westminster 1992), 213-270.

Schneemelcher, W. (ed.), *New Testament Apocrypha Vol. 1 2*, R. McL. Wilson (tr.) (Westminster 1991-1992).

Schneemelcher, W., **Kasser**, R., "The Acts of Paul", W. Schneemelcher (ed.), *New Testament Apocrypha Vol. 2*, R.McL. Wilson (tr.) (Westminster 1992), 213-270.

Schneider, H., "Thekla und die Robben", *VC 55* (2001), 45-57.

Schwartz, E. (ed.), *Eusebius Kirchengeschichte* (Leipzig [5]1955).

Segal, J.B.

"When Did Christianity Come to Edessa", B.C. Bloomfield (ed.), *Middle East Studies and Libraries: A Felicitation Volume for Professor J.D. Pearson* (London 1980), 179-191.

"The Blessing of Jesus and The Triumph of Christianity", J.B. Segal (ed.), *Edessa, 'The Blessed City' vol. 1* (Oxford 1970), 62-109.

Sellew, P., "Thomas Christianity: Scholars in Quest of a Community", J.N. Bremmer (ed.), *The Apocryphal Acts of Thomas* (Studies on the Apocryphal Acts of the Apostles 6; Louvain 2001), 11-35.

Sevenster, J.N., *Paul and Seneca* (Leiden 1961).

Sheridan, M. "The Tradition of the Dormition and Assumption in the Catholic Church's teachings", 7-12, https://www.academia.edu/es/50012038/The_Tradition_of_the_Dormition_and_Assumption_in_the_Catholic_Churchs_teachings (2023.10.31.)

Shisha-Halevey, A., *Coptic Grammatical Chrestomathy: A Course for Academic* *and Private Study* (Leuven 1988).

Shoemaker, S.J.,

Ancient Traditions of the Virgin Mary's Dormition and Assumption (Oxford 2002).

Mary in Early Christian Faith and Devotion (New Haven 2016).

The Dormition and Assumption of the Virgin Mary (Turnhout 2023).

Silverstein, T., *Visio Sancti Pauli: the history of the Apocalypse in Latin together with nine texts* (London 1935).

Söder, R., *Die apokryphen Apostelgeschichten und die romanhafte Literatur der Antike* (Würzburger Studien zur Altertumswissenschaft 3; Stuttgart 1932).

Starowieyski, M., "St. Paul dans les apocryphes." *StPatr 65* (2013), 253–262.

Stein, A., **Petersen**, L., *Prosopographia Imperii Romani IV2* (Berlin 1952-1956).

Sturhahn, C.L., *Die Christologie der ältesten apokryphen Apostelakten* (Diss. Göttingen 1952), 153-159.

Sullivan, L.E., "Christianity: Christian Myth and Legend", *New Encyclopaedia Britannica* (Chicago [15]1992), 16:335-340, 365-366.

Testa, E., "L'origine e lo sviluppo della Dormitio Mariae", *Augustinianum 23* (1983), 250-262.

Testuz, M., *Papyrus Bodmer X-XII* (Geneva 1959).

Thomas, C.M., "Stories Without Texts and Without Authors: The Problem of Fluidity in Ancient Novelistic Texts and Early Christian Literature", R. Hock et al. (eds.), *New Perspectives on Ancient Fiction and the New Testament* (Atlanta 1998), 273-291.

Thomas, M., "The Conversions of Adiabene and Edessa in Syriac Christianity and Judaism: The Relations of Jews and Christians in Northern Mesopotamia in Antiquity", *Concordia Theological Journal 7.1* (2020), 10-33.

Thompson, T.W., "Epistles, Apocryphal", H.J. Klauck et al (eds.), *Encyclopedia of the Bible and Its Reception vol. 7* (Berlin 2013), 1084–1086.

Tischendorf, C.,

"V. Iohannis Liber de Dormitione Mariae", *Apocalypses Apocryphae* (Hildesheim 1866), 95-112.

"VII. Transitus Mariae. B", *Apocalypses Apocryphae* (Hildesheim 1866), 124-136.

"Evangelium Nicodemi pars II. sive Descensus Christi ad inferos", *Evangelia Apocrypha* (Leipzig 1853), 301-311.

Tischendorf, C. (ed.),

Acta Apostolorum Apocrypha (Leipzig 1851), 190-230.

Apocalypses Apocryphae: Mosis, Esdrae, Pauli, Jahannis, Item Mariae Dormito (Hildesheim 1866).

Tite, P.L.,

"The Apocryphal Epistle of the Laodiceans", J.C. Edwards (ed.), *Early New Testament Apocrypha*

(Ancient Literature for New Testament Studies 9; Grand Rapids 2022), 374-394.
The Apocryphal Epistle to the Laodiceans: An Epistolary and Rhetorical Analysis (TENT 7; Leiden 2012).
"Dusting Off a Pseudo-Historical Letter: Rethinking the Epistolary Aspects of the Apocryphal Epistle to the Laodiceans", S.E. Porter, G.P. Fewster (eds.), *Paul and Pseudepigraphy* (Leiden 2013), 289–318.
"Epistle to the Laodiceans", *e-Clavis: Christian Apocrypha*, https://www.nasscal.com/e-clavis-christian-apocrypha/epistle-to-the-laodiceans/ (2024/07/03).

Di Tommaso, L., "Apocalypses and Apocalypticism in Antiquity (Part I, II)", *CBR 5* (2007), 235-286, 367-432.

Truglia, P., "Original Sin In The Byzantine Dormition Narratives", *Revista Teologica 4* (2021), 5-30.

Ussher, J., *Annales veteris et novi Testamenti* (Geneva 1722).

Vattioni, F., "A proposito di prôtopolitês", *Stud. Pap. 16* (1977), 23-29.

Vetter, P., *Der apokryphe dritte Korintherbrief* (Wien 1894).

Vielhauer, P., *Geschichte der urchristlichen Literatur* (Berlin 1975).

Vielhauer, P., **Strecker**, G.,
"Apocalypses and Related Subjects", W. Schneemelcher (ed.), *New Testament Apocrypha Vol. 2*, R.McL. Wilson (tr.) (Westminster 1992), 542-568.
"Introduction (of Apocalyptic in Early Christianity)", W. Schneemelcher (ed.), *New Testament Apocrypha Vol. 2*, R.McL. Wilson (tr.) (Westminster 1992), 569-602.

Vladimirescu, M.V., "New Lights on the Apocryphal Correspondence Between Seneca and the Apostle Paul", *Anuarul Institutului de Cercetări Socio-Umane 'C.S. Nicolăescu-Plopşor' 23* (2022), 173–188. npissh.ro/wp-content/uploads/2022/12/13.-Mihai-Vladimirescu.pdf (2024/07/12).

Vööbus, A., *Celibacy, a Requirement for Admission to Baptism in the Early Syrian Church* (PETSE 1; Stockholm 1951).

Voorgang, D., *Die Passion Jesu und Christi in der Gnosis* (Europäische Hochschulschriften XXIII/432; Frankfurt 1991).

Vouaux, L., *Les Actes de Paul et ses Lettres Apocryphes. Introduction, Textes, Traduction et Commentaire* (Paris 1913).

Wagner, H.W., *After the Apostles: Christianity in the Second Century* (Minneapolis 1993).

Walker, A., *Apocryphal Gospels, Acts and Revelations* (Edinburgh 1873).

Walters, J.E., "Evidence for Citations of 3 Corinthians and Their Influence in the Demonstrations of Aphrahat", *VC 67.3* (2013), 248–262.

Wayment, T.A., *The Text of the New Testament Apocrypha (100–400 CE)* (New York 2013).

Wenger, A., *L'Assomption de la T.S. Vierge dans la tradition byzantine du VIe au Xe siècle: Études Et Documents* (Archives de l'orient chrétien 5; Paris 1955).

Wiesner-Hanks, M.E., *Christianity and Sexuality in the Early Modern World: Regulating Desire, Reforming Practice* (London 2000).

Williams, M.A.,

Rethinking Gnosticism: an argument for dismantling a dubious category (Princeton 1996).

"Was There a Gnostic Religion?", A. Marjanen (ed.), *Was There a Gnostic Religion?* (Göttingen 2005), 55-79.

Widengren, G., "Der Iranische Hintergrund der Gnosis", *ZRG 4* (1952), 97-114.

Wilkinson, J., *Egeria's Travels* (Warminster 1999).

Wright, W. (ed.),

Apocryphal Acts of the Apostles, Vol. 1-2 (Hildesheim 1990).

Contributions to the Apocryphal Literature (London 1865).

Zahn, Th.,

Geschichte des neutestamentlichen Kanons II (Erlangen 1892).

"Regula Fidei", *The New Schaff-Herzog Encyclopedia of Religious Knowledge*, 445-446. http://www.ccel. org/s/schaff/encyc/encyc09/htm/iv.vii.cxix.htm.

Zandee, J., *The Teaching of Silvanus and Clement of Alexandria. A New Document of Alexandrian Theology* (Leiden 1977).

Zanker, P., *Die Maske des Sokrates. Das Bild des Intellektuellen in der antiken Kunst* (Munich 1995).

송혜경,

『신약 외경 1』 (한님성서연구소 2021).

『구약 외경 1』 (한님성서연구소 2022).

『구약 외경 2』 (한님성서연구소 2023).

『영지주의자들의 성서』 (한님성서연구소 2022).

『사탄 악마가 된 고발자』 (한님성서연구소 2019).

"「부활에 대한 논고」(NHC I,4)의 '육신의 부활' 개념", 『신학과 사상』 90 (2024), 124-165.

"초대 그리스도교 성性 금욕주의", 정태현 외, 『말씀의 육화와 성경의 올바른 해석』 (한님성서연구소 2023), 151-196.

"외경의 질문들 10; 11; 12", 『말씀터』 148; 149; 150호 (한님성서연구소 2023), 13-18; 13-18; 13-19.

제임스 매클렐란, 헤럴드 도른 공저, 『과학과 기술로 본 세계사 강의』, 전대호 옮김 (모티브 2006).

케네스 셍크, 『필론 입문』, 송혜경 옮김 (바오로딸 2008).

폴 핸슨, **아델라 야브로 콜린스**, "묵시록과 묵시주의", 김혜윤 옮김, 『가톨릭 신학과 사상』 43 (2003), 239-283.

찾아 보기

교부 문헌

라삐 문헌